本书出版得到以下项目资助：

国家社会科学基金西部项目"西部地区耕地保护的经济补偿机制研究——基于耕地保护管理行为主体的视角"（10XJY021）

四川省省属高校科研创新团队建设计划"区域人文资源开发利用研究"（14TD0039）

四川省农村发展研究中心重点项目"成都都市圈农村宅基地退出和补偿机制研究"（CR1402）

中国西部地区耕地保护经济困境及对策研究

冉清红　岳云华　著

科 学 出 版 社

北 京

内 容 简 介

本书从多个视角系统研究了中国西部地区保护耕地数量和质量的成效，在分析了行为主体在耕地保护中面临的经济困境后，以成都市耕保金为例对耕地保护实践进行分析与反思，多角度提出西部地区耕地保护的经济激励与约束对策。

本书适合从事国土资源管理与规划、农业经济发展、城乡建设管理与规划、人口城市化等领域的管理者和高校师生阅读。

图书在版编目(CIP)数据

中国西部地区耕地保护经济困境及对策研究/冉清红，岳云华著. —北京：科学出版社，2018.10

ISBN 978-7-03-059049-7

I. ①中… II. ①冉… ②岳… III. ①耕地保护－研究－西北地区 ②耕地保护－研究－西南地区 IV. ①F323.211

中国版本图书馆 CIP 数据核字（2018）第 231195 号

责任编辑：郭勇斌　周　爽 / 责任校对：杨聪敏
责任印制：张　伟 / 封面设计：无极书装

科学出版社 出版

北京东黄城根北街 16 号
邮政编码：100717
http://www.sciencep.com

北京中石油彩色印刷有限责任公司 印刷
科学出版社发行　各地新华书店经销

*

2018 年 10 月第 一 版　开本：720×1000　1/16
2018 年 10 月第一次印刷　印张：17 3/4
字数：333 000

定价：118.00 元
（如有印装质量问题，我社负责调换）

前　言

中国西部地区耕地资源总量占全国的比例较高，保护西部地区耕地对贯彻落实党中央关于"中国人饭碗要端在自己手里"的战略部署具有重要意义。国家政府、地方政府、村组集体和农户等各类行为主体在意识、行动等方面保持协调一致是保护西部地区耕地的重要前提，但受资金、土地、劳动力等生产要素的机会成本与生态外部性等因素影响，各类行为主体的微观利益差异及由此引起的行为差异成为耕地保护效率差异的根源。为此，系统分析各类行为主体在耕地保护中的利益益损情况及形成机制，从不同视角提出耕地保护经济激励与约束对策，对保护西部地区耕地数量和提高耕地质量有重要现实意义。

本书系统研究了中国西部地区耕地在数量保护和质量保护方面的成效、各类行为主体在耕地保护中面临的经济困境，从微观行为主体的角度提出了走出耕地保护困境的经济激励与约束对策。全书共分为十一章：第一章为绪论，从概述本书研究的地域范围、研究西部地区耕地保护的背景和意义入手，并对相关问题研究进展与基础理论作了简要评述。第二、三章，研究了耕地保护成效，其中，第二章基于西部耕地总量及其随时间、地区变化的视角，从耕地数量与构成、耕地数量的变化及启示等方面分析了中国西部地区耕地数量保护成效；第三章基于耕地细碎化、耕地限制性和耕地地力等视角，从耕地细碎化特征、形成机制及其影响，耕地坡度限制性，耕地水管理限制性及其影响，耕地地力特征及其空间差异等方面，系统分析了中国西部地区耕地质量。第四、五章，研究了行为主体在耕地保护中遭遇的经济困境，其中，第四章基于机会成本影响的视角，分析了地方政府实施耕地用途管制保护耕地数量的机会成本损失，以及地方政府追求机会成本最小化行为对耕地数量保护的影响等问题；第五章基于机会成本和外部性影响的视角，研究了农户劳动力务农的机会成本损失、农户承包耕地发展种植业中的正外部性及其对农户保护耕地质量的影响，粮食输出中的外部性损失及其对地方政府保护耕地质量的影响，行为主体的耕地管理与利用行为对耕地质量的影响。第六至十章，在分析成都市耕地保护经济激励与约束政策实践基础上，研究了中国西部地区耕地保护的经济激励与约束对策，其中，第六章为成都市的实践与思考，第七至十章分别基于居民点用地集约利用减少建设占用保护耕地、教育推进农村人口城市化保护耕地、区际粮食贸易量补偿地方政府保护耕地和农户劳动力以工换酬增收保护耕地的视角提出经济激励与约束对策。第十一章为主要研究结论。

　　本书具有数据翔实、观点新颖、图表丰富、人文科学与自然科学研究方法融合、专业性与通俗性相结合等特点。在资料收集、田野调查、资料处理和图件制作过程中得到了成都师范学院史地与旅游学院师生和绵阳师范学院资源环境工程学院师生的支持，在撰写过程中参阅了大量已经正式发表或出版的文字、图件成果。在此，对支持本书写作与出版的师生、管理部门同仁表示衷心的感谢！对参考文献作者表示谢意！鉴于作者的水平和视野有限，疏漏在所难免，敬请读者批评指正！

作　者

2018 年 3 月于成都师范学院

目　录

第一章 绪 论

第一节 概 述

一、西部地区的地域范围

西部地区不同于自然地理环境意义上的中国西部，其地域范围经历了一个发生发展过程，由 1986 年的 9 个省级行政区，演变为 1997 年的 10 个省级行政区，今天的地域范围与西部大开发战略有关。在 1986 年第六届全国人民代表大会第四次会议通过的《中华人民共和国国民经济和社会发展第七个五年计划》中，将全国划分为东部地带、中部地带和西部地带，其中，将四川省、贵州省、云南省、西藏自治区、陕西省、甘肃省、青海省、宁夏回族自治区和新疆维吾尔自治区 9 个省（自治区）划归西部地带；1997 年，第八届全国人民代表大会第五次会议通过了设立重庆直辖市的决定，西部地带演变为 10 个省（自治区、直辖市）；2000 年，中共十五届五中全会把实施西部大开发确定为战略，把内蒙古自治区、广西壮族自治区 2 个省级行政区，以及湖南湘西土家族苗族自治州、湖北恩施土家族苗族自治州，与此前的西部地带 10 个省（自治区、直辖市）列为西部开发对象。为了统计方便，本书只把陕西省、甘肃省、宁夏回族自治区、青海省、新疆维吾尔自治区、四川省、重庆市、云南省、贵州省、西藏自治区、广西壮族自治区和内蒙古自治区 12 个完整的省（自治区、直辖市）列为研究范畴并简称为西部 12 省（自治区、直辖市）或西部地区。

二、西部地区耕地保护的研究背景

2020 年的耕地保有量约束性指标为 1.2×10^8 hm²[①]。2007 年国务院政府工作报告明确提出 2020 年要保住 1.2×10^8 hm² 耕地红线不能突破。2007 年全国耕地 1.2174×10^8 hm²（中华人民共和国国土资源部，2008），仅比 2020 年的耕地红线目标多 1.74×10^6 hm²，从 2007 年到 2020 年的 13 年中，包括自然灾毁在内的年

---

① 中华人民共和国国务院. 国务院关于印发全国土地利用总体规划纲要（2006～2020 年）的通知[Z]. 2008-06-10.

均可用指标仅 1.33×10^5 hm²；2016 年，国土资源部已经将 2020 年的约束性指标上调为 1.2433×10^8 hm²[①]。约束性指标的上调，保护压力更大，要协调保护耕地红线目标不突破与经济发展争夺土地空间之间的矛盾，就必须研究我国耕地资源现状、发展变化过程特点和保护举措。

西部 12 个省级行政区的人口约 3.61×10^8 人，占全国人口的 26.89%，而耕地资源总量在 2010 年占到了全国耕地资源总量 1/3 强，在我国耕地资源区域构成中占有重要地位。要保住 2020 年我国的耕地红线目标，必须研究西部地区的耕地资源变化与保护问题。经济发展相对较慢的西部地区相对于更为发达的东部地区和中部地区，为耕地资源保护留有更大的回旋空间。东部地区、中部地区经济发展与耕地红线目标的矛盾异常突出，西部地区是我国经济欠发达区域，地域辽阔，单位土地面积的经济密度相对较小，保护耕地资源的回旋余地较大，研究西部地区耕地资源变化及耕地管理行为主体耕地保护的经济补偿对策，立足国家严守 1.2433×10^8 hm² 耕地红线的目标要求，目的是要寻找一条适合西部地区耕地资源保护和管理利用更有效的途径：既能够保护西部地区耕地资源的数量和质量，服务国家的耕地红线目标以确保国家粮食安全的需要，又能在保护耕地资源中促进西部地区农业和经济发展。

三、西部地区耕地保护的研究意义

人口与耕地（简称人地）之间关系密切，因地制宜地合理利用和保护耕地资源，协调人地关系，缓解人地矛盾，是研究和关注西部地区特殊的人地关系地域系统的关键。西部地区耕地保护的经济补偿对策研究具有重要的现实意义和理论价值。

第一，可促进人和地理环境之间构成和谐的人地系统。人地之间，相互作用、不可分割，形成具有动态变化特性的特殊关系。在人地系统中，人们除了主动向自然索取财富外，还需要有目的地保护自然环境和自然资源，西部地区人地关系中存在的突出矛盾体现在人口问题、生态环境问题和资源开发利用与保护问题等方面，特别是耕地资源的合理利用、保护与管理。实践中，随着社会经济发展、人口增加，耕地资源数量减少，耕地依存的生态环境退化，人地系统矛盾日益激化。

第二，可促进西部地区耕地资源可持续利用。耕地资源可持续利用就是既要满足当代人需求，又不对满足后代人需求的能力构成伤害。土地资源特别是耕地资源的可持续利用，是实现经济可持续增长、居民生活质量可持续提高的保障。只有正确认识西部地区耕地资源保护的重要性、必要性和紧迫性，科学合理利用

---

① 中华人民共和国国土资源部. 国土资源部关于印发全国土地利用总体规划纲要（2006～2020 年）调整方案的通知[Z]. 2016-06-22。

耕地和保护耕地，才能促进西部地区耕地资源的可持续利用。事实上，耕地管理的行为主体是贯彻和实施耕地保护的关键。基于耕地管理的行为主体视角，研究耕地资源数量和质量保护问题，构建西部地区耕地保护经济补偿机制，需要激励地方政府保护和约束地方政府占用辖区内的耕地资源，激励农户参与地方政府主导的耕地质量保护和建设项目。以可持续发展理论为指导，维持耕地资源与人口之间的平衡，使有限的耕地资源兼顾各项用地需求，实现经济和社会长期稳定、持续的发展，控制耕地总量不减少，并努力保护生态环境，提高耕地质量非常关键。

　　第三，可推进土地科学的发展。要落实国务院确定的耕地保护目标，除了依靠法律、法规手段外，必须从意识形态领域帮助地方政府和农户等耕地管理的行为主体建立耕地安全与保护耕地意识，即让耕地管理者和使用者都意识到耕地资源的稀缺性，感知到耕地资源的重要性和不可替代性，转变角色，把耕地资源保护行为变成一种自觉行动，变"要我保护耕地"为"我要保护耕地"，才能从源头上解决耕地保护问题。对不同行为主体在耕地管理中的地位、职能进行分解，从耕地管理制度设计、执行与监管创新等角度进行深入研究，从而有利于推动土地科学的发展。

第二节　相关问题研究进展与评述

一、耕地内涵认识

　　"耕地"一词中的"耕"，就是用犁或耙翻，如唐朝王建《原上新居十三首》中的"借牛耕地晚，卖树纳钱迟"、杜荀鹤《题觉禅和》中的"耕地诚侵连冢土，伐薪教护带巢枝"，以及鲁迅《且介亭杂文末编·〈凯绥·珂勒惠支版画选集〉序目》中的"两个耕夫在耕地"，都是"翻松田土"的含义。从这个意义上讲，"耕地"构成动宾结构的词组，指在准备播种、中耕或收获的时候，用犁或耙翻松田土。

　　"耕地"，一般看作名词结构的词组，是指种植农作物的土地。1983年农牧渔业部①对耕地给出了权威解释，即种植农作物，经常进行耕锄的田地，包括熟地、新开荒地、连续撂荒未满三年的田地、当年的休闲地。农牧渔业部认为，连续耕种三年以上的滩地、滩涂和新开荒地，常年种植茭白、荸荠、莲藕、席草等农作物的低洼田和荡田，以种植农作物为主的间植零星果树、桑树或其他树木的土地，常年种植农作物、临时用于培育苗木、花卉的土地，农户自留地，耕地的沟、埂、渠、路等都属于耕地范畴；相反，连续撂荒满三年的地，专业性园地和苗木地，

---

① 1982年4月，国务院机构改革将农业部、农垦部、国家水产总局合并设立农牧渔业部；1988年4月根据国务院机构改革方案，撤销农牧渔业部，成立农业部至2018年3月；后职责整合组建为农业农村部。

未连续种植农作物三年以上的滩地、滩涂和新开荒地，已批准但未动工、仍种植农作物的基建用地，农户宅基地中的菜地，牧区的饲料地，等等，不属于耕地范畴。2007年发布实施的土地利用现状分类体系[①]，定义耕地为种植农作物的土地，包括熟地，新开发、复垦、整理地，含轮歇地、轮作地的休闲地；以种植农作物（含蔬菜）为主，间植零星果树、桑树或其他树木的土地；平均每年能保证收获一季的已垦滩地和海涂。国际环境与发展研究所和世界资源研究所把耕地的概念解释为包括暂时种植和常年种植作物的土地、暂时草地、商品菜园、家庭菜园、暂时休闲耕地，还包括种植诸如可可豆、咖啡豆、橡胶、葡萄等这些在每次收获后不需要重新种植的土地，不包括用来种植为获取薪材的林地。在我国，一般将耕地理解为一种特定的土地，是人类活动的产物，是人类开垦之后用于种植农作物并经常进行耕耘的土地。学术界如毕宝德（1996）对耕地的内涵也进行了专门的表述，牛海鹏和张安录（2009a）认为应把耕地作为一种重要资源和资产，并且应该从生态系统角度对耕地的内涵和功能进行认识和定位。

二、耕地价值与保护研究

（一）耕地价值研究

王万茂和黄贤金（1997）将耕地价格划分为耕地物质价格及资本价格。刘慧芳（2000）认为耕地价值不但包括由耕地生产力决定的质量价格，而且包括耕地的无形价值，无形价值包括耕地的社会保障功能及粮食安全功能。霍雅勤和蔡运龙（2003）从可持续发展观出发，设计出土地价值的理论计算模型，土地价值等于边际机会成本，边际机会成本为边际使用者成本、边际生产成本、边际外部成本之和，以甘肃省会宁县为例对耕地价值进行实证研究。诸培新和曲福田（2003）将土地资源价值划分为使用价值与非使用价值。蔡运龙和霍雅勤（2006）、李翠珍等（2008）认为耕地资源的价值体系主要由经济产出价值、生态服务价值、社会保障价值构成。陈丽等（2006）通过探究耕地资源的社会价值构成分析，从社会稳定、农民失业保障和基本生活保障等方面测算了耕地的资源价值。章家恩和饶卫民（2004）、韦苇和杨卫军（2004）、李传健（2006）对耕地的生态价值进行了积极探索。赵海珍等（2004）、肖玉等（2004）、谢高地等（2005）和杨志新等（2005）运用大量生态学的研究方法对耕地生态系统服务价值进行实证研究。

---

① 指 2007 年 8 月 10 日我国正式发布实施的《土地利用现状分类》（GB/T 21010—2007）标准。

（二）耕地数量研究

学术界关于耕地数量研究的成果非常丰富，集中表现为围绕耕地保有量、最小人均耕地面积、人均耕地阈值、人均耕地警戒值等关键词开展研究。在耕地保有量方面，范少冉（2005）、刘艳中等（2006）、谭勇等（2006）、孙燕等（2007）、李风琴等（2007）、吴远来和况殿权（2008）、高强（2010）等学者做了大量的研究工作。以蔡运龙（2000a）等为代表的学者提出了"最小人均耕地面积"概念，并得到了一些研究者的响应（张红侠和刘普幸，2003；朱志芳等，2005；王文博等，2008）。陈百明和周小萍（2004）提出"人均耕地阈值"概念，指出了人均耕地阈值的时空特性并得到了张建新等（2002）的响应。在人均耕地警戒线/值概念方面，杜发明（1996）最早使用"联合国人均耕地警戒线"一词，后来有众多学者围绕耕地警戒线或警戒值开展了相关研究，冉清红（2009）在对国内耕地警戒值方面的相关研究成果与问题进行系统梳理的基础上，形成了耕地警戒值研究的清晰思路和脉络，为后来者的相关研究奠定了坚实基础。

（三）耕地质量研究

20 世纪 90 年代以来，不同空间尺度的耕地质量及管理研究积累了大量成果。在全国尺度的耕地质量研究方面，张凤荣等（1998）从预测角度对 2050 年前的中国耕地质量变化进行了阶段性分析；郑海霞和封志明（2003）从数量和质量两个方面考察了我国耕地总量动态平衡状况，对耕地总量动态平衡下的耕地质量状况进行了有益探讨；孙英兰（2010）和陈印军等（2011）对中国耕地质量状况进行了系统分析，认为中国耕地质量整体偏低，明确提出没有质量的数量同样令人担忧。在地方性尺度的耕地质量研究方面，有学者对特定区域进行针对性的研究，如王光复和李亦兵（1991）研究了长春市的耕地质量，王玄德（2004）研究了四川紫色土的耕地质量变化情况，蔡琦（2010）研究了内蒙古农牧交错区耕地质量及影响因素，李坤（2011）研究了顺昌县耕地质量状况，庞欣超（2011）研究了阴山南麓、北麓耕地质量与影响因素及其相关关系；也有学者专门针对新增耕地质量状况进行研究，如冯万忠（2008）对冀中太行山山地丘陵区的新增耕地质量进行了研究，丁新亮（2012）和陈倩（2012）对土地整理如何有效改善耕地质量等问题进行了针对性研究，张贞等（2009）认为耕地质量是耕地自然质量和农户行为共同作用的结果，耕地质量不只取决于耕地自然属性，还受到农户行为如投入水平、管理方式、种植模式等因素的制约。在西部地区性尺度研究方面，刘维新（2001）分析水浇地与坡耕地用水量差异后提出，西部地区耕地保护目标不应该是耕地数量而是耕地质量；中国科学院据卫星遥感资料评估西部 12 省（自治区、直辖市）的土地承载力后认为，西部地区已有 1/5 的土地承载力处于超负荷状态，水土流失和土地退化严重，耕地质量堪忧；王秀红（2012）根据土地的适宜性，认为西部地区优质耕地资源紧缺，中等质量的耕地和优质耕地都需要保护。2006年以来，辽宁省（2006 年）①、湖南省（2007 年）②、天津市（2007 年）③、浙江省（2010 年）④、江苏省（2011 年）⑤、河南省（2013 年）⑥等地的地方政府相继出台了耕地质量管理办法，四川省中江县、北京市大兴区等地已经布设了适时掌控耕地质量变化的耕地质量等别监测点（王倩等，2012），地方政府的系列举措将耕地质量保护从学术研究层面推向了耕地管理实践领域。

三、耕地保护经济补偿机制研究

（一）国外研究

国外利用经济杠杆保护农地/耕地开始得较早。

税收手段的运用。国外关于税收手段的运用分为正向激励和负向约束两种。正向激励就是国家通过实行农地减税和免税优惠政策，减轻农民的税费负担，提高农民保护农地的积极性。负向约束就是通过对农地非农化的转让环节征收较高转让税，提高土地需求行为主体的土地转让成本，限制农地非农化流转，延缓开发速度，同时为农地保护项目提供资金支持，实现农地保护目标。美国在许多州都采用税收手段保护农地，如马里兰州在农地转让时征收 3%～5% 的农地转让税。税收手段产生于 20 世纪早期美国土地利用分区管制政策实施后，农户于 60年代开始从农地减税或免税的差额税收政策中直接受益，土地捐赠者得到收入和不动产税收优惠，进而实现农地保护的正向激励。同时美国还对农地转让过程征收影响费。美国是土地私有制，政府向包括农地所有者、买方或开发商等在内的土地所有者征收影响费，一方面补偿土地性质的转变给公众带来的危害，另一方面提高转让成本，限制用途转变，降低城镇开发占用农地的可能性。20 世纪 80年代以来，韩国对企业非生产性用地和拥有过多住宅用地课重税，通过课重税控制非正常土地需求（潘明才，2001），间接保护了农地，这是通过税收手段负向约束非农企业和城市居民的土地需求，进而实现投机性投资拉动农地非农化的成

① 辽宁省人民政府令第 198 号《辽宁省耕地质量保护办法》，2006 年 11 月 20 日。
② 湖南省第十届人民代表大会常务委员会公告第 89 号《湖南省耕地质量管理条例》，2007 年 9 月 29 日。
③ 天津市人民政府令第 122 号《天津市耕地质量管理办法》，2007 年 8 月 30 日。
④ 浙江省人民政府令第 285 号《浙江省耕地质量管理办法》，2010 年 12 月 21 日。
⑤ 江苏省第十一届人民代表大会常务委员会公告第 93 号《江苏省耕地质量管理条例》，2011 年 11 月 26 日。
⑥ 河南省人民政府令第 152 号《河南省耕地质量管理办法》，2013 年 3 月 11 日。

功典范。

　　发展权制度。美国设立农地发展权，通过农地发展权的购买与转移激励所有者保护农地，通过鼓励城区土地高密度集约利用减小城市扩展占用农地的压力（陈美球等，2008），间接保护了农地。韩国实行转用负担金制度来增加农地用途转变者的经济负担，减少耕地占用（杨忠学等，2004）。匈牙利要求随意占地或超量用地的单位交纳高额土地赔偿费，对其严厉制裁（赫尔曼·E. 戴利，2001）。这些国家都是通过改进土地分区奖励制度来激励农地保护或增加土地需求者的经济负担以约束农地用途改变。

　　农业补贴。农业补贴是通过补贴现金方式直接增加农户收益，鼓励农户休耕、轮作，或加大对农地投入，以保护或提高耕地质量的补偿政策。美国、日本等国和欧盟都实行农业补贴制度。美国20世纪80年代中期至90年代初期，通过实施"保护储备计划"（Conservation Reserve Program，CRP），对参加计划的农户进行经济补贴（张安录，2000），每年投入数百万补贴资金保护农地（Nickerson & Hellerstein，2003）。日本的大米价格高于国际市场数倍，仍然花费大量资金保护大米自给以保护水田存在和维护生态环境。英国通过农业补贴或补助来激励农场主保护耕地（钱文荣，2000）。如果农场主每年将其20%的土地作为永久性休耕地，其所享受的补贴最高可达200美元/hm²；如果每年将其20%的耕地轮耕，其所享受的补贴最高可达180美元/hm²（刘娟和张峻峰，2015）。对愿意放弃经营农业的农场主，可获得2000英镑以下的补贴，或领取终生养老金。整治和改良土地可获得60%的补贴，对园艺农场进行的土地改良、建筑和购置设备，给予15%～25%的补助；对农场主自己修建道路、堤坝、供电系统等提供所需费用2/3的补助（葛红岩，2006）。

　　其他手段。一是重视农地的外部性收益，如在20世纪90年代后期，以色列新的农地保护理论从经济和财政制度的规划和文件方面，重视农地的正外部效应（吕萍，2001），使保护农地与保障粮食安全、保护生态环境、保护景观消费及可持续发展紧密联系。二是建立土地保护基金，例如，匈牙利在1982年设立了全国土地保护基金，基金以用地单位交纳的土地赔偿费为主，国家和地方政府拨款为补充（王景新，2002），以减少农户支出的方式间接增加收益，实现保护耕地的目的；美国采取赠款支持农业灌溉工程建设，联邦政府在大型农业灌溉工程建设中，其金额赠款达到总投入的50%、地方负责总投入金额的50%，政府为了鼓励农民兴建农田水利工程向农民赠送工程投资款的20%～50%，政府为自筹资金不足的农户提供偿还期长达40～50年的无息或低息贷款；日本为了提高耕地抵抗洪涝和干旱风险的能力，农田水利投资主要由政府财政承担，大于3000 hm²的大型灌区中央政府承担75%，都道府承担12.5%，县政府和农民承担剩余的

12.5%，可向政策性金融机构长期低息贷款；小于 3000 hm² 的中型或小型灌溉工程中央政府承担 50%，等等。美国、日本等发达国家形成了集约化、大农场式的商品农业，耕地改造或农田水利等基础设施建设以国家为主体，尽量减轻农户负担，让农户获得社会平均或高于社会平均的利润，目的是激励农户耕地经营与管理保持可持续的积极性。三是政府土地优先购买制度，为了把握农地流转方向，确保用途不改变，政府或政府指定的机构有优先购买流转农地的权利；政府土地优先购买制度起源于拜占庭时期的罗马法，法国民法典和德国民法典继承和完善、发展了该制度，如法国政府从 1968 年开始推行政府土地优先购买权制度，政府定期公布因优先购买权所得利益。设立政府土地优先购买制度，限制了农地的非农化转移，达到了保护耕地的目的。

（二）国内研究与实践

20 世纪 80 年代中期自田伟（1986，1987）提出利用税收杠杆保护耕地以来，耕地保护研究与实践在多方面取得丰硕的成果。

耕地保护研究成果集中在以下方面。一是在耕地保护机会成本补偿机制研究方面，胡靖（1998）认为存在现实土地用途的可转换性和农民务工方式的可选择性，耕地生产粮食的机会成本远大于其贸易所得，政府应该对为保障粮食安全而保持耕地农业用途的农业机会成本进行补偿，其补偿应围绕农户收入机会和技术进步机会的损失进行；朱新华和曲福田（2008）认为应设立机会成本税项目，向粮食不能自给的主销区征收机会成本税，用于对粮食主产区的生产补偿。二是在耕地利用的外部性与耕地保护的价值补偿机制研究方面，认为耕地除了直接性农产品生产收益外，还有社会保障价值（黄守宏，1994）、环境生态价值（Costanza et al.，1997；萧景楷，1999）等外部性收益。外部性收益是耕地总价值的主体（霍雅勤和蔡运龙，2003；蔡运龙和霍雅勤，2006），耕地外部性收益在市场机制下的外溢特性，使耕地利用者的比较经济效益低下而缺乏保护耕地动力，耕地用途转变者支付较低的转用成本而产生用地冲动。蔡运龙（2000b）认为通过建立耕地保护的经济机制，使耕地利用的外部性市场化，以激励耕地保护；高魏和胡永进（2004）认为可重构耕地保护的利益分享机制，促使耕地利用的外部性"内在化"，以达到保护耕地的目的；王雨濛（2007）提出建立耕地利用的正外部性激励和补偿、负外部性控制和约束的效益补偿机制；朱新华和曲福田（2008）认为耕地保护的经济补偿机制的内涵是粮食主销区对粮食主产区的外部性补偿；姜广辉等（2009）认为我国当前的耕地保护政策中缺乏有效的经济补偿机制。三是在耕地资源价值测算方法与经济补偿标准研究方面，认为测算耕地资源价值是计算经济补偿量，进行耕地资源价值补偿的重要依据。例如，黄贤金（1997）基于农地开发利用效益的多因素影响，测算全国和不同农区的耕地生态经济价值；蔡运龙和霍雅勤（2006）构建了耕地资源价值评价方法，对广东潮安县、河南淮阳县和甘肃会宁县进行了案例研究；李翠珍等（2008）和张效军等（2006）重构了耕地资源价值体系及价值估算方法，分别实证研究了北京和全国的耕地价值，等等。四是在耕地保护的经济补偿方式与管理方面强化区际补偿、区内补偿、市场杠杆与奖罚手段研究。在区际补偿方面，例如，张效军（2006）认为，尽管国家实行了世界上最为严格的耕地保护制度，但因耕地保护责任和义务在区域间界定不清，耕地保护被置放在公共领域，导致耕地保护制度安排与成效之间存在较大差距；同时认为，尽管研究耕地保护的成果很多，但多集中在如何更好地落实现行的耕地保护制度，对耕地保护制度没有取得预期效果的深层次原因及耕地保护制度创新的研究不够，为此，从耕地保护区域公平的角度出发，在界定耕地保护区域责任和义务、测算区域耕地赤字量/盈余量、确定补偿标准和管理与监督方式等基础上，构建由部分经济发达、人多地少的耕地赤字地区通过财政转移支付等方式对承担了保护耕地任务较多地区进行经济补偿的机制，具体操作方面提出建立国家补偿专项基金，耕地赤字地区以年租形式把耕地补偿金划转国家财政，再以财政转移的方式划拨给保护耕地数量多的耕地盈余区，以协调不同区域耕地保护利益关系的区域补偿框架，并以福建和黑龙江两省为例进行实证研究。朱新华和曲福田（2008）提出粮食主销区对粮食主产区经济补偿。马文博和李世平（2008）提出发达地区对欠发达地区进行区域补偿。在区内补偿方面，如牛海鹏和张安录（2009a）提出区内补偿的接受主体是耕地直接利用者或经营者，给付主体是区内非耕地直接利用者或经营者，资金补偿、实物补偿、技术和智力补偿构成多样化补偿方式；四川省成都市创新性地设立了耕地保护基金（以下简称耕保金）[①]补偿农民耕地收益的实践（杨珍惠，2009）。在市场杠杆运用方面，如张安录（2000）提出设置土地的可转移发展权，通过可转移发展权的市场交易，控制城乡生态经济交错区的耕地城市流转，以激励耕地保护；黄贤金等（2003）认为税收、津贴和可拍卖许可制度等激励计划相对于法律、法规和行政计划管理耕地更有优势；杨珍惠（2009）提出农用地指标有偿转用，其收益作为耕保金并在全国范围内统筹用于耕地保护。在利用奖罚手段激励与约束行为主体的耕地保护行为研究方面，如钱忠好（2002）认为采取奖励或惩罚手段调控经济当事人特别是地方政府和非农企业占用耕地的成本收益预算线，有利于激励保护耕地和约束用途转变。

耕地保护经济补偿实践探索成果集中在以下方面。一是耕地易地补充的经济补偿机制建设成果。浙江省进行了"基本农田易地有偿代保"制度保护耕地探索。

---

① 参见四川省成都市人民政府关于印发《成都市耕地保护基金使用管理办法（试行）》的通知（府发[2008]8 号），2008 年 1 月 15 日。

"基本农田易地有偿代保"是为确保浙江省域内基本农田总量不减少，在本县（市、区）范围内的基本农田划区定界中确实无法落实基本农田保护任务的，可与其他县级以上人民政府协商订立"有偿代划和保护基本农田协议"，并向省政府申请跨县或跨市落实基本农田保护任务。2001年浙江省基本农田跨县有偿调剂总量为 2.48×10^4 hm²，代保资金总额达 4.45×10^8 元，每公顷耕地的代保资金低至 1.79×10^4 元。2002年浙江省共批准跨县（市、区）代保 1.15×10^4 hm²，代保资金总额为 2.86×10^8 元。2003年初已累计达到 3.62×10^4 hm²，代保资金总额高达 7.3×10^8 元。从发展趋势看，由于各地耕地资源有限、单位耕地面积的代保资金过低、代保无期限等原因，希望将基本农田移出本行政辖区的委托方越来越多，委托量也越来越大，而愿意承担者却越来越少（谭峻等，2004）。江苏省的做法是实行苏南地区和苏北地区的资金、资源优势互补，在全省范围内建立资源调控机制，实施耕地易地补充、易地开发，即利用苏南地区的资金在苏北地区开发整理土地，用苏北地区的新增耕地调剂苏南地区的占补指标。1999年以来，江苏省共调剂补充耕地指标 1.11×10^4 hm²，在这个过程中，从苏南地区流向苏北地区的开发整理土地资金达 2.95×10^8 元，加快了苏北地区土地后备资源的开发利用，促进了苏北地区农村经济的发展和农民增收；广东省为了解决珠江三角洲耕地储备资源贫乏的问题，构建了"耕地易地补充机制"进行省内耕地占用指标调剂，广东省土地整理中心（现为土地开发整治中心）在2003年与清远市城区、英德、连州、清新、连南等县（市）签署补充耕地易地开发项目合同，涉及土地面积约667 hm²，由省土地整理中心根据合同出资 9×10^7 元，将清远未利用土地开发整理为耕地，在2003年8月前完成排灌硬底化、耕作机械化、田块规模化及周边环境园林化（邹建锋，2003）。东部沿海地区建设用地和保护耕地之间的矛盾已引起了自然资源部的重视，自然资源部也曾允许上海市在新疆维吾尔自治区进行跨省耕地占补平衡的试点，除此之外没有再进行新试点。东部沿海发达地区通过各种形式的基本农田易地代保，因违反国家耕地保护制度，在理论、技术和方法等方面存在诸多问题，已经被国家禁止。国务院办公厅明确规定[①]不得进行跨市、县的基本农田易地代保，对已发生的要坚决纠正；各地要严格按照建设项目占地的数量，进行耕地占补平衡，补充的耕地要在数量和质量上与原有耕地相当；严格控制易地占补平衡，未经国务院批准，不许跨省域进行耕地占补平衡。二是耕保金制度建设成果。四川省成都市在分析耕地保护政策和管理制度、法律制度等对耕地保护的成效后认为，人均经营的耕地数量少，传统的大田农业经济效益不高，农户依靠经营农地增收少、收入总量少，农户从事种植农业积极性受到抑制，耕

---

① 国务院办公厅.《关于深入开展土地市场治理整顿，严格土地管理的紧急通知》（国办发明电[2004]20号），
2004年4月29日。

地抛荒或种"懒庄稼"等现象严重，甚至有些城市郊区的农户和村集体经济组织出于经济利益需要，有组织地将耕地出租用于非农建设，即使对违法组织和个人进行了行政处理和打击，也难以从根本上激励农户的耕地保护行为，耕地保护措施难以落实。2008 年设立耕保金为农户缴纳养老保险，增加农户收入和保障农民长远生计，调动农户自觉保护耕地的积极性、主动性，强化农户保护耕地的责任意识和减少土地违法行为。成都的耕保金制度在武汉等地得到迁移和改进。

第三节　耕地保护基础理论概述

一、机会成本理论

机会成本是指在资源有限条件下，把一定资源用于某种产品生产时所放弃的用于其他可能得到的最大收益，泛指一切在作出选择后其中一个最大损失。从整个社会的角度，考察利用社会资源从事产品或劳务生产所付出的代价，又称社会成本。资源的有限性、稀缺性是机会成本产生的大前提。鉴于资源的稀缺性，选择一种东西意味着放弃其他东西，所以，一项选择的机会成本就是所放弃的物品或劳务的价值。实质上，机会成本就是选择的代价，又称选择成本。资源稀缺性决定了任何稀缺资源的使用，不论是否为之支付代价，总会形成机会成本。机会成本概念中的机会，必须是决策者可选择的项目，若不是决策者可选择的项目就不属于决策者的机会。我国依法对耕地实行用途管制制度，承包地只能够用于种植业这一农业用途[①]，其他的农业用途和非农建设用途的价值收益尽管高于种植业，但不属于农户的可选择项目，这些利益丰厚的土地利用方式就不可能成为农户承包经营耕地的机会。

耕地经营与保护中投入的耕地、劳动力和资金等生产要素是稀缺资源。将稀缺的生产要素配置为农业用途时，放弃用于非农业用途的最大收益就是耕地经营与保护的机会成本。不同的微观行为主体是耕地保护行为中不同种类的稀缺资源的配置主体，也是机会成本的承受主体。

二、外部性理论

外部性又叫外部成本、外部效应或溢出效应。不同经济学家定义的外部性概念有差异性。从给外部性下定义的角度进行归纳主要有两个类别，一是从外部性

[①] 1986 年 6 月 25 日第六届全国人民代表大会常务委员会第十六次会议通过《中华人民共和国土地管理法》，同年，中华人民共和国主席令第四十一号公布，自 1987 年 1 月 1 日起施行。1998 年进行了第一次修订，1999 年 1 月 1 日实施，2004 年进行第二次修订后于同年 8 月 28 日实施。

产生主体角度，二是从外部性接受主体角度。保罗·萨缪尔森和威廉·诺德豪斯（1999）是从产生主体的角度定义外部性的典型代表，他们认为外部性是指那些生产或消费对其他团体强征了不可补偿的成本或给予了无须补偿的收益的情形。阿兰·兰德尔（1989）代表了接受主体的角度，认为外部性是指当一个行动的某些效益或成本不在决策者的考虑范围内时所产生的低效率现象，即某些效益被给予或某些成本被强加给没有参加这一决策的人。无论是从外部性产生主体角度，还是从外部性接受主体角度，两类定义的本质是一致的，即外部性是某一个经济主体对另一个经济主体产生的、又不能通过市场价格进行买卖的一种外部影响；是指经济主体在生产、经营、消费活动中，自觉或不自觉地没有承担全部成本或没有享受全部收益的现象（石声萍，2004）。从概念看出，外部性以行为主体的某种生产、经营和消费等经济活动为载体，以行为主体不承担该项经济活动的全部成本或不全部享受该项经济活动的全部收益为特征。没有经济活动就不可能有外部性，即使有经济活动但如果行为主体承担了该项经济活动的全部成本或全部享受了该项经济活动收益也不可能存在外部性。

三、资源稀缺性理论

土地特别是耕地资源具有稀缺性特征。土地稀缺性是指适合一定用途的土地的供不应求。土地，无论是存在于地球表面的，包括已被利用的和未来一段时间可供人类利用的自然土地，还是经过投入劳动进行开发整理后，成为人类可直接用于生产、生活、休闲娱乐的土地，都是有限的。随着经济发展和人口增加，人类对土地的需求越来越大，对适合某种用途的土地提出了相应的要求，如需要更多的耕地和建设用地等。这样，适合某种用途的土地就供不应求，因而产生了土地的稀缺性。土地稀缺性决定了土地价值，包括经济价值、生态价值和社会价值。为了提高土地资源的利用价值，土地资源配置往往是按照效用最大化的原则进行，即在有效范围内尽可能地实现这种平衡，最好地利用有限的资源达到最优化配置。

四、劳动地域分工理论

劳动地域分工理论在指导地区经济结构调整和优化、农业资源的开发利用和保护中具有重要的作用。合理的劳动地域分工，有利于地区间的相互支援和合作，充分利用各地的自然条件和劳动力资源，提高劳动生产率。耕地资源是重要的生产要素，劳动地域分工理论为耕地资源开发与利用、保护耕地提供科学依据。在我国，耕地是农业生产的根本，就耕地资源的地理分布来看，地域差异较大，形成农产品生产从国内局部性的地域分工到全国统一市场下的各个区域之间的全国性分工。建立在耕地资源比较优势开发与利用基础之上的种植业，可以实现发达地区与欠发达地区之间合理分工与协作，促进经济共同发展。

区域间比较优势的客观存在和有效利用是地域分工效益产生的基础。因各种生产要素的地理分布不均而使具有比较优势的地区形成专业化生产，生产比较成本较低的产品用于输出，同时输入本地区生产要素相对稀缺而比较成本较高的产品，就会使各地区的比较优势均得到充分发挥。在区域间，受益主体与耕地保护主体都是确定的。在这种背景下，建立耕地保护区际补偿机制，必将平衡区域差距，促进区域关系的和谐与发展，最终实现社会公平和共同富裕。从财政转移支付的角度分析，国家是耕地保护补偿的唯一主体。在国家财力对粮食主产区投入有限的情况下，适当划分国家和受益地方的补偿责任，建立耕地保护补偿的横向转移支付，既可以为保护耕地输出地区的农业结构调整和土地整理复垦提供强大的补偿能力，又能弥补中央财政对保护耕地输出地区纵向转移支付的不足，减轻中央财政负担。为此，构建耕地保护的区际补偿机制，是一种社会分工和利益互补机制，对保障补偿活动有序开展具有重大意义。健全耕地保护补偿机制可以促进区域协调发展。通过土地收益在地区间的利益调整和再分配，减少地区间发展对土地指标的不良博弈，防止区域间对用地指标的恶性竞争，造成资源浪费和区域发展不平衡。尤其对于粮食调出省（自治区、直辖市）而言，这些地区为了保障国家粮食安全，每年需向国家和其他地区提供一定数量的粮食，因而必须保有一定数量的耕地面积，为此，这些地区丧失了进行经济建设的机会，产生了资源保护与实现当地经济利益最大化的矛盾。因此，其他粮食调入省（自治区、直辖市）自然应该向牺牲发展机会而保护耕地的粮食调出省（自治区、直辖市）给予相应的经济补偿。健全耕地保护补偿机制正是通过经济补偿的手段，促进区域间的协调发展。

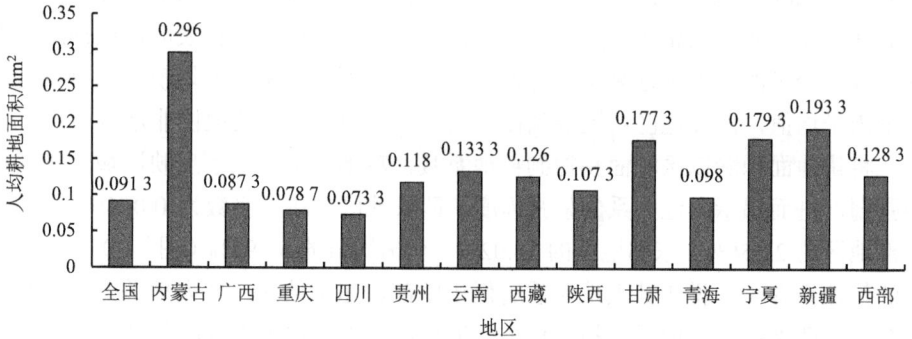

图 2-4　西部 12 省（自治区、直辖市）人均耕地面积对比

图 2-5 展现了西部 12 省（自治区、直辖市）的耕地系数，耕地系数差异也很显著，广西、宁夏、重庆、四川、贵州、云南、陕西、甘肃的耕地系数在西部地区的平均值以上，重庆高达 0.2718，是西藏的 90.6 倍。重庆市的耕地系数最大，但因区域面积较小，耕地面积仅为 223.59×10⁴ hm²；内蒙古自治区尽管耕地系数仅 0.0624，比西部地区的均值还小，但由于其区域面积广大，成了西部地区耕地数量最多的省级行政区。

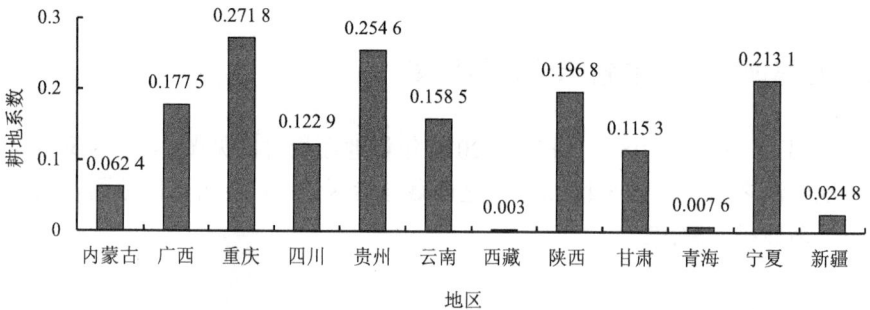

图 2-5　西部地区各省（自治区、直辖市）的耕地系数对比

三、西部地区耕地构成的区域差异

根据水利条件的不同，耕地有水田和旱地之分。水田是筑有田埂（坎），经常蓄水，用来种植水稻、莲藕、席草等水生作物的耕地；因天旱暂时没有蓄水而改种旱地作物的，或实行水稻和旱地作物轮种的（如水稻和小麦、油菜、蚕豆等轮种）耕地仍计为水田。旱地是除水田以外的耕地，包括水浇地和无水浇条件的旱地，其中，水浇地是除水田、菜地以外，有水源保证和灌溉设施、在一般年景能正常灌溉的耕地，主要分布在我国北方地区；无水浇条件的旱地是无灌溉设施，

依靠天然降水种植旱作物的耕地，包括没有固定灌溉设施，仅靠引洪淤灌的耕地，主要用于种植棉花、杂粮、油料等旱作物。

西部地区有水田面积 950.5×10^4 hm²，为西部地区耕地资源总量的 21.1%；水浇地面积 863.98×10^4 hm²，为西部地区耕地资源总量的 19.2%，近 1/5；无水浇条件的旱地面积 2680.57×10^4 hm²，占西部总耕地面积的 59.6%（表 2-1）。比较而言，在西部地区，一半以上的耕地都是无灌溉设施、依靠天然降水种植旱作物的耕地。水田集中分布在西南地区的云南、四川、重庆、贵州及南方的广西 5 个省（自治区、直辖市），共占西部地区水田面积总量的 95.59%；水浇地集中分布在内蒙古、西藏、陕西、甘肃、宁夏、青海和新疆 7 个省（自治区），占西部地区水浇地面积总量的 97.95%。

表 2-1　西部 12 省（自治区、直辖市）耕地面积构成统计

地区	耕地	水田		水浇地		无水浇条件的旱地	
	面积/10^4 hm²	面积/10^4 hm²	比例/%	面积/10^4 hm²	比例/%	面积/10^4 hm²	比例/%
内蒙古	714.72	8.41	1.2	192.07	26.9	514.24	71.9
广西	421.75	216.78	51.4	1.69	0.4	203.28	48.2
重庆	223.59	108.89	48.7	1.12	0.5	113.58	50.8
四川	594.74	287.26	48.3	4.16	0.7	303.32	51.0
贵州	448.53	142.63	31.8	2.25	0.5	303.65	67.7
云南	607.21	153.02	25.2	8.50	1.4	445.69	73.4
西藏	36.16	1.12	3.1	25.82	71.4	9.22	25.5
陕西	405.03	19.44	4.8	87.49	21.6	298.10	73.6
甘肃	465.88	1.40	0.3	101.56	21.8	362.92	77.9
青海	54.27	0.00	0.0	18.51	34.1	35.76	65.9
宁夏	110.71	4.54	4.1	35.98	32.5	70.19	63.4
新疆	412.46	7.01	1.7	384.83	93.3	20.62	5.0
西部	4 495.05	950.50	21.2	863.98	19.2	2 680.57	59.6

注：根据国家统计局农村社会经济调查司编，中国统计出版社出版的 2011 年《中国农村统计年鉴》资料整理

西部 12 省（自治区、直辖市）的耕地类型构成各有特点。陕西、甘肃、青海、宁夏、内蒙古、云南和贵州等省（自治区）以旱地为主，其中，甘肃、陕西、云南和内蒙古的旱地都占到本省（自治区）耕地资源总量的 70%以上，青海、宁夏和贵州的旱地都占到本省（自治区）耕地资源总量的 60%以上。以水浇地为主是新疆和西藏的显著特点，其中，新疆的水浇地面积占本自治区耕地资源总量的比例高达 93.3%，西藏的水浇地面积占本自治区耕地资源总量的比例高达 71.4%。四川、重庆和广西 3 省（自治区、直辖市）的水浇地都很少，而无水浇条件的旱地和水田景观都很突出，无水浇条件的旱地和水田分别占到本省（自治区、直辖

市）耕地资源总量的一半左右。

第二节　西部地区耕地数量的变化

一、耕地数量演变的类型划分

正向演变、负向演变和平衡演变。正向演变是指研究时段内的末期耕地数量大于基期年耕地数量，耕地总量呈现增加变化。正向演变可能有两种情形：一种是逐年增加型，即年内的增加量大于年内的耕地减少量，年际增量为正数，耕地总量沿时间轴线方向逐年增加引起的耕地总量递增；另一种是波动增加型，即研究期内，有些年份呈现净增加、有些年份呈现净减少，耕地的净增加量整体上大于净减少量引起耕地总量在波动中增加。耕地总量与正向演变相反变化，即为负向演变。耕地总量的负向演变又称为耕地总量的显性减少，分为逐年减少型和波动减少型。平衡演变是指研究期内，基期与末期的耕地数量几乎没有变化或很少变化。平衡演变也可能有两种情形：一种是不变或少变型，即研究区域的地块位置、数量都没有或少有变化，耕地利用受外来冲击少；另一种是增减平衡型，即基期和末期的耕地增加量和减少量基本平衡引起耕地总量少变化。增减平衡型又包括两种类型，一是逐年增减平衡型，即耕地年内的增加和减少量基本平衡，引起基期和末期的耕地增减总量基本平衡；二是期内增减波动平衡型，即可能某些年份的净增量大，某些年份的净减量大，年际净增量、净减量波动变化，但研究者关注研究期内的耕地增加量与减少量基本相等。增减平衡型对耕地数量和质量变化具有很强的指示功能。笔者认为，增减平衡型重点关注基期和末期的耕地总量增减是否处于动态平衡，这种动态平衡的背后，可能隐藏着熟化耕地（简称熟地）的大量减少和生地大量增加的土地利用行为，生地的生产能力低于熟地，为此，以增减平衡型为特征的耕地数量平衡演变，在绝对保量的背后隐藏着耕地质量降低的问题，按照质量折算的耕地数量隐"形"减少。

计划演变与非计划演变。计划演变是指耕地管理行为主体根据经济社会和环境保护需要，有计划地将耕地配置为其他用途引起耕地数量减少的耕地总量演变类型。计划演变具有明确的目的性、计划性和安排性，包括生态退耕、农业结构调整和规划性建设占用。非计划演变是指耕地数量变化超出耕地管理行为主体的主导、控制，导致耕地数量减少变化失常，具有非控制性或非约束性，如灾毁、各类行为主体的违法占用等。

自然演变与人为演变。自然演变是指耕地数量在自然力的作用下发生用途的改变。耕地是人类利用自然土地的产物，自然力作用下的土壤自然演进过程不可能将自然土地变为耕地进而增加耕地数量，而自然灾害可能减少耕地，如大型滑坡掩埋耕地导致的减少、地震导致区域性地貌构造的改变引起耕地灭失、泥石流导致流经地区耕地灭失等。研究表明，2008 年"5·12"汶川大地震引起的山体滑坡、泥石流、地层断裂等灾害，造成全省 11.24×10^4 hm^2 农田损毁，国家民政部公布的 8 个市州 39 个重灾县中，损毁耕地面积为 10.23×10^4 hm^2，占全省受灾农田面积的 91.01%；其中，旱地损毁面积为 6.99×10^4 hm^2，占损毁耕地的 68.33%；水田损毁 3.24×10^4 hm^2，占损毁耕地的 31.67%；完全灭失耕地 0.95×10^4 hm^2，占损毁总量的 8.45%；重度损毁 2.30×10^4 hm^2，占损毁总量的 20.46%；中度损毁 3.08×10^4 hm^2，占损毁总量的 27.40%；轻度毁损 4.92×10^4 hm^2，占损毁总量的 43.77%（杜伟和黄敏，2011）。其中，四川江油全市 40 个乡镇在汶川地震中有 18 个乡镇（占全市面积的 45.31%）的耕地重度受损，无法复垦的耕地占受灾面积的 7.76%；有 10 个乡镇（占全市面积的 22.17%）的耕地中度受损，主要分布在西北部山地及轻度和重度受损的过渡区，无法复垦的耕地占受灾面积的 4.39%；有 12 个乡镇（占全市面积的 32.52%）的耕地轻度受损，主要分布在东部平坝及平坝与丘陵的过渡地带，无法复垦的耕地占受灾面积的 0.76%（谢贤健等，2010）。人为演变又称为行为主体驱动，是指在人的作用下导致耕地数量减少。人为原因引起的减少可能具有计划性或规划性，也可能具有非计划性或偶然性。社会越发达，行为主体的社会责任感越强、管理耕地水平越高、对耕地可持续利用的危机意识越强，耕地数量的人为演变的计划性或规划性就越强、耕地减少的速度就越可控制。驱动耕地数量演变的行为主体是耕地经营、耕地非农化审批与利用过程中的组织或个人，包括政府的各级土地管理部门、村组（社）、企业和农户。

二、西部地区耕地数量变化

1996 年前与后关于耕地面积在统计口径上有很大差别[①]，需要对 1996 年前的数据进行修正。鉴于以灰色模块概念为基础构建的灰色模型能够对无规律的原始数据按照一定方式进行处理，使其成为较有规律的时间序列数据（邓聚龙，2005），本书利用 1987~1995 年的耕地数据建立灰色模型和相关运算，得到按旧统计口径的 1996 年耕地数据，然后用新旧统计口径的 1996 年的耕地面积之差修正 1987~1995 年的耕地数据。修正后的数据系列呈现在图 2-6 中。

---

① 参见 1997 年和 1998 年《中国统计年鉴》。

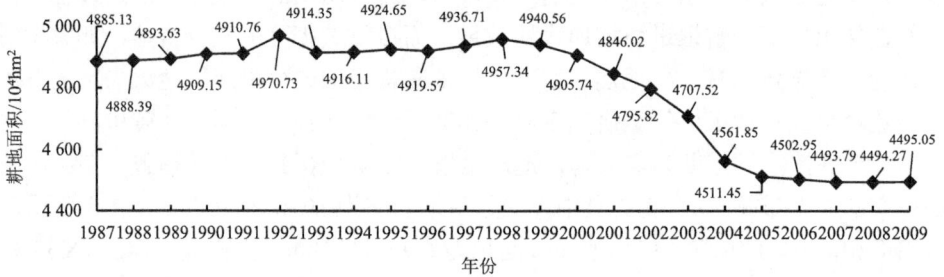

图 2-6　西部地区耕地面积年变化

（一）西部地区耕地资源总量呈减少变化

西部地区耕地资源总量在 1987 年为 $4885.13 \times 10^4 \ hm^2$，2009/2010 年为 $4495.05 \times 10^4 \ hm^2$，1987～2009 年共减少耕地 $390.08 \times 10^4 \ hm^2$，年均减少速率 0.35%。其间，耕地资源总量变化分为三个阶段：1987～1992 年呈现增长变动，6 年增加耕地 $85.6 \times 10^4 \ hm^2$；1992～2000 年呈现波动变化，但整体上减少 $64.97 \times 10^4 \ hm^2$；2000 年以来呈现减少趋势，10 年减少耕地 $410.68 \times 10^4 \ hm^2$。分析表明，西部地区耕地资源总量变化趋势与全国一样，在时间序列上呈现减少变化。根据 1997～2009 年的西部地区耕地资源总量逐年变化数据,利用 DPS 平台上的灰色系统方法建立 GM（1，1）模型：

$$M = -484599.9097 e^{-0.0104t} + 489519.4767$$

$C = 0.2907$ 很好，$p = 1.0000$ 很好，模型评价很好。观测值与拟合值之间的误差率介于 -2.0438%～1.7477%，其变化过程见图 2-7，拟合误差很小，说明灰色模型可靠。该模型预测西部地区耕地变化情况，2014 年和 2015 年，西部地区耕地资源总量分别为 $4193.21 \times 10^4 \ hm^2$、$4149.93 \times 10^4 \ hm^2$，在 2009/2010 年基础上又有较大幅度的减少。

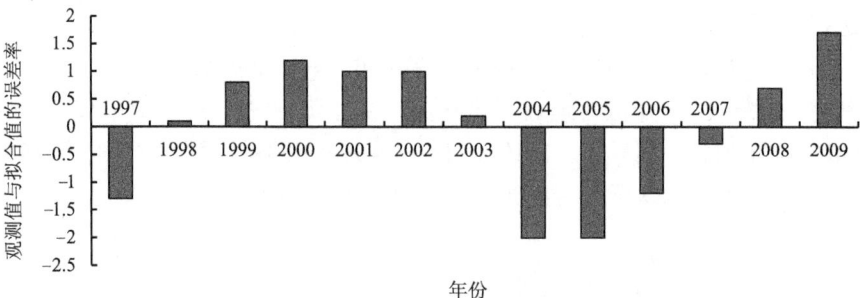

图 2-7　西部地区耕地资源总量的观测值与拟合值之间的误差率变化

西部地区的耕地资源总量年变化量和年变化率见表 2-2。西部地区 1999~2004 年耕地年减少量和年变化率均呈增多的趋势，5 年累计减少量达 395.49×10^4 hm²，这与西部地区实施退耕还林政策有关；2004 年以后，受退耕还林政策调整的影响，西部地区耕地年际递减量的幅度呈下降变动，到 2009 年的累计减少总量为 462.28×10^4 hm²。

表 2-2 西部耕地年变化量和年变化率

年份	1999	2000	2001	2002	2003	2004	2005	2006	2007	2008	2009	累计
年变化量/10^4 hm²	-16.78	-34.82	-59.72	-50.2	-88.29	-145.68	-50.4	-8.5	-9.15	+0.48	+0.78	-462.28
年变化率/%	-0.34	-0.7	-1.22	-1.04	-1.84	-3.09	-1.1	-0.19	-0.2	+0.01	+0.02	-9.7

注："-"为耕地年减少量，"+"耕地年增加量

（二）耕地资源总量减少的因素

西部地区耕地资源总量减少除了主要受行为主体的耕地利用管理中的经济行为影响外，还与居民点建设、自然因素、国家政府的退耕还林政策有关。2010 年城乡居民点建设用地 235 385.4 km²，农村居民点建设用地 147 432 km²（中华人民共和国住房和城乡建设部，2011），农村居民点建设用地占同年城乡居民点建设用地总量的 62.63%，农村居民点建设用地是城乡居民点建设用地的主流。

自然灾害对耕地数量减少的影响。1999~2008 年西部地区自然灾毁耕地面积和占全国灾毁耕地面积比例的年际变化情况见表 2-3（2000 年和 2003 年数据缺失）。其间，自然灾毁的西部地区耕地面积累计高达 23.73×10^4 hm²，年平均高达 2.97×10^4 hm²。自然灾害偶发性决定了不同年份的耕地灾毁量具有突变性、波动性，进而增强了耕地数量年际变化的不确定性。自然灾毁的西部地区耕地面积具有年际波动性，1999 年高达 8.32×10^4 hm²，是 2007 年的 6.55 倍，年减少量波动范围为 1.27×10^4~8.32×10^4 hm²。自然灾毁的西部耕地面积占全国灾毁耕地面积的比例波动范围为 45.10%~83.90%，平均值为 58.01%。从比例来看，最少的也在 45%以上，最多近占全国的 84%；平均而言，全国自然灾毁耕地面积有一半以上分布在西部地区。自然灾害发生的区域性决定了西部各省（自治区、直辖市）的耕地灾毁具有区域差异性（表 2-4），内蒙古自治区、陕西省、新疆维吾尔自治区、四川省、重庆市、贵州省、云南省及广西壮族自治区 8 个省级行政区为灾毁耕地的主要发生区域，其中，前 3 个省（自治区）为干旱区域，主要的灾毁因素与干旱有关；后 5 个省（自治区、直辖市）为湿润地区，耕地灾毁与山地、丘陵等自然地形条件和人类的不合理开发利用等因素关系密切。

表 2-3　西部地区自然灾毁减少的耕地面积

年份	1999	2001	2002	2004	2005	2006	2007	2008	平均值
西部地区灾毁耕地面积/10^4 hm²	8.32	1.40	3.28	3.14	2.62	1.62	1.27	2.08	2.97
占全国灾毁耕地面积比例/%	61.78	45.62	58.19	49.60	48.93	45.10	71.00	83.90	58.01

表 2-4　西部省（自治区、直辖市）自然灾毁累计减少的耕地面积　　（单位：10^4 hm²）

地域	内蒙古	广西	重庆	四川	贵州	云南	西藏	陕西	甘肃	青海	宁夏	新疆
灾毁耕地面积	5.290 3	1.063 1	1.143	3.585 5	4.837 1	3.663 7	0.063 7	2.242 5	0.279 3	0.255 1	0.157 2	1.142 0

注：因 2000 年和 2003 年数据缺失，未统计在内，表中计算的自然灾毁累计减少的耕地面积比实际值要小些

　　生态退耕对耕地数量的影响。坡耕地生态退耕是为了增大江河中上游地区坡地的植被盖度，减少降水对地表坡面冲刷、水土流失；减少水土流失的目的是为了减少流水携带的泥沙，减少江河、湖泊的泥沙淤积，减缓河床、湖床抬高速度，进一步减少水患，降低水患对经济社会的危害。1998 年我国长江流域的洪水灾害造成的巨大经济损失，催生了政府对如何减轻不可避免的灾害损失的思考，其中的西部生态退耕工程，就是西部大开发战略实施后政府追求负经济效益最小的典型代表。有计划地退还坡度大于 25°的坡耕地为林地、草地或水域的行政措施，即为生态退耕。西部地区是生态退耕的主要区域，生态退耕工程是导致耕地减少的重要方面。据统计，1999～2008 年，西部地区生态退耕减少的耕地面积累计达到 533.85×10^4 hm²，占全国生态退耕减少耕地总面积的 77.30%[①]。但随着以生态环境保护为目的的生态退耕目标的实现，生态退耕可能将不再成为西部地区耕地总量减少的主导因素。西部地区主要年份生态退耕面积及其占全国生态退耕面积的比例变化见图 2-8。从生态退耕面积的绝对数量看，经历了两个变化阶段：2003 年前的退耕面积呈现波动上升，2003 年退耕面积高达 202.66×10^4 hm²；2003 年以后的年退耕面积呈现波动减少变动。西部地区生态退耕面积占全国的比例在 2007 年及以前的年份都超过了一半以上。

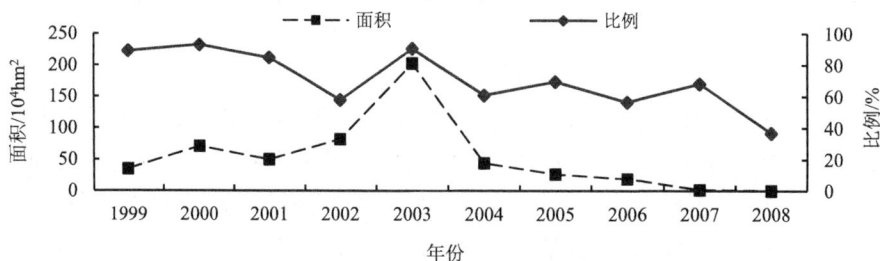

图 2-8　西部地区生态退耕面积变化

① 据 2000～2009 年《中国统计年鉴》数据整理。

三、西部地区耕地面积在全国的地位下降

西部地区耕地面积在全国的地位变化见图 2-9。2009 年相对于 1987 年，西部地区耕地面积占全国的比例下降了 0.4 个百分点。在全国的整体地位下降，意味着在相同时间段的全国耕地面积整体减少大盘中，西部地区耕地面积减少速度相对较快。西部地区耕地面积下降速度较快，一方面可能与国家的宏观政策如生态退耕有关，另一方面可能与行为主体在贯彻国家耕地数量保护政策时，存在差距有关。

分析西部地区耕地面积占全国比例的阶段变化，呈现"增—降—增"变动。1987～1998 年，西部地区耕地面积占全国的比例在波动中呈现较小的上升变动，由 1987 年的 37.33%上升为 1998 年的 38.12%，增加了 0.79 个百分点；1998～2005 年，西部地区耕地面积占全国的比例整体呈现较大的下降变动，2005 年西部地区耕地面积占全国的比例下降为 36.84%，下降了 1.28 个百分点，此时期正是西部大开发政策背景下退耕还林政策的关键时期；2005 年以来，西部地区耕地面积占全国的比例又呈现上升趋势，西部地区耕地面积 2009 年占全国的比例上升为 36.93%，四年间增加了 0.09 个百分点，这个时期正是退耕还林政策逐步完成、淡出时期。显然，西部地区耕地在全国的地位变化与退耕还林的相关政策变化密切相关，随着退耕还林的减少，西部地区耕地减少速度相对于中东部地区变慢，在全国的整体地位将进一步提升。

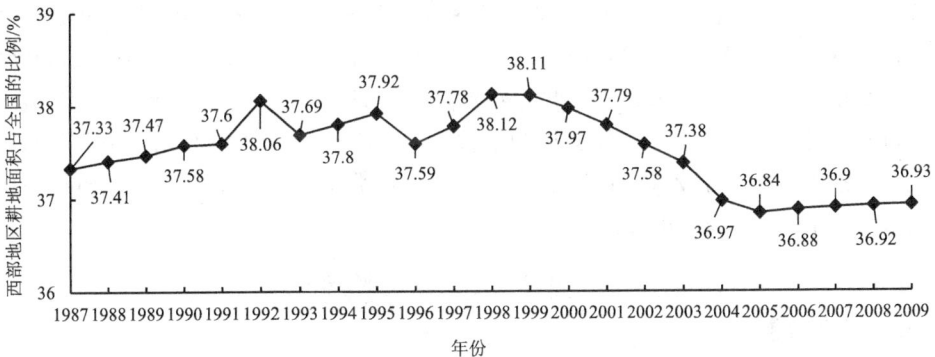

图 2-9　西部地区耕地面积在全国的地位变化

四、西部地区耕地总量变化

图 2-10 中，1993～2008 年西部 12 省（自治区、直辖市）耕地面积累计年变化率有 5 个自治区（直辖市）为正值，说明耕地面积累计年变化率增加，累计年

增加率最多的为重庆 78.32%，其后依次为内蒙古 29.09%、新疆 27.21%、宁夏 24.74%和西藏 1.39%，其余 7 个省（自治区）均为负值，说明耕地面积累计年变化率减少，累计年减少率最多的为陕西 19.77%，其后依次是贵州 15.63%、四川 15.14%、甘肃 11.75%、广西 8.87%、青海 8.07%和云南 8.05%。

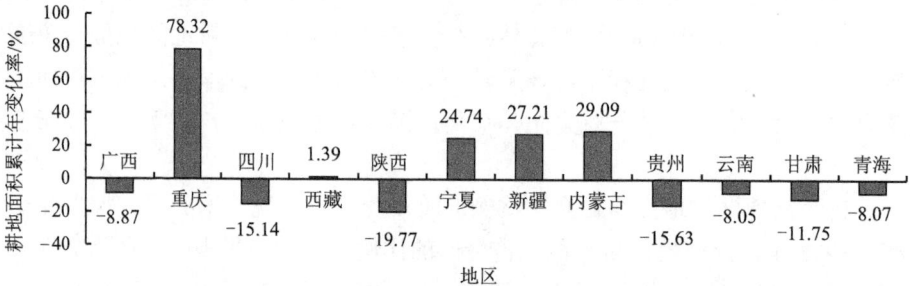

图 2-10　西部 12 省（自治区、直辖市）耕地面积累计年变化率

图 2-11 和图 2-12 分别为西部 12 省（自治区、直辖市）1999～2008 年累计耕地年减少量和累计耕地年增加量。从西部地区耕地资源数量变化的空间分布上看，耕地年减少量最多的是内蒙古，1999～2008 年累计耕地年减少量 102.20×10⁴ hm²，其次是陕西和四川，累计耕地年减少量分别为 67.40×10⁴ hm² 和 55.06×10⁴ hm²；2003～2008 年内蒙古、四川和陕西累计耕地年减少量依次为 38.0×10⁴ hm²、30.99×10⁴ hm² 和 29.52×10⁴ hm²。尽管从西部地区耕地资源数量变动的趋势看个别年份耕地面积是净增加的，但这些自然条件较好的省（自治区、直辖市）自实施西部大开发战略以来一直维持着净减少的趋势。那些自然条件较差的边远地区，如内蒙古、新疆和西藏等，1999 年以后耕地却基本上是净增加的。尤其是内蒙古和新疆，增加的幅度还比较大，累计耕地年增加量分别为 45.13×10⁴ hm² 和 12.62×10⁴ hm²（图 2-12）。耕地面积变化的这种区域差异，说明在西部地区耕地总量的动态平衡中，生产力较低的耕地面积的增加，在数量上部分地抵消了优质良田的减少，因而掩盖了问题的实质。

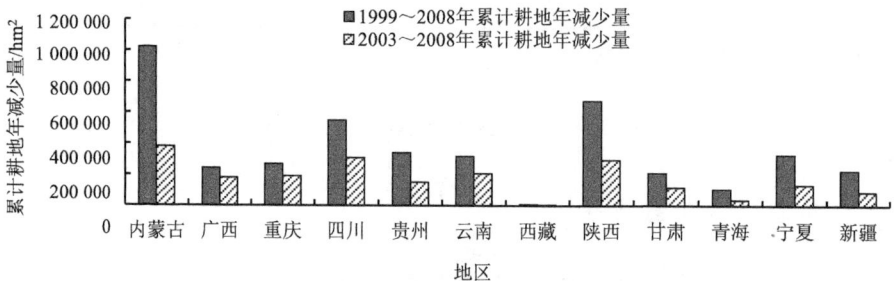

图 2-11　西部地区累计耕地年减少量

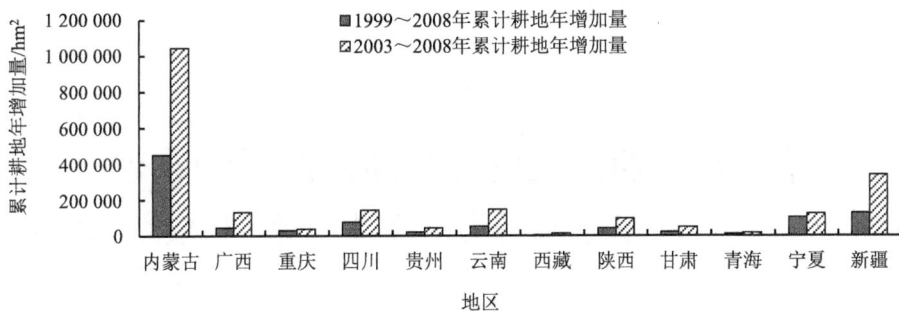

图 2-12　西部地区累计耕地年增加量

第三节　耕地数量演变对耕地保护的启示

一、耕地数量保护亟待加强

西部地区耕地数量在 2009/2010 年为 4495.05×10^4 hm^2,在时间序列上较 1987 年减少 390.07×10^4 hm^2,同期人均耕地数量减少;占全国耕地面积的地位尽管在阶段上呈现"增—降—增"变动,但整体上由 1987 年的 37.33%下降到 2009 年的 36.93%。在实施耕地保护的大背景下,西部地区的人均耕地数量和耕地总量与全国、中部地区和东部地区一样呈现下行趋势变动,说明耕地数量保护在落实方面还需要进一步加强;占全国的比例相对于 1987 年下降,意味着西部地区耕地数量的减少速度快于全国平均水平,说明耕地数量保护工作需要加强。

二、保护耕地须在禁占方面下功夫

在西部地区耕地数量减少、占全国比例下降的同时,西部民族自治地区的耕地数量在波动中呈现增加趋势,1994~2009 年增加 523.29×10^4 hm^2。增加的耕地只能来源于复垦、土地整理、开荒,耕地数量增加说明西部民族自治地区在退耕还林的同时,还在大量开发、复垦和整理增加耕地数量,这一方面提醒人们结合补充耕地地区的自然条件思考新增加耕地的质量,另一方面也提醒人们思考"占一补一"的占一平衡制度,在耕地质量管理方面的弊端确实存在。先占后补、在数量和质量方面"占补平衡"补一的占补只是一种理论上的"乌托邦",要保障耕地数量不减少、耕地质量不降低,应该在"禁占"的方面下功夫,不是在占用耕地后的"补充"方面下功夫。为保护耕地质量、保护好地,在制度设计上要不留"死角",落实科学发展观,坚持最严格的耕地保护制度和节约用地制度,不能够占用、不该占用的耕地就是不能占用。

第三章　西部地区保护耕地质量的成效

——基于细碎化、限制性和耕地地力的视角

耕地质量是指耕地用于农作物栽培时对农作物的适宜性、耕地地力或生物生产力的大小、耕地利用后经济效益的多少和耕地环境是否被污染等方面，是在当前管理水平下，一定区域内的耕地土壤理化性状、自然背景条件、农田基础设施及耕作施肥管理水平等因素综合构成的耕地生产能力，即耕地（基础）地力。一些省（自治区、直辖市）政府性文件对耕地质量有不同的表述，例如，天津市（2007 年）[①]认为耕地质量是耕地地力和耕地环境、设施水平及对农作物的适宜性等综合因素的优劣程度，湖南省（2007 年）[②]、江苏省（2011 年）[③]等认为耕地质量是由耕地地力、田间基础设施、耕地环境等构成的满足农作物安全和持续产出的能力，河南省（2012 年）[④]增加了立地条件，并将耕地质量定义为由耕地地力、田间基础设施、立地条件、耕地环境质量等要素构成的满足农作物安全和持续生产的能力。尽管上述的表述有一定差别，但无一例外地都将耕地地力、人力作用形成的田间基础设施、自然力作用形成的环境作为耕地质量的评价指标；湖南省、江苏省和河南省等将耕地地力作为影响农作物安全和持续生产能力的一个因素。笔者认为，对耕地质量下定义要从 4 个角度去思考，一是从与生产效率和耕地系数有关联的地块规模角度考虑耕地细碎化程度，二是从自然地力角度考虑耕地本底质量，三是从区域经济发展角度考虑耕地配套设施及经济区位的作用，四是从综合描述耕地生产能力角度的耕地地力。本章把耕地细碎化、耕地坡度、水管理及耕地质量要素综合作用下的耕地地力作为分析西部耕地质量保护的切入点。

第一节　西部地区耕地的细碎化特征研究

一、耕地细碎化的内涵

耕地细碎化又叫耕地零碎化或耕地破碎化。一个农场主或一个农户经营的耕

---

① 天津市人民政府第 122 号《天津市耕地质量管理办法》，2007 年 8 月 30 日。
② 湖南省第十届人民代表大会常务委员会公告第 89 号《湖南省耕地质量管理条例》，2007 年 9 月 29 日。
③ 江苏省第十一届人民代表大会常务委员会公告第 93 号《江苏省耕地质量管理条例》，2011 年 11 月 26 日。
④ 河南省人民政府令第 152 号《河南省耕地质量管理办法》，2013 年 2 月 11 日。

地，其面积较少、地块数较多，在较大范围内由分开、互不相连接的多地块构成（Binns，1950）；或被认为是农户拥有分散的、面积不等的多个地块（King & Burton，1982）；或指农户经营至少一块以上分开的土地（Nauyen et al.，1996）。总之，受人或自然条件影响，耕地难以成片、集中、规模经营，土地利用呈插花、分散、无序的状态（孙雁和刘友光，2010）都是耕地细碎化的表现，多块面积较小、区位互不相邻构成了耕地细碎化的突出特征。作为应用经济学研究对象的细碎化地块是指同一农户拥有多块互不相邻的、平均面积过小且已经影响到农户生产效率以致难以实现规模经济的土地，其形成与地形分割无关，且农户间通过地块交换可以合并（王兴稳和钟甫宁，2008）。中国耕地细碎化程度可能已经达到历史上的最高点（郭书田和刘纯彬，1990）。

二、西部地区的耕地细碎化特征

按照地貌类型和行政区划两种分类方式对课题组[①]的调查问卷[②]进行统计，其中，表 3-1 为按照地貌类型对西部地区耕地细碎化的统计结果，表 3-2 为按照行政区划对西部地区旱地细碎化的统计结果，表 3-3 为按照行政区划对西部地区水田细碎化的统计结果。

表 3-1　按照地貌类型对西部地区耕地细碎化随机调查的统计

地貌类型	平原或平坝区			丘陵区			山区			合计		
	旱地	水田	小计	旱地	水田	小计	旱地	水田	小计	旱地	水田	小计
面积/hm²	22.27	17.20	39.47	62.36	40.93	103.29	353.34	44.00	397.35	437.97	102.13	540.13
地块数/块	460	533	993	2 410	1 215	3 625	3 077	713	3 790	5 947	2 461	8 408
最大地块/hm²	0.09	0.06	0.08	0.06	0.07	0.07	0.44	0.15	0.29	0.19	0.09	0.15
最小地块/hm²	0.01	0.01	0.01	0.01	0.02	0.02	0.14	0.03	0.04	0.05	0.02	0.04

表 3-2　按照行政区划对西部地区旱地细碎化的随机调查统计

调查地区	面积/hm²	块数/块	样本数/个	最大地块面积/hm²	最小地块面积/hm²	地块平均面积/hm²	户均地块数/块	户最多地块数/块	户最少地块数/块
甘肃会宁县	57.75	393	62	0.53	0.013 3	0.15	6	14	3
甘肃平川区	39.43	168	22	2.00	0.013 3	0.23	7	30	2
广西贺州市	12.93	235	19	1.13	0.000 7	0.06	13	25	5

[①] 指笔者主持完成的国家社会科学基金西部项目"西部地区耕地保护的经济补偿机制研究——基于耕地保护管理行为主体的视角"（10XJY021）课题组，下同。

[②] 2011 年 6 月到 2012 年 5 月，在四川、甘肃、新疆、云南、重庆和广西等省（自治区、直辖市）进行耕地细碎化问卷调查，703 个调查样本农户分布在 29 个市级行政单位，84 个县（市、区），354 个行政村。

续表

调查地区	面积/hm²	块数/块	样本数/个	最大地块面积/hm²	最小地块面积/hm²	地块平均面积/hm²	户均地块数/块	户最多地块数/块	户最少地块数/块
广西来宾市	3.83	65	22	0.33	0.002 7	0.06	3	8	1
四川巴中市	1.92	161	14	0.08	0.000 7	0.01	12	30	3
四川成都市	3.60	109	25	0.17	0.001 3	0.03	4	12	1
四川达州市	5.31	447	36	0.08	0.000 7	0.01	11	30	2
四川德阳市	1.36	64	14	0.07	0.006 7	0.02	5	9	2
四川甘孜州	60.80	147	8	3.40	0.066 7	0.41	18	61	2
四川广安市	1.15	37	8	0.13	0.000 7	0.03	5	9	2
四川广元市	4.65	268	22	0.13	0.000 7	0.02	12	30	3
四川乐山市	2.84	97	14	0.13	0.001 3	0.03	4	9	1
四川凉山州	7.05	42	10	0.47	0.003 3	0.17	5	8	2
四川泸州市	8.43	333	40	0.20	0.001 3	0.03	8	30	1
四川眉山市	0.43	12	6	0.09	0.003 3	0.04	2	3	1
四川绵阳市	15.47	—	3	0.06	0.034 7	0.23	5	7	3
四川内江市	0.62	104	5	0.06	0.001 3	0.01	26	40	4
四川南充市	1.27	42	6	0.08	0.001 3	0.03	7	15	3
四川攀枝花市	3.98	83	11	1.20	0.001 3	0.05	8	25	3
四川遂宁市	1.71	35	7	0.13	0.001 3	0.05	5	14	2
四川雅安市	0.87	7	3	0.20	0.066 7	0.12	3	4	2
四川宜宾市	5.77	207	21	0.09	0.000 7	0.03	10	20	2
四川资阳市	0.81	24	7	0.17	0.003 3	0.03	4	6	2
四川自贡市	1.47	80	15	0.08	0.002 7	0.02	5	13	2
新疆巴州	211.80	489	146	10.00	0.066 7	0.43	3	10	1
云南玉溪市	7.06	48	10	0.87	0.010 0	0.15	5	10	3
重庆市	1.23	14	3	0.08	0.013 3	0.09	5	7	2

注：甘孜州，全称甘孜藏族自治州；凉山州，全称凉山彝族自治州；巴州，全称巴音郭楞蒙古自治州

表 3-3 按照行政区划对西部地区水田细碎化的随机调查统计

调查地区	面积/hm²	块数/块	样本数/个	最大地块面积/hm²	最小地块面积/hm²	地块平均面积/hm²	户均地块数/块	户最多地块数/块	户最少地块数/块
甘肃靖远县	2.57	61	5	0.13	0.020 0	0.042 1	11	30	2
甘肃平川区	9.62	152	20	0.20	0.013 3	0.063 3	8	30	1
广西贺州市	4.47	180	19	0.09	0.000 7	0.024 8	9	20	3
广西来宾市	5.93		23	0.06	0.014 7	0.112 7	4	13	1
四川巴中市	2.42	85	14	0.13	0.002 0	0.028 5	5	12	2
四川成都市	6.91	232	34	0.12	0.003 3	0.029 8	7	20	1
四川达州市	7.00	301	36	0.17	0.002 0	0.023 3	8	35	2

续表

调查地区	面积/hm²	块数/块	样本数/个	最大地块面积/hm²	最小地块面积/hm²	地块平均面积/hm²	户均地块数/块	户最多地块数/块	户最少地块数/块
四川德阳市	0.58	21	8	0.07	0.006 0	0.027 5	3	4	1
四川广安市	2.22	29	9	0.19	0.013 3	0.076 5	3	5	2
四川广元市	4.09	115	16	0.13	0.001 3	0.035 5	7	18	3
四川乐山市	2.73	61	13	0.20	0.000 7	0.044 8	5	12	2
四川凉山州	3.18	53	9	0.20	0.000 7	0.060 1	6	9	3
四川泸州市	9.61	264	38	0.13	0.005 3	0.036 4	7	48	1
四川眉山市	1.62	25	6	0.20	0.006 7	0.064 8	4	9	2
四川南充市	1.76	83	11	0.07	0.006 7	0.021 2	8	17	3
四川攀枝花市	1.84	98	11	0.09	0.000 7	0.018 8	9	20	3
四川遂宁市	1.27	47	8	0.08	0.004 0	0.026 9	3	5	2
四川雅安市	0.57	11	3	0.13	0.006 7	0.051 5	4	5	3
四川宜宾市	2.45	101	19	0.13	0.000 7	0.024 3	6	19	2
四川资阳市	1.05	24	7	0.14	0.006 7	0.043 7	3	5	2
四川自贡市	1.35	54	14	0.10	0.002 0	0.025 1	4	7	1
新疆巴州	13.33	5	5	3.33	2.000 0	2.666 7	1	1	1
云南玉溪市	1.37	14	6	0.13	0.013 3	0.097 6	3	7	1
重庆市	1.43	17	3	0.07	0.013 3	0.084 3	3	4	2

表 3-1～表 3-3 的数据表明：第一，调查平原或平坝区的旱地地块、水田地块数共计 993 块，总面积为 39.47 hm²，每个地块的平均面积为 0.04 hm²，最大的旱地地块为 0.09 hm²、最大的水田地块为 0.06 hm²，最小的旱地地块为 0.01hm²、最小的水田地块为 0.014 hm²，平原或平坝区的地块面积很小，可能与人口高度集中有关，按照肥瘦搭配、远近搭配、坡地平地搭配等原则，农户在承包耕地时，上等好地一般都被划分得很小、很破碎。第二，在丘陵区调查了 3625 个地块，面积 103.29 hm²，每个地块的平均面积为 0.03 hm²，调查的最大旱地地块为 0.06 hm²、最大水田地块为 0.07hm²，丘陵区的耕地地块的细碎化也很显著，这可能与丘陵地区的人口密集、集中度高有关。第三，在山区调查了 3790 个地块，其中旱地为 3077 块，占到调查地块数的 81.19%，山区地块以旱地为主，面积平均为 0.10 hm²/块，大于平原或平坝区和丘陵区，在一定程度上反映了山区人口密集程度相对较低。受调查农户的户均地块数量介于 2～26 块。

图 3-1 为三类地貌类型区的户均地块数、最大地块和最小地块的面积对比。图 3-1a 表明，户均地块数在平原或平坝区为 9.55 块，丘陵区多达 20.25 块，山区 9.02 块，在人口密集的丘陵区地块最为细碎；从耕地类型看，旱地在丘陵区和山

区特别细碎，旱地细碎化是丘陵区耕地细碎化程度远高于平原或平坝区和山区的重要推手。图 3-1b 表明，山区的户均最大地块面积最大，这主要与山区居民的居住相对分散有关，农户居住分散，同一地块分割次数少，其相对面积较大。图 3-1c 表明，平原或平坝区和丘陵区人口密集，同一地块分割次数多，户均地块的面积相对小，地块破碎。

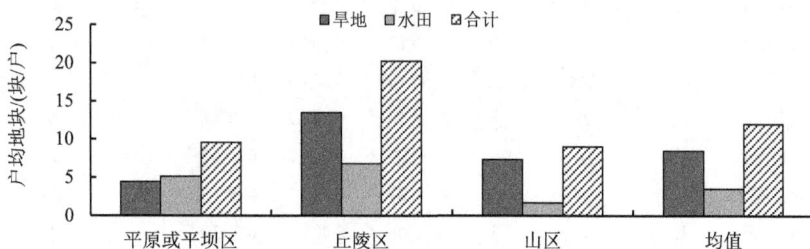

（a）户均地块数

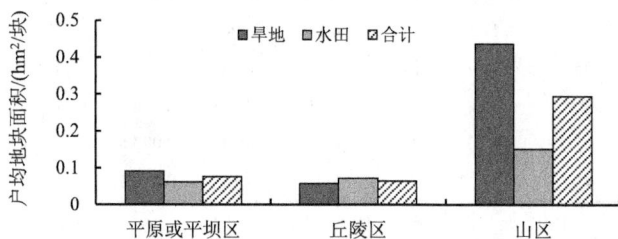

（b）最大地块面积

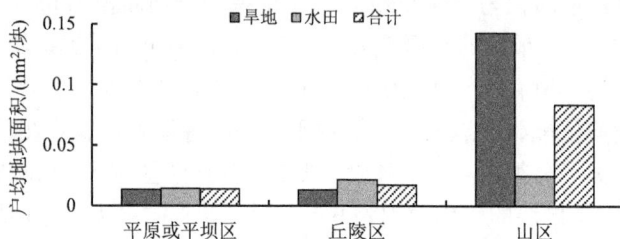

（c）最小地块面积

图 3-1　三类地貌类型区的户均地块数、最大地块和最小地块面积

三、耕地细碎化的形成机制

（一）耕地细碎化具有久远的历史基础

我国的耕地细碎化现象由来已久。无论是唐宋时期政府定期分配、收回土地，

还是唐宋以后直至近代土地完全私有化、市场化,不仅始终存在细碎化现象而且有加剧的趋势(赵冈,2003)。1928年的河北定县(今定州市)户均地块数为7.64块,块均耕地面积仅为0.28 hm²(周应堂和王思明,2008)。研究者在1929~1933年对22个省份的16 000家农户进行了实地调查后发现户均经营规模为2.10 hm²,户均地块数为5.6块,户均地块面积仅为0.38 hm²;无锡34家农户68.5 hm²水田被分割成411块,分割后的户均地块面积仅为0.17 hm²(Buck,1937),耕地的零星分割特性突出。历史上的土地租种制度与地租不断上涨促使土地细碎化,地租越来越高,当增加劳动生产力的利润低于地租和地价上涨时,农户租种土地的热情与动力受到抑制,对租种土地的需求减少,农民希望租进最少的土地,最大限度地在这最少的土地上提高产量;农户的需求变化在一定程度上限制了耕地集中化,维持了土地的零碎化。

(二)耕地细碎化具有深厚的制度基础

耕地细碎化与传统的诸子均分财产制度有着密切的关联(叶春辉等,2008)。财产继承、诸子均分制导致土地细碎化(周应堂和王思明,2008)。随着子女长大成人,成家立业,农户个体会自行分割耕地给每个子女,进而加剧耕地细碎化程度。

当今,家庭联产承包责任制是加深耕地细碎化的制度基础。改革开放以来,在坚持土地集体所有制的前提下,广大农村推行家庭联产承包责任制,土地在村集体内部进行均分,将集体所有的耕地等生产资料承包给农户,农民独立经营,自负盈亏(许庆等,2007)。以家庭为最基本生产单位的家庭联产承包责任制,取代了集体化大生产的人民公社,耕地细碎化现象的重新出现(许庆等,2008)。出于对公平的要求,土地分配时需要兼顾土地肥力与地块位置的差异,按照好坏搭配、远近搭配的原则,既导致不同农户的经营地块互相插花,又导致户均地块面积狭小,1984年的户均地块数为9.7块、户均地块面积0.058 hm²(黄贤金等,2001);2003年的全国户均地块数为5.72块、户均地块面积0.087 hm²(许庆等,2007)。就地区而言,2000年,山东青州、龙口、新泰地区户均地块数为6.07块、户均地块面积0.045 hm²,浙江鄞州区、温岭市、江山市等地的户均地块数为4.50块、户均地块面积0.08 hm²(田传浩等,2005);2006年,江苏兴化市的户均地块数为3.0块,户均地块面积0.13 hm²,黑龙江宾县的户均地块数为4.0块、户均地块面积0.23 hm²(王兴稳和钟甫宁,2008);2008年,江苏宿迁市宿豫区的户均地块数为3.16块、户均地块面积0.092 hm²(刘涛等,2008);2009年,辽宁昌图县的户均地块数为3.54块、户均地块面积0.19 hm²(李庆东等,2010)。

在实行家庭联产承包责任制后和实施"30年不变政策"之前的23年中,受婚、丧、嫁、娶等因素造成的人口增减及各地耕地被征占和自然灾害引起的灾毁（王兴稳和钟甫宁，2008）等因素影响，农户在"人人有其田"的思想指导下要求对承包耕地进行不同程度的调整，山东、江苏、江西和河南 4 省有 89.6%的村对土地进行过不同程度的调整，调整次数平均为 3.9 次，其中大调整的平均次数为 1.9 次，调整次数最多的为一年一调，土地调整制度在一定程度上加剧了农户承包耕地的细碎化程度（杨学城等，2001）。课题组对西部地区承包耕地变动情况的随机调查发现，山区农户对承包耕地是否变动问题最为敏感，回答该问题的山区农户中，甘肃 138 户、广西 52 户、新疆 151 户、云南 14 户、四川 342 户，其中选择有调整的农户分别占到 42%、37%、2%、79%、56%；另外，四川的平原或平坝区有 50 位农户、丘陵区有 179 位农户回答了该问题，选择有调整的农户比例分别为 58%和 56%（表 3-4）。这一方面说明各地的农户可能都不同程度地经历过承包耕地的调整，同时也说明各地区具有显著的差异性。土地调整加剧了耕地细碎化程度。

表 3-4　研究区农户承包耕地以来土地调整情况调查

地区	甘肃			广西			四川			新疆			云南			重庆		
	无	有	小计	无	有	小计	无	有	小计	无	有	小计	无	有	小计	无	有	小计
平原或平坝区/户	0	0	0	33	19	52	24	29	53	0	0	0	0	0	0	0	0	0
丘陵区/户	0	0	0	0	0	0	78	101	179	0	0	0	0	0	0	0	0	0
山区/户	80	58	138	0	0	0	49	62	111	148	3	151	3	11	14	1	2	3
小计/户	80	58	138	33	19	52	151	192	343	148	3	151	3	11	14	1	2	3
比例/%	58	42	100	63	37	100	44	56	100	98	2	100	21	79	100	33	67	100

（三）耕地细碎化广泛的社会基础

庞大的人口规模及农地资源稀缺、地区分布不均，构成人多地少的人地关系现状导致耕地细碎化（李建林等，2006）。中国人口众多，以农民为主，在农业现代化水平较低的条件下，解决广大农民生存、维护国家稳定的有效方式就是承包一定数量的耕地给农民。不论一个农民有多少子女，除户口迁出者外，均有权向村集体组织提出申请，要求按照家庭人口数分配一定数量的耕地。同类、同质、同区位的耕地数量有限，按人承包、按户分配的结果，必然导致每户农民家庭的耕地细碎化。黄贤金等（2001）在 1997 年对江苏金坛区的调查显示：一农户耕种 9.87 hm^2 耕地，却被分为 140～150 块，平均每个地块仅 0.067 hm^2 左右；另一农户耕种 5.45 hm^2 耕地，却被分成了近 100 块，平均每个地块仅 0.055 hm^2。

（四）耕地细碎化的自然基础

耕地细碎化的自然影响因素主要包括地形地貌条件、自然灾害和海拔高度变化等。课题组在西部地区调研的结果表明，最大地块的面积、地块的块数均与海拔有关。图 3-2～图 3-4 分别展现了平原或平坝区、丘陵区和山区最大地块的面积与海拔之间的关系，图 3-5～图 3-7 分别展现了平原或平坝区、丘陵区和山区的地块数与海拔之间的关系。受山地、河流、湖泊、地界等地形地貌因素的影响，农户拥有的耕地是难以归整的，形成了耕地细碎化的现实。自然灾害常成为耕地细碎化的诱因，人们抵御自然灾害风险的措施之一是通过耕地细碎化，促成农户的农业生产多样化，降低农业在同一品种上、同一区域内的风险，降低洪灾、旱灾、病虫害等农业生产风险，从而达到对抗自然灾害风险的目的。

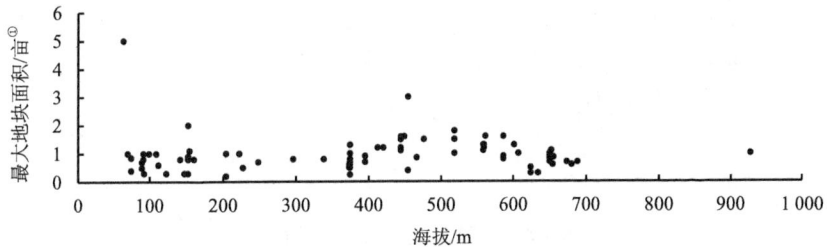

图 3-2　平原或平坝区最大地块面积与海拔的关系

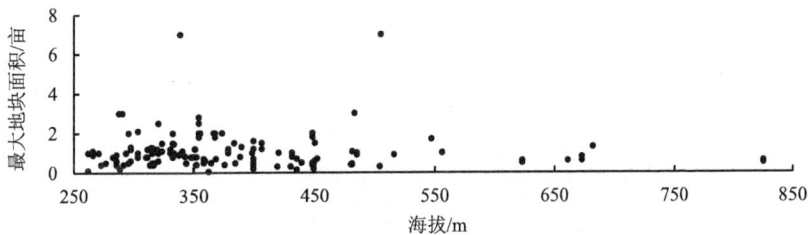

图 3-3　丘陵区最大地块面积与海拔的关系

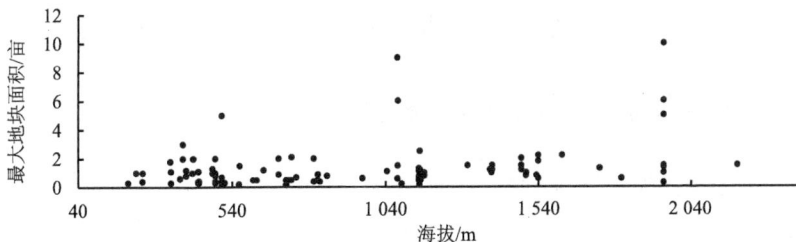

图 3-4　山区最大地块面积与海拔的关系

① 1 亩=$\frac{1}{15}$ hm²≈666.7m²。

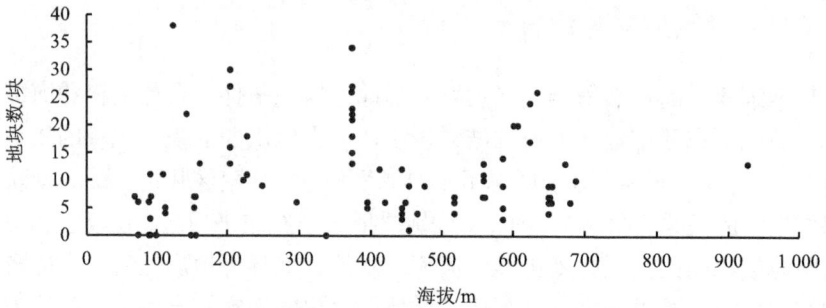

图 3-5　平原或平坝区地块数与海拔的关系

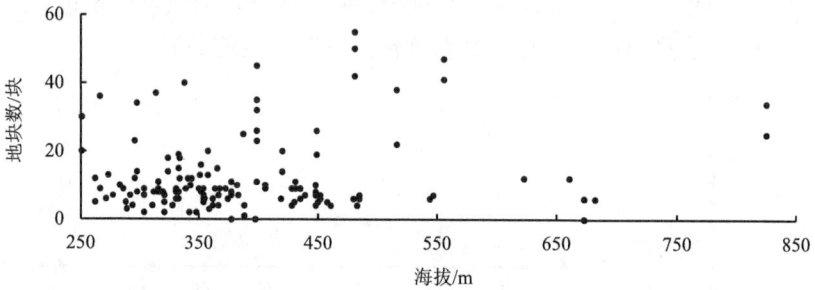

图 3-6　丘陵区地块数与海拔的关系

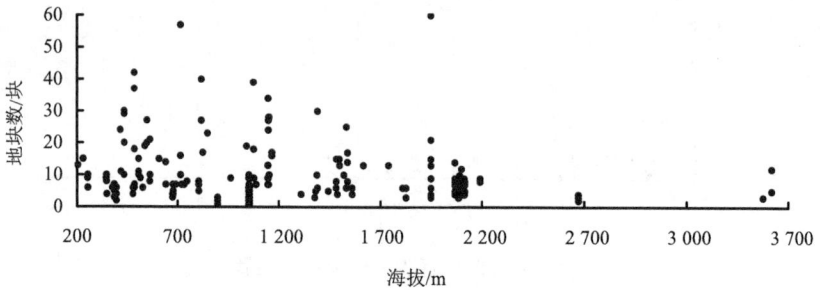

图 3-7　山区地块数与海拔的关系

四、耕地细碎化对耕地保护与利用的影响

（一）耕地细碎化直接损失耕地数量

受地形限制，坡耕地较平原或平坝区耕地的田坎多。田坎越多，田坎系数就越大，耕地系数相对就越小，耕地地块的有效利用面积就相对较少，同时，还会增加沟渠、田间道路，进而浪费耕地资源。研究表明，因细碎化而浪费的耕地占

净耕地面积的 19%左右（Binns，1950），其中田坎面积占净耕地的 10%，沟渠面积占净耕地的 4%，田间道路面积占净耕地的 5%（Buck，1937），这使每吨谷物的劳动力成本增加 115 元（King & Burton，1982），耕地生产率降低 15.3%（Nguyen et al.，1996）。

西部地区的山区面积比例高，坡耕地和田坎多，田坎系数对耕地数量的影响大，不同区域的田坎系数差异会对耕地总面积产生较大的影响。表 3-5 为四川省绵阳市各县（市、区）不同坡度的梯田田坎系数对耕地有效利用面积的影响，表 3-6 为四川省绵阳市各县（市、区）不同坡度的坡地田坎系数对耕地有效利用面积的影响。从 2°到 25°以上，涪城区的梯田田坎系数由 0.122 上升到 0.302，耕地系数由 0.878 下降到 0.698；坡地田坎系数由 0.119 上升到 0.272，耕地系数由 0.881 下降到 0.728。游仙区、安县、江油市、三台县、盐亭县、梓潼县、北川羌族自治县（简称北川县）和平武县的梯田、坡地的田坎系数和耕地系数变化趋势，同涪城区的变化趋势具有一致性特征[①]。上述变化说明，无论是梯田还是坡地，随着耕地坡度的增加，田坎系数会增大；伴随田坎系数增大，耕地有效利用面积必然呈现减少的变化。田坎系数与田坎数量呈现显著的正相关，田坎数量与耕地细碎化呈现显著的正相关。随着耕地坡度增大，耕地受地形的影响，细碎化程度增加，耕地有效利用面积减小，耕地系数减小。所以，耕地细碎化直接损失耕地数量。

表 3-5　四川省绵阳市各县（市、区）的梯田田坎系数对耕地有效面积的影响

县（市、区）		涪城区	游仙区	安县	江油市	三台县	盐亭县	梓潼县	北川县	平武县
2°～6°	田坎系数	0.122	0.122	0.127	0.127	0.134	0.134	0.131	0.098	0.098
	耕地系数	0.878	0.878	0.873	0.873	0.866	0.866	0.869	0.902	0.902
6°～15°	田坎系数	0.162	0.162	0.161	0.161	0.182	0.182	0.157	0.152	0.152
	耕地系数	0.838	0.838	0.839	0.839	0.818	0.818	0.843	0.848	0.848
15°～25°	田坎系数	0.244	0.244	0.244	0.244	0.233	0.233	0.195	0.183	0.183
	耕地系数	0.756	0.756	0.756	0.756	0.767	0.767	0.805	0.817	0.817
>25°	田坎系数	0.302	0.302	0.302	0.302	0.302	0.302	0.302	0.302	0.302
	耕地系数	0.698	0.698	0.698	0.698	0.698	0.698	0.698	0.698	0.698

表 3-6　四川省绵阳市各县（市、区）的坡地田坎系数对耕地有效面积的影响

县（市、区）		涪城区	游仙区	安县	江油市	三台县	盐亭县	梓潼县	北川县	平武县
2°～6°	田坎系数	0.119	0.119	0.119	0.119	0.129	0.129	0.125	0.084	0.084
	耕地系数	0.881	0.881	0.881	0.881	0.871	0.871	0.875	0.916	0.916
6°～15°	田坎系数	0.150	0.150	0.152	0.152	0.159	0.159	0.156	0.135	0.135
	耕地系数	0.850	0.850	0.848	0.848	0.841	0.841	0.844	0.865	0.865

① 数据来源于绵阳市国土资源局组织的耕地资源调查报告。

县（市、区）		涪城区	游仙区	安县	江油市	三台县	盐亭县	梓潼县	北川县	平武县
15°~25°	田坎系数	0.202	0.202	0.182	0.182	0.208	0.208	0.193	0.169	0.169
	耕地系数	0.798	0.798	0.818	0.818	0.792	0.792	0.807	0.831	0.831
>25°	田坎系数	0.280	0.280	0.280	0.280	0.281	0.281	0.281	0.272	0.272
	耕地系数	0.720	0.720	0.720	0.720	0.719	0.719	0.719	0.728	0.728

（二）耕地细碎化造成工时浪费

耕地地块分散，会导致农户将较多的时间浪费在去经营地块的路途中，时间花在走路而不是干活方面是一种劳动力的浪费（Fleisher & Liu，1992）。课题组在西部地区随机调查，得到农户耕作半径有效问卷 583 份，按照平原或平坝区、丘陵区和山区进行分类，在按照 100 m 以内、100~500 m、500~1000 m、1000~2000 m、2000 m 以上进行分组，然后按照类别分别计算每组的频度，结果见表 3-7。

表 3-7　西部地区农户耕作半径的随机调查情况统计表

耕作半径	平原或平坝区		丘陵区		山区	
	频数	频度/%	频数	频度/%	频数	频度/%
<100 m	8	10.53	14	8.24	5	1.48
100~500 m	25	32.89	52	30.59	37	10.98
500~1000 m	15	19.74	48	28.24	127	37.69
1000~2000 m	15	19.74	45	26.47	156	46.29
>2000 m	13	17.11	11	6.47	12	3.56

表 3-7 数据表明，平原或平坝区的平均耕作半径相对较小，耕作半径在 1000 m 以内的农户超过 2/3，大于 2000 m 的农户不到 1/5，极端耕作半径为 6000 m；在丘陵区，耕作半径在 1000 m 以内的农户占到近 2/3，耕作半径为 1000~2000 m 的农户比例比平原或平坝区有所上升，极端耕作半径为 15 000m；在山区，80%以上的农户耕作半径为 500~2000 m，其中耕作半径在 1000~2000 m 的农户比例高达 46.29%，极端耕作半径为 35 000 m。耕作半径呈现从平原或平坝区向丘陵区、再向山区增大的变动特征。

耕作半径扩展，农民干活花在行程上的时间必然增多，花在干活方面的有效劳动时间必然减少。已知耕地经营规模及农户数量①，假定耕地经营规模在 0.2 hm² 以下的农户每天耗时 80 min 在往返途中，经营规模在 6.6 hm² 以上的农户每天耗时 30 min 在往返途中，每户每年计 300 个劳动日，按照耕地经营规模增大一级路

① 参见《中国第二次全国农业普查资料汇编》，中国统计出版社 2009 年出版。

途往返耗时减少 5 min 和经营规模分组的我国耕地经营户数量资料，计算不同经营规模的农户在往返途中的耗时总量（表 3-8），则每户每天耗在路上的时间为 72.61min，每年在路上消耗的时间为 363 h；全国农户每年至少浪费在路途中的时间为 668.49×10⁸ h。

表 3-8　不同经营规模的农户耗费在往返途中的时间

经营规模/hm²	户数/户	户均年耗时/h	全国农户年耗时/10⁸h
<0.2	60 425 335	400	241.70
0.2～0.4	62 171 188	375	233.14
0.4～0.6	28 726 349	350	100.54
0.6～0.8	12 230 397	325	39.75
0.8～1.0	6 256 391	300	18.77
1.0～1.2	3 660 747	275	10.07
1.2～2.0	5 963 217	250	14.91
2.0～3.0	2 472 035	225	5.56
3.0～4.0	971 286	200	1.94
4.0～6.6	848 505	175	1.48
>6.6	415 182	150	0.62
合计	184 140 632	—	668.49

（三）耕地细碎化降低农业生产效率

当人均 GDP 进一步增加，在农户收入增多的同时要进一步通过投入劳动力对承包地的田边地角进行归整、开垦边际土地增加耕地数量会变得越来越困难。在增加的边际劳动投入量和增加的边际收益量不成比例时，劳动力非农化转移开始进入农户的视野，他们发现，一个壮劳力的种地收入远低于进城务工的工资性收入，放弃进城务工赚钱的机会在家种地很不划算，于是耕地的重要性开始逐步从青壮年农户劳动力眼中淡出，他们不再愿意将全部劳动力投放在承包耕地经营方面，当大量农户劳动力投身于耕地经营之外的非农产业时，耕地经营的投工量就全面下降，农户经济收入渐趋多元化。大量的青壮年农户劳动力离开土地，真正从事农业产业的劳动力不再丰富，耕地上的劳动力和劳动量投入减少，增加机械、技术、资本等替代要素投入是稳定产量和发展农村经济的重要手段。

耕地细碎化是大型农业机械设备使用的障碍。细碎化要增加农田基础设施成本，降低农业生产效率和利润空间；相反，通过归整扩大地块面积有利于提高生产效率。在 1987～1988 年对中国农户的调查表明，如果把样本中的经营地块数量由 4 块减少到 1 块，则全要素生产率将提高 8%（Fleisher & Liu，1992）；在 1993～

1994 年对吉林、山东、江西、四川和广东 5 省的农户调查表明，耕地面积大小与玉米、小麦和水稻产出之间存在显著的正相关，耕地细碎化导致粮食产量下降、农业生产的经济成本上升（Nguyen et al.，1996）。用计算机模拟耕地地块数量变化与农作物产量变化的关系（表 3-9）表明，当地块数量由 1 增加到 6 时，每增加 1 个耕地地块，玉米产量降低 6.42%，冬小麦产量降低 5.72%，薯类产量降低 6.67%，晚籼稻产量降低 1.31%，早籼稻产量降低 1.34%；如果土地归整消除耕地细碎化，玉米产量有可能提高 1%，冬小麦和薯类提高 18%，水稻能提高 4%，全国粮食总产量可以提高大约 9%（万广华和程恩江，1996）。在对山东莱西市的农户调查数据进行分组对比、因子分析和聚类分析后发现，耕地细碎化提高了农业机械的物质费用，降低了粮食生产的劳动生产率、土地生产率和成本产值率（苏旭霞和王秀清，2002；王秀清和苏旭霞，2002）。苏浙鲁地区的研究数据说明，即使考虑风险分散和缓解和劳动力不足，按照人口数均分耕地引起的耕地细碎化程度不但超过了农户需要，而且损失了生产效率（田传浩和贾生华，2003）；相反，运用前沿生产函数和被审查的正态 Tobit 模型对江西省 3 个村庄的农户和田块 2000 年的数据分析后发现，在其他条件固定不变的情况下，耕地地块平均面积增加可显著提高技术效率（谭淑豪等，2003）。

表 3-9　耕地地块数量变化对主要农作物产量的影响

增加地块数/块	玉米/%	冬小麦/%	薯类/%	晚籼稻/%	早籼稻/%
1	-12.13	-10.85	-12.60	-1.31	-1.34
2	-7.29	-6.49	-7.58	-1.31	-1.34
3	-5.23	-4.66	-5.44	-1.31	-1.34
4	-4.08	-3.63	-4.24	-0.38	-1.34
5	-3.35	-2.98	-3.48	-2.24	-1.34
平均值	-6.42	-5.72	-6.67	-1.31	-1.34

第二节　耕地坡度与西部地区的耕地质量

一、耕地坡度与西部地区的坡耕地构成

耕地坡度是指耕地所处位置的地面坡度。耕地分为平地和坡耕地两个类别，其中，平地的坡度≤2°，对应耕地分级为 I 级；坡耕地的坡度>2°，对应耕地分级为 II～V 级。在坡耕地中，II 级耕地的坡度 2°～6°、III 级耕地的坡度 6°～15°、IV 级耕地的坡度 15°～25°、V 级耕地的坡度>25°（中华人民共和国国土资源部，

2007）。坡耕地再分为梯田和坡地两种利用类型。坡耕地分布在山坡上，地面平整度差、跑水跑肥跑土问题突出、作物产量低。

西部地区坡耕地比例大。西部地区的耕地总量约 4495.05×10⁴ hm²，其中，质量相对较好、水源有保证或具备灌溉设施、坡度<2°的平地约占耕地总量的36%，即占西部地区耕地总量的 1/3 稍多；而该类型耕地的全国平均比例为57%，西部地区比全国平均值低 21 个百分点。西部地区坡耕地面积约 2888.21×10⁴ hm²，坡耕地比例约占西部地区耕地总面积的 64%，接近 2/3；而该类型耕地的全国平均比例为43%，西部地区比全国平均值高 21 个百分点，在 100 hm² 耕地中，西部地区坡耕地占 64 hm²、而全国仅占 43 hm²，即单位耕地面积中西部地区坡耕地比例约为全国的 1.5 倍。西部地区坡耕地面积构成情况见图 3-8，要改善西部地区的耕地质量，提升耕地综合生产能力，首先要整治坡耕地。鉴于单位耕地面积中西部地区的坡耕地比例为全国的 1.5 倍，按照匡算坡耕地整治的投入成本，西部地区比全国平均水平至少高出 50%。

西部地区耕地构成中，2°～6° 坡耕地面积为 816.87×10⁴ hm²，占西部耕地总面积的 18.2%，比全国该类型耕地比例稍低；6°～15° 坡耕地面积 1119.16×10⁴ hm²，占西部耕地总面积的 24.9%，比全国该类型耕地的比例 14.9%高 10 个百分点；15°～25° 坡耕地面积 952.18×10⁴ hm²，占西部地区耕地总面积的 21.2%，比全国该类型的比例 10.0%高 11.2 个百分点。分析表明，西部地区不但坡耕地的比例高于全国平均水平，关键是 7° 及以上的坡耕地比例远远高于全国平均水平，意味着西部地区坡耕地整治不但难度较大，而且单位面积坡耕地整治资金的投入要远远高于全国的 1.5 倍水平。

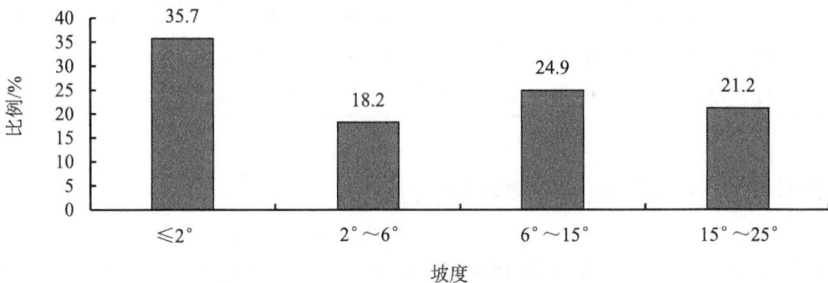

图 3-8　西部地区不同坡度的耕地比例对比

西部各省（自治区、直辖市）的坡耕地面积占本省（自治区、直辖市）行政辖区内的总耕地面积的比例，低于全国平均水平的仅新疆维吾尔自治区，内蒙古与全国均值接近，广西、西藏、宁夏、陕西 4 省（自治区）介于西部平均水平与全国平均水平之间，重庆、贵州、云南、四川、甘肃、青海 6 省（直辖市）均高于西部平均水平（图 3-9）。坡耕地比例越高，耕地质量建设与保护工程需要的资金、劳动力投入越大。西部 12 省（自治区、直辖市），不但坡耕地比例有差异，而且坡耕地的坡度大小也具有显著的地域性。

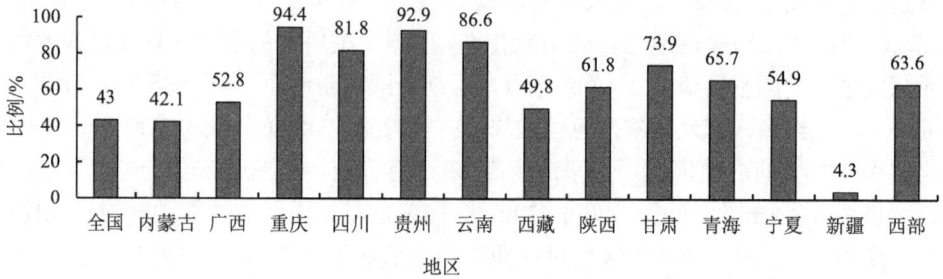

图 3-9　西部 12 省（自治区、直辖市）坡耕地占行政辖区耕地面积的比例对比图

西部地区及 12 省（自治区、直辖市）的坡耕地内部构成见表 3-10。西部地区，2°～6° 坡耕地占耕地总量的份额不到三成，而全国该类坡耕地的占比达到了四成以上，西部地区平均水平低于全国平均水平一成以上；6°～15° 和 15°～25° 两类坡耕地的占比，西部地区平均水平都高于全国平均水平。西部省（自治区、直辖市）之间差异很大，西南地区的云、贵、川、渝，西北地区的陕、甘、青、宁，2°～6° 级别的坡耕地比例都低于西部地区的平均水平。分析表明，西部地区坡耕地改造的难度高于全国平均难度。

表 3-10　西部地区不同坡度级别的耕地占本行政辖区坡耕地总量的比例　　（单位：%）

坡度	西部	内蒙古	广西	重庆	四川	贵州	云南	西藏	陕西	甘肃	青海	宁夏	新疆	全国
2°～6°	29.24	73.04	56.84	19.99	21.68	17.69	17.30	40.06	20.50	18.68	23.61	26.11	65.75	41.93
6°～15°	38.54	24.12	26.62	40.37	45.52	41.67	37.99	36.59	37.71	44.34	46.93	51.80	33.58	34.75
15°～25°	32.22	2.84	16.54	39.63	32.80	40.64	44.71	23.35	41.79	36.98	29.46	22.08	0.66	23.32

二、坡度构成对西部地区耕地质量的影响

耕地坡度限制性是西部地区耕地质量的第一限制性因素，受坡度限制的耕地面积约 $1200×10^4\ hm^2$。在西部地区的耕地面积构成中，受坡度限制的耕地面积比例为 24.2%，约占西部地区耕地资源总量的 1/4；在西部地区有限制性的耕地中，受坡度限制的耕地占耕地资源总量的近 1/3。全国受坡度限制的耕地中，3/4 以上集中分布在西部地区，西部地区的该类耕地占全国坡度限制耕地的 76.68%，其中，3°～7° 的耕地仅占全国的 3.32%，全部集中分布在内蒙古；坡度为 8°～15° 的耕地占全国同类耕地的 80.88%，坡度为 16°～25° 的耕地占全国同类耕地的 91.77%

（表3-11），主要集中分布在西南的川、渝、云、贵4省（直辖市），其中，8°～15°的耕地比例高达89.43%、16°～25°的耕地比例高达88.86%[①]。数据还表明，西部地区，随着耕地坡度的增大，受坡度限制的耕地占全国同类耕地的比例增大，其中，耕地坡度<8°的限制性耕地面积占全国的比例小，≥8°的限制性耕地面积占全国的比例大，意味着西部地区的坡耕地改造难度要大于中部地区和东部地区。

表 3-11　西部地区不同坡度限制性耕地占全国的比例

坡度	合计	3°～7°	8°～15°	16°～25°
限制性耕地占全国的比例/%	76.68	3.32	80.88	91.77

坡耕地存在严重制约旱地作物产量大幅度提高的因素。它的比例大小反映一个地区水土流失的一般状况，耕作比例越大、水土流失越严重、生态环境越恶劣。坡度为 6°～25°的Ⅲ级坡耕地和 15°～25°的Ⅳ级坡耕地，耕作条件差，产量低且不稳，又易造成水土流失；坡度>25°的Ⅴ级坡坡地占 13.69%，由于其土壤侵蚀而存在土层浅、养分含量低、易受干旱胁迫等弊端，山高坡陡，运肥困难，长期施肥不足，单产亦很低，按照国家有关规定，此类耕地应该有计划地逐步退耕还林、还草，改善生态环境。

三、西部地区坡度构成对耕地质量的影响

内蒙古自治区的耕地构成见图3-10。坡耕地面积约为300.19×10⁴ hm²，占本行政辖区全部耕地面积的比例为42.1%。坡耕地中，2°～6°的耕地占全部耕地面积的30.7%，占全部坡耕地面积的比例为72.92%；6°～15°的坡耕地占全部耕地面积的10.1%，占全部坡耕地面积的比例为23.99%，这两种坡度的坡耕地占全部坡耕地的97.16%。受高原地形的影响，地势坦荡，坡耕地比例相对较低，并以小坡度的坡耕地为主，所以，内蒙古自治区需要集中精力整治2°～6°的坡耕地。

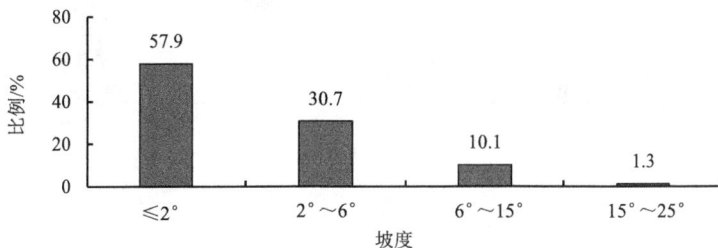

图 3-10　内蒙古自治区耕地面积构成

---

① 据中国科学院地理与资源所的中国自然资源数值数据库（http://www.data.ac.cn/zrzy/g36.asp?name=&pass=&danwei=%BF%D5）耕地资料整理。

　　广西壮族自治区的耕地构成见图 3-11。坡耕地面积 222.69×10⁴ hm²，占本行政辖区耕地总面积的 52.8%。其中，2°～6° 的坡耕地占全部耕地面积的 30.0%，占本行政辖区全部坡耕地面积的比例为 56.82%；6°～15° 的坡耕地占全部耕地面积的 14.1%，占全部坡耕地面积的比例为 26.70%，这两种坡度的坡耕地占全部坡耕地的 83.52%，所以，广西壮族自治区需要集中精力整治坡度为 2°～6° 的坡耕地，其次是根据实际情况整治坡度为 6°～15° 的坡耕地。

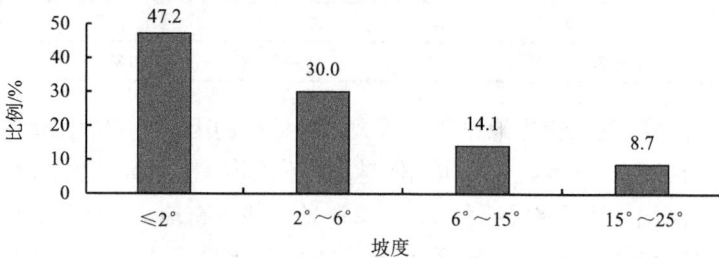

图 3-11　广西壮族自治区耕地构成

　　重庆市的耕地构成见图 3-12。行政辖区内坡耕地面积 211.12×10⁴ hm²，占本行政辖区耕地总面积的 94.4%，近 25% 的坡耕地土层厚度不足 30 cm。其中，2°～6° 的坡耕地占全部耕地面积的 18.9%，占本行政辖区全部坡耕地面积的比例为 20.02%；6°～15° 的坡耕地占全部耕地面积的 38.1%，占全部坡耕地面积的比例为 40.36%；15°～25° 的坡耕地占全部耕地面积的 37.4%，占全部坡耕地面积的比例为 39.62%。在全市的旱地中，91.6% 的耕地坡度打印大于 6°，其中 11°～25° 的坡耕地占旱地的 52.3%。分析表明，重庆市的小坡度坡耕地比例仅占全部坡耕地的 1/5，6°～15° 的坡耕地和 15°～25° 的坡耕地各占 2/5，坡耕地的整治难度较大。

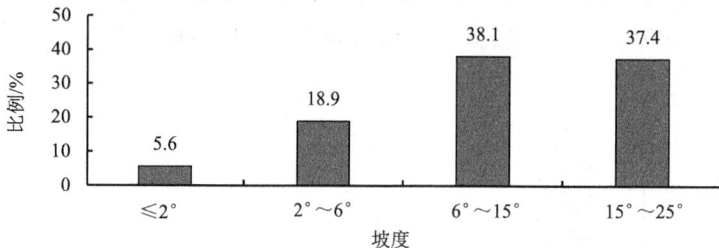

图 3-12　重庆市耕地构成

　　四川省的耕地构成见图 3-13。行政辖区内坡耕地面积 485.89×10⁴ hm²，占本行政辖区耕地总面积的 81.7%。其中，坡度为 2°～6° 的坡耕地占全部耕地面积的 17.7%，占行政辖区内全部坡耕地面积的 21.66%；坡度为 6°～15° 的坡耕地占全部耕地面积的 37.2%，占全部坡耕地面积的 45.53%；坡度为 15°～25° 的坡耕地占全部耕地面积的 26.8%，占全部坡耕地面积的 32.80%。分析表明，小坡度的坡耕地仅占全部坡耕地的 1/5，6°～15° 坡耕地接近全部坡耕地的一半，15°～25° 坡耕地接近全部坡耕地的 1/3，四川省坡耕地整治的难度较大。

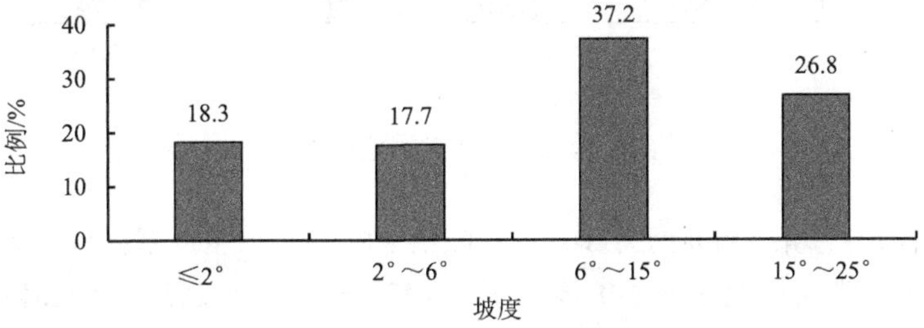

图 3-13　四川省耕地构成

贵州省的耕地构成见图 3-14。行政辖区内坡耕地面积 416.30×10^4 hm²，占本行政辖区耕地总面积的 92.8%。其中，2°～6° 的坡耕地占全部耕地面积的 16.4%，占全部坡耕地的 17.68%；6°～15° 的坡耕地占全部耕地的 38.7%，占全部坡耕地的 41.70%；15°～25° 的坡耕地占全部耕地的 37.7%，占全部坡耕地面积的 40.63%。小坡度的坡耕地比例仅占全部坡耕地的 1/6，6°～15° 和 15°～25° 的坡耕地的比例接近，均分别超过全部坡耕地面积的 1/3，坡耕地的整治难度大。

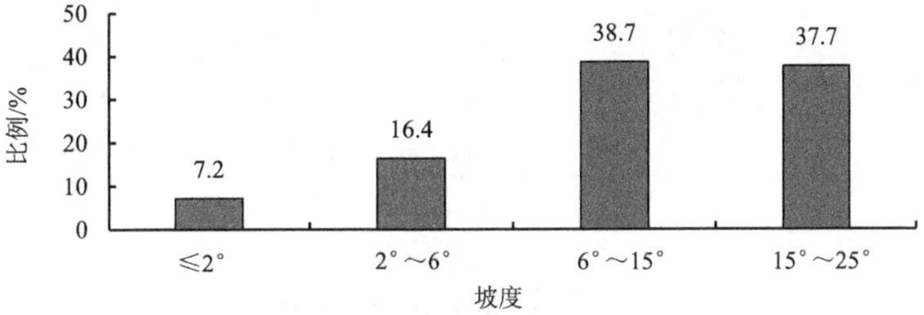

图 3-14　贵州省耕地构成

云南省的耕地构成见图 3-15。行政辖区内坡耕地面积近 525.89×10^4 hm²，占本行政辖区耕地总面积的 86.6%。其中，2°～6° 的坡耕地占全部耕地面积的 15.0%，占全部坡耕地面积的 17.32%；6°～15° 的坡耕地占全部耕地面积的 32.9%，占全部坡耕地面积的 37.99%；15°～25° 的坡耕地占全部耕地面积的 38.7%，占全部坡耕地面积的 44.69%。云南省小坡度的坡耕地比例仅占全部坡耕地的 1/6，6°～15° 的坡耕地占全部坡耕地的 1/3 强，15°～25° 的坡耕地面积超过了全部坡耕地的 2/5，云南省坡耕地整治难度与贵州省具有相似性。

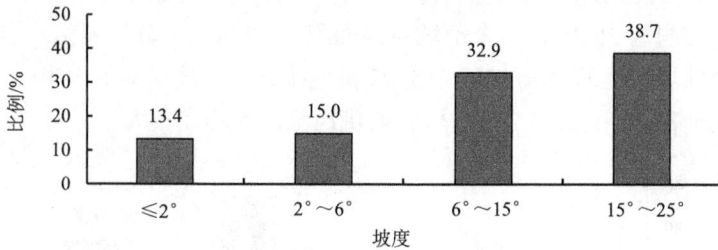

图 3-15　云南省耕地构成

西藏自治区的耕地构成见图 3-16。行政辖区内的坡耕地面积为 $17.99 \times 10^4 \, hm^2$，占本行政辖区耕地总面积的 49.7%。其中，2°～6° 的坡耕地占全部耕地面积的 19.9%，占本行政辖区全部坡耕地面积的 40.04%；6°～15° 的坡耕地占全部耕地面积的 18.2%，占全部坡耕地面积的 36.62%；15°～25° 的坡耕地占全部坡耕地面积的 11.6%，占全部坡耕地面积的 23.35%。西藏自治区的小坡度坡耕地比例占全部坡耕地的 2/5，6°～15° 的坡耕地的比例占全部坡耕地的 1/3 强，15°～25° 的坡耕地面积占全部坡耕地的 1/5 稍多，坡耕地整治要以小坡度坡耕地为重点，其次再考虑整治 6°～15° 的坡耕地。

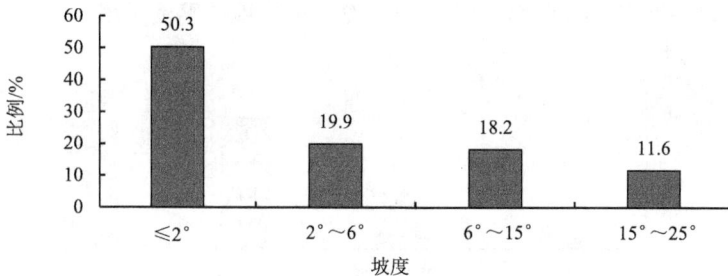

图 3-16　西藏自治区耕地构成

陕西省的耕地构成见图 3-17。行政辖区内的坡耕地面积约为 $250.30 \times 10^4 \, hm^2$，占本行政辖区耕地总面积的 61.8%。其中，2°～6° 的坡耕地占全部耕地面积的 12.7%，占本行政辖区全部坡耕地面积的 20.55%；6°～15° 的坡耕地占全部坡耕地面积的 23.3%，占全部坡耕地面积的 37.70%；15°～25° 的坡耕地占全部坡耕地面积的 25.8%，占全部坡耕地面积的 41.75%。分析表明，陕西省小坡度的坡耕地比例占全部坡耕地的 1/5，6°～15° 的坡耕地占全部坡耕地的 2/5 弱，15°～25° 的坡耕地面积占全部坡耕地的 2/5 稍多，坡耕地整治可以先考虑整治小坡度的坡耕地。

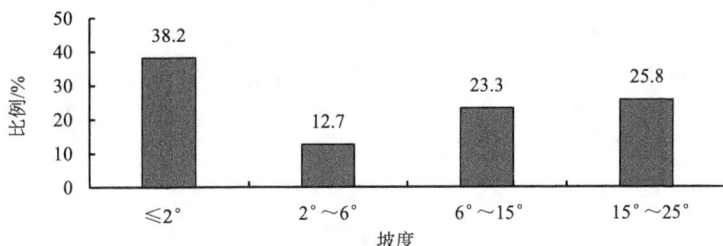

图 3-17　陕西省耕地构成

甘肃省的耕地构成见图 3-18。行政辖区内的坡耕地面积约 $344.29×10^4\,hm^2$，占本行政辖区耕地总面积的 73.9%。其中，2°～6° 的坡耕地占全部耕地面积的 13.8%，占本行政辖区全部坡耕地面积的 18.67%；6°～15° 的坡耕地占全部耕地面积的 32.8%，占全部坡耕地面积的 44.38%；15°～25° 的坡耕地占全部坡耕地面积的 27.3%，占全部坡耕地面积的 36.94%。分析表明，甘肃省小坡度的坡耕地占全部坡耕地的比例不到 1/5，6°～15° 的坡耕地占全部坡耕地的比例超过 2/5，15°～25° 的坡耕地面积占全部坡耕地的比例超过 1/3，坡耕地整治可以先考虑整治小坡度的坡耕地，再考虑整治 6°～15° 的坡耕地。

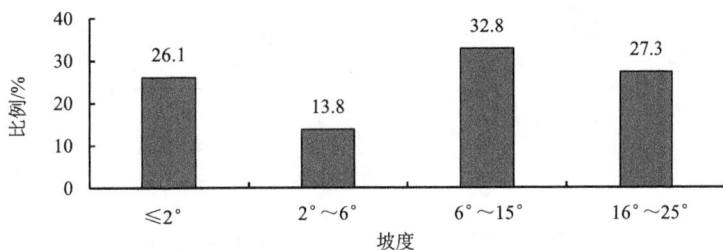

图 3-18　甘肃省耕地构成

青海省的耕地构成见图 3-19。行政辖区内坡耕地面积为 $35.63×10^4\,hm^2$，占本行政辖区耕地总面积的 65.7%。其中，2°～6° 的坡耕地占全部耕地面积的 15.5%，占本行政辖区全部坡耕地面积的 23.59%；6°～15° 的坡耕地占全部耕地面积的 30.8%，占全部坡耕地面积的 46.88%；15°～25° 的坡耕地占全部坡耕地面积的 19.4%，占全部坡耕地面积的 29.53%。分析表明，青海省的小坡度坡耕地占全部坡耕地的比例不到 1/4，6°～15° 的坡耕地占全部坡耕地的比例超过 2/5，15°～25° 的坡耕地面积占全部坡耕地的比例不到 1/3，坡耕地整治与陕西省情况相似，可以先考虑整治小坡度的坡耕地，再考虑整治 6°～15° 的坡耕地。

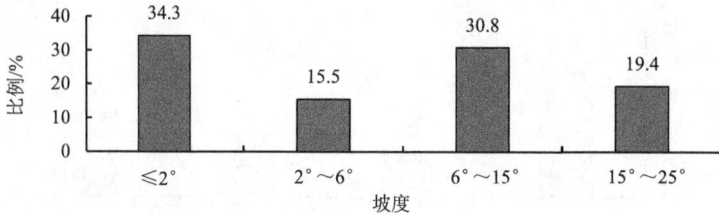

图 3-19　青海省耕地构成

宁夏回族自治区的耕地构成见图 3-20。行政辖区内的坡耕地面积约为 $60.6 \times 10^4\,hm^2$，占本行政辖区耕地总面积的 54.8%。其中，$2°\sim6°$ 的坡耕地占全部耕地面积的 14.3%，占全部坡耕地面积的 26.10%；$6°\sim15°$ 的坡耕地占全部坡耕地面积的 28.4%，占全部坡耕地面积的 51.82%；$15°\sim25°$ 的坡耕地占全部坡耕地面积的 12.1%，占全部坡耕地面积的 22.08%。分析表明，宁夏回族自治区的小坡度坡耕地占全部坡耕地的比例近 1/4，$6°\sim15°$ 的坡耕地占全部坡耕地的比例超过一半，$15°\sim25°$ 的坡耕地面积占全部坡耕地面积的 1/5 稍多，坡耕地整治可以先考虑整治小坡度的坡耕地，再考虑整治 $6°\sim15°$ 的坡耕地。

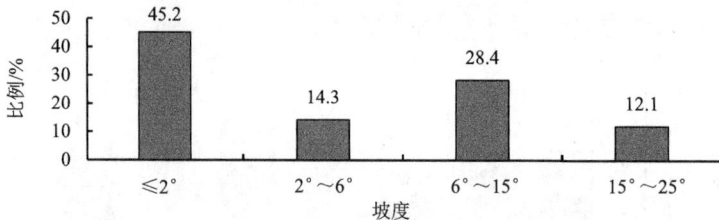

图 3-20　宁夏回族自治区耕地构成

新疆维吾尔自治区的耕地构成见图 3-21。行政辖区内的坡耕地面积约 $17.32 \times 10^4\,hm^2$，占本行政辖区耕地总面积的 4.2%。其中，$2°\sim6°$ 的坡耕地占全部耕地面积的 2.8%，占全部坡耕地面积的 66.67%；$6°\sim15°$ 的坡耕地占全部耕地面积的 1.4%，占全部坡耕地面积的 33.33%。分析表明，新疆维吾尔自治区的坡耕地比例很小，可以不考虑其治理问题。

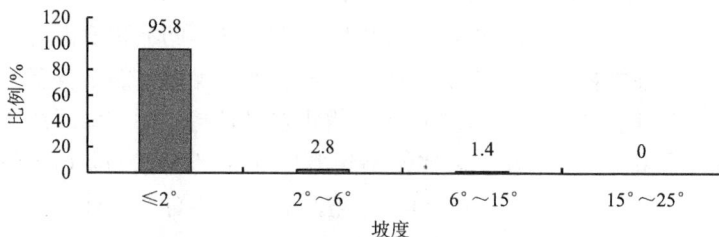

图 3-21　新疆维吾尔自治区耕地构成

综上所述，西部地区耕地坡度可以分为三个类型，第一类是内蒙古和新疆，平地比例大，坡度不是耕地质量的主要限制因素。第二类是平地比例中等的省（自治区），坡度≤2°的耕地比例介于1/3~1/2，包括广西、西藏、陕西、青海和宁夏，其中，广西、西藏和宁夏坡度≤2°的耕地比例都在44%以上，平地几乎占到了耕地总量的一半。第三类是平地比例小的省（直辖市），坡度≤2°的耕地比例占总耕地面积在30%以下，包括四川、贵州、云南、重庆和甘肃5省（直辖市）。

第三节　西部地区耕地水管理及对耕地质量的影响

一、水对西部地区耕地质量的影响

水是农业生产不可缺少的自然要素，水太多以致超过农作物需要时，排水不畅就会影响作物生长，西部地区有 184.3×10^4 hm² 的耕地质量受水太多、排水不畅的影响；水太少以致满足不了农作物需要时，供水不足就会影响作物生长，西部地区有 615.8×10^4 hm² 的耕地质量受水分不足的影响[①]（表3-12）。

表3-12　与水有关的限制性耕地总量及占辖区耕地总量的份额

限制性		内蒙古	广西	重庆	四川	贵州	云南	西藏	陕西	甘肃	青海	宁夏	新疆	西部
水文与排水限制性	比例/%	14	11.8	3.4	3.4	0.7	0.7		0.4				1.1	4.1
	面积/10⁴ hm²	100.1	49.8	7.6	20.2	3.1	4.3		1.6				4.5	184.3
水分条件限制性	比例/%	26.2	22.3	7.7	7.7	2	2.3	4.4	19.1	24.7	10.9	24.2	0.4	13.7
	面积/10⁴ hm²	187.3	94.1	17.2	45.8	9	14	1.6	77.4	115.1	5.9	26.8	1.6	615.8

水文与排水限制性。水文与排水限制性主要是受地形、地势或地貌部位的影响，耕地所在地理环境的排水条件受到不同程度的制约，使地表处于短期或长期积水状态的耕地包括三种情形，偶尔积水或季节性短期淹没、排水条件较差的耕地，季节性积水或季节性长期淹没、排水条件差的耕地，长期积水或长期淹没、排水条件很差的耕地。西部地区，受水文与排水限制的耕地有 184.3×10^4 hm²，占西部地区耕地总量的4.1%，主要集中分布在内蒙古和广西，其中内蒙古有 100.1×10^4 hm²，占本行政辖区耕地总量的14%；广西有 49.8×10^4 hm²，占本行政辖区耕地总量的11.8%，内蒙古和广西合计 149.9×10^4 hm²，占西部地区该类型耕地总量的81.33%；此外，四川、重庆、新疆、云南和贵州分别有 20.2×10^4 hm²、7.6×10^4 hm²、$4.5 \times$

① 据中国科学院地理与资源所的中国自然资源数值数据库（http://www.data.ac.cn/zrzy/g36.asp?name=&pass=&danwei=%BF%D5）耕地资料整理。

$10^4\ hm^2$、$4.3\times10^4\ hm^2$ 和 $3.1\times10^4\ hm^2$。为此，西部地区的水文与排水限制性耕地的治理，要以内蒙古和广西为主，兼顾西南地区诸省（自治区、直辖市）。

水分条件限制性。水分条件限制性主要是受降水量或地表地势状态的影响，可供利用的水量不足或有效利用率低，不能够满足农作物用水需要而出现的限制性类型。包括三种情形，一是灌溉水源保证差的旱地和水田，该类型耕地有灌溉水源，但灌溉水源保障程度差，不能够完全满足农作物生长时期的用水需要，从而使农作物生长要受到不利影响；二是无灌溉水源保证的旱地和水田，该类型耕地无灌溉水源，主要是靠天吃饭，农作物生长时期对水分的需求完全得不到保障，属于典型的"雨养"型耕地；三是无灌溉水源保证不能旱作的干旱土地，该类型土地无灌溉水源，天然降水量极其有限，不能够满足农作物生长的基本需要，不适合旱地农作物生长，不能划归耕地。西部地区，受水分条件限制的耕地面积 $615.8\times10^4\ hm^2$，占西部地区耕地总量的 13.7%；西部地区各省（自治区、直辖市）都不同程度地受到水分条件的限制，水分条件限制性耕地面积占本行政辖区耕地总量的比例为 0.4%～26.2%；从分布来看，水分条件限制性耕地具有集中性特点，内蒙古耕地总量的 26.2%，即 $187.3\times10^4\ hm^2$ 耕地受到水分条件限制，属于水分条件限制最严重的省（自治区、直辖市），其次是甘肃、宁夏、广西、陕西 4 省（自治区），受水分条件限制的耕地占本行政辖区耕地总量的比例分别为 24.7%、24.2%、22.3%、19.1%，5 省（自治区）合计为 $500.7\times10^4\ hm^2$，占西部水分条件限制性耕地总面积的 81.31%；青海、四川、重庆 3 省（直辖市）的水分条件限制性耕地面积占本行政辖区总耕地总量的比例相对较小，面积总和为 $68.9\times10^4\ hm^2$，占西部水分限制性总耕地面积的 11.19%；西藏、云南、贵州和新疆的水分条件限制性耕地少，4 省（自治区）合计仅为 $26.2\times10^4\ hm^2$，仅占西部水分条件限制性耕地总面积的 4.25%。为此，西部的水分条件限制性耕地的治理，要以内蒙古、甘肃、宁夏、广西和陕西为主，兼顾西北的青海、西南的四川和重庆，适当考虑西藏、云南、贵州和新疆。

二、西部地区耕地水管理现状

水管理是提高耕地质量的重要环节，水管理需要完善水利配套设施来解决缺水状态下的灌溉问题和水量饱和条件下的排水问题。排灌条件的改善常用有效灌溉面积和旱涝保收面积来评价。有效灌溉面积是指灌溉工程或设备已基本配套，有一定水源，土地比较平整，在一般年景可以进行正常灌溉的农田或耕地灌溉面积，又称农田或耕地灌溉面积，反映耕地抗旱能力强弱。在一般情况下，有效灌溉面积等于灌溉工程或设备已经配备，能够进行正常灌溉的水田和水浇地面积之和，是区内总灌溉面积中扣除林、园、牧和其他灌溉面积后的部分。

（一）西部地区耕地水管理的总特征

西部地区有效灌溉面积集中度高，各省（自治区、直辖市）的耕地有效灌溉程度差异大。2010 年的数据表明，新疆的有效灌溉面积占西部地区的 20.97%，内蒙古和四川分别占 17.08%和 14.37%，其他各省（自治区、直辖市）有效灌溉面积占西部地区总量的比例都在 10%以下（图 3-22）。新疆、内蒙古和四川三省（自治区）的有效灌溉面积占西部地区的 52.42%。1997~2010 年各省（自治区、直辖市）累计有效灌溉面积占西部地区的比例排在前三位的依次是新疆（20.50%）、内蒙古（16.07%）和四川（15.45%），三省（自治区）的累计有效灌溉面积合计占到西部地区的 52.02%[①]（图 3-22）。与 1997~2010 年的累计有效灌溉面积集中度相比，2010 年的有效灌溉面积集中度没有明显变化，这意味着西部各省（自治区、直辖市）在 10 多年的灌区建设方面的基本格局没有大的改变。

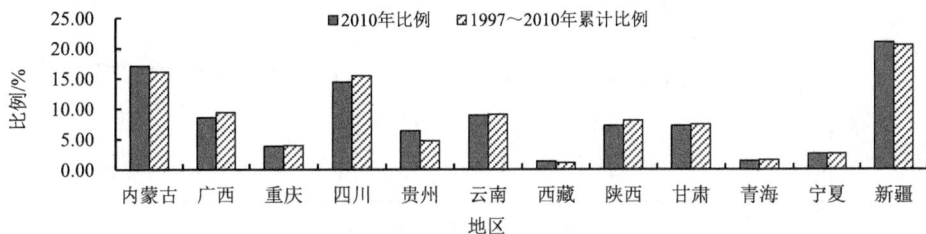

图 3-22　西部 12 省（自治区、直辖市）累计有效灌溉面积在西部地区的地位

有效灌溉率在西部地区差异很大，整体在 25.23%~90.23%（图 3-23）。如果分别用西部地区的平均水平、全国的平均水平两个指标进行测量，则新疆、西藏高于全国的平均水平，低于西部地区平均水平的省（自治区、直辖市）有广西（36.11%）、重庆（30.65%）、贵州（25.23%）、云南（26.16%）、陕西（31.72%）、甘肃（27.44%），介于西部地区平均水平和全国平均水平之间的省（自治区、直辖市）有四川（42.93%）、内蒙古（42.36%）、青海（46.38%）、宁夏（41.97%）。耕地面积数量、灌溉发展水平、耕地所在的地理环境等都可能成为各省（自治区、直辖市）有效灌溉面积差异的主导因素。

西部地区有效灌溉面积成长性较好。以有效灌溉面积（Y）为因变量，年份（t）为自变量，利用 1997~2010 年的有效灌溉面积（单位：hm^2）数据资料，生成"有效灌溉面积-时间"散点图和线性拟合曲线，结果见图 3-24，散点和线性拟合曲线拟合度很好。拟合曲线方程为：$Y = 1432.9 + 22.905(t-1996)$，$R^2 = 0.9766$。线性拟

[①] 据国家统计局农村社会经济调查司编，中国统计出版社出版的 1998~2011 年《中国农村统计年鉴》数据整理。

合曲线呈现上扬趋势，拟合曲线的斜率 $k=22.905,>0$，说明西部地区有效灌溉面积呈现逐年增加的变动趋势，在未来一定时期，还将保持这种增加的势头。事实上，西部地区1997年有效灌溉面积为 $1442\times10^4\,hm^2$，到2010年增长到 $1775\times10^4\,hm^2$，年均增长 $25.57\times10^4\,hm^2$，年际增量见图3-25。

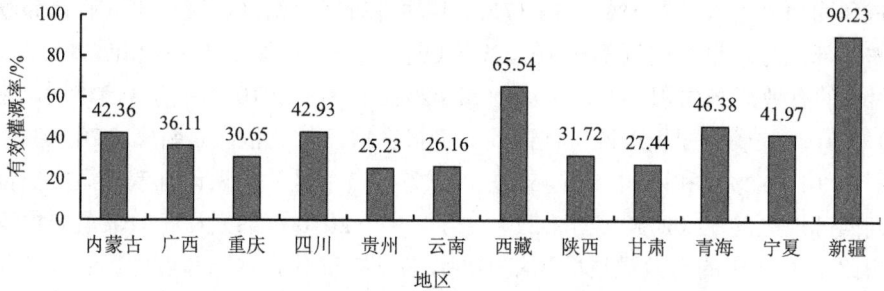

图3-23　西部12省（自治区、直辖市）有效灌溉率对比图

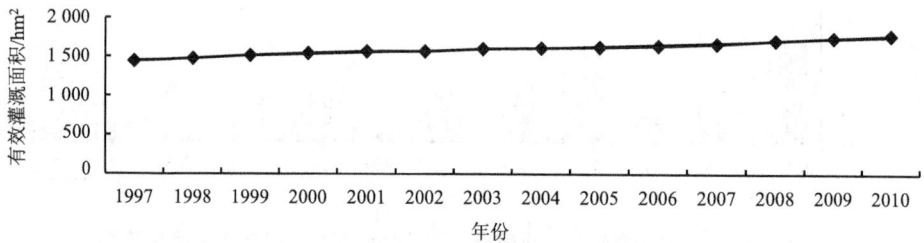

图3-24　有效灌溉面积年变化

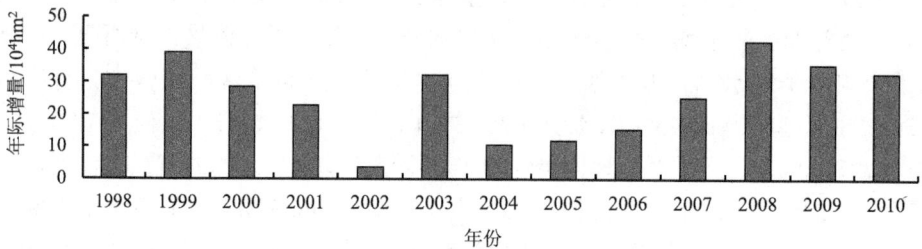

图3-25　西部地区有效灌溉面积年际增量变化

西部地区耕地灌溉条件与中部地区、东部地区和全国的差距较大。①图3-26a中展现了2010年西部地区有效灌溉面积、旱涝保收面积和机电排灌面积分别为 $1774.72\times10^4\,hm^2$、$1147.73\times10^4\,hm^2$ 和 $760.12\times10^4\,hm^2$。图3-26b中展现了2010年西部地区有效灌溉面积、旱涝保收面积和机电排灌面积分别占西部地区耕地总量的比例。西部地区的有效灌溉面积占西部地区耕地总量的39.48%；同年，中部

地区、东部地区和全国的有效灌溉面积占本地区的比例分别为 58.10%、53.91%和49.58%。有效灌溉面积、旱涝保收面积和机电排灌面积及其比例是评价耕地灌溉条件，进而评价耕地质量和综合生产能力的重要指标，这些指标越高，意味着耕地的生产条件越好。与中部地区、东部地区和全国相比，西部地区的差距分别为18.62、14.43、10.1 个百分点，这说明西部地区灌溉耕地的比例不仅低于东部地区和中部地区，而且低于全国平均水平。②机电排灌方式代表灌溉技术的发展水平。2010 年，西部地区的机电排灌面积占西部耕地面积的16.91%，同年，中部地区、东部地区和全国的机电排灌面积占本地区的比例分别为 38.62%、45.95%和33.48%。西部地区与中部地区、东部地区和全国的差距分别为 16.57、29.04、21.71个百分点（图 3-26b）。说明西部地区不但灌溉面积占耕地总量的比例低，而且灌溉方式落后、灌溉技术水平低，灌溉技术发展水平与中部地区、东部地区和全国的差距比灌溉面积比例的差距更大。③旱涝保收面积和比例服务于国家粮食安全水平。2010 年，西部地区旱涝保收面积占西部耕地面积的25.53%，约为 1/4；同年，中部地区高达 44.66%，东部地区为 38.61%，全国平均水平为 35.22%。说明西部地区的耕地面积在全国的地位重要，但有相当数量的耕地达不到旱涝保收的要求，保障粮食安全的可靠性还需要进一步提高。

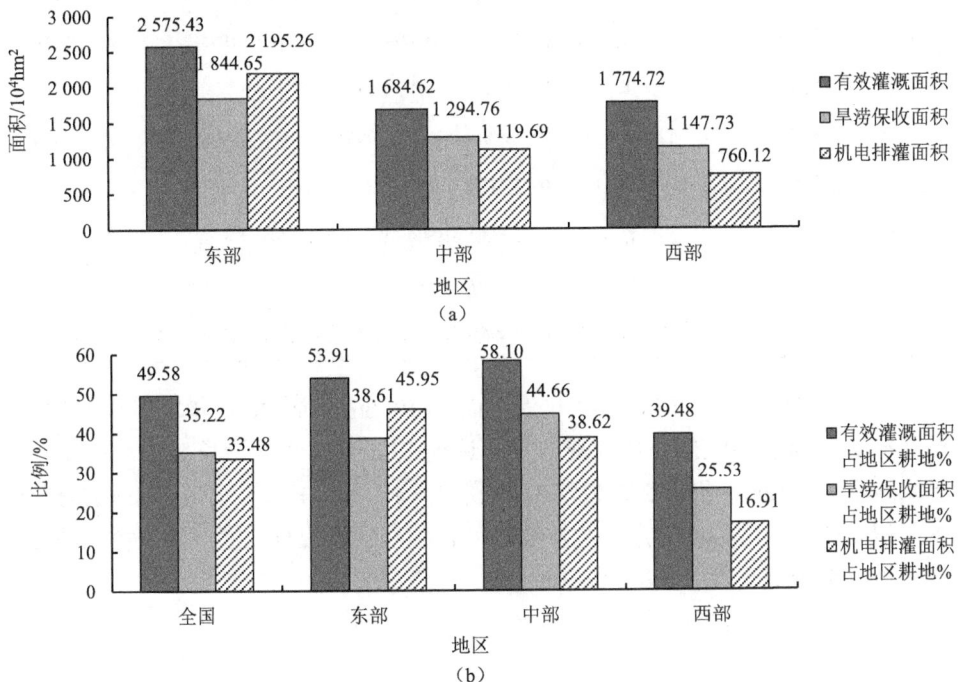

图 3-26 西部地区耕地灌溉条件与中部地区、东部地区和全国对比

根据《中国农村统计年鉴》资料整理完成

（二）西部 12 省（自治区、直辖市）有效灌溉面积的年际变化呈现差异性

用 Y 代表有效灌溉面积，t 代表年份，利用西部地区各省（自治区、直辖市）1997～2010 年有效灌溉面积的年变化数据[①]，在 SPSS 平台上，建构"有效灌溉面积-时间"曲线估计模型，共计 12 个模型见表 3-13。生成西部地区 12 省（自治区、直辖市）的有效灌溉面积随时间变化的散点图和曲线估计拟合曲线图见图 3-27。

表 3-13　西部 12 省（自治区、直辖市）有效灌溉面积随时间变化的曲线估计模型一览表

地区	编号	模型	调整系数
内蒙古	模型 1	$Y_1 = 170.016 + 20.164(t-1996) - 1.505(t-1996)^2 + 0.50(t-1996)^3$	$R^2 = 0.984$
广西	模型 2	$Y_2 = 143.039 + 3.063(t-1996) - 0.327(t-1996)^2 + 0.011(t-1996)^3$	$R^2 = 0.897$
重庆	模型 3	$Y_3 = 58.621 + 2.313(t-1996) - 0.376(t-1996)^2 + 0.019(t-1996)^3$	$R^2 = 0.834$
四川	模型 4	$Y_4 = 227.395 + 8.063(t-1996) - 0.956(t-1996)^2 + 0.037(t-1996)^3$	$R^2 = 0.985$
贵州	模型 5	$Y_5 = 70.524 - 3.895(t-1996) + 0.474(t-1996)^2$	$R^2 = 0.954$
云南	模型 6	$Y_6 = 128.028 + 4.149(t-1996) - 0.330(t-1996)^2 + 0.014(t-1996)^3$	$R^2 = 0.999$
西藏	模型 7	$Y_7 = 13.860 - 0.021(t-1996) + 0.054(t-1996)^2$	$R^2 = 0.955$
陕西	模型 8	$Y_8 = 128.904 + 0.844(t-1996) - 0.093(t-1996)^2 + 0.002(t-1996)^3$	$R^2 = 0.709$
甘肃	模型 9	$Y_9 = 102.670 + 3.117(t-1996) - 0.098(t-1996)^2$	$R^2 = 0.998$
青海	模型 10	$Y_{10} = 24.289 + 0.233(t-1996) - 0.013(t-1996)^2$	$R^2 = 0.861$
宁夏	模型 11	$Y_{11} = 35.816 + 0.944(t-1996) - 0.013(t-1996)^2$	$R^2 = 0.923$
新疆	模型 12	$Y_{12} = 295.110 + 6.400(t-1996) - 0.748(t-1996)^2 + 0.051(t-1996)^3$	$R^2 = 0.982$

内蒙古的有效灌溉面积 1997 年为 $197.2 \times 10^4\,hm^2$，到 2010 年增长为 $302.75 \times 10^4\,hm^2$，共增长 $105.55 \times 10^4\,hm^2$，增率达到 53.52%；年均增长 $8.12 \times 10^4\,hm^2$，年均增率为 4.12%。图 3-27a 和表 3-13 模型 1 表明，内蒙古在研究期内的有效灌溉面积呈现稳步增长的特点，从发展趋势看，内蒙古的有效灌溉面积增长动力较为充足，未来还有较大的增长。

---

① 2001～2010 年西部地区有效灌溉面积原始数据来源于 2002～2011 年的《中国统计年鉴》。

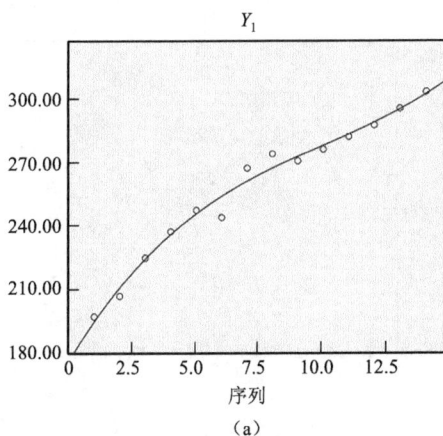

（a）

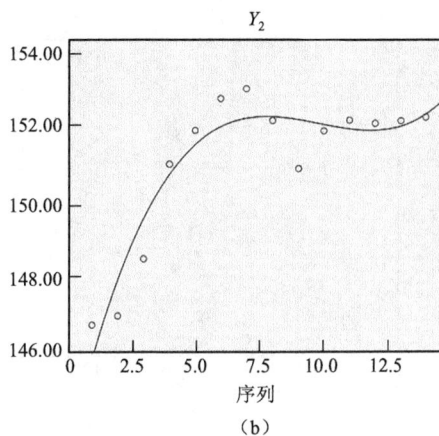

（b）

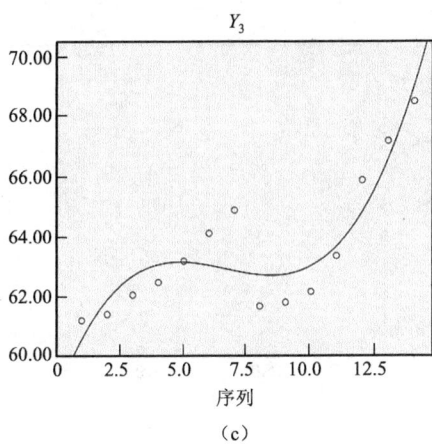

（c）

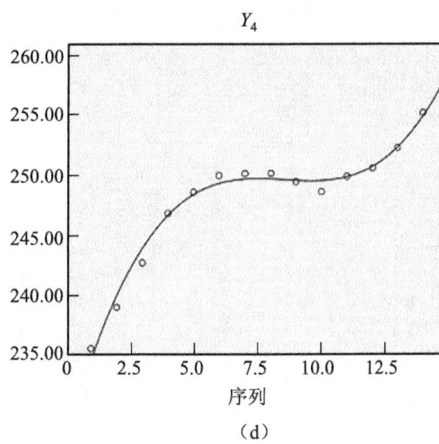

（d）

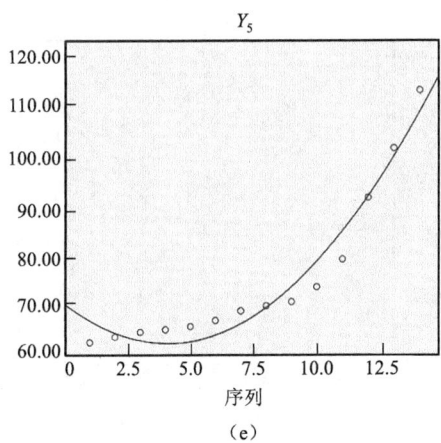

（e）

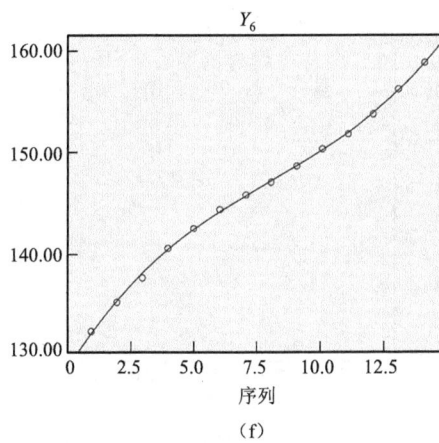

（f）

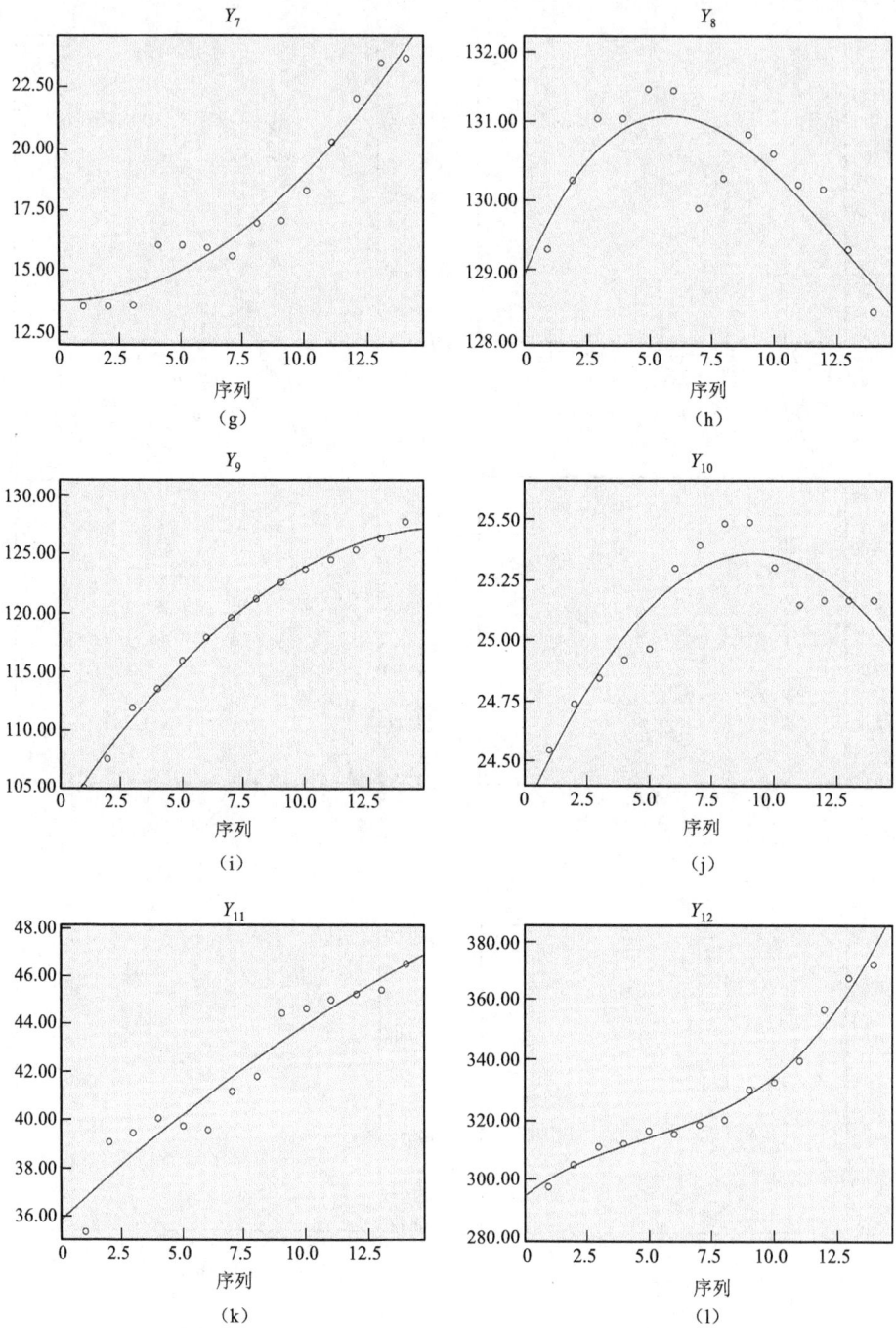

图 3-27　西部 12 省（自治区、直辖市）有效灌溉面积曲线估计拟合曲线图

广西有效灌溉面积 1997 年为 $146.73\times10^4\,hm^2$，2010 年为 $152.3\times10^4\,hm^2$，有效灌溉面积在研究期内的总量增加 $5.57\times10^4\,hm^2$，增率 3.80%，远低于西部地区和全国平均水平；年均增长近 $0.40\times10^4\,hm^2$，年均增率为 0.29%。图 3-27b 和表 3-13 模型 2 表明，在 1997～2010 年的有效灌溉面积年际变化整体呈现增长特点，与内蒙古的差别在于：广西增长过程呈现先快后慢的三段式发展特点，1997～2003 年呈现快速增长，2003～2005 年呈现减小变动，2005 年以来又呈现缓慢增加变动，有效灌溉面积增长的动力不足。从变动趋势看，未来应该呈现增加态势。

重庆有效灌溉面积 1997 年为 $61.21\times10^4\,hm^2$，2010 年为 $68.53\times10^4\,hm^2$，在研究期内的总量增加 $7.32\times10^4\,hm^2$，增率为 11.95%；年均增长近 $0.56\times10^4\,hm^2$，年均增率为 0.91%，增率低于全国和西部地区平均水平。图 3-27c 和表 3-13 模型 3 表明，重庆 1997～2010 年的有效灌溉面积年际变化过程和趋势与广西具有相似性和差异性，其相似性在于发展过程的三段式变化特点，其差异性在于重庆为先慢后快的增长特点，2004 年以后呈现持续增长，而且增长势头和增长动力明显高于广西。所以，从未来发展来看，重庆的有效灌溉面积应该还有较快的增长。

四川有效灌溉面积 1997 年为 $235.62\times10^4\,hm^2$，2010 年为 $255.31\times10^4\,hm^2$，研究期内的总量增加 $19.69\times10^4\,hm^2$，增率为 8.36%，仅为西部地区平均增率的一半、全国平均增率的 1/3；年均增长近 $1.51\times10^4\,hm^2$，年均增率为 0.64%。图 3-27d 和表 3-13 模型 4 表明，四川 1997～2010 年的有效灌溉面积年际变化过程和趋势与广西具有相似性和差异性，其相似性在于发展过程的三段式变化特点，其差异性在于四川在 2003～2006 年变化在缓降中趋稳特点，2006 年以后呈现持续增长。从未来发展来看，四川省有效灌溉面积将呈现增长变化。

贵州的有效灌溉面积 1997 年为 $62.71\times10^4\,hm^2$，2010 年为 $113.17\times10^4\,hm^2$，研究期内的总量增加 $50.46\times10^4\,hm^2$，增率为 80.47%，是西部地区平均增率的 3.5 倍、全国平均增率的 5.2 倍；年均增长近 $3.88\times10^4\,hm^2$，年均增率为 6.19%。图 3-27e 和表 3-13 模型 5 表明，散点在距离原点越远越稀疏，意味着年际增率有增大趋势，代表贵州有效灌溉面积呈现强劲的增长态势。

云南的有效灌溉面积 1997 年为 $132.10\times10^4\,hm^2$，2010 年为 $158.84\times10^4\,hm^2$，研究期内的总量增加 $26.74\times10^4\,hm^2$，增率为 20.24%，低于西部地区的平均增率、高于全国的平均增率；年均增长近 $2.06\times10^4\,hm^2$，年均增率为 1.56%。图 3-27f 和表 3-13 模型 6 表明，云南与内蒙古的发展趋势具有相似性，在研究期内的有效灌溉面积呈现稳步增长的特点，有效灌溉面积增长动力较为充足，未来还有较大的增长。

西藏的有效灌溉面积 1997 年为 $13.63 \times 10^4 \, hm^2$，2010 年为 $23.7 \times 10^4 \, hm^2$，研究期内的总量增加 $10.07 \times 10^4 \, hm^2$，增率为 73.84%，是西部地区平均增率的 3.2 倍；年均增长近 $0.77 \times 10^4 \, hm^2$，年均增率为 5.68%。图 3-27g 和表 3-13 模型 7 表明，西藏在研究期内的有效灌溉面积呈现增长特点，但散点之间的距离在减小，意味着年际增量和增率有缩小的趋势，有效灌溉面积增长动力后劲不足，未来的有效灌溉面积增速可能减慢。

陕西的有效灌溉面积 1997 年为 $129.33 \times 10^4 \, hm^2$，2010 年为 $128.49 \times 10^4 \, hm^2$，研究期内的总量增加 $-0.84 \times 10^4 \, hm^2$，增率为 -0.65%，在研究期内整体上呈现负增长。图 3-27h 和表 3-13 模型 8 表明，在研究期内，陕西有效灌溉面积拟合曲线呈现"∩"形分布，意味着未来年份的有效灌溉面积的减少趋势可能还将持续。

甘肃的有效灌溉面积 1997 年为 $105.39 \times 10^4 \, hm^2$，2010 年为 $127.84 \times 10^4 \, hm^2$，研究期内的总量增加 $22.45 \times 10^4 \, hm^2$，增率为 21.30%，稍低于西部地区的平均增率、高于全国的平均增率；年均增长近 $1.73 \times 10^4 \, hm^2$，年均增率为 1.64%。图 3-27i 和表 3-13 模型 9 表明，甘肃在研究期内的有效灌溉面积呈现增长特点，但散点之间的距离在减小，拟合曲线的坡度也变得越来越平缓，意味着年际增量和增率有缩小的趋势，未来的有效灌溉面积增速可能减慢。

青海的有效灌溉面积 1997 年为 $24.55 \times 10^4 \, hm^2$，2010 年为 $25.17 \times 10^4 \, hm^2$，研究期内的总量增加 $0.62 \times 10^4 \, hm^2$、增率为 2.53%，年均增长近 $0.05 \times 10^4 \, hm^2$、年均增率为 0.19%，远低于西部地区和全国的平均增率。图 3-27j 和表 3-13 模型 10 表明，甘肃在研究期内的有效灌溉面积几乎没有实质性的增长，且散点的拟合曲线呈现偏态的"∩"形，意味着在未来年份要增加有效灌溉面积需要克服较大的阻力。

宁夏的有效灌溉面积 1997 年为 $35.35 \times 10^4 \, hm^2$，2010 年为 $46.46 \times 10^4 \, hm^2$，总量增加 $11.11 \times 10^4 \, hm^2$、增率为 31.42%，年均增长近 $0.85 \times 10^4 \, hm^2$、年均增率为 2.24%，高于西部地区和全国平均增率。图 3-27k 和表 3-13 模型 11 表明，宁夏在研究期内的有效灌溉面积呈现稳步增长趋势，散点之间的疏密不稳定，意味着增率的年际变化尽管不稳定，但增长是大趋势。

新疆的有效灌溉面积 1997 年为 $298.52 \times 10^4 \, hm^2$，2010 年为 $372.16 \times 10^4 \, hm^2$，研究期内的总量增加 $73.64 \times 10^4 \, hm^2$、增率为 24.67%，年均增长近 $5.66 \times 10^4 \, hm^2$、年均增率为 1.90%，稍高于西部地区和高于全国的平均增率。图 3-27l 和表 3-13 模型 12 表明，新疆在研究期内的散点之间的疏密不稳定，有效灌溉面积呈现不等速的增长特点，距离原点最远的 4 个散点之间的距离明显在缩小，意味着有效灌溉面积的年际增率在减小，未来的增长势头将减缓。事实上，这与新疆目前的有效灌溉面积比例已经很高有关系。

（三）西部 12 省（自治区、直辖市）有效灌溉程度的年际变化有差异性

用 Y 代表有效灌溉程度，即有效灌溉率；t 代表年份，建立西部 12 省（自治区、直辖市）1999～2010 年有效灌溉程度的年变化数列，在 SPSS 平台上，建构 12 个"有效灌溉程度-时间"曲线估计模型见表 3-14。生成西部 12 省（自治区、直辖市）有效灌溉程度随时间变化的散点图和曲线估计拟合曲线图见图 3-28a。

表 3-14　西部 12 省（自治区、直辖市）的有效灌溉程度随时间变化的曲线估计模型一览表

地区	编号	模型	调整系数
内蒙古	模型 1	$Y_1 = 25.225 + 2.837(t - 1998) - 0.131(t - 1998)^2$	$R^2 = 0.965$
广西	模型 2	$Y_2 = 33.469 + 0.368(t - 1998) - 0.012(t - 1998)^2$	$R^2 = 0.943$
重庆	模型 3	$Y_3 = 23.924 + 0.365(t - 1998) + 0.013(t - 1998)^2$	$R^2 = 0.967$
四川	模型 4	$Y_4 = 35.488 + 1.182(t - 1998) - 0.051(t - 1998)^2$	$R^2 = 0.993$
贵州	模型 5	$Y_5 = 13.305 - 0.062(t - 1998) + 0.067(t - 1998)^2$	$R^2 = 0.917$
云南	模型 6	$Y_6 = 20.681 + 0.628(t - 1998) - 0.018(t - 1998)^2$	$R^2 = 0.986$
西藏	模型 7	$Y_7 = 39.127 + 0.543(t - 1998) + 0.135(t - 1998)^2$	$R^2 = 0.916$
陕西	模型 8	$Y_8 = 23.525 + 1.546(t - 1998) - 0.068(t - 1998)^2$	$R^2 = 0.969$
甘肃	模型 9	$Y_9 = 20.942 + 0.955(t - 1998) - 0.036(t - 1998)^2$	$R^2 = 0.972$
青海	模型 10	$Y_{10} = 31.273 + 3.013(t - 1998) - 0.146(t - 1998)^2$	$R^2 = 0.913$
宁夏	模型 11	$Y_{11} = 26.431 + 1.952(t - 1998) - 0.053(t - 1998)^2$	$R^2 = 0.825$
新疆	模型 12	$Y_{12} = 74.531 + 0.441(t - 1998) + 0.064(t - 1998)^2$	$R^2 = 0.926$

除宁夏的调整系数 $R^2 = 0.825$ 低于 0.9 外，其他都在 0.9 以上，分析散点图与拟合曲线的关系，从图 3-28a 到图 3-28l，散点和曲线的拟合度都很高，说明各曲线估计模型能够代表 1999～2010 年有效灌溉程度的年际变化情况。图 3-28 表明，西部地区各省（自治区、直辖市）在 1999～2010 年的有效灌溉率整体上都呈增长态势，其中，广西、重庆、贵州、云南、西藏、甘肃、宁夏和新疆 8 个省（自治区、直辖市）呈现稳步增加态势，内蒙古、四川、陕西和青海 4 个省（自治区）在 2008 年或以后的年份，有效灌溉率有不同程度的降低，拟合曲线最右端呈现下行端倪，用曲线模型计算未来年份的有效灌溉面积占耕地面积的比例小于 2010 年。

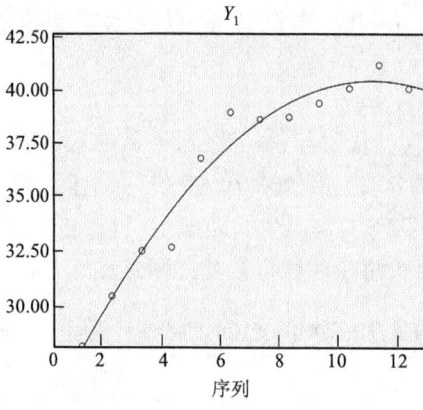

（a）

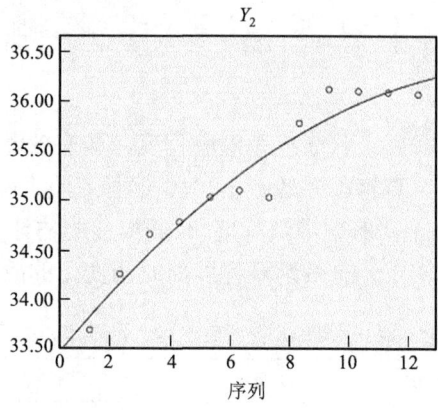

（b）

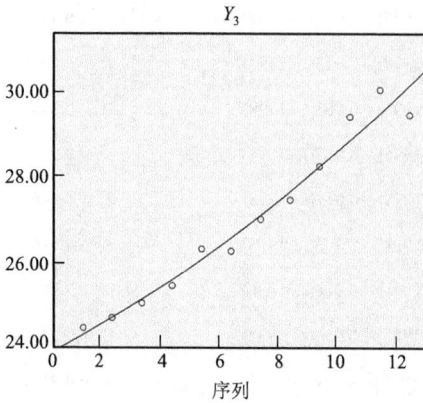

（c）

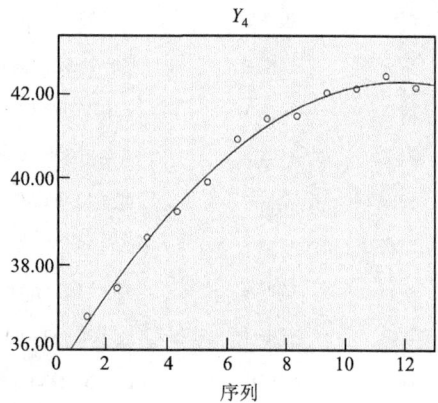

（d）

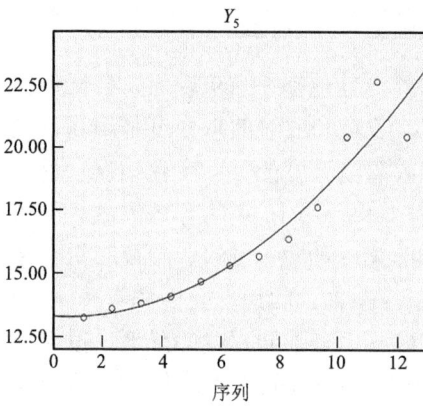

（e）

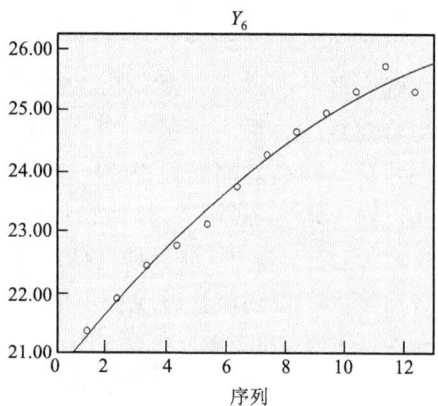

（f）

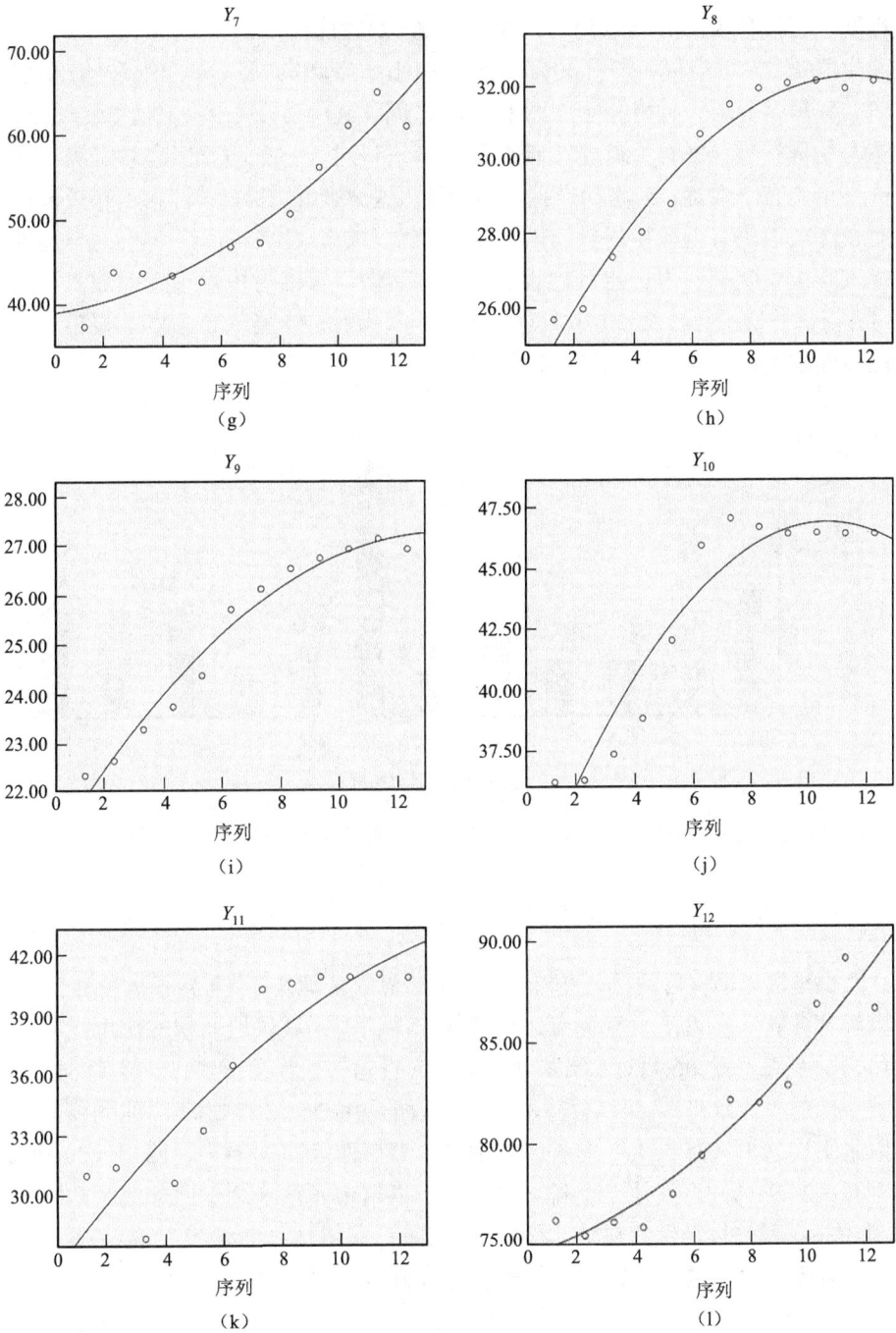

图 3-28　西部 12 省（自治区、直辖市）有效灌溉程度曲线估计拟合曲线图

西部 12 省（自治区、直辖市）的有效灌溉程度差异显著。2010 年的有效灌溉程度，西藏和新疆分别达到 61.03%和 86.62%的较高水平，内蒙古、四川、青海和宁夏 4 省（自治区）介于 40%和 50%之间，广西和陕西介于 30%和 40%之间，重庆、贵州、云南和甘肃介于 20%和 30%之间，其中贵州不到 21%。关于云南的结论与杨健莶等（2010）基于土地变更调查资料对云南省的农田有效灌溉程度分析的结论具有一致性，云南稳产保产耕地不及总耕地的 1/4，尽管水田有效灌溉率相对较高，但仍有近 1/8 的望天田是处于"靠天吃饭"状态；约 99%的旱地处于"靠天吃饭"状态，农田水利建设进程十分缓慢，云南省内农田有效灌溉程度的区域差异性非常显著。2010 年相对于 1999 年，西部 12 省（自治区、直辖市）有效灌溉面积的净增量见柱状图 3-29。

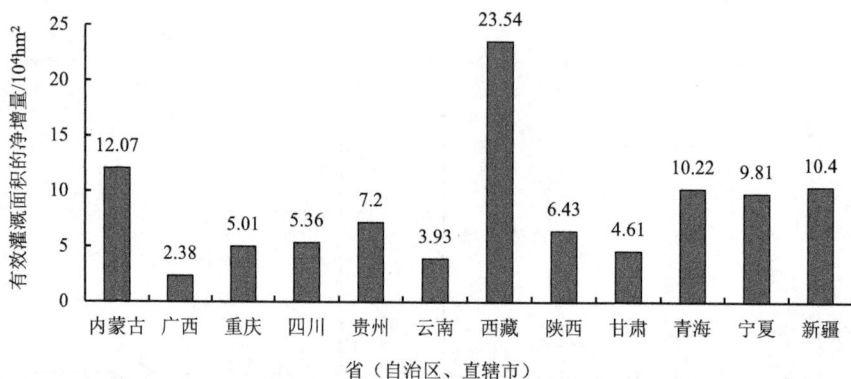

图 3-29 西部 12 省（自治区、直辖市）的有效灌溉面积净增量对比

（四）西部 12 省（自治区、直辖市）旱涝保收耕地发展差异大

西部地区各省（自治区、直辖市）的旱涝保收耕地发展[①]差异很大（图 3-30）。分析西部各省（自治区、直辖市）旱涝保收面积占区域耕地面积的比例指标，在 2010 年，新疆高达 66.41%，比东部很多省（直辖市）都高得多；宁夏为 35.16%，高于中部的平均水平 34.95%，基本达到全国平均水平（35.22%）；达到或高于西部地区平均水平（25.53%）的省（自治区）有广西（27.68%）、四川（29.54%）和青海（27.91%），其他 7 个省（自治区、直辖市）都未达到西部地区的平均水平，其中，西藏的旱涝保收耕地比例极低，仅占西藏耕地总面积的 2.79%（表 3-15）。所以，各省（自治区、直辖市）的旱涝保收耕地发展差异很大。

---

① 2001～2010 年西部地区旱涝保收面积原始数据来源于 2002～2011 年的《中国统计年鉴》。

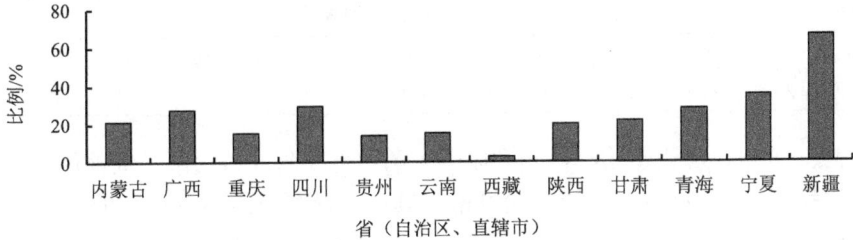

图 3-30　西部地区各省（自治区、直辖市）旱涝保收耕地的比例对比图

表 3-15　西部 12 省（自治区、直辖市）旱涝保收面积
占区域耕地总量的比例　　　　　　（单位：%）

年份	2001	2002	2003	2004	2005	2006	2007	2008	2009	2010
内蒙古	17.98	17.61	19.78	20.59	20.86	20.78	20.94	21.09	21.16	21.45
广西	26.79	26.92	27.04	27.08	27.04	27.60	27.79	27.72	27.67	27.68
重庆	12.82	12.94	12.60	13.58	13.97	14.10	14.56	14.77	15.05	15.43
四川	26.80	26.80	27.58	28.30	28.62	28.72	29.08	29.11	29.28	29.54
贵州	11.06	11.46	11.78	11.49	11.58	12.03	12.06	13.07	14.13	14.14
云南	13.35	13.66	13.94	14.33	14.65	14.83	14.98	15.11	15.23	15.35
西藏	1.70	2.10	2.38	1.38	2.37	2.39	4.19	4.18	3.95	2.79
陕西	18.54	18.52	19.35	20.52	20.97	20.19	20.98	20.95	20.54	19.98
甘肃	19.02	19.56	19.94	20.99	21.45	20.98	21.23	21.46	21.45	21.66
青海	21.96	22.52	24.81	27.02	27.82	27.81	27.82	27.90	27.92	27.91
宁夏	24.98	27.83	27.56	31.41	40.25	33.42	33.41	33.29	34.23	35.16
新疆	54.90	55.34	56.92	58.82	62.63	62.76	62.75	64.10	66.03	66.41

旱涝保收面积绝对正增量减小或呈现负增量变动。表 3-16 中，2010 年比 2001 年的旱涝保收面积绝对数量，内蒙古减少了 $54.2 \times 10^4 \, hm^2$，四川省减少 $16.8 \times 10^4 hm^2$，陕西省减少 $22 \times 10^4 \, hm^2$。其实，在这 10 年中的水利建设工程项目投资一直没有停止，为此，绝对面积不增反减的现象只有一种解释，那就是减少的速度大于增加的速度。按照旱涝保收耕地的建设标准，往往区位条件好、自然条件有利等的土地，不存在水利工程老化、毁损，机井报废或水源不足，退耕还林等因素的影响，为此，减少的主导因素只可能是建设占用。

表 3-16　西部 12 省（自治区、直辖市）旱涝保收面积的特征值　　（单位：$10^4 hm^2$）

特征值	内蒙古	广西	重庆	四川	贵州	云南	西藏	陕西	甘肃	青海	宁夏	新疆
绝对增量	-54.2	8.4	2.5	-16.8	18.1	17.9	14.6	-22	24.2	0	3.1	18.2
最大值	119.3	8.4	8.3	20.5	44.6	17.9	47.4	41.7	24.2	3	84.3	146.6

特征值	内蒙古	广西	重庆	四川	贵州	云南	西藏	陕西	甘肃	青海	宁夏	新疆
最小值	-142.5	-9.3	-15.4	-16.8	-58.9	-70.7	-71.2	-45.6	-50.8	-4.3	-76.4	-351.1
离差值	261.8	17.7	23.7	37.3	103.5	88.6	118.6	87.3	75	7.3	160.7	497.7

表 3-16 中，除内蒙古、四川和陕西外的其他 9 省（自治区、直辖市），旱涝保收面积正向变动在 0~24.2×10⁴ hm²，其中，青海旱涝保收面积的绝对数量没有增长。绝对数量没有增长不意味着这 10 年没有变化，而是意味着增长量和减少量相等，事实上青海在 2003 年、2005 年和 2008 年的旱涝保收面积分别比上一年增长了 3×10⁴ hm²、0.8×10⁴ hm²、0.5×10⁴ hm²，而 2009 年又比上一年减少了 4.3×10⁴ hm²。甘肃的绝对数量增加 24.2×10⁴ hm²，是西部地区增长量最大的省级行政区。

三、西部地区耕地水管理中的问题

耕地水管理问题可以从有效灌溉、旱涝保收、小型农田水利建设三个视角进行考察。

（一）有效灌溉发展程度问题

西部地区有效灌溉面积较少、有效灌溉程度低。2010 年，西部地区有效灌溉面积为 1775×10⁴ hm²，有效灌溉率为 39.48%。2010 年的西部地区有效灌溉率，比全国的 49.58%少 10 个百分点稍多，比东部地区的 66.27%少近 27 个百分点，比中部地区的 48.42%少近 9 个百分点（图 3-31）；西部地区 2010 年的有效灌溉率低于全国、东部地区和中部地区 1999 年的平均有效灌溉率，比全国 1999 年低 3.97 个百分点、比东部地区 1999 年低 8.75 个百分点、比中部地区 1999 年低 14.48 个百分点。

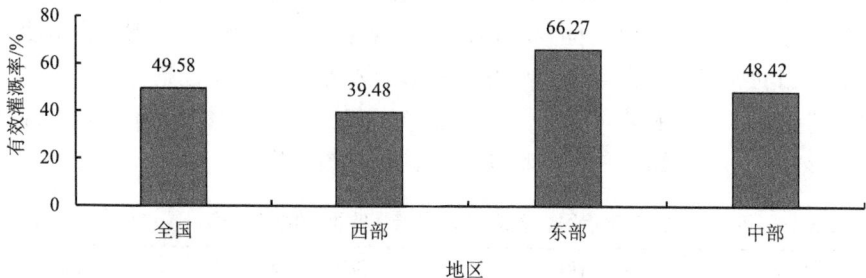

图 3-31　2010 年西部地区与全国、中部地区和东部地区的有效灌溉率对比

（二）西部地区耕地旱涝保收的发展程度低

旱涝保收面积是指有效灌溉面积中，遇旱能灌、遇涝能排的面积。在旱涝保收区域，通过农田水利工程技术措施，调节和改良农田水分状况和地区水利条件，改变不利于农业生产发展的自然条件，无论发生旱灾还是涝灾，收成都能得到保证。在干旱需水年份和季节，采取蓄水、引水、跨流域调水等措施，调节水资源的时空分布，满足农作物生长对水分的要求；在多雨年份和季节，采取排水、除涝和防渍等措施调节农田水分状况，确保农作物生长不受或少受雨水的影响。

西部地区旱涝保收耕地比例低。2010 年，西部地区旱涝保收总面积为 1066.6×10^4 hm²，仅占西部地区耕地总面积的 25.53%，大约相当于西部地区耕地总面积的 1/4。西部地区的平均水平与东部地区、中部地区和全国比较，西部地区比东部地区低 24.43 个百分点、比中部地区低 9.42 个百分点、比全国低 9.69 个百分点（表 3-17）。

表 3-17　西部地区、东部地区、中部地区和全国的旱涝保收面积及占区域耕地比例对比

年份		2001	2002	2003	2004	2005	2006	2007	2008	2009	2010
西部	比例/%	21.98	22.24	22.89	23.83	24.75	24.64	24.76	25.06	25.39	25.53
	面积/10⁴ hm²	1 065.2	1 066.6	1 077.7	1 087.2	1 116.4	1 109.4	1 112.5	1 126.2	1 065.2	1 066.6
东部	比例/%	48.03	47.56	48.34	48.49	49.51	49.28	49.95	49.93	49.60	49.96
	面积/10⁴ hm²	1 737.3	1 724.6	1 719.3	1 727.3	1 749.6	1 758.5	1 787.0	1 800.7	1 737.3	1 724.6
中部	比例/%	30.30	30.65	31.30	31.62	32.00	32.58	33.21	33.58	34.21	34.95
	面积/10⁴ hm²	1 250.7	1 259.3	1 288.3	1 259.6	1 267.8	1 265.7	1 275.1	1 275.5	1 250.7	1 259.3
全国	比例/%	31.61	31.74	32.44	33.02	33.76	33.86	34.28	34.52	34.80	35.22
	面积/10⁴ hm²	4 053.2	4 050.6	4 085.3	4 074.1	4 133.8	4 133.5	4 174.6	4 202.5	4 053.2	4 050.6

西部地区旱涝保收耕地发展速度慢（图 3-32）。一是绝对面积增长缓慢，分析西部地区旱涝保收绝对面积值，其变化过程呈"先升后降"变化，离差达 61×10^4 hm²；基期（2001 年）和末期（2010 年）的旱涝保收面积绝对变化值为 1.38×10^4 hm²，说明研究期内的旱涝保收耕地总量增长慢；比较研究期内的离差值和研究期绝对变化值，离差值远远大于绝对变化值，说明旱涝保收面积一方面因为新修水利而增加的同时，另一方面又因为各种原因导致了它的再减少，从而造成实际的旱涝保收绝对面积增加缓慢。二是相对面积比例增长缓慢，分析西部地区旱涝保收面积占区域耕地总面积的比例，尽管其变化过程在波动中呈现稳步增长，但在 2001~2010 年的 10 年间仅增长 3.55 个百分点，年均增率仅 0.39%。三是年际增率波动大、

增率整体上放缓，2001～2010 年的年际增率曲线见图 3-23，增率的离差达 1.05，离差反映了增长过程中的波动特征，其值越大，波动特性越强。

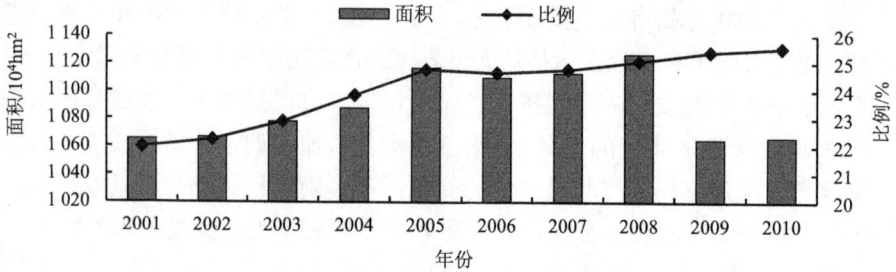

图 3-32　西部地区旱涝保收面积变化趋势

为了使变动趋势更加明了，对变动过程进行移动平均模拟和分析，图 3-33a～图 3-33d，分别为 2 年、3 年、4 年和 5 年移动平均的情况，年际增率的移动平均模拟曲线的共同特征是放缓、下降，如果没有特殊的激励机制干扰，西部地区在未来年份的旱涝保收耕地不可能有较快增长。农田水利建设滞后引起干旱年份缺水，导致耕地大面积抛荒或者水田变旱地，例如，陕西省岐山县雍川镇、蒲村、青化、益店、枣林等多个乡镇因 20 世纪 70 年代建设的机井不能使用，水浇地缺水，秋粮玉米难种而大面积抛荒；云南省文山壮族苗族自治州不少稻田改种小麦、苞谷等粮食作物。

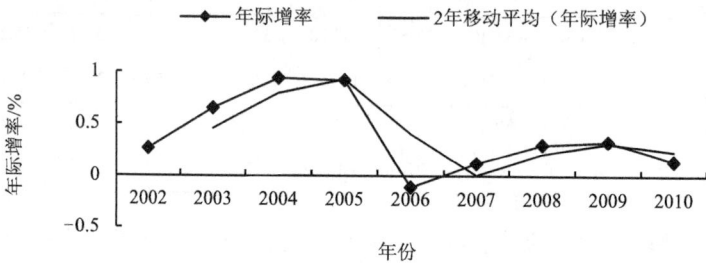

（a）

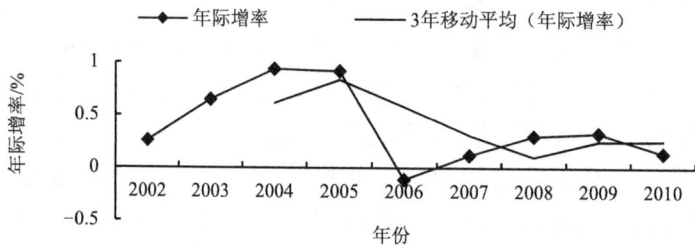

（b）

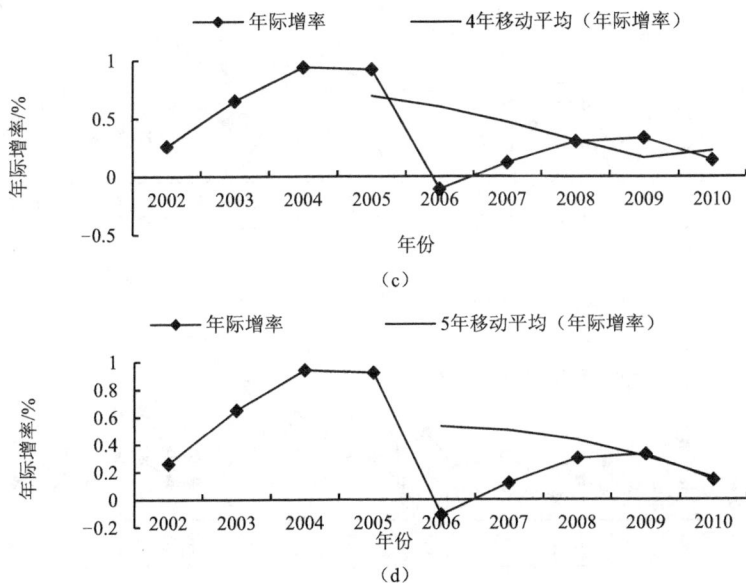

图 3-33　西部地区旱涝保收耕地年际增率的移动平均模拟曲线

　　西部地区旱涝保收耕地发展水平低。2010 年，西北地区旱涝保收耕地占区域耕地面积的比例为 25.53%，与东部地区、中部地区和全国 2001 年的水平相比较，分别低 22.5 个百分点、4.77 个百分点和 6.08 个百分点。西部地区 2010 年比 2001年增长 3.55%，按此速度，西部地区要追赶上东部地区、中部地区和全国 2001 年的平均水平，分别还需要 63 年、13 年和 17 年。

　　耕地的抗灾能力较弱，每年的旱涝受灾、成灾面积大[①]。图 3-34 和图 3-35分别为 1978～2010 年西部地区旱灾成灾面积与受灾面积比较情况、水灾成灾与受灾面积比较情况。曲线图表明，西部地区旱灾受灾面积波动范围为（343.06～1328.20）×10^4 hm^2，多年平均值为 797×10^4 hm^2；旱灾成灾面积波动范围为（169.86～729.30）×10^4 hm^2，多年平均值为 438.12×10^4 hm^2；旱灾成灾面积占受灾面积的比例为 32.49%～72.06%，多年平均值为 54.33%。水灾受灾面积波动范围为（69.68～534.10）×10^4 hm^2，多年平均值为 281.87×10^4 hm^2；水灾成灾面积波动范围为（57.95～358.30）×10^4 hm^2，多年平均值为 151.20×10^4 hm^2；水灾成灾面积占受灾面积的比例为 31.66%～83.17%，多年平均值为 53.68%。尽管西部地区的有效灌溉面积呈现增长态势，但耕地的抗灾能力仍然较弱，旱涝灾害仍然严重，提升西部地区耕地有效灌溉率的任务仍然十分艰巨。图 3-36 和图 3-37 分别为 1978～2010 年西部地区旱灾和水灾成灾面积占受灾面积的比例变化情况。

----

① 数据参见《中国统计年鉴》。

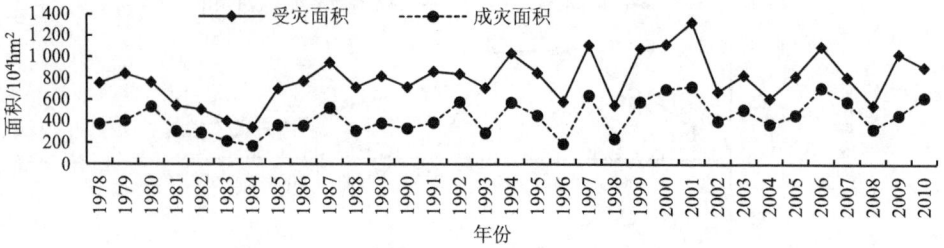

图 3-34 西部地区的旱灾成灾与受灾面积比较

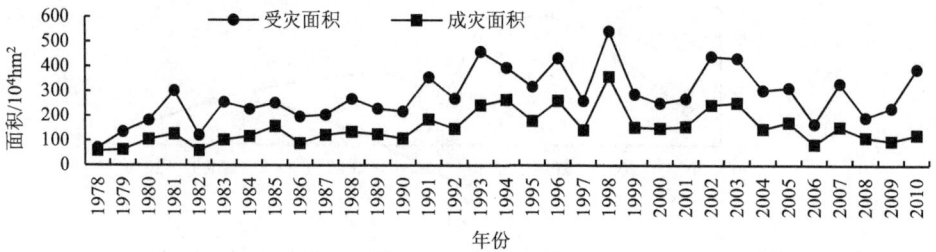

图 3-35 西部地区的水灾成灾与受灾面积比较

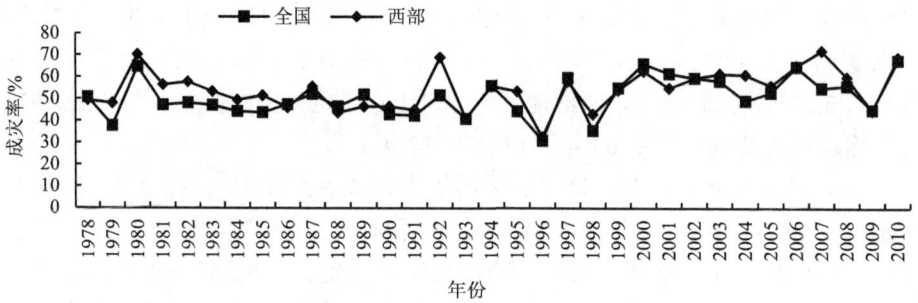

图 3-36 西部地区的旱灾成灾面积占受灾面积的比例

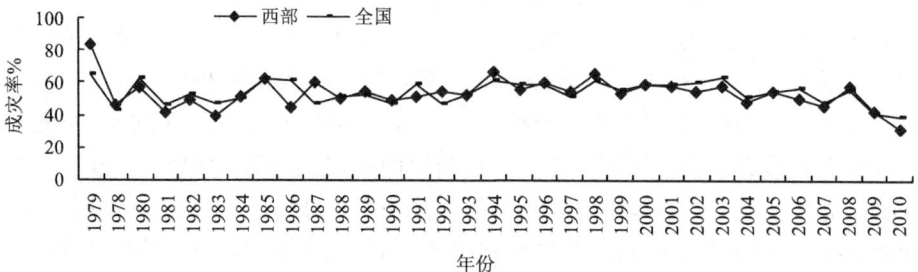

图 3-37 西部地区的水灾成灾面积占受灾面积的比例

（三）小型农田水利建设中的问题

完好程度低。水库多数是改革开放前建设的，分散的农民和县乡政府在改革开放后的多年里不但兴建水库不多，而且有些地区连维修都俭省了，渠道和水库多被泥沙淤堵、病险率高。以甘肃会宁县为例，据调查，全县截至 2009 年共有农田水利工程 270 多处，多建于 20 世纪 50～70 年代，全县灌区的渠系水利用系数为 0.4，灌溉水利用系数为 0.35；灌渠完好率为 22%，各类渠系建筑物完好率为 28%，水利工程的现状严重制约全县水利事业的正常发展，病、险两全的水利工程已不能支持农业快速发展对水利的需求。

缺乏农户参与的项目制可能是农田水利建设脱离需求实际的源头。税费改革后，国家对农田水利的投资均以项目形式下达，先由地方政府写出申请报告，然后向水利部门及其他涉农部门提出申请，最终将项目实施地点落实在本辖区内。在项目实施过程中，水利部门及其他有项目的部门作为项目业主，通过招投标的形式对社会公开发包；而地方政府负责项目实施过程中的协调工作。项目完成后，由监理单位验收，由项目主管单位交给地方政府管理使用。从整个项目建设的流程来看，项目建设高度技术化和封闭化，一般群众无法参与进来。在项目建设中，水利部门是业主，承包方负责建设，地方政府负责申请与协调工作，农民作为项目的直接受益者和需求方则完全不参与。项目制主导的建设将农民排除在水利建设之外，可能导致建成的农田水利设施脱离农民群众的实际需求，无法充分发挥效益，妨碍农业综合生产能力的提高。

第四节　西部地区耕地地力特征

耕地地力为由耕地土壤的地形、地貌、成土母质特征，农田基础设施及培肥水平，土壤理化性状等综合构成的耕地生产能力（中华人民共和国农业部，1996）。据此，可以理解为受耕地所在地的微地形部位、微地貌单元、土壤成土母质等立地自然条件，土壤剖面与土体构型、耕作层土壤的理化性状及特殊土壤的理化性状等土壤自身条件，田间水利工程、水土保持工程、田园化及植被生态建设、土壤培肥水平等在内的人文条件这三大类因素共同作用而形成的耕地综合生产能力。简单地说，耕地地力就是耕地生产能力，耕地土壤所在的地形、地貌和岩石等自然环境因素及农田基础设施等人文因素都是影响耕地地力或耕地生产能力的因素，是耕地用于栽培农作物时在一定时期内单位面积耕地的物质生产力水平。

一、西部地区耕地地力特征的研究方法

（一）产量引导法

耕地质量评价可以选用综合指数评价法或耕地产出评价法（王永峰，2008）。农户认为可以选用除自然条件以外的产量、肥料投入、作物长势、种植结构等来反映耕地质量（张衍毓等，2006）。王蓉芳等（1996）认为耕地地力不同，耕地的粮食生产能力就不同，以全年粮食产量水平作为引导因素，将不同产量水平的耕地引入不同的地力等级中确定不同耕地类型区的地力等级范围，这种研究方法即为产量引导法。王蓉芳等起草编制了中华人民共和国农业行业标准《全国耕地类型区、耕地地力等级划分》（NY/T 309—1996）。笔者认为，耕地粮食产量水平是耕地土壤肥力、耕地立地自然条件、农田水利条件和施肥水平等人文因素共同作用的结果，粮食产量高意味着土壤肥力高、耕地所在的自然环境条件好、农田水利及灌溉条件相对较好，耕地在同地段就属于质量较好的耕地，为此，拟用产量引导法划分西部地区的耕地地力等级，再将耕地地力等级归并为耕地质量类型加以定性分析。

（二）技术标准

耕地的粮食生产能力用粮食单产水平表示。我国耕地的粮食单产水平的分布区间为 $(1.35\sim0.15)\times10^4 kg/hm^2$。依据耕地地力差异构成的粮食生产能力差异，按照级差 $0.15\times10^4 kg/hm^2$ 的标准，将全国耕地引导到 10 个地力等级（王蓉芳等，1996）中，再将 10 个地力等级归为 5 个质量类型。粮食单产水平引导标准、地力等级和耕地质量类型的对应关系见表 3-18。地力等级越大，粮食单产水平越低，耕地质量越差。依据耕地地力等级和粮食单产水平，将耕地划分为高等地、中高等地、中等地、中低等地和低等地五大耕地质量类型，其中，将地力等级为九等、十等，每公顷产量≤3000kg 的耕地定义为低等（产）地；地力等级为七等、八等，每公顷产量为 3000~6000kg 的耕地定义为中低等（产）地；地力等级为五等、六等，每公顷产量为 6000~9000kg 的耕地定义为中等（产）地；地力等级为三等、四等，每公顷产量为 9000~12000kg 的耕地定义为中高等（产）地；地力等级为一等、二等，每公顷产量＞12000kg 的耕地定义为高等（产）地。

表 3-18　耕地单位面积粮食单产水平与地力等级、质量类型的对应关系

粮食单产水平 /($10^4kg/hm^2$)	>1.35	1.20~1.35	1.05~1.20	0.90~1.05	0.75~0.90	0.60~0.75	0.45~0.60	0.30~0.45	0.15~0.30	<0.15
地力等级	一等地	二等地	三等地	四等地	五等地	六等地	七等地	八等地	九等地	十等地
质量类型	高等（产）地		中高等（产）地		中等（产）地		中低等（产）地		低等（产）地	

注：粮食包括谷物、豆类和薯类折粮

（三）技术路线

为了便于行政管理，以县级行政区为研究单位，依据 2009 年的粮食产量水平，将西部 12 省（自治区、直辖市）各县级行政区的耕地导入不同的地力等级，计算各类地力等级耕地的面积并研究耕地质量构成状况；假定各县级行政区的常用耕地为粮食生产用地，确定常用耕地单位面积粮食产量，根据西部地区各县级行政区的常用耕地面积和全年粮食产量，计算单位耕地面积的粮食单产水平；依据常用耕地的粮食单产水平与地力等级的对应关系，将各县级行政区的耕地单产水平导入不同的地力等级。以省级行政辖区为单位将同一地力等级归类，计算西部 12 省（自治区、直辖市）的各地力等级的耕地所占的比例。最后得到西部地区耕地的地力等级。技术路线见图 3-38。

二、西部地区耕地质量构成与分布特征

依据表 3-18 的对应关系和西部 12 省（自治区、直辖市）各县级行政区的粮食产量，按照图 3-38 的技术路线，容易得到县级行政区的耕地地力等级和 12 个省级行政区的耕地地力等级。

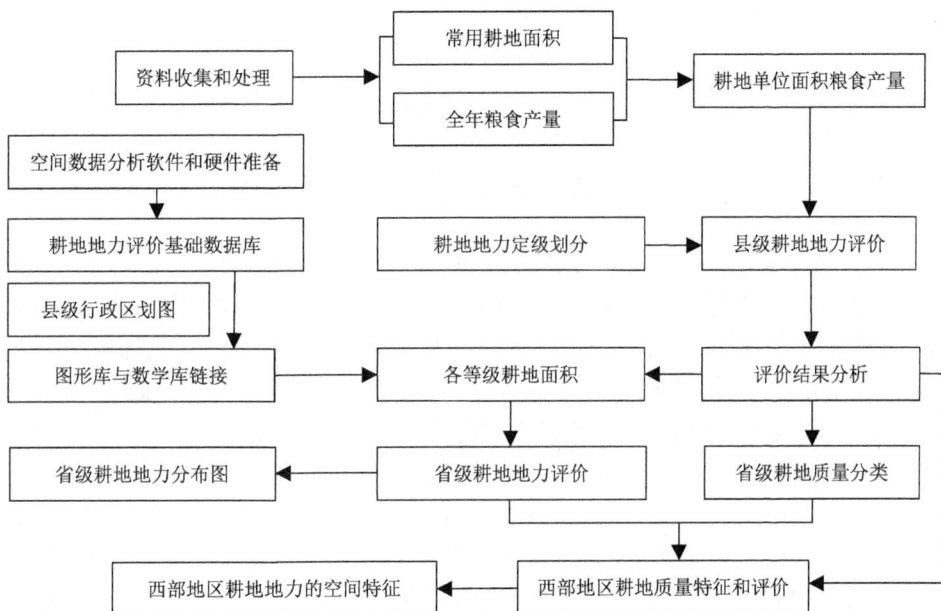

图 3-38 西部地区耕地质量特征和地力等级评价流程

（一）西部地区的耕地地力等级齐全

图 3-39 为西部地区常用耕地地力等级对应的面积对比图。耕地地力等级为一等至十等的耕地在西部地区都有分布。地力等级全覆盖与西部地区的地理环境复杂性有关。西部 12 省（自治区、直辖市）南北跨越 28 个纬度、东西横贯 37 个经度，主体位于第一级阶梯和第二级阶梯上，地域辽阔，区域面积多达 538×10^4km²，自然环境十分复杂多样，构成了西部地区的耕地地力等级全覆盖的自然动力基础。

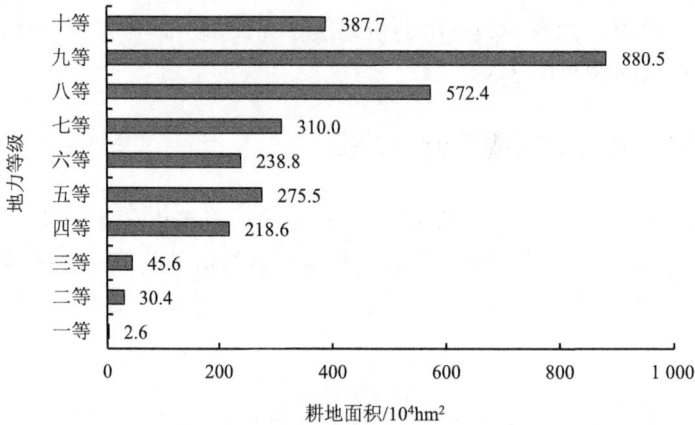

图 3-39　西部地区常用耕地地力等级对应的面积对比

（二）西部地区耕地质量构成为三分好地七分差地

图 3-40 中表明，西部地区的耕地地力等级比例累计曲线呈向右上方倾斜的曲线，累计曲线的快速上升区分布在中低等地、低等地区域，地力等级越低，比例越小、耕地质量越好，随着地力等级变大，耕地比例增大、耕地质量越差。其中，一等、二等地属于质量最好的高等地，其总量仅 30×10^4 hm²，占西部常用耕地的1.12%；三等、四等地属于西部地区的中高等地，耕地质量很好，处于中等水平之上，总量也仅 260×10^4 hm² 稍多，占西部地区耕地总量的 8.92%；五等、六等地属于质量处于中等的中等地，总面积达 514.3×10^4 hm²，占西部地区的 17.36%；七等、八等地属于质量处于中低层次的中低等地，总面积达 882.4×10^4 hm²，占西部地区的 29.79%；九等、十等地是质量最差的低等地，面积合计为 1268.2×10^4 hm²，占西部地区常用耕地总量的 42.81%。

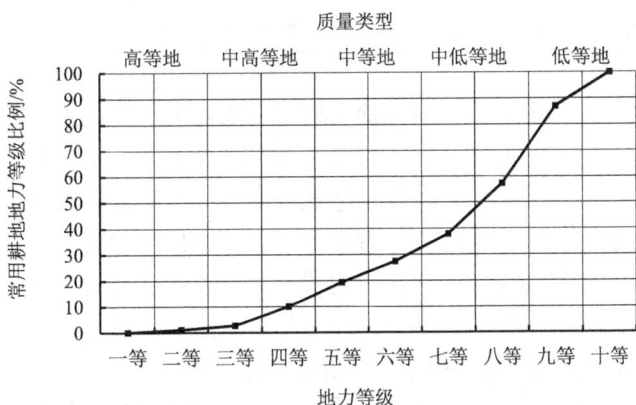

图 3-40 西部地区耕地地力等级比例累计曲线与质量类型

西部地区质量好的高等地和质量较好的中高等地面积少、比例低，二者合计仅占西部耕地总量的 10.04%，加上质量一般的中低等地，仅占西部耕地总面积的 27.40%；中低产地、低产地占西部耕地总量的 72.60%。如果将中等地、中高等地、高等地统称为"好地"，将中低等地、低等地统称为"差地"，则"三分好地、七分差地"是西部地区耕地质量特征的基本格局（图 3-41）。

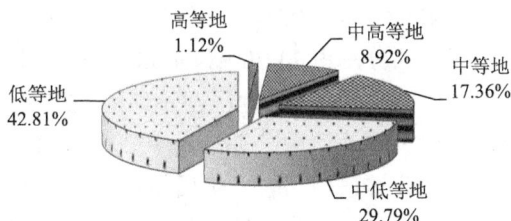

图 3-41 西部地区的耕地质量结构

低等地与中低等地为差地，高等地、中高等地、中等地均为好地

（三）西部地区集中全国 2/3 的低等地和 1/3 的中低等地

根据低等地、中低等地的前述定义，西部地区的低等地和中低等地占全国同类耕地的份额分别为 65.28%、33.30%。林鹏生（2008）认为我国 66.97%的低产田和 34.02%的中产田分布在西部地区，西部地区的中产田、低产田面积合计占全国的中低产田总面积的 45.73%。与林鹏生的研究结果比较，低等地降低了 1.69个百分点，中低等地的比例较林鹏生的中产田比例减少了 0.72 个百分点。尽管研究结果有细微变化，但关于西部地区是我国中低等地、低等地最集中地区的基本结论具有一致性。

（四）耕地地力等级空间分布呈现大交错特征

将以县级行政区为单位的耕地地力标绘在地图上，可以得到西部地区的地力等级空间分布图。不难发现，从南到北、从东到西，西部地区的耕地地力等级呈现大交错分布状态，即不同等级的耕地地力在空间上互为岛状或块状分布。在自然地理位置一定的前提下，地表形态是一切自然地理过程形成、演变的基础，西部地区耕地地力等级的大交错空间分布特征与西部地区复杂、交错分布的地形关系最为密切。西部地区在西北的三山两盆和蒙古高原、青藏高原、大西南的云贵高原和山地、平地的基本格局控制下，地表形态出现了复杂多变的次级地貌变化，进而增加了地表形态的复杂性，奠定了耕地地力大交错分布的自然力基础。由于受地形地貌、土壤、气候和耕作栽培措施等因素的影响，西部地区耕地质量总体水平不高。

（五）优质和差质耕地的空间分布皆有高度集中的特征

一等地集中分布在四川、新疆两省（自治区），其中四川占西部的 77.32%，新疆仅占 22.68%；二等地集中分布在四川、云南、陕西三省，其中四川占西部的 90.79%，云南和陕西分占 3.98% 和 5.23%；三等地分布在四川、贵州和广西，其中四川占 83.72%，贵州和广西分别占 11.70% 和 4.58%；四等地集中在四川、云南、贵州、重庆，4 省（直辖市）集中了西部地区四等地的 95.58%，其中，四川占了 69.33%。综上，西部地区的高等地、中高等地集中分布在西南地区，西南地区的高等地、中高等地高度集中分布在四川省。优质耕地空间分布的高度集中性与西部地区的气候和地形条件有关。四川盆地地形和季风气候的配置，使四川成为西部地区优质耕地最集中的区域。

中低等地集中分布在内蒙古（25.60%）、新疆（19.10%）、陕西（13.09%）和云南（16.94%），4 省（自治区）的中低等地占西部地区中低等地总面积的 74.73%；低等地集中分布在内蒙古（36.11%）、新疆（17.40%）、甘肃（16.45%）和广西（11.56%），4 省（自治区）低等地占西部地区的低等地总面积的 81.52%。差质耕地集中于西北地区的特征与西北地区深居内陆、降水稀少、风蚀严重、沙漠广布、气候的大陆性强、自然环境较恶劣、生态环境脆弱等区域自然属性有关。

三、西部地区的耕地地力特征

把西部 12 省（自治区、直辖市）的耕地地力等级占本辖区的比例编绘成为累计曲线图见图 3-42。

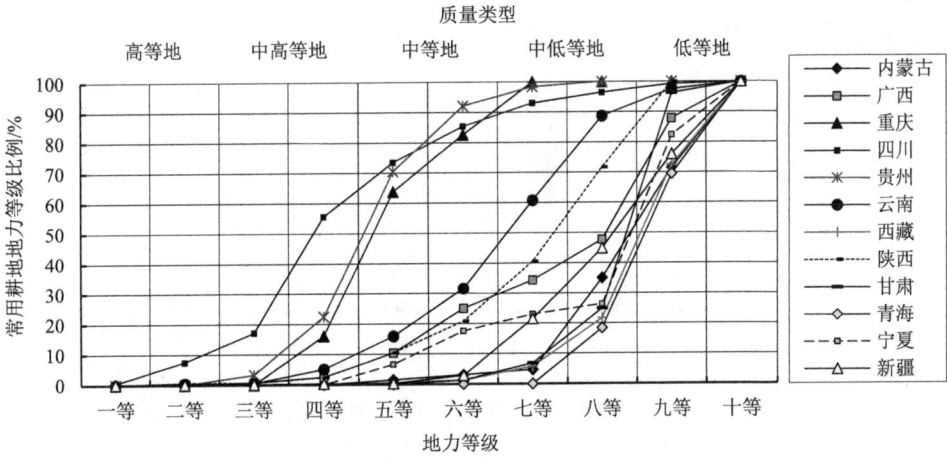

图 3-42 西部 12 省（自治区、直辖市）的耕地地力等级比例累计曲线与质量类型

内蒙古自治区的耕地质量整体水平差。耕地地力等级比例累计曲线的急剧上升区分布在中低等地、低等地区域（图 3-42）。其地力等级构成见图 3-43，缺失一等至四等的高等地和中高等地；五等和六等的中等地仅占本行政辖区耕地资源总量的 3.05%；七等至十等的中低等地和低等地占本行政辖区耕地资源总量的96.95%。耕地质量差与本行政辖区耕种土壤的自然基础有关，栗钙土为面积最大的耕种土壤，其次为风沙土和棕钙土。

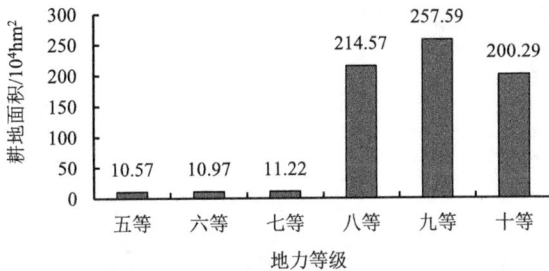

图 3-43 内蒙古自治区耕地地力等级构成

四川省耕地质量较好。耕地地力等级比例累计曲线的急剧上升区分布在中高等地和中等地区域（图 3-42）。地力等级构成见图 3-44，一等至十等地在四川省都有分布，地力等级齐全；以高等地和中高等地为主，其一等至四等耕地面积合计占四川耕地资源总量的 55.62%；四川省是西部地区一等至四等地的主要分布区，其一等地占西部地区一等地总量的 77.32%，二等地占西部地区同等地的90.79%，三等地占西部地区同等地的83.72%，四等地占西部地区同等地的69.33%。

耕地质量较好的现状与四川省的耕种土壤类型结构有关，其主要耕种土壤为水稻土和紫色土，黄壤和石灰（岩）土分布面积也较大。

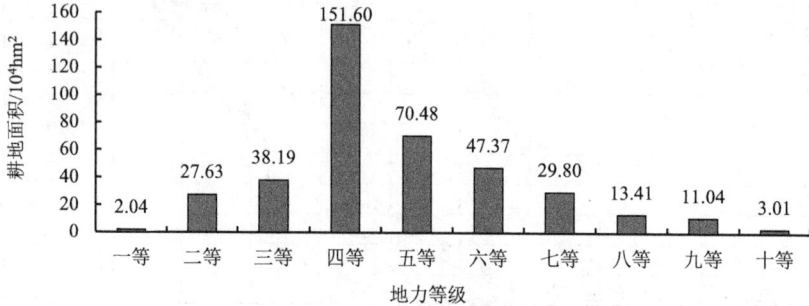

图 3-44　四川省耕地地力等级构成

广西壮族自治区的耕地质量整体较差。耕地地力等级比例累计曲线的急剧上升区分布在中低等地和低等地区域（图 3-42）。耕地地力等级构成见图 3-45，一等地和二等地缺失；地力等级为三等和四等的中高等地、五等和六等的中等地面积合计仅占本行政辖区耕地资源总量的 25.02%；地力等级为七等、八等的中低等地和地力等级为九等、十等的低等地面积占本行政辖区耕地资源总量的 74.98%。质量较好的耕地少和耕地质量（较）差的耕地多的基本格局特征与早前的土壤普查结果和相关研究结论具有一致性，1986 年的土壤普查结果表明有 4/5 的耕地为中低产田，蓝福生（1991）、何子平和蒙福贵（2001）、黄文校等（2006）认为广西壮族自治区以中、低质量的耕地为主。

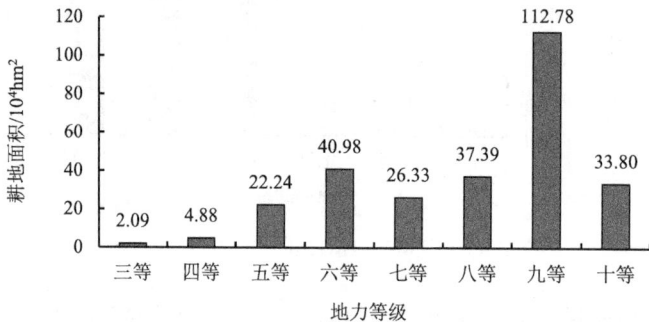

图 3-45　广西壮族自治区耕地地力等级构成

重庆市的耕地质量以中等为主。行政辖区的耕地地力等级比例累计曲线的急剧上升区分布在中高等地、中等地区域（图 3-42）。耕地地力等级构成见图 3-46，地力等级为一等和二等的高等地、三等的中高等地、八等的中低等地、九等和十等的低等地缺失；地力等级为五等和六等的中等地占本行政辖区耕地资源总量的66.60%；耕地地力等级为四等的中高等地和七等的中低等地合占本行政辖区耕地资源总量的1/3。分析表明，以质量中等的耕地为主，没有质优的高等地和质差的低等地是重庆市耕地地力的基本格局，此结论与李萍等（2011）关于渝西方山丘陵区、渝中平行岭谷低山丘陵区、渝东北中山区、渝东南中低山区的耕地质量评价结果基本一致。

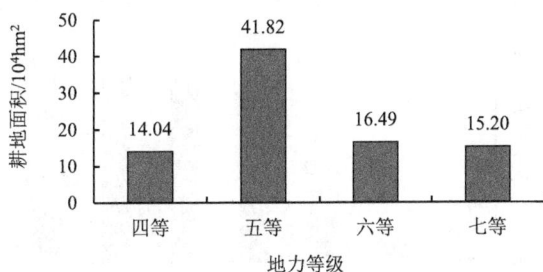

图 3-46 重庆市耕地地力等级构成

贵州省以中等质量耕地为主、中高等质量耕地为辅。省域的耕地地力等级比例累计曲线的急剧上升区分布在中等地和中高等地区域（图 3-42）。耕地地力等级构成见图 3-47，地力等级为一等和二等的高等地、九等和十等的低等地缺失，没有质量最优耕地和质量最差耕地，此特征与重庆市具有相似性；五等地和六等地占69.71%、三等地和四等地占22.42%、七等和八等地仅占7.87%，形成以中等质量耕地为主、中高等质量耕地为辅，中低等质量耕地少的地力等级格局。耕地地力特征与贵州省主要耕种土壤关系密切，省域耕种土壤主要以黄壤为主，水稻土和石灰（岩）土面积也较大。

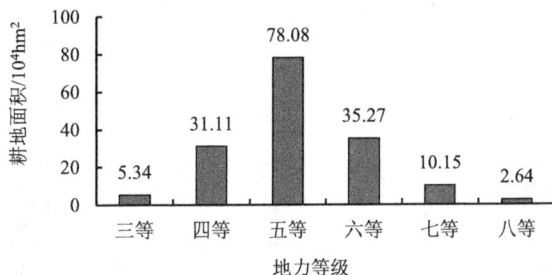

图 3-47 贵州省耕地地力等级构成

云南省质量中等及以上的耕地资源量较少，中低等及以下的差地多。省域的耕地地力等级比例累计曲线的急剧上升区分布在中低等地区域（图 3-42）。耕地地力等级构成见图 3-48，高等地中的一等地缺失、二等地少，中高等地中的三等地缺失，二等地和四等地仅占全省耕地面积的 5.13%，地力等级为五等和六等的中等地仅占 26.53%，中等质量及以上的耕地占本行政辖区耕地资源总量的比例不到 1/3；地力等级为七等和八等的中低等地占 57.04%、九等和十等的低等地占 11.30%，中低等质量及以下的耕地占省域耕地资源总量的 2/3 稍多。中等质量及以上的耕地偏少、其以下的耕地多是云南省耕地地力的基本特征，此结论与贺一梅等（2008）的云南宜耕地质量较差、87% 为中低产田的结论得到相互印证。

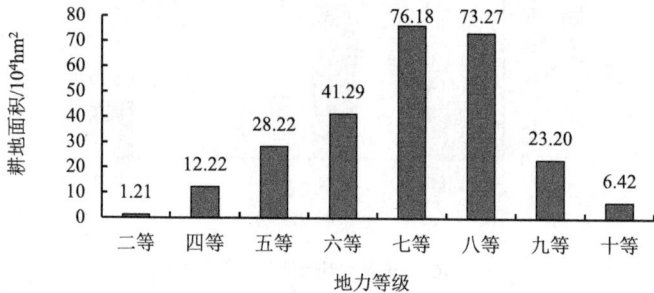

图 3-48　云南省耕地地力等级构成

西藏自治区的耕地质量形势严峻。其耕地地力等级比例累计曲线急剧上升区分布在中低等地和低等地区域（图 3-42）。耕地地力等级构成见图 3-49，九等地和十等地占本行政辖区的 78.27%、七等地和八等地占 20.52%，一等地至四等地缺失，五等地和六等地仅占本行政辖区耕地资源总量的 1.21%。低等地为主、中低等地为辅、缺失高等地和中高等地、中等地面积少比例低是本行政辖区耕地地力构成的基本格局。西藏自治区的耕地质量特征形成主要受青藏高原影响，耕地集中在"一江三河"①和"三江流域"②，土层浅薄、贫瘠。相对较好的耕地集中在藏南谷地，那里地形相对平坦，土壤条件好。

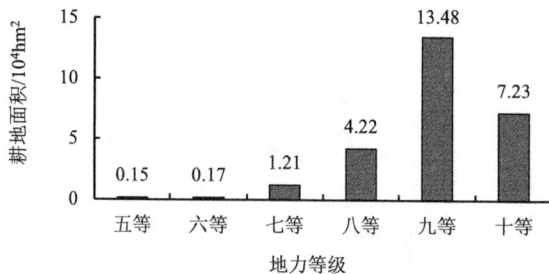

图 3-49　西藏自治区耕地地力等级构成

① 指雅鲁藏布江、拉萨河、年楚河和尼洋河。
② 指金沙江、澜沧江、怒江河谷。

陕西省以中低等地和低等地为主、中等地为辅。其耕地地力等级比例累计曲线急剧上升区分布在中低等地、低等地区域（图 3-42）。耕地地力等级构成见图 3-50，地力等级为七等和八等的中低等地占省域耕地资源总量的 50.85%、九等地占 28.34%、五等地和六等地仅占 18.42%、二等地和四等地仅占 2.39%。中低等及以下的耕地近八成、中等及以上的耕地仅两成稍多、最好和最差的耕地缺失是基本格局。此耕地质量"二八"格局特征与宁文波（2010）和冯国（2011）关于陕西省耕地质地差、养分含量低，80%的耕地分布于水土流失和生态环境脆弱区，耕地质量不高等结论较为一致。陕西省耕地地力特征与其耕种土壤类型及其自然基础有关。

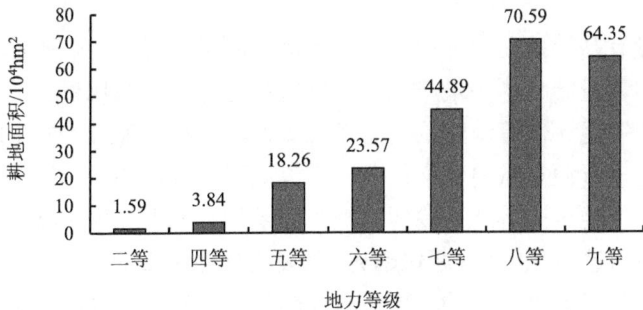

图 3-50　陕西省耕地地力等级构成

甘肃省的耕地质量差。本行政辖区内的耕地地力等级比例累计曲线急剧上升区分布在中低等地、低等地区域（图 3-42）。耕地地力等级构成见图 3-51，九等地的地位特别突出，占到省域耕地资源总量七成稍多；耕地地力为七等和八等的中低等地占 23.62%，地力等级为九等和十等的低等地占 75.10%，四等地至六等地仅占 1.29%，一等地至三等地缺失。低等地和中低等地面积超过耕地资源总量的 98%是本省耕地地力的基本格局。此结论较骆惠琴（1993）关于甘肃省耕地生产能力[1]、胡科和石培基（2008）关于甘肃省耕地质量[2]的结论更加严峻，就其原因可能与耕作土壤主要在黄绵土区，其地处干旱半干旱区腹地，干旱少雨、农业基础薄弱，有机肥量少质差、化肥投入量少、施肥不科学，以及近年来广泛推广种植的全膜双垄沟播玉米，种植结构单一、土壤养分水分利用不均衡，耕地质量下降（李世清等，2003；杨军等，2005；李艳梅等，2007；江晶等，2008；李爱宗等，2008）有关。

---

[1] 亩产在 300 kg 以上的高产农田占 9.7%，亩产在 150～300 kg 的中产田占 20.8%，亩产在 150 kg 以下的低产田占 69.5%。

[2] 质量为中等以上的耕地占全省耕地资源总量的 30.05%，质量较差的耕地占 69.95%。

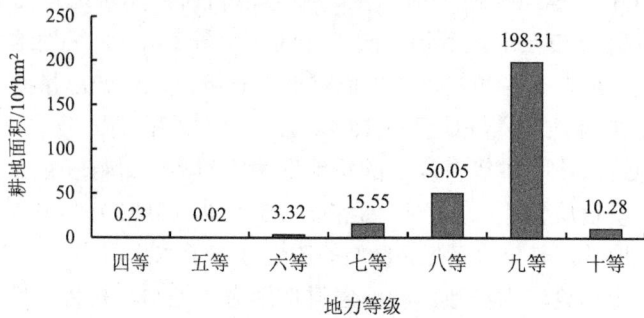

图 3-51　甘肃省耕地地力等级构成

　　青海省没有高等地和中等地，中高等地资源极度稀缺，低等地为主、中低等地为辅，耕地质量结构形势最严重。省域的耕地地力等级比例累计曲线急剧上升区分布在中低等地、低等地区域（图 3-42）。耕地地力等级构成见图 3-52，九等地占到省域耕地资源总量的一半稍多，八等地至十等地共占资源总量的 99%；四等地极少，一等地至七等地（除四等地外）缺失。青海省耕地地力的基本格局较全国第二次土壤普查结果[①]有恶化趋势。严峻的耕地质量形势与青海省主要耕种土壤为钙成土和干旱的气候有关，耕地的 80% 集中在东部的黄河流域、湟水流域，20% 集中在柴达木盆地和青南地区等地（陈占全等，2008）。

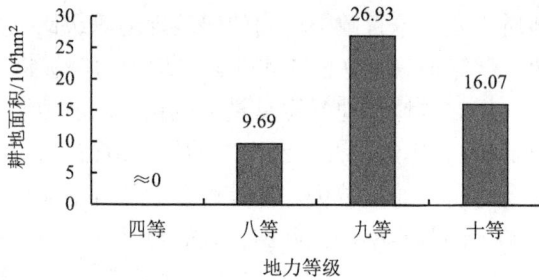

图 3-52　青海省耕地地力等级构成

　　宁夏回族自治区以低等地为主、中等和中低等地为辅。耕地地力等级比例累计曲线急剧上升区分布在中低等地、低等地区域（图 3-42）。耕地地力等级构成见图 3-53，九等地占比超过 50%、其地位特别突出，九等地和十等地占辖区耕地资源总量的 73.58%；七等地和八等地占 8.88%，五等地和六等地占 17.54%。一等地至四等地缺失、中等地与中低等及以下的耕地近似呈现"二八"格局，耕地质

① 青海省耕地土壤肥力状况处于中等偏下水平，仅 16% 的耕地无障碍或少障碍土层、21.17% 的耕地有一定障碍需加改良、62.83% 的耕地有较大障碍限制需大力改良，中低产田占耕地总面积的 68.48%。

量差。此结论与李军和郁光磊（2001）的研究结论[①]基本一致。耕地质量格局与本行政辖区以灰钙土、灌淤土、新积土等耕种土壤为主和内陆气候条件有关。

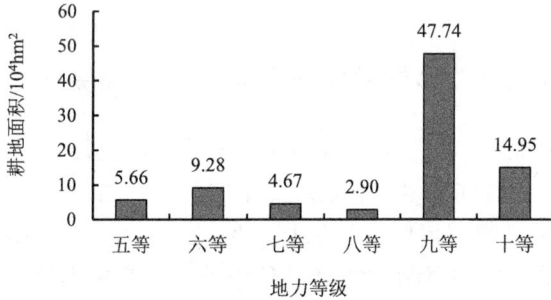

图 3-53　宁夏回族自治区的耕地地力等级构成

　　新疆维吾尔自治区以中低等地和低等地为主、高等地和中高等地数量少、中等地也较为稀缺。行政辖区内的耕地地力等级比例累计曲线急剧上升区分布在中低等地和低等地区域（图 3-42）。耕地地力等级构成见图 3-54，二等地、三等地、五等地缺失。占行政辖区耕地资源总量的比例，一等地和四等地仅为 0.33%、六等地为 2.52%，七等地和八等地为 42.07%、九等地和十等地为 55.08%。优质耕地和质量中等的耕地面积少、比例低，中低等质量耕地和低等质量耕地超过 97%，总体质量差是新疆耕地的基本特征。上述结果与新疆维吾尔自治区土肥站工作组2002 年的调查[②]、罗桥顺（2008）依照国家耕地类型区划标准对新疆耕地质量的评价[③]和张静（2011）对新疆耕地整体质量的评价[④]结果在数据上有一定差异，但基本结论在方向上有一致性。

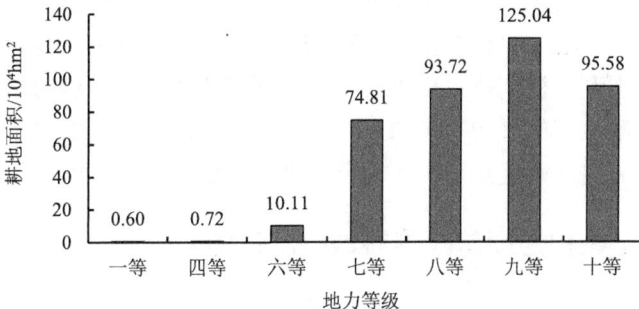

图 3-54　新疆维吾尔自治区耕地地力等级构成

---

① 宁夏除引黄灌区外，占总耕地面积 70.0%以上的旱地产量普遍低而不稳，土地质量差。
② 中低产田耕地总面积占全区耕地面积的 72.01%。
③ 新疆没有一至三级耕地、四级耕地占 9.5%、五级占 18.5%、六级占 22.2%、七级占 22.2%、八级占 16.8%、九级占 10.8%，中等地及以上耕地占 50.2%、中等地以下耕地占 49.8%，二者的构成呈现"五五"格局。
④ 新疆耕地整体质量不高，中低产田比例大，2010 年高产田面积占 12%、中产田面积占 63%、低产田面积占 25%。

第五节　西部地区耕地质量现状对保护的启示

一、广西壮族自治区耕地细碎化与归整：对耕地保护的启示

研究表明，耕地细碎化不但直接损失耕地数量，而且导致耕作半径扩展，农民干活花在行程上的时间增多，降低农业生产效率。当农户拥有的地块数量超过其可种植农作物种类数时，倾向于进行耕地归整以减少其地块数量（李功奎，2006）。80%以上的农户认为耕地细碎化给农业生产带来不便，70%以上的农户希望拥有一整块土地（王秀清和苏旭霞，2002）。广西龙州县上龙乡在1996年7月就开始了细碎化耕地的合并、归整。广西龙州县上龙乡黄忠伟和同屯的农鸿成、黄天保、黄东、农文财等农户，认识到了因土地分散带来的高强度劳动，通过协商后，相互对在同一片土地范围内的地块，不改变原有土地承包总面积，只改变地块的地理位置将其整合到一块的就近互换、将小块并作大块；通过互换、合并和归整，极大地提高了生产效率。在上龙乡的带领下，2000年，板卜屯、板旁屯"照葫芦画瓢"，其他村纷纷效仿，各屯换地成风。2002年，乡政府因势利导，以屯为单位，以连片田块为基础，以户与户结对并块为切入点，实行"结对并地"。村与村、屯与屯共同制定友好协议和村规民约，村与村结成友好村、屯与屯结成友谊屯、户与户结成兄弟户。在无数小块并成一大块后，再按各户原有的面积重新抽签分配。至2009年10月，全乡已有7个村42个自然屯推行土地"小块并大块"，调整面积达1866.7 hm^2。为了推动该项工作，广西壮族自治区国土、农业、财政等多部门达成共识，从每年安排的土地整治项目预算资金中拿出一定比例，直接用于对农户"结对并地"进行奖励，形成了"以奖代补"的激励机制。显然，耕地归整一方面利于提高耕地质量，另一方面又构建了农户劳动和消纳农业劳动力、让农业劳动致富的平台，国家可以采取经济措施，激励农户按照地方政府的统一规划，开展耕地归整活动，让农户在耕地归整的劳动过程中获得收益。

二、耕地质量保护必须与改善耕地限制性相结合

重视三类耕地质量限制性。在西部地区的耕地构成中，有限制性的耕地比例高达 3/4，西部地区有限制性耕地接近全国限制性耕地总量的一半，不同区域限制性特征的差异性突出。在9类限制性要素中，坡度、侵蚀、水分条件这三类限制性占西部地区限制性耕地总量的比例超过了70%，破解坡度限制性、水土流失限制性和水分条件限制性，西部地区中、低产田中的 3/4 将成为中产田和

高产田。近年来，将坡度＞25°的坡耕地退耕还林，在一定程度上减少了坡耕地和水土易流失耕地的比例，但同时也减少了耕地数量；另外，退耕还林解决不了坡度＜25°的坡耕地问题；今后，土地整理和坡改梯等工程措施，是治理西部地区耕地坡度限制性和水土流失限制性的主要发展方向。增加有效灌溉面积是破解水分条件限制性的重要措施，与1999年相比，西部地区2010年有效灌溉面积增加了7.34个百分点，通过新建水利工程等措施改善西部地区耕地水分条件取得了较为显著的成效；西部地区2010年的有效灌溉面积为37.97%，低于全国、东部地区和中部地区1999年的平均有效灌溉发展水平，与全国、东部地区和中部地区2010年的发展水平相比有很大的差距，且各省（自治区、直辖市）发展水平不同，说明西部地区耕地水分条件尽管得到一定的改善，可能因为投入的资金量有限和灌溉水平的起点较低等原因，耕地灌溉的水利工程发展不足，今后要加大发展力度。

耕地质量限制性整治规划与相关规划相衔接。在兴建耕地灌溉工程的同时，水利工程老化、建设占用、机井报废或水源不足、退耕还林和其他因素等导致西部地区2010年的有效灌溉面积较1999年减少了200×10^4 hm^2，其中水利工程老化和机井报废或水源不足合计损失有效灌溉面积近72×10^4 hm^2，建设占用损失有效灌溉面积超过32×10^4 hm^2，其他原因损失63×10^4 hm^2，退耕还林损失33×10^4 hm^2，说明在注重耕地灌溉工程建设的同时应该组织行为主体加强灌溉工程的维护、管理，确保工程无病运行十分重要，灌区建设规划要与土地利用总体规划中的非农建设用地规划相结合、与新农村建设规划相结合，尽量减少灌溉工程建设资金的浪费。城市空间扩张优先占用优质耕地，1999～2009年，全国建设占用补充置换耕地量占耕地总量的1.91%，西部地区置换耕地量占西部地区耕地总量的1.52%，补充的新增耕地难以达到占用耕地的综合生产能力。所以，耕地质量建设必须与相关规划相衔接，才可能尽量避免花大力气建设起来的耕地质量工程在城市化过程中受损，减少城市化与耕地质量保护之间的冲突，实现耕地保护与城市化之间相互融合。

三、西部地区耕地地力亟待提高

研究与分析表明，西部地区耕地质量呈现三分好地、七分差地的基本格局，耕地地力呈现大交错分布，从南到北、从东到西，耕地的不同地力等级都呈现交错分布状态，耕地地力的不同，在空间上互为岛状或块状分布。高等地、中高等地集中于西南地区，西南地区的高等地、中高等地高度集中于四川；差质耕地集中于西北地区。相对于中部地区、东部地区而言，西部地区耕地保护的首要任务是提高耕地地力，要采取措施，改造低等地和中低等地，以解决耕地质量问题。西部地区的低等地面积大，如果改造低等地，则需要投入大量的资金才能有效。

第四章　西部地区保护耕地数量的经济困境
——基于机会成本影响的视角

第一节　行为主体在耕地用途保护中的作用

无论是从经济建设角度出发，还是从国家粮食安全角度考虑，西部地区耕地数量保护都具有重要的战略意义。为确保国家粮食安全、西部地区实现可持续发展、社会安定和满足人口增长对实物的需求，必须确保耕地数量处于安全范围。为了加强耕地保护成效，各级地方政府相继建立了耕地保护目标责任制，根据土地利用总体规划确定耕地保护目标和任务，逐级分解耕地保护指标和签订耕地保护责任书，强化了各类行为主体在耕地保护中的作用。现阶段，耕地管理行为主体包括中央政府、地方政府、村组和农户。

一、中央政府的作用

我国经济制度属于公有制，尽管耕地属于集体所有制，但耕地专门用于发展种植业属于顶层土地管理者——国家政府的决策行为，并以《中华人民共和国土地管理法》的形式规定了耕地实行用途管制的制度。农户承包地只能够用于种植业用途，其他的农业用途和非农建设用途的价值收益尽管高于种植业，但它不属于耕地承包者——农户决策的可选择项目。在委托-代理制度下，地方政府受中央政府委托，代国家管理耕地。

二、地方政府的作用变迁及影响

地方政府，作为一级行政组织，其本质上是众多独立的、具有个人利益关系的个人，按照一定法则组织起来的群体。地方政府行为就是地方政府在行使管理职能中，对公共资源的管理、配置、利用等行为方式的取向。

改革开放前，我国实行计划经济体制，国家财政管理权限通过条条控制集中中央，实行统收统支。地方政府不是独立的利益主体，只起着维护计划经济体制的作用，追求"一大二公"的社会意识形态超越个人对经济利益的追求，地方政府官员缺乏财富集聚意识，社会缺乏财富集聚的土壤。改革开放后，行政性放权式的经济改革，自主权下放，地方政府的经济活动范围扩大，特别是国家财税体制由"统收统支"到"分税制"的改革，经济利益上升到第一层面，各级地方政府成为具有经济剩余索取权的独立利益主体；布坎南的公共选择理论将这种独立利益主体称为就有利益需要的、追求自身利益最大化的"经济人"，这就决定了地方政府在配置公共资源、提供公共产品的活动中追求自身利益的最大化，在配置稀缺资源时受"效用最大化"或"机会成本最小化"法则的影响而产生经济利益最大化的行为动机，并借助各种手段让动机变为现实。但其追求利益最大化行为要受其身份的约束。

各级地方政府作为经济发展主要推动力量，在改革开放以后依托国有和集体资产基础，通过兴办由本级政府控制的企业推动工业化；进入 20 世纪 90 年代，随着企业亏损面不断扩大，控制耕地非农化供给逐渐成为地方政府完成资本原始积累、加快地方经济增长和追求财政收入增加的最重要手段。征地费用和土地出让价格之间的差额，为增加地方可支配财政收入提供了条件。耕地非农化相关的投资主要是固定资产投资，具有外延性、扩张性，促进了经济总量扩张；地方政府在自由支配的资本总量有限的前提下，对耕地非农化干预强度越高，就越可能借助土地和资本之间的替代和互补关系降低交通等基础服务设施的建设成本，确保提供的交通等公共产品服务能力最大化，压低土地价格吸引更多的资本流向本地而扩大产品生产能力，促进地方经济增长业绩最大化。为了追求更大的业绩，地方政府会进一步扩大耕地非农化供给，以获取更大的经济增长业绩；同级地方政府均享有一定的耕地非农化供给权利，尽管相互竞争可能导致土地供给对经济增长的实际贡献降低，但加速耕地非农化供给符合地方政府经济增长业绩最大化的要求；特别是城市建设用地使用制度改革以来，耕地非农化供给收益已经成为许多地方政府财政收入的重要来源，如城市扩张带来的房地产业和建筑业税收、土地出让金为地方政府带来预算外收入、与土地相关的收费为地方政府各部门带来福利收入等。

经济发展、空间扩展已经成为一个不争的事实，耕地数量管理要适应经济发展需要也是一个不争的事实，为此，保持耕地数量不减少的占补平衡法在全国各地得到了广泛的运用和充分的发展。中央政府认可地方政府采用占补平衡法管理耕地数量，就等于让地方政府掌握耕地用途配置权力。地方政府掌握着依法将一定范围之内包括基本农田在内的耕地调整为非农用地的用途配置权力，成为驱动耕地非农化的动力。依据《中华人民共和国土地管理法》，地方政府属于土地利用规划的主体；城市空间扩展必然要争夺农用地空间特别是争夺耕地空间，保护耕地和建设用地需求之间的矛盾始终存在，协调保护耕地和建设用地需求矛盾的手段就是土地规划，在《中华人民共和国土地管理法》框架下，通过规划依法调整手段，地方政府掌握着将耕地农业用途调整为非农建设用途的权力。土地资源的用途分类包括建设用地、农用地和未利用地三大类型，其中，建设用地和农用地，特别是建设用地与耕地的分布呈现交错、镶嵌特征；耕地资源属于地方政府有条件的可支配稀缺资源，鉴于地方政府是理性"经济人"和发展地方经济的责任主体，必然要按照经济学法则配置稀缺资源，以追求利益最大化；再鉴于城市、交通等建设用地的价值创造能力强，将耕地非农化，在创造增加值、地方税收、土地出让收益等方面相对于农业用途具有巨大的增值空间，为此，地方政府愿意推进耕地非农化。

地方政府有计划、有目的地将耕地配置为居民点、工矿、交通和水利建设用地的行为，建设占用是仅次于生态退耕的第二大耕地减少因素，随着生态退耕的淡出将成为耕地减少的第一主成分因素。1999～2008 年，建设占用导致西部地区累计减少耕地 49.30×10^4 hm²[①]，占全国建设占用耕地的 22.77%。建设占用耕地面积的年变化较大，1999 年的占用面积达 6.63×10^4 hm²，最小年份 2001 年的建设占用面积仅为 3.34×10^4 hm²，相当于最多年份的 50%，各年份的建设占用耕地面积及其占全国的比例情况见图 4-1。

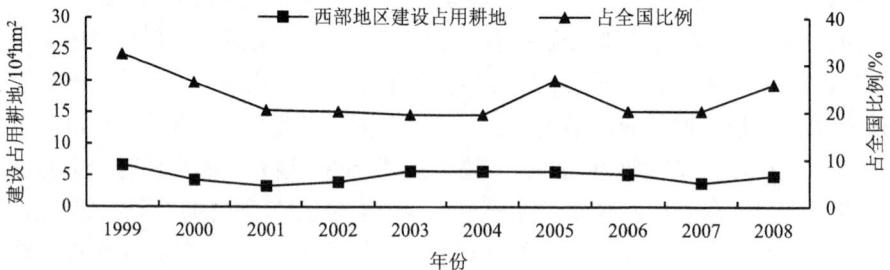

图 4-1　西部地区建设占用耕地面积及其占全国的比例

利用 1999～2008 年西部地区建设占用耕地面积随时间逐年变化数据，在 DPS 平台上建立灰色数列 GM（1，1）模型模拟变化过程，第 48 次残差序列分析后的灰色数列 GM（1，1）模型为：$M = -0.743112e^{-0.125985t} + 0.809038$。模型评价：$C = 0.0393$ 很好，$p = 1.0000$ 很好；误差范围：$-0.8975～0.8956$。1999～2008 年建设占用减少的耕地总量对比见图 4-2。西部 12 省（自治区、直辖市）之间建设占用耕地的数量差异很大，四川省在 10 年间的建设占用耕地累计值达 10.23×10^4 hm²，是青海省的 11.63 倍；包括西南地区和广西壮族自治区在内的南方省（自治区、直辖市）共计 33.34×10^4 hm²，占西部地区建设占用耕地总量的 67.61%，内蒙古、陕西、甘肃、宁夏、青海、新疆和西藏仅占 15.97×10^4 hm²，不到 1/3。利用 1999～

---

① 据 2000～2009 年《中国统计年鉴》数据整理计算。

2008 年西部 12 省（自治区、直辖市）建设占用耕地面积随时间逐年变化数据，在 DPS 平台上建立灰色数列 GM（1，1）模型模拟变化过程。通过 DPSV 7.05 平台，进行灰色 GM（1，1）模型研究，共建立了西部 12 省（自治区、直辖市）建设占用耕地面积的灰色模型，模型的评价及拟合误差见表 4-1。分析表明，一方面耕地保护工作常抓不懈，另一方面建设占用耕地现象明显持续。地方政府和农户是耕地保护主体，同时也是耕地资源用途配置的推动主体。所以，建设占用和农业结构调整仅仅是减少耕地的方式、载体，而不是耕地减少的驱动原因。在推动耕地保护的同时，地方政府热衷于建设占用的根源在于耕地保护带来的机会成本高，机会成本损失大。

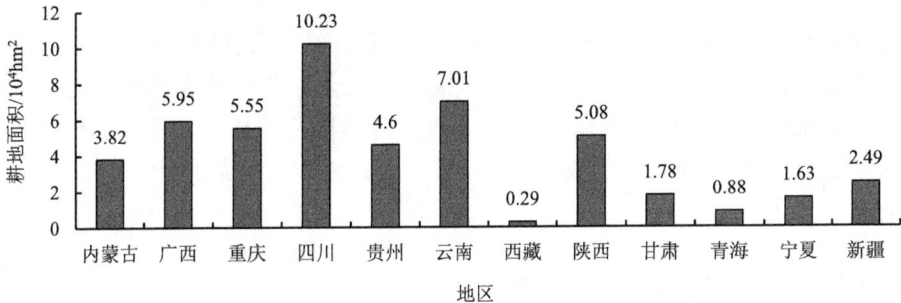

图 4-2　西部 12 省（自治区、直辖市）建设占用耕地面积减少量对比

表 4-1　西部 12 省（自治区、直辖市）建设占用耕地面积的模型及评价

地区	模型（M）	评价	误差范围	备注
内蒙古	$M = 0.059057e^{0.064164t} - 0.052154$	$C=0.0421$ 很好，$p=1.0000$ 很好	$-1.1406 \sim 0.8627$	第 15 次残差序列
广西	$M = 0.088930e^{0.074286t} - 0.081170$	$C=0.0246$ 很好，$p=1.0000$ 很好	$-1.6324 \sim 0.9733$	第 20 次残差序列
重庆	$M = 0.017475e^{0.136679t} - 0.014018$	$C=0.0114$ 很好，$p=1.0000$ 很好	$-0.2843 \sim 0.6753$	第 11 次残差序列
四川	$M = -0.053121e^{-0.087034t} + 0.056712$	$C=0.0136$ 很好，$p=1.0000$ 很好	$-0.4276 \sim 0.4141$	第 20 次残差序列
贵州	$M = -0.098611e^{-0.03818t} + 0.101891$	$C=0.0344$ 很好，$p=1.0000$ 很好	$-0.9905 \sim 0.9604$	第 14 次残差序列
云南	$M = -0.053062e^{-0.114197t} + 0.057487$	$C=0.0159$ 很好，$p=1.0000$ 很好	$-0.6220 \sim 0.5143$	第 20 次残差序列
西藏	$M = -0.005565e^{-0.049407t} + 0.005799$	$C=0.0104$ 很好，$p=1.0000$ 很好	$-0.8993 \sim 0.5028$	第 20 次残差序列
陕西	$M = -0.036246e^{-0.126528t} + 0.039601$	$C=0.0126$ 很好，$p=1.0000$ 很好	$-0.4121 \sim 0.3553$	第 20 次残差序列
甘肃	$M = -0.015732e^{-0.133288t} + 0.017246$	$C=0.0189$ 很好，$p=1.0000$ 很好	$-0.6772 \sim 0.3860$	第 20 次残差序列
青海	$M = -0.003462e^{-0.221932t} + 0.003843$	$C=0.0024$ 很好，$p=1.0000$ 很好	$-0.5281 \sim 0.5704$	第 30 次残差序列
宁夏	$M = -0.012598e^{-0.260712t} + 0.014156$	$C=0.0082$ 很好，$p=1.0000$ 很好	$-0.6008 \sim 0.7742$	第 25 次残差序列
新疆	$M = 0.005033e^{0.151352t} - 0.003652$	$C=0.0092$ 很好，$p=1.0000$ 很好	$-0.5034 \sim 0.5816$	第 20 次残差序列

三、村组与农户的作用及影响

（一）农户决策的有限性

补偿农户因放弃耕地非农建设用途的机会成本损失（雍新琴和张安录，2011），补偿纯农户因农业比较利益低下的机会成本损失、城郊农户放弃城市扩张的耕地非农化发展机会成本损失（朱凤凯等，2012）的呼声一直很高。在土地公有制下，农户是土地的承包经营者而非所有者，《中华人民共和国土地管理法》规定了承包耕地只能用于种植业，承包耕地的农户尽管是耕地经营的决策者，但决策不能够超出种植业的范畴，他可以在不同的种植项目中进行选择并进行决策，而不能对耕地用于非种植业进行决策，即将耕地用于非种植业的农地用途、非农用途等都不是农户决策的可选择项目。为此，根据"机会"必须是决策者可选择项目的基本特征，非种植业用途就不是农户因经营种植业而放弃的机会，尽管耕地转换用途并用于非种植业的收益高，但它不应该是农户将耕地用于种植业的机会成本。

（二）农户对耕地保护的影响

农户自发进行种植业用地结构调整，一般是将耕地调整为种植业之外的农地，具有单向性，主要导致耕地数量的减少。1999～2008 年，西部地区农业用地结构调整引起耕地净增减的基本情况见表 4-2，西部地区将非种植业用途的农地调整为耕地是主流特征，通过结构调整净增耕地 2.77×10^4 hm²；而全国将耕地配置为种植业之外的其他农业用途是主流，结构调整累计减少耕地 56.02×10^4 hm²。

表 4-2　农业用地结构调整净增减耕地的数量　　　　（单位：10^4 hm²）

年份	1999	2001	2002	2004	2005	2006	2007	2008	累计值
西部地区	+3.23	-2.35	-8.15	-8.98	+11.13	+4.79	+2.21	+0.89	+2.77
全国	+4.05	-4.50	-26.86	-20.47	-1.24	-4.02	-0.49	-2.49	-56.02

注："+"为耕地面积净增加，"-"为耕地面积净减少

农户经营管理与保护耕地的主体地位。图 4-3 表明，尽管经营管理耕地的行为主体包括农户、国有农场及其他经营者三种类型，但农户经营管理耕地处于主体地位，1997～2006 年农户经营管理耕地的面积占总耕地的比例最高，最低年份出现在 2003 年，其比例也高达 81.527%。2006 年底，我国实有耕地资源面积 12180.00×10^4 hm²，根据抽样调查资料，农户经营管理耕地面积为 10367.75×10^4 hm²，占 85.12%，国有农场经营管理耕地 518.70×10^4 hm²，占 4.26%；其他经营者管理耕地

$1293.55 \times 10^4\,\mathrm{hm}^2$，占 10.62%[①]。从 2006 年农业部农村经济研究中心关于西部地区以行政村为单位的耕地经营管理主体抽样调查来看，村集体经营管理耕地（包括机动地）占 1.07%、合伙承包经营管理耕地占 0.71%、其他经营管理耕地仅占 0.36%，而农户经营占受调查农户的 97.86%，处于受调查农户的绝对优势，表明农户经营管理耕地具有主体地位特性。

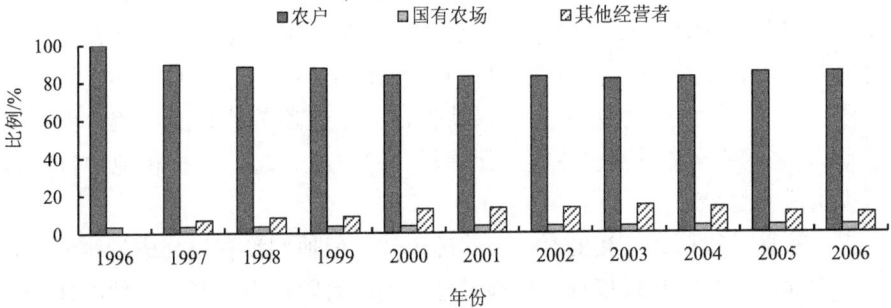

图 4-3　不同行为主体经营管理耕地占总耕地的比例

　　尽管在以家庭联产承包责任制为基础的农户分散管理经营模式下，山塘、水坝、渠道、机埠等农业基础设施无人维护，损坏严重，淤积严重，蓄水不多或无法蓄水，或不能排灌，尽管存在新品种、新技术、新型农机具推广普及慢，农业技术指导难以开展等困难，尽管存在土地流转不畅，种粮大户租赁的耕地不连片、租赁年限不稳定等因素制约种粮大户的发展，无法发挥种粮的规模效益，出现农民人均出售商品粮少的局面，但因农民就业问题、人均耕地基本国情和《中华人民共和国土地管理法》规定的法律因素，共同决定着农户经营管理耕地的主体地位长期不会改变，农户分散经营仍然将在很长时期成为我国耕地经营主要形式的基本特点，无论采取何种土地流转措施，其根本局面不会有大的改变。在缺乏土地、资本和外部就业机会的历史背景下，农民家庭在解决生计前会优先考虑收入安全和可靠，在生存问题解决之后会更多地考虑生产要素投入的经济产出价值（詹姆斯·C. 斯科特，1976）。与其他产业比较，农业处于初级生产阶段，附加值低，单位面积的经济收益少，每公顷耕地的经济效益仍然很低，农户从耕地经营中获得的年纯收入少，农业劳动力要获取与非农就业同样或差不多的年收益就需要经营更多的耕地，而土地资源稀缺导致农户没有机会耕种更多耕地，农户的务农劳动力出现时间闲置或利用不充分进而影响收益，为此，农户仅仅把耕地作为生存保障的最后防线，并没有看重其财富创造价值。

　　在农业经济时代，保障农户生存的粮食资源靠自己生产，在投入的耕地资

---

① 据 2000～2007 年《中国农村统计年鉴》数据整理计算。

源、复种指数、科技水平一定的条件下，总收益的多少取决于单位面积的产出水平，一定范围内的产出水平取决于劳动力要素的投入多少，投入劳动力越多，耕地集约化程度越高，耕地经营种植对农户的回报率越高，为此，农户偏好与通过增加劳动力的投入来提高单位面积产量和增加粮食的总收益；改革开放初期，推动农户种地热情的关键原因也在于此。在工业经济或知识经济时代，市场已经把世界联系在一起，没有生产粮食的农户一样在市场上能够通过购买手段找到自己需要的粮食或者其他农产品。基于市场渠道能够满足个人需求，承包耕地数量不足的农户，就不会将耕地经营作为价值创造、增加家庭收入的主要手段，鉴于劳动力在非农以外的稀缺性，为了追逐劳动力的价值，就不愿意将劳动力投入到务农领域。务农与保护耕地联系在一起，保护耕地的劳动力投入减少将成为必然。

　　农户尽管是耕地最直接的经营与管理主体，但他们没有机会成为耕地非农化的供给主体。一是农户仅仅拥有耕地经营管理的有限权力，其对耕地的任何处置都在集体监督之下。从产权设置来看，农户是耕地所有权和使用权分离下的使用权持有人，只拥有经营权、收益权和产出处置权，即使向集体组织以外的个人或组织转包承包权也要受到制约，更不用说向集体组织之外的个人或组织提供土地用于永久性的非农业开发。二是以承包制为基础的耕地利用管理制度形成事实上的细碎化耕地管理格局，土地分散到一家一户，土地需求者如果与农户见面会带来交易成本大量增加，进而制约土地需求者直接与农户进行交易，农户即使有心也无力。按人均分（包）土地是我国大部分地区的农地资源承包的基本特点，土地生产能力有地块差异，考虑地块生产能力差异的土地分配方式导致承包地小块化、细碎化，土地需求者如果与农户逐一交易，不同农户提出的交易条件会有很大差异且容易在交易中反悔，增加土地交易费用，使土地成本快速上升，所以，农户基本没有机会通过自行交易获取土地利益。三是耕地非农化收益的利益分享机制不可能让农户单独与土地需求者有交易的可能。传统上，农村土地归集体所有，所有制不会因承包到户而变化，农户高度重视公平，集体所有的承包地一旦变现，村集体组织会通过重新调整土地分配来补齐被占用农户的土地，同时分享耕地非农化的现金收益，从而对个别农户自发进行耕地非农化供给行为构成阻力；农户清楚耕地非农化后不可能单独享受利益的处境，不具备私下推动耕地非农化的动力。事实上，除了农户依法修建私人住宅占用土地外，很少发生与工业化、城市化直接相关的耕地非农化行为。

　　（三）村（组）集体及其作用

　　根据现有耕地产权制度，村（组）集体名义上是耕地所有权人，并事实上占有、控制着耕地资源。村（组）集体是农户认可的农村土地产权和利益代表，随着村民自治程度和基层决策民主程度不断提高，大部分村（组）集体基本能够代表社区农户的公共利益。共享集体土地收益的惯例及农户对农村集体土地规则不可忽视的影响力，都保证了农村集体土地资源配置行为是农户集体行动的结果，并体现了农户利益诉求。受交易费用约束，国家不可能对农村土地利用进行完全监督，为村（组）集体成为事实上或名义上的集体乡镇企业的耕地非农化供给者创造了条件。所以，村（组）集体在内外条件的共同作用下，成为普遍、活跃的耕地非农化供给主体。在一些经济发达地区，集体建设用地的数量占到了工业用地总量的 50%～60%，广东南海和江苏南部地区，耕地非农化供给基本上都是以集体名义进行的。村（组）集体按照收益最大化原则进行耕地非农化供给决策，随着用地企业性质不同，耕地非农化供给方式和供给价格呈现多样化特征。出于组织生存的需求，村（组）集体自身也具有利益要求。

　　改革开放与市场化给村（组）集体带来了大量的耕地非农化外部机会。大量的乡镇企业，尤其是工业企业的成立带来大量的耕地非农化需求。在外部收益机会的吸引下，村（组）集体自发地将土地从农业生产中释放出来用于工业等非农开发，以增加集体收益。在改革开放初期，土地市场在大部分地区尚未建立，农村自发的耕地非农化缺乏市场基础，由于缺乏市场和需求竞争，村（组）集体对于土地资源配置在不同行业和企业利用之间的差别了解不充分，往往通过建立集体企业，村（组）集体以企业剩余的形式获取耕地非农化的增值收益；随着私营经济和个体经济的兴起和集体企业效益滑坡，农村集体组织更多地通过租赁等方式获取耕地非农化收益。

　　改革开放初期，集体企业借助土地资源优势尽量降低产品的平均成本，以增加企业竞争和生存的能力。集体乡镇企业使用的是农民集体自身所有的土地。集体企业的所有权性质决定了乡镇企业土地的所有权、成本降低带来的企业竞争优势和经济收益留在农民集体内部，只要集体企业承担优先解决社区成员非农就业的责任，在利润分配中考虑社区成员集体福利，农民就不会要求企业支付土地使用成本，同时，调查表明大部分集体企业并不单纯追求利润最大化，而往往追求非农就业最大化和维持企业生存能力等目标，这符合当时农村地区劳动力资源丰富、企业家资源稀缺的现实。农地资源的生存保障功能就在新的形式——企业用地中得到延续。耕地非农化的机会成本低，不利于促进企业提高用地的集约水平，使企业土地集约利用程度保持在较低水平。一旦资本和土地的替代弹性较大时，可能会通过占用更大面积的土地，替代厂房、仓库建设等方面的投资。

　　随着改革开放深入，私营企业的兴起带来大量新增工业用地需求。由于村（组）集体实际占有并控制着农地资源，耕地非农化供给收益诱使许多村（组）集体对集体成员或外来人员创办的企业供应土地。虽然国家可以应用法律手段制止村（组）集体对私人和企业供给土地，但是受交易费用与政府管理能力的约束，政府不可能完全监督村（组）集体的土地利用行为，客观上给村（组）集体留下了大量的耕地非农化机会和空间。当村（组）集体采用类似国有土地出让的形式供给私营企业或个体企业土地时，由于永久性或在相当长的时期内将丧失土地资源的控制权和使用权，村（组）集体会要求农地资源生存保障价值完全补偿，补偿要求相对较高；当村（组）集体采取年租或短期租赁的方式供给土地，土地资源的控制权和保障功能仍然保留在集体内部，保留灵活地收回、处置土地资源的权力，村（组）集体可能只要求农地资源生存保障价值的部分补偿。

第二节　地方政府保护耕地数量的机会成本分析

一、保护耕地数量的机会成本及分析方法

保护耕地数量的机会成本是保持耕地农业用途而放弃非农用途的收益。地方政府是耕地农业用途的法定配置者，其在保护耕地数量过程中必然存在放弃耕地转为非农用途配置机会，从而产生机会成本。

地方政府保持耕地农业用途的机会成本主要集中在三个方面：一是农业经济增加值总量方面的机会成本，即单位面积耕地用于第二、三产业的经济增加值总量；二是地方政府税收方面的机会成本，农业已经实行零税收制度，地方政府保持耕地农业用途没有税收收益，其机会成本为城市用地单位面积上的税收收益；三是土地出让方面的机会成本，地方政府依据《中华人民共和国土地管理法》，通过土地征收和依法补偿手段，实现耕地向非农业用地转变、集体土地向国有土地转变，然后通过土地出让获取土地增值利益，地方政府保持耕地农业用途就意味着放弃土地征收机会，其机会成本就等于土地出让收入扣除土地征收和出让过程中的相关成本支出。

按照机会成本的内涵，耕地农业用途和非农用途互为机会成本。耕地保持农业用途的机会成本损失等于农业用途的机会成本与非农用途的机会成本之差。用 M 表示保持耕地农业用途的机会成本损失量，N 表示单位面积耕地的农业收益，Q 表示单位面积城镇及交通建设用地的非农用途收益。机会成本损失的价值判别模型为：$M = N - Q$。如果 $M < 0$，则意味着保护耕地而保持耕地的农业用途，放弃非农用途的机会成本过高，M 的绝对值就是耕地保持农业用途的机会成本损失量，其值越大，保护耕地的机会成本损失越大。反之，相反。

二、保护耕地数量基于增加值的机会成本及损失量

（一）保持耕地农业用途基于增加值的机会成本

耕地非农化后用于交通建设、城镇建设、农村居民点建设和水利设施建设。农村居民点不创造 GDP，涉农水利设施不创造非农 GDP，无论是第二产业还是第三产业的 GDP 只能依托于城镇及交通建设用地。所以，保持耕地农业用途基于增加值的机会成本是单位土地面积上的第二产业和第三产业增加值。

2010 年，全国城镇及交通建设用地总量为 114 745 km²，城镇及交通建设用地创造 GDP 总量为 396509.1×10⁸ 元，单位面积城镇及交通建设用地 GDP 均值为 345.56 元/m²；同期，西部 12 省（自治区、直辖市）的均值为 236.34 元/m²。西部 12 省（自治区、直辖市）单位面积城镇及交通建设用地创造 GDP 的能力差异很大，其值在 84.54～326.72 元/m²（表 4-3）。

表 4-3　单位面积城镇及交通建设用地的 GDP

地区	非农产业 GDP/10⁸ 元	城镇及交通建设用地/km²	单位面积城镇及交通建设用地 GDP/元
全国	396 509.1	114 745	345.56
西部	70 707.17	29 917	236.34
内蒙古	10 576.71	4 488	235.67
广西	7 894.79	3 041	259.61
重庆	7 240.2	2 216	326.72
四川	14 702.59	5 409	271.82
贵州	3 977.13	2 356	168.81
云南	6 115.8	2 906	210.45
西藏	438.74	519	84.54
陕西	9 135.03	2 864	318.96
甘肃	3 521.47	2 087	168.73
青海	1 215.51	697	174.39
宁夏	1 530.36	769	199.01
新疆	4 358.84	2 566	169.87

重庆市超过了全国平均水平，重庆市、四川省、广西壮族自治区和陕西省超过西部地区的平均水平。地方政府保护一平方米耕地意味着放弃同样面积的城镇及交通建设用地，保护一平方米耕地在增加值方面的机会成本，按照 2010 年全国平均生产力水平为 345.56 元，西部平均水平为 236.34 元。

非农产业 GDP 与城镇及交通建设用地的关系密切。土地既是经济发展的载

体，又作为重要的生产要素直接参与第二产业和第三产业的经济活动。为了分析土地要素与非农经济活动关系的密切程度，或者说土地要素对非农产业的影响强度，引入相关分析方法。相关分析是研究不同变量之关系密切程度的常用统计方法，其中直线相关分析用来研究两个变量之间的线性相关程度，用 r 表示相关系数，$-1 \leqslant r \leqslant 1$，在通过检验的前提条件下，$r$ 的绝对值越接近 1，则变量 X、Y 之间线性相关程度越大；若变量 Y 随变量 X 的增减而增减，即两个变量变化的方向一致，则构成正相关关系，相反则为负相关；若 r 为 0，则认为变量 X、Y 无线性相关关系。一般地，检验假设总体中两个变量间的相关系数为零成立的概率 P 为 5%，当概率小于 5%时假设不成立，即两个变量之间的相关系数不为零，变量之间存在相关关系；相反，假设成立总体中两个变量相关系数为零，变量之间没有线性相关关系。当变量 X 增加导致变量 Y 明显增加的强正相关关系，或者当变量 X 增加导致变量 Y 明显减少的强负相关关系，说明 X 是影响 Y 的主要因素；当变量 X 增加导致变量 Y 增加不明显的弱正相关关系，或者当变量 X 增加导致变量 Y 减少不明显的弱负相关关系，说明 X 是影响 Y 的因素，但不是唯一因素。

利用 1998～2009 年的城市土地面积与非农产业 GDP 数据，依托 SPSS16.0 平台进行相关分析，结果见表 4-4。在 1%或 5%的信度水平，$P = 0$，相关分析通过双尾检验，相关系数都为正数，非农产业 GDP 与城市土地面积之间存在正相关关系；各省（自治区、直辖市）、西部地区、全国的相关系数较大且有差异，土地要素在创造 GDP 方面起重要作用，通过空间城市化，土地的载体作用和生产要素作用再次得到证实。进一步说明，保护耕地数量愈多，放弃城市居民点建设用地与交通建设用地的增量就越多，为保护耕地而保持耕地农业用途的机会成本就越大。

表 4-4　全国非农产业 GDP 与城市土地面积的相关分析

相关		非农产业 GDP 的皮尔逊相关系数	Sig. (2-tailed)	N	城市土地面积（X）的皮尔逊相关系数	Sig. (2-tailed)	N
全国	GDP	1		14	0.967**	0.000	14
	X	0.967**	0.000	14	1		14
西部	GDP	1		14	0.962**	0.000	14
	X	0.962**	0.000	14	1		14
内蒙古	GDP	1		14	0.964**	0.000	14
	X	0.964**	0.000	14	1		14
广西	GDP	1		14	0.959**	0.000	14
	X	0.959**	0.000	14	1		14
重庆	GDP	1		14	0.942**	0.000	14
	X	0.942**	0.000	14	1		14

相关		非农产业 GDP 的皮尔逊相关系数	Sig. (2-tailed)	N	城市土地面积（X）的皮尔逊相关系数	Sig. (2-tailed)	N
四川	GDP	1		14	0.838**	0.000	14
	X	0.838**	0.000	14	1		14
贵州	GDP	1		14	0.960**	0.000	14
	X	0.960**	0.000	14	1		14
云南	GDP	1		14	0.991**	0.000	14
	X	0.991**	0.000	14	1		14
西藏	GDP	1		14	0.941**	0.000	14
	X	0.941**	0.000	14	1		14
陕西	GDP	1		14	0.964**	0.000	14
	X	0.964**	0.000	14	1		14
甘肃	GDP	1		14	0.974**	0.000	14
	X	0.974**	0.000	14	1		14
青海	GDP	1		14	0.920**	0.000	14
	X	0.920**	0.000	14	1		14
宁夏	GDP	1		14	0.917**	0.000	14
	X	0.917**	0.000	14	1		14
新疆	GDP	1		14	0.987**	0.000	14
	X	0.987**	0.000	14	1		14

** 表示相关系数在 0.01 水平上显著（双尾）

我国在 1989～2001 年的建设用地对 GDP 增长的贡献率约为 6.62%，东部地区最大，为 10.85%，中部地区次之，为 8.75%，西部地区最小，为 7.79%，区域差异明显；各省（自治区、直辖市）GDP 总量每增加 1%，相应的建设占用耕地的总量将增加 0.87%，存在明显的幂指数关系（陈江龙，2003）。李明月和胡竹枝（2005）的研究表明，土地要素对上海市经济发展的贡献率为 4.74%，高于资本和劳动力对经济发展的贡献。

（二）保持耕地农业用途基于 GDP 的机会成本损失量

计算保持耕地农业用途基于 GDP 的机会成本损失量，除了需要知道保持耕地农业用途基于增加值的机会成本外，还需要单位面积耕地发展农业的增加值。

西部 12 省（自治区、直辖市）单位面积耕地发展农业的增加值，以 2009 年为例，按照平方米计算，其增加值为 0.58～2.49 元/m²，均值为 1.27 元/m²（图 4-4）。换算成公顷，则广西壮族自治区、重庆市、四川省、陕西省和新疆维吾尔自治区均超过 1.5×10^4 元/hm²，宁夏回族自治区和甘肃省超过 1.0×10^4 元/hm²，其余的省（自治区）都在 1.0×10^4 元/hm² 以下。除贵州省和西藏自治区外，其他省（自治区、直辖市）2010 年较 1999 年的增长率都超过 100%，其中陕西省超过 200%，也就是说，2010 年在 1999 年基础上都翻番有余，增速很快（图 4-5）。

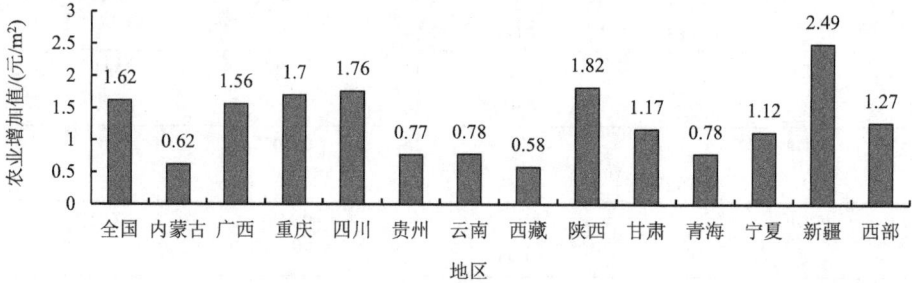

图 4-4　单位面积耕地的农业增加值

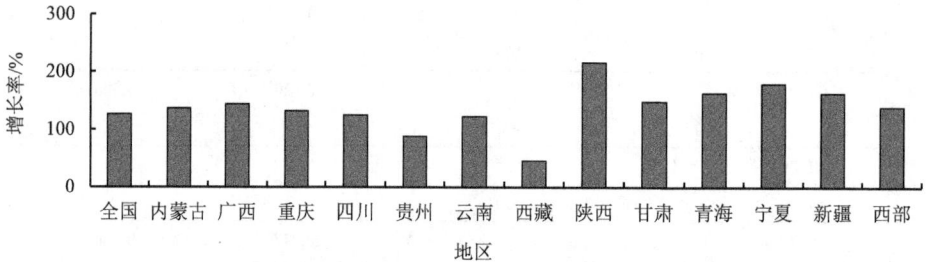

图 4-5　单位面积耕地农业增加值 2010 年较 1999 年的增长率对比

在知道了保持耕地农业用途基于增加值的机会成本和单位面积耕地发展农业的增加值后，通过计算二者之差即可以分析出机会成本损失量的大小。根据前面的计算结果，容易得到西部 12 省（自治区、直辖市）单位面积耕地创造 GDP 的机会成本损失量，2009 年的损失量对比见图 4-6，重庆市的损失量最高，其值达 325.02 元/m²；西藏自治区的损失量最少，其值为 83.96 元/m²，西部地区平均损失量为 235.07 元/m²。

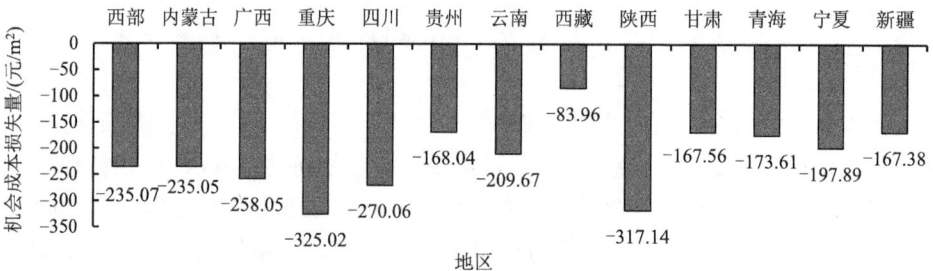

图 4-6　保持耕地农业用途基于 GDP 的机会成本损失量

单位面积耕地创造 GDP 的能力，非农用途的土地要远强于农业用途的土地。

平均水平看，全国的非农用途土地上创造的 GDP 是农业用途的 213 倍，西部地区的平均水平为 186 倍，西部 12 省（自治区、直辖市）间的差异很大，内蒙古为 382 倍，新疆仅为 68 倍（图 4-7）。农业生产条件越差的省（自治区、直辖市），非农用途土地与农业用途土地创造 GDP 能力的差距越大，倍数关系越高，放弃耕地非农化的配置的机会成本损失越大。

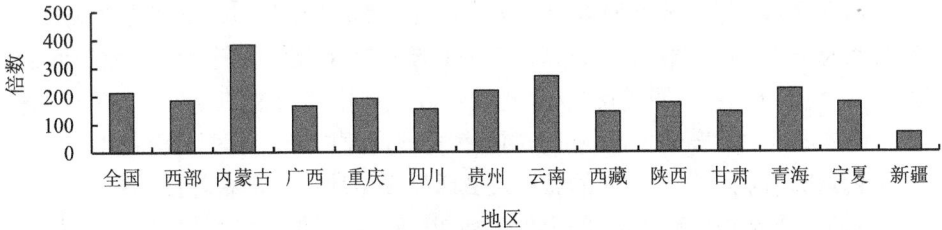

图 4-7 非农用途土地与农业用途土地创造 GDP 能力的倍数关系

三、保护耕地数量基于税收的机会成本及损失量

（一）保护耕地数量基于税收的机会成本

保护耕地就意味着新增城镇及交通建设用地数量受到限制。耕地非农化后，用于城镇及交通建设，成为以第二产业或第三产业为对象的企业发展载体，企业生产经营要按照相关规则向地方政府和国家缴纳各种税收。新增城镇及交通建设用地数量受到限制后，按照单位面积计算的新增税收会减少。我国推行地税和国税分开制度，地方政府保持耕地农业用途在税收方面的机会成本是地税收益（表 4-5）。

表 4-5 西部地区及全国单位面积城镇及交通建设用地的地税收益

地区	地税收入/10⁸ 元	城镇及交通建设用地/km²	单位面积城镇及交通建设用地的地税收益/元
全国	40 613.04	114 745	35.39
西部	7 873.414	29 917	26.32
内蒙古	1 069.98	4 488	23.84
广西	771.99	3 041	25.39
重庆	952.07	2 216	42.96
四川	1 561.67	5 409	28.87
贵州	533.73	2 356	22.65
云南	871.19	2 906	29.98
西藏	36.65	519	7.06
陕西	958.21	2 864	33.46
甘肃	353.58	2 087	16.94
青海	110.22	697	15.81

续表

地区	地税收入/10⁸元	城镇及交通建设用地/km²	单位面积城镇及交通建设用地的地税收益/元
宁夏	153.55	769	19.97
新疆	500.58	2 566	19.51

注：地税收入和城镇及交通建设用地资料来源于《中国统计年鉴—2011》，单位面积城镇及交通建设用地的地税收益为计算值

2010 年全国的地税收益为 40613.04×10⁸ 元，每平方米的城镇及交通建设用地的地税收益为 35.39 元，同期，西部地区每平方米为 26.32 元，比全国平均水平低 9.07 元。西部 12 省（自治区、直辖市）间的地税收益差异很大，范围在 7.06～42.96 元/m²，其中，西藏最低，重庆最高。分析表明，在耕地资源总量一定时，每保护一平方米的耕地就意味着放弃一平方米的城镇及交通建设用地，在地税方面的机会成本按照 2010 年全国平均地税收益水平就为 35.39 元/m²，按照西部地区的平均水平为 26.32 元/m²，而西部 12 省（自治区、直辖市）的机会成本为 7.06～42.96 元/m²。

（二）保持耕地农业用途基于税收的机会成本损失量

农业税全面取消后[①]，保护耕地用于农业生产，除了完成上级政府规定任务后的政绩收益外，对地方财政的贡献为零。根据税收方面的机会成本和机会成本损失的计算公式，容易得到西部地区平均及 12 省（自治区、直辖市）在 2009 年保持单位面积耕地农业用途时，在税收方面的机会成本损失量见图 4-8。按照 2010 年的水平，每放弃一平方米耕地非农化，地方政府的机会成本损失量，西部地区平均值为 26.32 元/(m²·a)，重庆市损失最大，其值高达 42.96 元/(m²·a)，西藏损失最小，其值为 7.06 元/(m²·a)，西部各省（自治区、直辖市）损失的税收量介于 7.06～42.96 元/(m²·a) 之间。

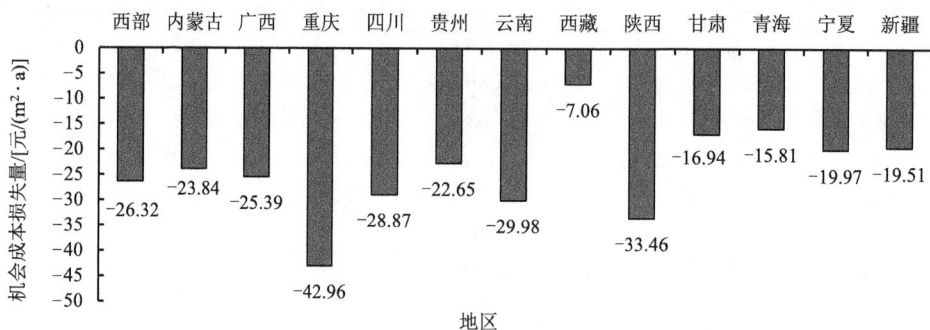

图 4-8　保持耕地农业用途基于税收的机会成本损失量

① 2000 年起，我国开始逐步取消农业税，2006 年 1 月 1 日起废止《农业税条例》生效，农业税全面取消。

四、保护耕地数量基于土地出让的机会成本及损失量

地方政府依据《中华人民共和国土地管理法》规定，通过土地征收和依法补偿的手段，实现农业用地向非农业用地的性质转变、集体土地向国有土地的转变，然后通过土地出让获取土地增值利益。地方政府将耕地配置为农业用途就意味着放弃土地征收机会，其机会成本就等于土地出让收入扣除土地征收和出让过程中的相关成本。计算公式为，土地出让收益=土地出让收入-土地出让成本，其中，土地出让成本包括拆迁款、补偿款和各项税费等。

（一）保护耕地数量基于土地出让的机会成本

土地出让就是在土地国有的情况下，国家以土地所有者的身份将土地使用权在一定年限内让渡给土地使用者。各级政府土地管理部门是代表国家的土地出让主体。土地出让收益就是将土地使用权让渡给土地使用者，按规定向受让人收取的土地出让的全部价款，或土地使用期满，土地使用者需要续期而向土地管理部门缴纳的续期土地出让价款，或原通过行政划拨获得土地使用权的土地使用者，将土地使用权有偿转让、出租、抵押、作价入股和投资，按规定补交的土地出让价款。

据《中华人民共和国土地管理法》的规定，为了公共需要的目的，地方政府通过依法征收或征用的手段，将耕地非农化，土地所有权属由农村集体所有变更为国有，再通过开发、供地出让等环节，实现土地增值，获取土地出让收益。《用于农业土地开发的土地出让金收入管理办法》（财综〔2004〕49 号）对土地出让平均纯收益制定了定额标准，以县（市、区）级行政单位，将全国的土地出让平均纯收益分为 15 个等级，对各等级分别确定了纯收益标准。

用还原利率法可以将土地出让平均纯收益折算为建设用地的年收益，其中，土地还原利率采用安全利率加风险调整值法确定。安全利率取存款利率。以贷款利率为参考基数，用贷款利率减去经营成本和资本成本的差值作为风险调整值。资本成本为存款利率与超额利润之和。全社会平均利润率一般为 10%～15%，银行为高利润行业，利润取 20%，则资本成本为"存款利率×(1+0.2)"。如果取一年期存款利率 2.25%、贷款利率 5.58%，在其他因素忽略不计的情况下，资本经营风险调整值为 5.58%－2.25%×(1+0.2)=2.88%。土地还原利率为 r=2.25%+2.88%=5.13%。据《中华人民共和国土地管理法》，居住用地最高受用权年期为 70 年，其他类用地为 50 年，出让土地的使用年期 n 为 50～70 年，按照 50 年和 70 年将土地出让平均纯收益标准还原成年收益，结果列在表 4-6。

表4-6　土地出让平均纯收益标准及土地出让年收益

等级	一等	二等	三等	四等	五等	六等	七等	八等	九等	十等	十一等	十二等	十三等	十四等	十五等
标准	160	125	105	90	75	65	59	53	47	41	35	30	25	20	15
50年期	8.94	6.99	5.87	5.03	4.19	3.63	3.30	2.96	2.63	2.29	1.96	1.68	1.40	1.12	0.84
70年期	8.46	6.61	5.55	4.76	3.97	3.44	3.12	2.80	2.49	2.17	1.85	1.59	1.32	1.06	0.79

注：标准为土地出让平均纯收益标准，单位：元/m²，年收益按照50年和70年将土地出让平均纯收益标准还原成年收益，单位：元/(m²·a)

1998~2009年西部地区国有土地累计出让 $36.11×10^4\ hm^2$，土地出让收益累计 $4799.91×10^8$ 元，每公顷土地出让收益 $132.94×10^4$ 元；西部12省（自治区、直辖市）每公顷土地出让收益差异较大（表4-7）。

表4-7　西部地区单位面积国有土地出让收益　　（单位：10^4元/hm^2）

地区	全国	内蒙古	广西	重庆	四川	贵州	云南	西藏	陕西	甘肃	青海	宁夏	新疆	西部
收益	164.00	65.88	79.75	221.07	273.89	156.19	53.30	75.58	102.74	48.85	105.60	53.19	63.09	132.94

注：据2004~2010年《中国国土资源统计年鉴》数据计算

西部12省（自治区、直辖市）国有土地出让平均纯收益差异很大（表4-8）。以2009年为例，2009年西部地区出让国有土地 48 140.27 hm^2，纯收益总额高达 $963.08×10^8$ 元，单位面积土地出让平均纯收益高达 $196.67×10^4$ 元/hm^2。四川省高达 $471.45×10^4$ 元/hm^2，而青海省为 $68.34×10^4$ 元/hm^2。显而易见，在2009年非农化一公顷耕地的经济纯收益为（68.34~471.45）$×10^4$ 元，即非农化土地出让收益为每平方米 68.34~471.45 元。相反，保护一公顷耕地用作农业用途，地方政府只能获取上级政府的肯定，经济上不但没有好处，可能还有保护耕地的支出成本。

表4-8　西部地区单位面积国有土地出让平均纯收益　　（单位：10^4元/hm^2）

地区	内蒙古	广西	重庆	四川	贵州	云南	西藏	陕西	甘肃	青海	宁夏	新疆	西部
纯收益	90.06	130.20	458.23	471.45	236.70	78.55	182.84	162.36	112.16	68.34	94.66	138.97	196.67

（二）保持耕地用途基于土地出让收益的机会成本损失量

耕地未被征收之前属于集体所有，只能依法流转不能出让，承包耕地的流转收益归农户，未承包耕地的流转收益归集体所有；地方政府组织农户或集体管理农业用途的耕地是一种责任，没有经济收益。根据土地出让收益方面的机会成本及机会成本损失计算公式，容易计算出西部12省（自治区、直辖市）2009年基于土地出让的机会成本损失量（图 4-9），从平均值来看，放弃出让权利，保护耕地的机会成本损失量为 196.67 元/(m²·a)，其中，四川省保护耕地放弃出让的机会成本损失最大，达 471.45 元/(m² · a)，损失最小的青海省也高达 68.34 元/(m² · a)。相反，将耕地转为建设用地出让，地方政府不但能够获得土地出让收益，而且随着城镇空间扩张，吸纳人口的能力增强、产业承载能力和集聚能力增强、城镇之间的联系加强，创造 GDP 的能力得到迅速提升，地方政府就能够获取更多的税收收入。

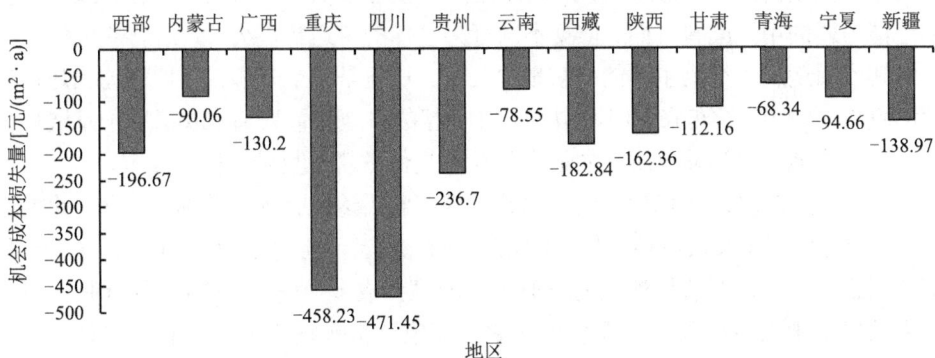

图 4-9　西部 12 省（自治区、直辖市）基于土地出让收益的机会成本损失量

第三节　机会成本损失对地方政府耕地保护行为的影响

鉴于耕地配置为农业用地，在增加值、地方税收、土地出让等方面都存在机会成本损失的客观事实，为了减少机会成本损失、增加收益，地方政府在主观上总是愿意将耕地配置在收益最大的用途方面，放弃收益最小的用途方面，从而对地方政府的耕地保护行为产生重要影响。

一、资源配置的机会成本最小化

机会成本最小法则是在既定的经济资源和生产技术条件下，行为主体将一定资源用于某种产品生产而放弃用于其他用途可能得到的最小收益。机会成本是关于某种选择后的有关损失的一种描述，损失在经济学家眼中属于成本范畴，成本与利润属于此消彼长关系。利润最大化是经济活动的基本原则，其基本前提是成本最小化。在其他成本已经实现最小化的情况下，进一步降低成本的途径就是包括机会成本在内的行为决策成本最小化。行为主体在作选择时遵循机会成本最小法则，选择价值最高、机会成本最小的经济活动而不选择机会成本高的经济活动。当面对行为决策选择项很多时，行为主体要真正选择机会成本最小化的现实经济活动很困难，行为决策者选择机会成本相对较小的经济活动，力求机会成本最小就成了经济活动行为方式的重要准则。

二、机会成本最小化驱动去耕地化

去耕地化是指出于经济目标的需要，行为主体重新配置耕地用途的行为表现为行为主体依据自己的管理权限，将耕地配置在能够创造更大价值的方面，放弃价值创造能力弱的用途配置方面。依据不同行为主体的可选择机会，政府将耕地配置为非农建设用途属于行为主体的去耕地化行为。耕地是稀缺资源，保护耕地就是将耕地配置为农业用途，在农业用途中将条件优越的耕地配置为基本农田用于发展种植业。放弃耕地配置为非农用途的最大收益就是保护耕地数量的机会成本。

地方政府是耕地配置为农业用途并放弃非农用途机会的收益损失主体。此前已述，耕地专门用于发展种植业属于国家政府的决策行为，农户承包地只能够用于种植业用途，农户没有耕地配置为农业用途的机会成本损失。在委托-代理制度下，地方政府受中央政府委托管理耕地并掌握着依法将包括耕地在内的一定数量的农用地配置为非农用途的权力和机会；地方政府要使中央政府主导的耕地保护落地，就必须放弃将稀缺的耕地资源配置为非农建设用地获取更大利益的机会。

研究显示，城乡工矿用地的生产效率是耕地的 37.3 倍，交通用地的生产效率是耕地的 5.8 倍（曲福田等，2005），耕地保护就是出于国家粮食安全、生态安全等因素的需要，将耕地强制性地配置给比较利益相对低下的用途，而放弃比较利益相对较高的非农用途，配置的用途收益低，放弃的用途收益高，保护耕地的机会成本很高。鲁明中等（1998）、尹昌斌（1998）、王良健（1999）、黄宁生（1999）、徐宪立等（2005）、刘庆等（2006）等的研究表明，耕地非农占用的速度与社会经济发展具有较强的相关性。土地资源，特别是城市郊区的耕地资源，不但是政府手中掌控的最大稀缺资源，也是影响城市经济发展的关键资源。

在工业化、城镇化快速发展时期，城市发展和以城市为载体的第二产业、第三产业必然要与第一产业争夺土地空间。地方政府作为地方经济社会发展的主要推动者，把发展本地经济、提高 GDP、增加地方政府收益当作主要目标。鉴于三次产业间比较利益的差别，第二产业和第三产业创造 GDP、增加税收收入的能力较第一产业强得多，将稀缺资源配置在第二产业或第三产业方面，地方政府获得经济发展收益、税收收益及政绩就更大，放弃的机会成本就小；相反，如果将稀缺资源大量配置在第一产业，则放弃的机会成本就高，从经济学法则角度看就不是一种理性决策。根据机会成本最小法则，地方政府按照经济学原则配置稀缺的耕地资源，以追求耕地资源利用的利益最大化和实现机会成本最小化目标，这就是去耕地化行为。研究表明，农户将耕地配置在种植业方面的收益要低于果园等的收益，根据机会成本最小化的原则，在满足自身家庭粮食消费需求量的生产后，理性的农户有可能将耕地配置为园地，这种配置过程就是农户的去耕地化行为。去耕地化必然导致西部地区农业用途的耕地资源总量减少。

第四节　耕地违法的机会成本小对行为主体耕地保护行为的影响

一、违法占用耕地的行为主体类型

耕地管理中的行为主体是耕地经营、耕地非农化审批与利用过程中的组织或个人，包括政府的各级土地管理部门、村（组）集体、农户和企业。各行为主体在耕地管理中的作用，其一是管理、利用耕地，维护耕地的农业用途，其二是改变农业用途，实施耕地非农化行为，成为耕地数量减少的推动者。图 4-10 展现了2001～2008 年行为主体在土地违法案件查处中的违法占地结构变化，企事业单位违法占用土地的比例最大，为 36.39%～64.93%，其次是个体和村（组）集体。

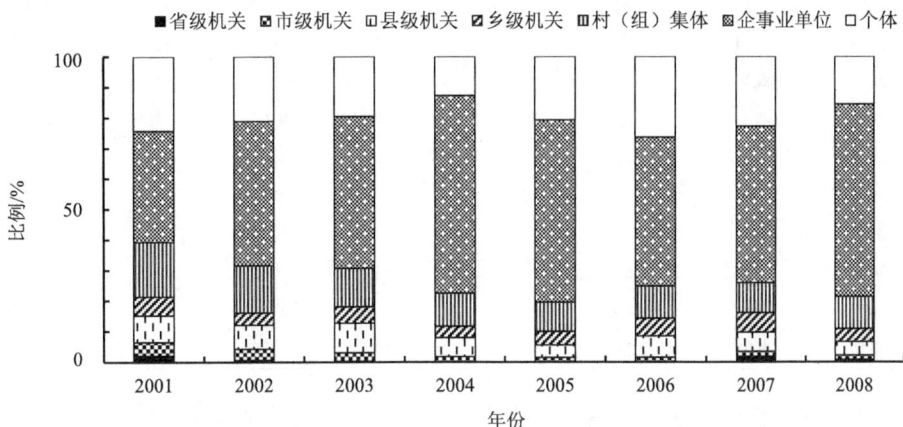

图 4-10　行为主体在土地违法案件查处中涉及土地面积违法占地的结构

表 4-9 和表 4-10 为 2001～2009 年各类行为主体土地违法案件查处涉及的耕地面积和查处涉及耕地违占面积的结构①。就土地违法查处案件数的结构看，企事业单位违法占用土地案件的比例最大，其范围为 62.80%～81.89%；其次是个体违法。就土地违法案件查处涉及耕地面积的结构看，企事业单位违法占用涉及耕地的比例最大，为 31.48%～63.26%；其次是个体和村（组）集体。这与图 4-10 中土地违法涉及面积的结构具有相似性。

① 据《中国国土资源统计年鉴》资料计算整理。

表 4-9　土地违法案件查处涉及的耕地面积　　　　（单位：hm²）

年份	省级机关	市级机关	县级机关	乡级机关	村（组）集体	企事业单位	个体	合计
2001	461.06	543.26	815.87	746.72	2 066.41	3 201.46	2 336.49	10 171.27
2002	66.30	530.78	856.96	597.11	1 968.36	5 705.71	2 649.85	12 375.07
2003	96.34	676.73	2 222.27	1 658.23	3 103.16	13 995.35	4 805.61	26 557.69
2004	3.88	416.08	2 814.88	1 848.69	3 431.02	23 537.48	5 155.22	37 207.25
2005	10.78	272.46	948.69	893.99	1 967.07	14 780.74	4 743.24	23 616.97
2006	15.44	331.87	1 771.65	1 506.29	3 494.53	18 398.14	8 712.88	34 230.8
2007	996.92	160.28	2 279.43	1 912.80	4 234.91	18 933.21	8 190.69	36 708.24
2008	92.71	321.79	797.75	1 123.25	2 519.09	11 784.76	3 325.23	19 964.58
2009	86.20	116.87	916.23	1 059.58	1 474.29	8 044.13	2 484.24	14 181.54
累计	1 829.63	3 370.12	13 423.73	11 346.66	24 258.84	118 380.98	42 403.45	215 013.41

表 4-10　土地违法案件查处涉及耕地违占面积的结构　　　（单位：%）

年份	省级机关	市级机关	县级机关	乡级机关	村（组）集体	企事业单位	个体
2001	4.53	5.34	8.02	7.34	20.32	31.48	22.97
2002	0.54	4.29	6.92	4.83	15.91	46.11	21.41
2003	0.36	2.55	8.37	6.24	11.68	52.70	18.09
2004	0.01	1.12	7.57	4.97	9.22	63.26	13.86
2005	0.05	1.15	4.02	3.79	8.33	62.59	20.08
2006	0.05	0.97	5.18	4.40	10.21	53.75	25.45
2007	2.72	0.44	6.21	5.21	11.54	51.58	22.31
2008	0.46	1.61	4.00	5.63	12.62	59.03	16.66
2009	0.61	0.82	6.46	7.47	10.40	56.72	17.52
累计	0.85	1.57	6.24	5.28	11.28	55.06	19.72

　　从违法案件的数量构成看，个体违法占 70%，其次是企事业单位，各级政府最少；从土地违法的面积构成看，企事业单位占 52.56%，个体占 20.10%，政府和村（组）集体分别为 14.86% 和 12.48%；从耕地违法的面积构成看，企事业单位和个体分别为 52.70% 和 20.39%，政府和村组分别为 14.75% 和 12.16%[①]（图 4-11）。尽管政府在违法案件数量构成、土地违法面积构成和耕地违法面积构成中的比例最小，但我国现行土地所有制从根本上定义了政府在耕地管理与保护过程中的倡导者和管理者作用，其行为具有示范与引领效应，所以无论其占比大或小，都严重影响了其社会公信力，在一定程度上助推各种行为主体共同参与的耕地占用立体

① 根据《中国国土资源统计年鉴》数据计算整理。

违法体系的形成。所以，揭示各级政府在耕地管理过程中的行为诟病，对从源头上保护耕地、控制耕地资源总量减少态势具有重要的现实意义。

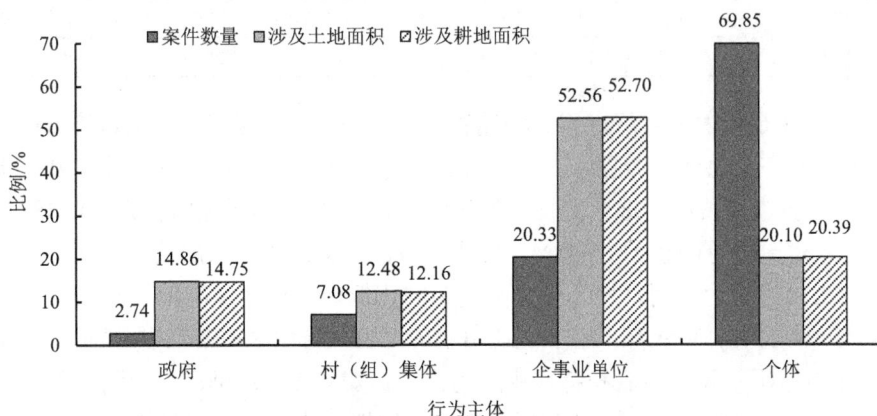

图 4-11　土地和耕地违法的行为主体类别

二、违法占用行为对耕地减少的影响

各类行为主体都可能存在违法占用耕地的问题，例如，因为上级政府的非农建设用地指标配置满足不了本级城市发展和经济建设需要，地方政府在招商引资建设项目过程中，通过未批先用、边批边用等手段违规占用耕地；出于经济利益的考虑，村（组）集体可能将集体所有的耕地违规建设成为厂房进行租赁。见表 4-11 中西部 2001～2009 年累计违法占用耕地情况，累计量多达 38 715.73 hm²[①]。

表 4-11　西部地区土地违法案件及其涉及土地和耕地面积

年份	2001	2002	2003	2004	2005	2006	2007	2008	2009	累计
案件/宗	53 368	41 471	38 235	25 300	21 309	23 402	22 998	13 190	11 329	250 602
涉及土地面积/hm²	6 411.33	5 892.86	9 630.83	24 799.69	9 604.35	16 282.35	21 445.49	17 311.11	6 938.83	118 316.84
涉及耕地面积/hm²	2 102.21	2 134.42	4 184.60	10 461.29	2 872.90	4 115.08	6 124.12	4 540.10	2 181.01	38 715.73

表 4-12 是西部地区各类行为主体在 2001～2010 年累积违法占用耕地的情况，各省（自治区、直辖市）违法占用量不等，西藏自治区最少，为 218.77 hm²；贵州省违法占用的总量最大，为 12 293.64 hm²[②]。

---

① 数据是根据《中国国土资源统计年鉴》资料计算整理。
② 同①。

表 4-12　西部省（自治区、直辖市）各类行为主体
违法占用的耕地面积　　　　（单位：hm²）

地域	内蒙古	广西	重庆	四川	贵州	云南	西藏	陕西	甘肃	青海	宁夏	新疆
面积	3 738.25	1 734.28	2 541.9	6 071.99	12 293.64	2 164.75	218.77	6784.58	1 259.13	319.06	875.08	714.3

表 4-13 是通过卫片解译得到的违法占用耕地情况。四川省绵阳市涪城区、游仙区和安县三个县级行政区在 2010~2011 年，违法占用耕地案件数 2011 年达 3587 宗，占违法占用土地总案件数的 70.28%；违法占用耕地面积为 997.28 hm²，占违法占用土地总面积的 65.38%，耕地成为行为主体违法占用的重灾区。分析违法占用土地的用途表明，用于建设建制镇的比例，涪城区、游仙区和安县分别为 39.43%、60.52%、30.93%；用于交通用地的比例，涪城区和游仙区分别为 21.87% 和 37.46%；用于风景名胜和特殊用地的比例，安县为 25.30%[1]。建制镇建设、交通建设、风景名胜和特殊用地都属于政府性用地安排，其违法主体是地方政府。

据报道，陕西省铜川、渭南等 6 个地市在 2012 年国家土地督察中发现，违法违规出让土地项目 187 个，违法违规占用土地案件数 485 宗，总面积达 1964.9 hm²，其中，铜川、渭南的违规审批临时用地项目 43 个，占地 216 hm²；未报即用、边报边用、未供先用等土地违法违规案件数 150 宗，涉及土地 691.7 hm²[2]。行为主体违法占用耕地，超出了上级政府耕地非农化的配置计划，其隐蔽性、无规律性、偶发性等特征，增加了耕地数量年际演变的不确定性。

表 4-13　四川省绵阳市涪城区、游仙区、安县违法占用耕地面积概况

类型	涪城区		游仙区		安县	
	案件/宗	耕地面积/hm²	案件/宗	耕地面积/hm²	案件/宗	耕地面积/hm²
水田	721	246.57	731	195.25	—	—
水浇地	12	3.91	30	12.07	—	—
旱地（无水浇）	645	243.79	787	149.26	—	—
总计	1 378	494.27	1 548	356.58	661	146.43

三、耕地违法的机会成本小驱动行为主体违法占用

违法占用耕地案件查办不力是违法占用屡禁不止的主要原因。土地违法案件立案率等于本年发生案件的立案数除以本年发生的案件数，查处率等于本年立案案件的查处数除以本年发生案件的立案数，结案率等于本年发生案件的结案数除

---

① 数据来源于绵阳市国土资源局。
② 参见新浪新闻中心数据。http://news.sina.com.cn/c/2012-09-12/021825152496.shtml。

以本年立案案件的查处数。表 4-14 为 2005～2009 年不同行为主体的耕地违法案件的立案率与查处率状况。易看出，第一，立案留有盲区，而且立案盲区在扩大，没有对本年度发生的耕地违法案件全部立案。2005 年耕地违法案件立案的盲区比率为 9.89%，2009 年上升为 23.32%；立案盲区的存在，让耕地违法行为主体产生侥幸心理、冒险心理。第二，查处留有空间，当年并没有将立案的违法占用案件彻底查处，2005 年耕地违法案件的查处盲区比率为 11.86%，2009 年上升为 20.48%。耕地违法案件立案盲区和查处盲区为土地利用总体规划的执行带来困难。第三，省级机关的耕地违法案件立案率较低，重视立小案，大案的立案率没有达到全国平均水平，2005 年耕地违法案件立案率为 17.82%、2009 年为 37.12%，2005 年立案案件的查处率仅为 31.27%，特别是大案、要案查处率更低[①]。

表 4-14　不同行为主体涉及耕地违法案件的立案率与查处率

行为主体		平均值	省级	市级	县级	乡级	村（组）	企事业	个体
立案率/%	2005 年	90.11	17.82	88.36	100.27	66.64	89.69	95.58	81.98
	2009 年	76.68	37.12	84.92	76.96	88.70	77.06	79.36	88.70
查处率/%	2005 年	88.14	31.27	92.30	85.90	81.75	79.73	92.15	86.55
	2009 年	79.52	96.62	32.32	59.63	84.61	78.05	84.22	84.61

　　耕地违法成本小是导致违法违规占用耕地禁而不止的另一个重要原因。一些地方政府、用地大户的主管部门领导法治意识、规则意识淡漠，默许、纵容、主导甚至直接参与重点项目的土地违法违规案件之中。2012 年国家土地督察西安局的结论是，部分地方领导干部存在错误观念，甚至认为犯错的干部具有牺牲精神，是西部大开发的铺路石。从源头上保护耕地必须解决地方政府违法占用耕地问题。分析表明，各类行为主体都可能存在违法占用耕地的问题，西部地区各类行为主体在 2001～2009 年累计违法占用耕地 38 715.73 hm^2。

---

① 据 2006～2010 年《中国国土资源统计年鉴》资料计算整理。

第五章 西部地区保护耕地数量的经济困境
——基于机会成本和外部性影响的视角

保护耕地质量行为就是通过人工干预，使耕地质量不降低或逐渐提高的过程。人工干预过程就是农业劳动力、资金和时间等生产要素的不断投入与优化的过程。劳动力、资金和农户劳动时间等都属于相关行为主体可以自由支配的稀缺资源。行为主体是否愿意将可自由配置的稀缺资源配置在保护耕地领域，直接影响到保护耕地质量的成效。第三章研究西部地区保护耕地质量的成效并揭示了影响行为主体在保护耕地质量中的资源配置的关键因素是经济利益，本章拟从机会成本、外部性和行为主体的资源利用行为等方面研究不同行为主体在保护西部地区耕地中的经济利益得失，分析行为主体在保护西部地区耕地质量过程中面临的经济困境。

第一节 行为主体对保护耕地质量的认知

一、行为主体保护耕地认知的研究概况

农户作为保护耕地的最基本、最直接行为主体，对保护耕地意愿和保护耕地责任等问题的认知，将直接影响保护耕地的实践过程和效果。国内外相关研究取得了丰硕的成果，例如，Featherstone 和 Goodwin（1993）、Shields 等（1993）、Sureshwaran 等（1996）、Burton 等（1999）认为年龄、受教育程度、农业收益、农村剩余劳动力和补助金等因素决定着农户的土地管理行为；Bourke 和 Luloff（1994）、Vogel（1996）、Luzar 和 Diagne（1999）、Willock 等（1999）发现农户态度是影响其决策参与土地再生/复垦计划的重要因素；陈美球等（2006，2007a，2008）研究了不同生存发展环境下的农户利用耕地行为、保护耕地积极性、保护耕地意愿及机理、保护性投入行为等问题；赵华甫等（2008）调查了北京市郊区农户保护耕地的困境；连纲等（2008）对比研究了浙江省苍南县的农户和非农户保护耕地及对耕地多功能价值认识等问题；陈志刚等（2009）通过调查探讨苏州市和连云港市城乡接合部的农户对耕地保护补偿标准的意愿和影响机制；孙

海兵（2010）对宜昌市农户的耕地外部效益支付意愿进行了研究；李广东等（2010）研究了重庆市忠县农户对耕地保护的经济补偿需求；郝成元等（2010）通过河南省修武县西村乡农户调查，研究粮食主产区农户对耕地数量、质量变化及其原因等的感知情况。

二、行为主体保护耕地认知调查与分析

农户是直接经营耕地的行为主体，他们对耕地重要性的感知、判断是落实国家耕地保护政策，推进耕地保护战略持续实施的关键。课题组的问卷调查①统计表明，受调查农户分布在平原或平坝区、丘陵区和山区共 3 类地貌类型区；季风气候区的农户数稍多于非季风气候区（表 5-1）。

表 5-1　不同地貌和气候环境下的受调查农户频数与比例

类型	地貌类型			气候类型		合计
	平原或平坝区	丘陵区	山区	季风气候区	非季风气候区	
频数/户	104	179	420	413	290	703
比例/%	14.79	25.46	59.75	58.75	41.25	100.00

当问及"耕地是否需要保护"时，认为需要保护的农户高达 97.58%，频数为 686；认为不需要保护的农户仅占 1.71%，频数为 12。平原或平坝区、丘陵区和山区 3 类地貌类型区的农户对保护耕地的认同度尽管有微小差异，但认同的占比都在 94%以上，赞同保护耕地的农户是主流（表 5-2）。调查结果与陈美球等（2008）在江西、连纲等（2008）在浙江苍南县、孙海兵（2010）在宜昌市的调查结论具有一致性。尽管东部地区、西部地区的农户及西部不同地貌类型区的农户所处区域的自然、经济和社会条件存在区域差异，但在保护耕地的认同方面比较一致，说明国家关于保护耕地的宣传已经被绝大多数农户接受、认同，保护耕地的重要性已经是众人皆知、无需要争论的问题。

表 5-2　西部地区农户对保护耕地的认同度

地貌类型	调查农户	需要保护	不需要	不清楚	小计
平原或平坝区	频数/户	98	2	4	104
	比例/%	94.23	1.92	3.85	100.00
丘陵区	频数/户	174	4	1	179
	比例/%	97.21	2.23	0.56	100.00
山区	频数/户	414	6	0	420
	比例/%	98.57	1.43	0.00	100.00

① 2011 年 6 月至 2012 年 5 月对四川省、重庆市、新疆维吾尔自治区、甘肃省、云南省和广西壮族自治区 6 省（自治区、直辖市）的 84 个县 354 个村 703 户农户进行问卷调查。

地貌类型	调查农户	需要保护	不需要	不清楚	小计
合计	频数/户	686	12	5	703
	比例/%	97.58	1.71	0.71	100.00

　　关于"为什么要保护耕地"的开放式有效访谈记录共计 547 份，归纳、整理结果见表 5-3。说不清楚为什么要保护耕地的有 3 户，与防止非法买卖土地有关的回答共有 18 户，该类农户集中分布在甘肃，占甘肃 124 份有效问卷数的 12.52%，访谈记录表明如果不加强保护，耕地就可能进入市场进行非法买卖，让农民的利益受损，保护耕地措施是防止非法买卖土地的有效手段。与防止非法占用有关的回答共有 13 户，占区域性受访农户的 2.38%，其中四川省成都市和雅安地区等地 11 户、甘肃省 2 户，认为非法占用耕地的现象时有发生，保护耕地措施能够有效制止乱占耕地、肆意破坏耕地的不良行为。与制止耕地减少有关的回答占区域性受访农户的 4.57%，认为被占用的耕地越来越多，剩余耕地的数量越来越少，保护耕地利于防止耕地数量进一步减少。与防止耕地抛荒有关的回答占区域性受访农户的 2.56%，认为一些农户不想种地，抛荒现象严重，甚至出现了抛荒危机。与改善耕地质量有关的回答占区域性受访农户的 7.31%，认为耕地正在遭受破坏，存在水土流失、肥力下降、乱用农药、土壤板结等问题，在干旱地区的农户认为存在土地沙化问题，希望通过保护措施解决耕地正在遭受的破坏问题。与耕地资源稀缺性有关的回答占区域性受访农户的 6.03%，认为人多地少，耕地数量有限，宝贵的耕地资源失去了就不会再有，保护耕地就是保护有限的耕地资源。有的受访农户的回答与农业结构调整有关，认为农户将耕地改种水果导致耕地减少。与耕地的可持续利用有关的回答占区域性受访农户 5.48%，认为耕地本身具有脆弱性，不停地耕种会导致水土流失、肥力下降，通过耕地管理、保护才能延长土地的使用寿命，才能循环使用，才能更好为民众的生产、生活服务。与粮食安全有关的回答 143 户，占区域性受访农户的 26.14%，认为只有保护好耕地，一方面农户才能种植出自己消费需要的粮食，另一方面才能稳定粮食价格，确保国家粮食安全；相反，如果不保护耕地，不但农民自己的生活难以保障，国家的粮食总量可能受到威胁，越来越少的耕地将难以满足中国人生活消费的需要。与农民的生存相联系的回答 110 户，占区域性受访农户的 20.11%，认为耕地是农民的命根子，保护耕地资源就是维护农民的利益，保障农民的权益。回答与宣传有关的只有少数受访农户，他们认为保护耕地意识的形成、保护耕地知识的获取是政府宣传的结果。还有少数受访农户认为保护耕地是农户的责任。显然，关于保护耕地原因的认识，一方面呈现多元化倾向的特点；另一方面又相对集中于粮食安全和农户生存等方面。

表 5-3　农户对保护耕地原因的认知

序号	农户认为要保护耕地的主要原因	频数/户	比例/%
1	防止非法买卖土地	18	3.29
2	防止非法占用	13	2.38
3	制止耕地减少	25	4.57
4	防止耕地抛荒	14	2.56
5	改善耕地质量	40	7.31
6	耕地资源稀缺	33	6.03
7	耕地可持续利用	30	5.48
8	粮食安全	143	26.14
9	农民的生存	110	20.11
10	政府宣传	4	0.73
11	农户的责任	5	0.91
12	其他	112	20.48

注：表中其他原因回答包括农业结构调整、保护原因不清楚等

三、保护耕地质量的重要性胜于保护耕地数量

关于"保护耕地的关键在于保护耕地数量还是保护耕地质量"命题，有效调查问卷与访谈记录共 703 份，整理结果见表 5-4。

表 5-4　不同地貌类形区的农户对保护耕地数量与质量的重要性认识

农户的认识		保护耕地数量	保护耕地质量	耕地质量和数量都需要保护	不清楚	小计
平原或平坝区	频数/户	46	47	9	2	104
	比例/%	44.23	45.20	8.65	1.92	100.00
丘陵区	频数/户	59	108	8	4	179
	比例/%	32.96	60.34	4.47	2.23	100.00
山区	频数/户	105	301	12	2	420
	比例/%	25.00	71.67	2.85	0.48	100.00
合计	频数/户	210	456	29	8	703
	比例/%	29.87	64.86	4.13	1.14	100.00

受访农户中的 29 户，认为既要保护耕地数量也要保护耕地质量，重视保护耕地数量才能确保耕地不再减少，重视保护耕地质量才能确保耕地质量不再降低，该类农户占 4.13%。受访农户中的 210 户选择保护耕地数量，该类农户占 29.87%；456 户农户选择保护耕地质量，占受访农户的 64.86%，赞同保护耕地质量的农户数量是赞同保护耕地数量的 2.2 倍。选择保护耕地数量的农户认为，足够数量的

耕地是生产足够数量粮食的前提，每个农业劳动者只有耕种足够数量的耕地，才能确保每个农业劳动者有足够的收入；耕地数量已经很少了，如果进一步减少，劳动者将因为经营耕地数量不足而导致收入不足，影响农业劳动者的生活质量。选择保护耕地质量的农户普遍认为，耕地质量对农作物的产量和农产品品质影响很大，耕地质量下降不但要增加劳动量，而且产出效益要下降，影响农户收益；耕地质量好，投入劳动力少，农作物产量高、品质好，农户可以获得较多的农业收入；保护耕地质量有利于高产稳产、增加农户收入，降低劳动强度。在甘肃的会宁县、平川区、靖远县等干旱地区的调查表明，农户普遍将耕地质量保护与防盐碱化联系在一起；还有农户认为，保护耕地质量可以减少化肥用量。在丘陵区和山区，选择保护耕地质量的农户要远远多于保护耕地数量的农户，这与山区和丘陵区地力瘠薄的土地数量多、农户对高质量耕地非常珍惜有关。

第二节　劳动力务农的机会成本损失
影响农户保护耕地质量

保护耕地过程寓于农户经营利用耕地过程中，农户务农劳动力就是保护耕地劳动力。劳动力是农户自有、可自由支配权的稀缺资源，务农、务工都是农户家庭在进行劳动力行业配置时的可选择机会，同一个农业劳动力在同一劳动时间内只能在务农和务工之间选择其一，选择务农就等于放弃进城务工的机会，反之亦然。

一、劳动力务农的机会成本

劳动力务农的机会成本等于放弃进城务工的工资性收入；相反，劳动力进城务工的机会成本等于放弃的务农收入，即种植或养殖业收入。就全社会而言，受年龄、性别和个人文化程度影响，选择非农务工的农户劳动力个体不是人人都能够即时地找到符合自己需要的工作，各劳动力个体之间的非农务工机会有差异，用非农务工机会修正后的农户劳动力非农务工平均工资才是农户劳动力务农的机会成本。劳动力务农的机会成本等于非农务工人员的平均工资与非农务工机会的乘积，非农务工机会等于同类劳动力获得非农务工机会的数量与该类型劳动力总量的比值（陈瑜琦等，2010）。依据一定的标准，如按照小学及以下，初中、高中或中职，高中以上划分的文化程度，将农户劳动力划分为不同的类型，通过问卷调查掌握研究区的同类劳动力中务工的人数和务工人员的平均工资性收入，然后再查找到该类农业劳动力的总量，就可以计算出同类劳动力的非农务工机会，进而计算出该类劳动力务农的机会成本。

（一）劳动力务农机会成本的研究方法

劳动力务农的机会成本等于非农务工人员的平均工资与非农务工机会的乘积，非农务工机会为实际外出务工的次数除以尝试外出务工的次数。鉴于尝试外出务工的次数统计困难，以某种类型劳动力从事非农务工的数量与该类型劳动力总量之比替代非农务工机会（陈瑜琦等，2010）。笔者认为，一个特定的劳动力，选择务农就是放弃务工，务农的机会成本就是务工的工资性收入，个人的选择非农务工的机会和放弃非农务工的机会都是百分之百；但全社会农业劳动者选择非农务工的机会不可能是百分之百。农业劳动力都应该被看作理性的经济人，都有进城谋求职业、利用自己的劳动力赚更多钱的愿望，都是非农职业的选择者或尝试者，尝试外出务工的人数实际上就是全社会的农业劳动者人数。但因非农就业岗位是稀缺资源，只能够有一部分进城人员成功地选择非农就业岗位，成为非农务工人员；其他人因为种种因素制约，谋求非农职业没有成功而无事可做，因无收入来源和生活困难而只能返乡务农。所以，全社会的非农务工机会就是某区域进城求职并取得就业岗位的同类农业劳动力占该区该类农业劳动力的几率，等于实际获取岗位的务工人员总数与同类农业劳动力总数的比值。用 J 表示劳动力务农的机会成本，W 表示外出务工人员的平均工资，M 表述某一类型的外出实际获取岗位的务工人员总数，N 表示同类农业劳动力总数，则农业劳动力务农的机会成本计算式表达为式（5-1）：

$$J = W \cdot \frac{M}{N} \tag{5-1}$$

（二）数据来源与处理说明

1. 农村第一产业劳动力数据

西部地区农村第一产业就业人口数来源于 2009～2011 年《中国统计年鉴》（表 5-5）。

表 5-5　西部地区农村第一产业就业人口数　　（单位：10^4 人）

年份	全国	内蒙古	广西	重庆	四川	贵州	云南	西藏	陕西	甘肃	青海	宁夏	新疆
2008	30 654	557	1 549	681	2 193	1 206	1 679	89	910	734	123	136	420
2009	29 708	558	1 561	656	2 158	1 211	1 673	92	878	739	123	131	426
2010	27 931	571	1 571	633	2 142	1 192	1 672	93	856	731	123	128	436

2. 外出务工人员数据

农村外出务工人员 2011 年在输入地与输出地的分布情况[1]见图 5-1，对图 5-1 中的数据进行分析、判断，提取各输出省（自治区、直辖市）占全国输出量的份额，然后计算各省（自治区、直辖市）份额与同年外出务工人员总数的乘积，得到 2011 年外出务工人员的分省（自治区、直辖市）数据。2006 年外出务工人员的全国总数和分省（自治区、直辖市）数量为第二次全国农业普查数据[2]。假定外出务工人员数量在 2006~2011 年呈现平均增长，M 代表 2011 年的外出务工人员数量，M_0 代表 2006 年的外出务工人员数量，r 代表外出务工人员数量在 2006~2011 年的平均增率，n 代表 2006~2011 年的年份跨度数量，将 2006 年和 2011 年的外出务工人员数量数据带入公式（5-2），计算得到各省（自治区、直辖市）的 r，再利用上述公式和 M_0 计算得到全国和西部 12 省（自治区、直辖市）2008~2010 年外出务工人员数量（表 5-6）。统计表明，2008~2010 年外出务工人员总量分别为 14041×10^4 人、14533×10^4 人和 15335×10^4 人[3]，与之对比，由式（5-2）计算得到的外出务工人员数量全国值的误差分别为 1.10%、1.36%和-0.32%，西部 12 省（自治区、直辖市）外出务工人员数加和值的同期误差分别为-0.35%、-0.12% 和-1.31%，误差均很小，说明关于 2008~2010 年外出务工人员的计算结果信度高。根据 2008~2010 年外出务工人员总量数据对计算得到的西部地区同期分省（自治区、直辖市）数据进行修正，修正后的外出务工人员数据见表 5-7。

$$M = M_0(1+r)^n \tag{5-2}$$

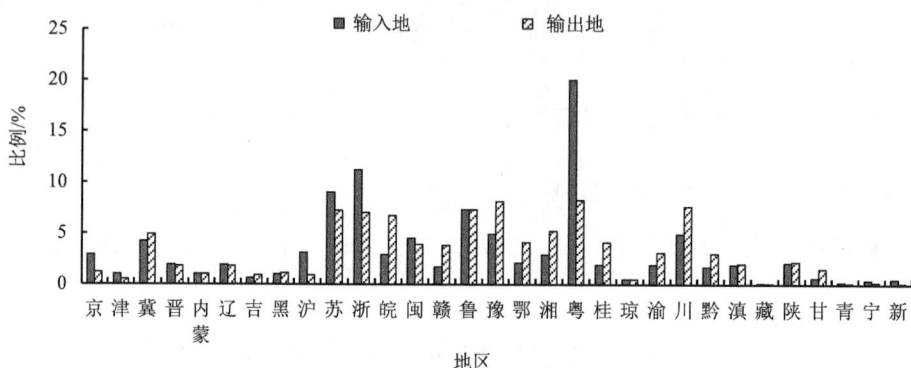

图 5-1　　农村外出务工人员在输入地与输出地的分布情况

---

[1] 国家统计局在 2008 年底建立了农民工调查、监测制度，2009 年、2010 年和 2011 年的《农民工监测调查报告》对外出务工人员总数进行了公布，但未公布分省（自治区、直辖市）数据。2011 年的《农民工监测调查报告》以柱状图方式呈现了农村外出务工人员的输入地与输出地。

[2] 国家在 2006 年进行了第二次全国农业普查，数据参见《中国第二次全国农业普查资料汇编》。

[3] 参见国家统计局 2009~2011 年《农民工监测调查报告》。

表 5-6　西部 12 省（自治区、直辖市）外出务工人员数量的计算值　（单位：10^4 人）

年份	全国		西部省（自治区、直辖市）											
	计算值	观察值	内蒙古	广西	重庆	四川	贵州	云南	西藏	陕西	甘肃	青海	宁夏	新疆
2008	14 194.8	13 991.2	101.5	672.9	478.1	1 271.1	483.7	279.6	14.1	406.3	225.8	33	42.7	29.3
2009	14 730.4	14 515.0	117.7	669.2	489.0	1 264.4	506.2	286.5	14.2	400.7	215.5	25.8	38.7	23.9
2010	15 286.2	15 133.7	136.5	665.6	500.1	1 257.8	529.7	293.6	14.2	395.1	205.7	20.2	35	19.4

表 5-7　西部 12 省（自治区、直辖市）外出务工人员数量的修正数　（单位：10^4 人）

年份	全国	内蒙古	广西	重庆	四川	贵州	云南	西藏	陕西	甘肃	青海	宁夏	新疆
2008	14 041	101.8	675.3	479.8	1 275.7	485.5	280.6	14.2	407.8	226.6	33.1	42.9	29.4
2009	14 533	117.9	670.1	489.6	1 266.0	506.9	286.9	14.2	401.2	215.8	25.9	38.7	23.9
2010	15 335	138.4	674.5	506.8	1 274.5	536.8	297.5	14.4	400.4	208.5	20.5	35.5	19.7

3. 外出务工人员的平均工资

外出务工人员的月平均工资[1]见表 5-8，没有分省数据；西部地区部分省（自治区、直辖市）2011 年外出务工人员的月平均工资[2]见表 5-9。

表 5-8　全国和西部地区外出务工人员月收入　（单位：元/月）

年份	2008	2009	2010	2011
全国	1 340	1 417	1 690	2 049
西部地区	1 273	1 378	1 643	1 990

表 5-9　2011 年西部地区部分省（自治区、直辖市）外出务工人员月平均工资　（单位：元/月）

地区	西部	重庆	四川	贵州	云南	陕西	甘肃	青海	宁夏	新疆
收入	1 990	3 010	902	2 000	1 696	1 278	1 008	2 045	1 966	2 083

（三）农户劳动力务农的机会成本

农户经营与保护耕地的机会成本分析就是测算农户在不同的劳动力配置方式下的收益差别，具体而言，就是测算农户将劳动力配置在务工方面的工资性收入和配置在农业方面的种田与保护耕地收入的盈亏情况。根据农户劳动力务农机会成本计算公式，关于某一类型的外出实际获取岗位的务工人员总数和同类

---

[1] 据国家统计局 2009~2011 年我国《农民工调查监测报告》中的数据整理。
[2] 据各省（自治区、直辖市）《农民工调查监测报告》中的数据整理。

农业劳动力总数的解释，依据统计数据[①]计算 2008～2010 年全国、西部地区及 12 省（自治区、直辖市）的农户劳动力外出务工的机会（表 5-10）。按照 9.8 个月[②]计算 2008～2010 年的农村外出务工人员年收入。在计算西部 12 省（自治区、直辖市）劳动力务农的机会成本时，公式（5-1）中的外出务工人员平均工资 W 值，可以利用务工劳动力相应年份的平均值，也可以利用 2011 年西部省（自治区、直辖市）外出务工人员月收入值。利用务工劳动力相应年份的平均工资计算机会成本的结果值见表 5-11。

表 5-10　西部地区农户劳动力外出务工机会　　　　（单位：%）

年份	全国	内蒙古	广西	重庆	四川	贵州	云南	西藏	陕西	甘肃	青海	宁夏	新疆	西部
2008	0.46	0.18	0.44	0.70	0.58	0.40	0.17	0.16	0.45	0.31	0.27	0.32	0.07	0.39
2009	0.49	0.21	0.43	0.72	0.58	0.42	0.17	0.16	0.44	0.29	0.21	0.28	0.06	0.39
2010	0.55	0.25	0.44	0.74	0.58	0.45	0.18	0.16	0.44	0.28	0.17	0.26	0.05	0.40

表 5-11　西部地区农户劳动力务农的机会成本值　　　　（单位：元/年）

年份	全国	内蒙古	广西	重庆	四川	贵州	云南	西藏	陕西	甘肃	青海	宁夏	新疆	西部
2008	5 714	2 281	5 438	8 789	7 257	5 022	2 085	1 986	5 590	3 851	3 356	3 935	874	4 919
2009	6 606	2 857	5 842	9 709	7 796	5 675	2 307	2 152	5 953	3 970	2 838	3 846	769	5 331
2010	8 840	3 999	7 011	11 983	9 358	7 166	2 853	2 605	7 084	4 573	2 682	4 199	755	6 466

二、劳动力经营与保护耕地的价值

劳动力经营与保护耕地的过程寓于农业发展过程之中，影响其价值的因素主要包括劳动力从事的农业劳动时间和劳动力经营与保护耕地的日均价值及年内创造价值的有效劳动时间长度。如果劳动力从事耕地经营与保护的日均价值越大，以劳动日计算的劳动力个体的经营与保护耕地的年劳动时间越多，则农户劳动力经营与保护耕地的年收益就越大；如果劳动力在年内创造价值的有效劳动时间越长，则年收益就越大。

（一）劳动力经营与保护耕地的日均价值

1. 研究方法设计

用 p_i 表示单位面积的第 i 种农产品的价值（元/hm²），c_i 表示单位面积上除

---

① 参见 2009～2011 年《中国统计年鉴》数据。
② 2010～2011 年的《农民工监测调查报告》显示，农民工年均工资的核算月数为 9.8 个月。

农家肥费用外的物质与服务费用，t_i 表示生产第 i 种农产品的用工日数（d/hm²），则 $\dfrac{p_i - c_i}{t_i}$ 为每个农户劳动力每日创造的价值（元/d）；s_i 表示第 i 种农作物的播种面积（hm²），则区域农作物的总播种面积为 $\sum\limits_{i=1}^{n} s_i$（hm²）。用 p_L^s 表示劳动力从事种植农业的日均价值，则计算公式为

$$p_L^s = \sum_{i=1}^{n} \frac{s_i}{\sum\limits_{i=1}^{n} s_i} \cdot \frac{p_i - c_i}{t_i} \tag{5-3}$$

2. 劳动力经营与保护耕地的日均价值

按照成本-收益理论，收益（即单位产值）是农业总成本和净利润之和。农业总成本由生产成本和土地成本构成，生产成本由物质与服务费用、人工成本构成。我国农业以小农经济为主，土地为集体所有制，实行家庭承包经营，在农业总成本的构成项目中，土地流转租金和自营地折租费用组成的土地成本费用属农户收入的组成部分，不需要支付他人；由家庭用工折价和雇工费用组成的人工成本中，必须支付的雇工费用很少，家庭用工折价费用属于农户劳动力的价格；物质与服务费用中，农家肥完全可以由农户自己生产，其费用支出部分作为农户收入。所以，种植农业的总成本中，需要支出的部分是除农家肥之外的物质与服务费用，包括种子、化肥、农药、农膜、机械、排灌和蓄力等租赁作业、燃料动力、技术服务、工具材料和修理维护等直接费用，以及固定资产折旧、保险、管理、财物和销售等间接费用。基于上述分析不难发现，每个农户劳动力的全部收入实际上为人工费、农家肥费用、土地收益、净利润的总和，将实际收入除以相对应的劳动日数得到经营某种农作物的日均收入；然后再利用各种农产品的播种面积或者总产值进行加权平均得到从事种植业的农户劳动力的日均收入。2008～2010 年西部 12 省（自治区、直辖市）农户劳动力经营与保护耕地的日均收益[①]见表 5-12。

表 5-12　西部 12 省（自治区、直辖市）农户劳动力经营
与保护耕地的日均收益对照表　　　　（单位：元/(d·人)）

年份	西部	内蒙古	广西	重庆	四川	贵州	云南	西藏	陕西	甘肃	青海	宁夏	新疆	全国
2008	52.7	68.0	59	55.3	57.8	46.6	44.4	68.3	38.2	42.3	58.0	38.2	56.7	64.9
2009	68.7	70.8	65.5	66.2	82.4	75.9	61.8	70.2	47.9	46.6	67.0	73.2	96.8	74.5
2010	80.1	112.7	68.9	65.7	84.4	86.5	66.0	77.4	69.3	55.3	66.7	97.6	110.6	90.4

[①] 据国家发展和改革委员会价格司编，中国统计出版社出版的 2009～2011 年的《全国农产品成本收益资料汇编》数据计算整理。

3. 农户劳动力经营与保护耕地的日均收益高于农林牧渔业职工日均工资收入

判断农户劳动力经营与保护耕地的日均收益水平高低需要参照标准。对比分析发现，农林牧渔业的城镇单位就业人员的平均工资、城镇最低工资水平都可以作为参照标准，但前者优于后者。城镇单位就业人员的日均工资额等于年工资总额除以年工作日数，全年时间扣除法定的节假日和双休日数后的职工年工作日数大约为 250 天。据此计算得到农林牧渔业城镇单位就业人员 2010 年的日均工资额（图 5-2），西部地区农林牧渔业城镇单位就业人员的日均工资为 63.69～104.08元/人。

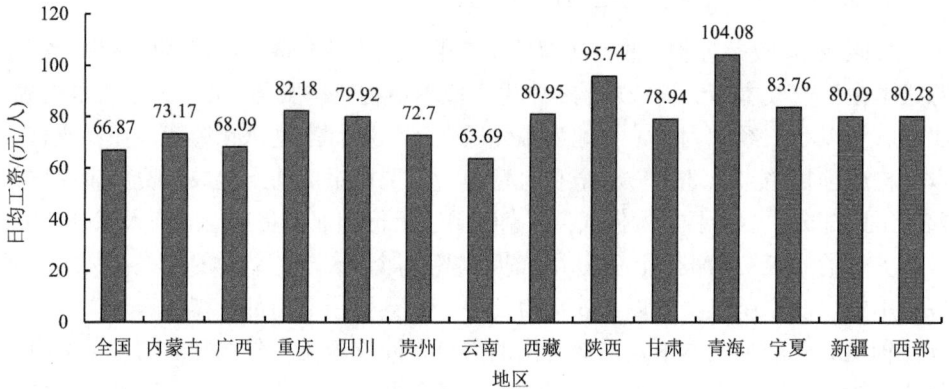

图 5-2　西部 12 省（自治区、直辖市）农林牧渔业城镇单位就业人员日均工资对比

将农户劳动力经营与保护耕地的日均收益减去农林牧渔业城镇单位就业人员的日平均工资额，其数值编绘成柱状图 5-3，偏离值大于零的就表示农户劳动力经营与保护耕地的日均收益高于农林牧渔业城镇单位就业人员日均工资收入；反之，相反。单纯比较农户劳动力的日均收益与农林牧渔业的城镇单位就业人员的平均工资得出的结论是：农业劳动在单位时间的价值创造能力较高，农户愿意从事农业和保护耕地。

2010 年，全国的农户劳动力的日均收益比农林牧渔业的城镇单位就业人员的平均工资水平高出 23.48 元，草率地认为农业比较劳动生产率较低影响农户收益，进而影响农户从事农业生产和保护耕地积极性的观点值得商榷。同年，西部地区的内蒙古自治区、广西壮族自治区、四川省、贵州省、云南省、宁夏回族自治区、新疆维吾尔自治区等省级行政区的农户，劳动力经营与保护耕地的日均收益高于农林牧渔业职工日均工资收入，重庆市、西藏自治区、陕西省、甘肃省、青海省相反，西部地区平均水平低 0.18 元/d，可以认为基本持平。尽管西部 12 省（自治区、直辖市）农户劳动力经营与保护耕地的日均收益有差异但都在 13% 以上（图 5-4），表明 2008~2010 年的增长率呈现显著的上升势头。

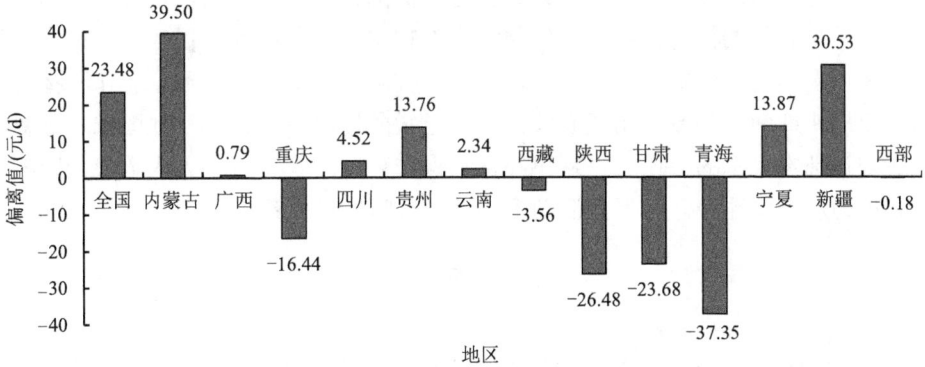

图 5-3 农户劳动力经营与保护耕地的日均收益相对于农林牧渔业城镇单位
就业人员日均工资的偏离值

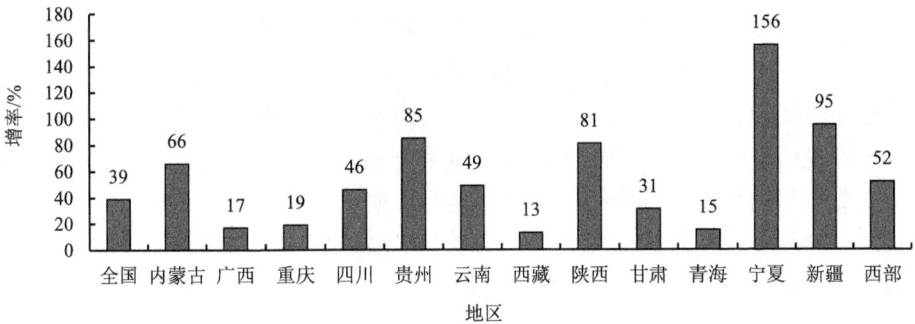

图 5-4 西部 12 省（自治区、直辖市）2008~2010 年农户劳动力经营
与保护耕地日均收益的增率对比

（二）农户劳动力从事耕地经营与保护活动的年劳动时间

1. 研究方法设计

用 i 表示农作物的种类，$i=1,2,\cdots,n$，分别表示水稻、小麦、玉米、大豆、薯类、花生、油菜、棉花、苎麻、黄红麻、甘蔗、甜菜、凉晒烟叶、烤烟等。s_i 表示第 i 种农作物的播种面积（hm²），t_i 表示单位面积第 i 种农作物生产的劳动用工日数（d/hm²），$s_i \cdot t_i$ 表示区域第 i 种农作物生产的用工总量（d），$\sum_{i=1}^{n} s_i \cdot t_i$ 表示区域农作物生产的用工总量（d），N 表示区域内从事耕地经营与保护活动的农户劳动力人数，t_i^s 表示区域每个农户劳动力用于农业的劳动日数，则计算公式为

式（5-4）。农户劳动力从事耕地经营与保护活动的年劳动时间受三大因素影响，一是与区域内从事耕地经营与保护活动的农户劳动力人数成反比，农户劳动人数越少，在区域耕地面积一定时个人经营与保护的耕地数量就越多，劳动时间就越长；二是与农作物播种面积和单位面积农作物生产的劳动用工日数成正比，由于单位面积农作物生产的劳动用工日数在特定技术水平下基本一致，农作物播种面积主要与耕地面积和复种指数有关，区域已知的情况下无论是耕地面积还是复种指数都是基本稳定的。所以，从事经营与保护耕地的农户劳动力人数成为影响农户劳动力从事耕地经营与保护活动的年劳动时间的最关键因素。

$$t_i^s = \frac{1}{N}\sum_{i=1}^{n} s_i \cdot t_i \qquad\qquad (5-4)$$

2. 农户劳动力从事经营与保护耕地活动的年劳动时间

单位面积耕地种植农作物生产的年劳动日数[①]见表 5-13。以 2010 年为例，农户种植 1 hm² 水稻、小麦和玉米这三种大田农作物的劳动时间分别为 117.30 个劳动日、84.60 个劳动日和 109.95 个劳动日。受自然条件的影响，西部 12 省（自治区、直辖市）有差异性，云南省、贵州省和陕西省的农户劳动力种植单位面积水稻的劳动时间超过了 235 d/hm²，重庆市、云南省和甘肃省的农户劳动力种植单位面积玉米的劳动时间超过了 228 d/hm²，而有些省（自治区）的劳动时间则相对较短。与劳动时间相比，农作物生长过程具有周期性、季节性，农作物的生命周期的长短与地理纬度和海拔高度有关，玉米、水稻、小麦等大田农作物的农业生长时间都在 150 d 以上。

表 5-13　每公顷水稻、小麦和玉米生产需要的年劳动日数　（单位：d/hm²）

地区	2008 年			2009 年			2010 年		
	稻谷	小麦	玉米	稻谷	小麦	玉米	稻谷	小麦	玉米
全国	135.90	91.50	118.50	125.25	87.15	112.50	117.30	84.60	109.95
内蒙古	110.55	108.90	98.55	84.30	99.60	93.30	74.40	100.50	77.85
广西	151.65	91.50	169.05	142.05	87.15	162.60	131.85	84.60	165.15
重庆	244.20	91.50	261.60	221.85	87.15	242.70	194.40	84.60	238.20
四川	163.65	146.10	182.85	150.30	157.65	165.60	154.20	162.45	164.25
贵州	288.60	91.50	195.45	275.70	87.15	199.65	267.45	84.60	198.60
云南	271.05	154.50	242.85	260.55	133.95	229.05	255.45	130.50	228.15
西藏	135.90	91.50	118.50	125.25	87.15	112.50	117.30	84.60	109.95
陕西	242.70	112.50	148.35	213.45	111.00	139.50	235.50	104.10	136.80

① 据 2009～2011 年的《全国农产品成本收益资料汇编》数据计算整理。

续表

地区	2008 年			2009 年			2010 年		
	稻谷	小麦	玉米	稻谷	小麦	玉米	稻谷	小麦	玉米
甘肃	135.90	152.70	269.70	125.25	148.95	243.30	117.30	151.95	243.45
青海	135.90	91.50	118.50	125.25	87.15	112.50	117.30	84.60	109.95
宁夏	202.05	129.45	156.15	192.90	114.75	153.45	173.55	95.70	145.20
新疆	135.90	83.55	99.45	125.25	60.60	100.95	117.30	63.00	107.10
西部	135.90	91.50	118.50	125.25	87.15	112.50	117.30	84.60	109.95

利用农作物播种面积、农户劳动力从事耕地经营与保护活动的人数[①]，以及表 5-13 中的单位面积耕地种植农作物的劳动用工数数据，依据公式（5-4）计算得到农户劳动力从事耕地经营与保护活动的年有效劳动时间（表 5-14）。结果表明，2008 年以来，农户劳动力从事耕地经营与保护活动的年劳动时间比较稳定，全国稳定在 82～85 d，西部地区稳定在 90～95 d；各省（自治区、直辖市）的差异较大，新疆维吾尔自治区的年劳动时间大于 144 d，西藏自治区的年劳动时间不到 30 d。重庆市和宁夏回族自治区的劳动时间偏多，青海省和四川省偏少，其他省（自治区）接近全国或西部地区的平均值。

表 5-14　农户劳动力从事耕地经营与保护活动的年劳动时间　（单位：d/人）

年份	全国	内蒙古	广西	重庆	四川	贵州	云南	西藏	陕西	甘肃	青海	宁夏	新疆	西部
2008	84	98	98	132	82	85	90	29	89	99	63	114	166	95
2009	82	101	99	141	74	82	89	27	90	90	62	117	146	92
2010	85	86	94	139	77	82	88	26	83	87	58	113	144	90

（三）农户劳动力经营与保护耕地的收入

劳动力经营与保护耕地的日均收益（表 5-12）与劳动力从事耕地经营与保护的年劳动时间（表 5-14）之乘积，就是西部省（自治区、直辖市）农户劳动力在 2008～2010 年经营与保护耕地的收入（表 5-15）。

表 5-15　西部 12 省（自治区、直辖市）农户劳动力
经营与保护耕地的收入　　（单位：元）

年份	全国	内蒙古	广西	重庆	四川	贵州	云南	西藏	陕西	甘肃	青海	宁夏	新疆	西部
2008	5 452	6 664	5 782	7 300	4 740	3 961	3 996	1 981	3 400	4 188	3 654	4 355	9 412	5 009
2009	6 109	7 151	6 485	9 334	6 098	6 224	5 500	1 895	4 311	4 194	4 154	8 564	14 133	6 320
2010	7 684	9 692	6 477	9 132	6 499	7 093	5 808	2 012	5 752	4 811	3 869	11 029	15 926	7 208

---

① 参见 2009～2011 年的《中国统计年鉴》。

　　鉴于农户劳动力经营与保护耕地的日均收益较高（即高于农林牧渔业城镇单位就业人员日均工资收入），可以认为，农户劳动力经营与保护耕地的收入主要受制于劳动力从事耕地经营与保护的年劳动时间。又鉴于在耕地总量一定情况下，从事耕地经营与保护活动的年劳动时间主要受从事经营与保护耕地的农户劳动力人数影响，于是进一步认为，农户种不种地、愿不愿意保护耕地，关键不在于农业的比较效益，而在于影响承包耕地人均数量和年劳动时间的农户劳动力数量。通过转移农户劳动力人口，减少经营与保护耕地的劳动力数量，增加农户务农劳动力人均耕种耕地的面积，对促进保护耕地具有重要意义。

三、农户劳动力保护耕地的机会成本盈亏分析

　　机会成本盈亏额等于劳动力务农的机会成本与劳动力经营与保护耕地的收入之差。如果机会成本损失额大于零，意味着劳动力选择务农的机会成本高，即在家经营与保护耕地必须放弃的务工收入大于在家经营与保护耕地从事种植业的实际收入，属于损失大于收入的选择。如果机会成本损失额小于零，即数据为"－"值，意味着农户劳动力选择务农的机会成本相对较低，即在家经营与保护耕地所必须放弃的务工收入要小于在家经营与保护耕地从事种植业的实际收入，属于实际收益大于放弃收益的选择，是合理的选择。西部 12 省（自治区、直辖市）劳动力经营与保护耕地的机会成本盈亏值见表 5-16。

表 5-16　西部 12 省（自治区、直辖市）农户劳动力经营

与保护耕地的机会成本盈亏值　　　　（单位：元/(人·a)）

地区	2008 年	2009 年	2010 年
西部	-90	-989	-742
内蒙古	-4 381	-4 293	-5691
广西	-344	-640	536
重庆	1 489	369	2 845
四川	2 517	1 695	2 856
贵州	1 058	-546	76
云南	-1 915	-3 194	-2 958
西藏	5	257	593
陕西	2 191	1 640	1 335
甘肃	-338	-227	-235
青海	-295	-1 315	-1 188
宁夏	-418	-4 722	-6 833
新疆	-8 530	-13 370	-15 174
全国	263	495	1 160

注：表中"－"表示农户劳动力经营与保护耕地的机会成本为亏

省域尺度的劳动力经营与保护耕地的机会成本有盈有亏。内蒙古自治区、云南省、甘肃省、青海省、宁夏回族自治区和新疆维吾尔自治区的劳动力经营与保护耕地的机会成本损失额小于零，为负值，意味着劳动力经营与保护耕地收益高；广西壮族自治区、贵州省具有不稳定性，但两省（自治区）在 2010 年的外出务工较之于劳动力经营与保护耕地有优势；四川省、重庆市、陕西省和西藏自治区，外出务工较之于将劳动力配置在耕地经营与保护方面具有明显的优势。

表 5-16 中数据表明，西部地区尺度的劳动力经营与保护耕地的机会成本小，2008～2010 年的西部地区劳动力经营与保护耕地的机会成本盈亏值始终小于零，农户劳动力选择务农在家经营与保护耕地，属于实际收入大于放弃收入的选择。全国尺度的农户劳动力经营与保护耕地的机会成本大，2008～2010 年的全国劳动力选择经营与保护耕地的机会成本盈亏值始终大于零，选择务农在家经营与保护耕地，属于损失大于实际收入的选择；而且选择经营与保护耕地，其放弃的收入逐年增多，即损失逐年增大。

四、农户劳动力务农的机会成本损失对保护耕地的影响与启示

农户劳动力务农的机会成本高影响农户保护耕地质量行为。研究表明，全国平均而言，劳动力外出务工的收益大于在家务工的收益，劳动力务农的机会成本高、机会成本在扩大，这就是农民为什么要外出务工而不愿意在家务农的原因。西部 12 省（自治区、直辖市）差异很大，内蒙古自治区、云南省、甘肃省、青海省、宁夏回族自治区和新疆维吾尔自治区的农户劳动力务农的机会成本小，劳动力经营与保护耕地收益高；广西壮族自治区和贵州省具有不稳定性，但在 2010 年的外出务工较之于劳动力经营与保护耕地有优势；四川省、重庆市、陕西省和西藏自治区的农户劳动力务农的机会成本高，外出务工较之于劳动力务农具有明显的优势，这就是四川省、重庆市和陕西省成为稳定的劳务输出大省，西部地区很多省级行政区劳务输出的年际变化大的主要原因。

增加农户务农劳动力的有效劳动时间可以降低务农机会成本。农户劳动力的收入实际上等于日均收入和劳动天数的乘积，进一步分析发现，劳动力务农的机会成本高，不是因为务农劳动力的人均收益低于务工的人均收入，即不是劳动力务农的比较效益低于劳动力务工，关键原因在于务农劳动力的有效劳动日数少，2008 年以来的劳动力务农的有效劳动时间全国稳定在 82～85 d、西部地区稳定在 90～95 d，西部 12 省（自治区、直辖市）差异较大，新疆维吾尔自治区的劳动力务农时间大于 144 d、西藏自治区的农户劳动力务农时间少于 30 d，比劳动力外出务工的年有效劳动时间少 200 d 左右。为此，增加务农劳动力的有效劳动时间就是增加务农劳动力收入进而提升保护耕地质量的突破口，其途径有两条：一是通

过合理途径推进城市化，将农业劳动力转移到第二产业、第三产业，减少农业劳动力数量，扩大单位劳动力经营耕地规模，增加劳动力务农的有效劳动时间，提高务农劳动力的总收入，经营和保护耕地的机会成本就会大量减少，农户保护耕地的积极性就能够得到释放，这条途径的关键所在是城市化的道路选择问题，此问题将在第八章中加以论述；二是将农户保护耕地质量而形成的"地力成果"产品化，对"地力产品"评级定价，据此对农户劳动力进行补贴，让农户劳动力在保护耕地质量过程中增收，此问题将在第十章中加以论述。

第三节　耕地农业用途中的正外部性及对农户保护耕地质量的影响

一、研究方法选择

测量耕地经营与保护过程中的生态服务产品外部性价值的常用方法主要有条件价值评估法和参数比照法等。条件价值评估法适用于评估那些缺乏实际市场和替代市场交换的商品的价值，Bergstrom 等（1985）运用条件价值评估法评估了美国南卡罗来纳州耕地景观价值，Drake（1992）通过询问受访者在所得税中愿意支付多少金额的方法评估了瑞典耕（农）地景观的愿付价格。自林英华（2001）介绍了条件价值评估法的经济学基础、内涵、主要优缺点、评估步骤和应用实例后，运用该方法进行实证研究的人越来越多，应用领域不断扩展；蔡银莺等将该方法运用到耕地资源非市场价值评估及居民参与农地保护的认知程度及支付意愿研究，通过访谈、问卷、投标等方式对被调查者进行支付意愿或受偿意愿调查，掌握受访者为使用或保护该公共物品的愿意支付，测算出该公共物品的外部性或非市场价值（蔡银莺等，2006；蔡银莺和张安录，2006）；马文博（2009）以条件价值法为工具开展保护耕地经济补偿研究，此后，李广东等（2010）、牛海鹏等（2014）等越来越多的学者青睐运用条件价值法对耕（农）地生态系统服务功能所产生的耕地外部性价值开展实证研究。

参数比照法是在已测算的某一特定生态服务功能价值或效益的基础上，依据待评估生态系统的区域和生物生长量特征进行修正得到需要评估的生态系统服务功能或效益的方法。Costanza 等（1997）的全球尺度生态系统服务价值参照体系在实证研究中应用较为广泛（陈仲新和张新时，2000；张志强等，2001；高清竹等，2002；王宗明等，2004）。谢高地等（2003，2008）改进了 Costanza 等的评价方法，从气体调节等 9 项生态系统服务功能角度，建立了基于专家知识的生态系统服务价值评估体系，通过对生态专家的问卷调查得到了"中国陆地生态系统单位面积生态服务价值当量因子表"。生态系统服务价值当量因子表在我国的实证研究中得到广泛运用（肖玉等，2003；梁守真等，2006），但用于土地利用变化的生态服务价值评价在 2007 年及以后多了起来。本章主要采用参数比照法测量耕地经营与保护的生态服务产品外部性价值。该方法的关键技术是首先要建立单位当量因子及价值量模型，然后再基于单位当量因子及其价值量模型，计算耕地经营与保护的生态服务产品外部性价值量。

二、农田生态系统单位面积生态服务价值当量

Costanza 等（1997）创立的农田生态系统单位面积生态服务价值当量（表 5-17），使农田生态系统服务价值估算原理及方法从科学意义上得以明确。

表 5-17　农田生态系统单位面积生态服务价值当量表

类型	供给服务		调节服务				支持服务		文化服务
	食物生产	原料生产	气体调节	气候调节	水文调节	废物处理	土壤保持	多样性维持	提高美学景观
当量	1.00	0.00	0.00	0.00	0.00	0.00	0.00	0.70	0.00

注：数据来源于参考文献 Costanza 等（1997）

将 Costanza 等的研究方法运用于我国时，学术界认为 Costanza 等对耕地的生态服务价值单价被严重低估，为此，谢高地等（2003）选择了 200 位有生态学教育背景的学者进行引导式问卷调查，然后对有效问卷进行统计分析并吸收 Costanza 等（1997）的部分可靠成果后制定了国内的农田生态系统单位面积生态服务价值当量，给出了全国平均状态的农田生态系统单位面积生态服务价值的单价（表 5-18）。

表 5-18　农田生态系统单位面积生态服务价值当量与单价表　　（单位：元/hm²）

一级类型	供给服务		调节服务				支持服务		文化服务	合计
二级类型	食物生产	原料生产	气体调节	气候调节	水文调节	废物处理	保持土壤	生物多样性维持	提高美学景观	
当量	1.00	0.10	0.50	0.89	0.60	1.64	1.46	0.71	0.01	6.91
单价	884.9	88.5	442.4	787.5	530.9	1451.2	1291.9	628.2	8.8	6114.3

谢高地等（2008）在 2007 年再一次对 500 位学者进行问卷调查，问卷结构和内容与 2002 年一致。在统计分析有效问卷的基础上修订了 2002 年的国内农田生态系统单位面积生态服务价值当量，计算了 2007 年的农田生态系统单位面积生态服务的单价（表 5-19）。

表 5-19　农田生态系统单位面积生态服务价值当量与单价表　　（单位：元/hm²）

一级类型	供给服务		调节服务				支持服务		文化服务	合计
二级类型	食物生产	原料生产	气体调节	气候调节	水文调节	废物处理	保持土壤	生物多样性维持	提高美学景观	
当量	1.00	0.39	0.72	0.97	0.77	1.39	1.47	1.02	0.17	7.90
单价	449.10	175.15	323.35	435.63	345.81	624.25	660.18	458.08	76.35	3547.89

尽管谢高地等（2003）定义生态系统生态服务价值当量因子为 1 公顷全国平均产量的农田年自然粮食产量的经济价值，确定"1 个生态服务价值当量因子的经济价值量等于当年全国平均粮食单产市场价值的七分之一"，以此将权重因子转换成当年生态系统服务单价。但 2003 年发表的成果仅给出了 2002 年的农田生态系统单位面积生态服务的价值（即单价），2008 年发表的成果依据我国 2005 年的耕地影子地租等数据（胡瑞法等，2006），采用"总收益-总投入-影子地租"的算式计算我国一个生态服务价值当量因子的经济价值量，而没有构建单位当量因子的价值量计算公式。可能这也是导致 2008 年的农田生态系统单位面积生态服务价值当量高于 2003 年，而 2008 年的农田生态系统单位面积生态服务的价值（即单价）低于 2003 年的原因之一。

三、基于播种面积的单位当量因子价值量模型

依据谢高地等（2003）的"1 个生态服务价值当量因子的经济价值量等于当年全国平均粮食单产市场价值的七分之一"的研究结论，牛海鹏和张安录（2009b）构建了基于粮食作物播种面积的单位当量因子价值量模型。用 E_a 表示单位当量因子的价值量（元/hm²），i（$i=1,2,\cdots,n$）表示粮食作物种类，p_i 表示第 i 种粮食作物全国平均价格（元/kg），q_i 表示第 i 种粮食作物单位面积产量（kg/hm²），m_i 表示第 i 种粮食作物播种面积（hm²），M 表示 n 种粮食作物的总播种面积（hm²）。牛海鹏建立了单位当量因子价值量模型（5-5）并计算了河南省焦作市 2006 年的单位当量因子价值量，结合谢高地等"中国陆地生态系统单位面积生态服务价值当量因子表"中的农田生态系统单位面积生态服务价值当量，测算了焦作市 2006 年的单位播种面积的生态服务产品的外部性价值。

$$E_a = \frac{1}{7}\sum_{i=1}^{n}\frac{m_i p_i q_i}{M} \qquad (5\text{-}5)$$

四、单位当量因子价值量模型的扩展

牛海鹏和张安录（2009b）的单位当量因子价值量模型是基于单位播种面积建

立的模型，模型突出的是按照单位播种面积统计的农作物对环境、社会贡献的生态价值和社会价值量，表达的是每公顷农作物在生长周期内创造的生态效益和社会效益。

　　由于农田生态系统的运行具有严格的周期性，其周期性受到从南到北的热量带差异的影响，以不同热量带的耕地系统为基础建立的农田生态系统也具有显著差异，以及单位耕地面积的复种指数从南向北减少，进而决定着以单位播种面积为基础计算的单位当量因子的生态服务产品价值，不能突出行为主体的耕地经营与管理行为在单位时间（年）内向环境、社会贡献的生态价值和社会价值量值，为此，笔者提出以耕地面积为基础，建立单位当量因子价值量的扩展模型。用 E_g 表示单位当量因子的生态服务价值量（元/ hm^2）；用 M_g 表示耕地面积（hm^2），其他符号、代码的意义同模型（5-5），建立单位当量因子价值量的扩展模型（5-6）。利用模型（5-6）逐年计算 2005～2010 年西部地区及 12 省（自治区、直辖市）的耕地（即农田）生态系统生态服务的单位当量因子价值量（元/ hm^2）（表 5-20）。

$$E_g = \frac{1}{7}\frac{M}{M_g}\sum_{i=1}^{n}\frac{m_i p_i q_i}{M} \tag{5-6}$$

表 5-20　西部 12 省（自治区、直辖市）耕地生态系统生态服务单位当量因子价值量

（单位：元/hm²）

年份	全国	内蒙古	广西	重庆	四川	贵州	云南	西藏	陕西	甘肃	青海	宁夏	新疆	西部
2005	1 247	691	1 812	1 454	1 607	784	851	701	618	508	639	842	1 068	995
2006	1 372	744	1 979	1 205	1 510	837	925	678	726	510	641	904	1 206	1 023
2007	1 552	940	2 116	1 695	1 834	960	979	858	822	584	870	1 017	1 529	1 209
2008	1 712	998	2 362	2 025	2 069	1098	1 137	1 040	952	701	1 182	1 112	1 607	1 370
2009	1 759	936	2 482	1 683	1 938	955	1 673	941	960	584	823	1 161	1 672	1 381
2010	2 039	1 096	2 956	1 791	2 226	1 119	1 347	1 060	1 082	718	957	1 333	1 887	1 513

五、基于单位当量因子的耕地生态系统生态服务产品的外部性价值

　　用 c_i 表示耕地生态系统单位面积生态服务价值当量因子的当量（谢高地等，2008），$i = 1,2,\cdots,6$，分别表示气体调节、气候调节、水文调节、废物处理、保持土壤、生物多样性维持，ST_p 表示耕地生态服务产品外部性的总价值，则基于耕地生态系统生态服务的单位当量因子价值量的外部性价值计算公式为式（5-7）。运用式（5-7）逐年计算 2005～2010 年的耕地生态服务产品外部性价值（表 5-21）。

$$ST_p = E_g \cdot \sum_{i=1}^{6} c_i \tag{5-7}$$

表 5-21　耕地生态服务产品外部性价值　　　　（单位：元/hm²）

年份	2005	2006	2007	2008	2009	2010
全国	7 906.0	8 698.5	9 839.7	10 854.1	11 152.1	12 927.3
内蒙古	4 380.9	4 717.0	5 959.6	6 327.3	5 934.2	6 948.6
广西	11 488.1	12 546.9	13 415.4	14 975.1	15 735.9	18 741.0
重庆	9 218.4	7 639.7	10 746.3	12 838.5	10 670.2	11 354.9
四川	10 188.4	9 573.4	11 627.6	13 117.5	12 286.9	14 112.8
贵州	4 970.6	5 306.6	6 086.4	6 961.3	6 054.7	7 094.5
云南	5 395.3	5 864.5	6 206.9	7 208.6	10 606.8	8 540.0
西藏	4 444.3	4 298.5	5 439.7	6 593.6	5 965.9	6 720.4
陕西	3 918.1	4 602.8	5 211.5	6 035.7	6 086.4	6 859.9
甘肃	3 220.7	3 233.4	3 702.6	4 444.3	3 702.6	4 552.1
青海	4 051.3	4 063.9	5 515.8	7 493.9	5 217.8	6 067.4
宁夏	5 338.3	5 731.4	6 447.8	7 050.1	7 360.7	8 451.2
新疆	6 771.1	7 646.0	9 693.9	10 188.4	10 600.5	11 963.6
西部	6 308.3	6 485.8	7 665.1	8 685.8	8 755.5	9 592.4

很明显，外部性总价值在西部地区的多数省（自治区、直辖市）呈现逐年上升变动。西部地区平均而言，2010 年比 2005 年增加了 52.06%，其中，内蒙古自治区、广西壮族自治区、云南省、西藏自治区、陕西省、宁夏回族自治区和新疆维吾尔自治区的增率都在平均值之上。为了便于表述各省（自治区、直辖市）外部性价值的损失情况，采用最近三年的平均值作代表，2008～2010 年耕地经营与保护的生态服务产品外部性价值的平均值见图 5-5，西部省（自治区、直辖市）每公顷耕地平均每年损失的生态服务产品外部性价值总量约 9011 元。

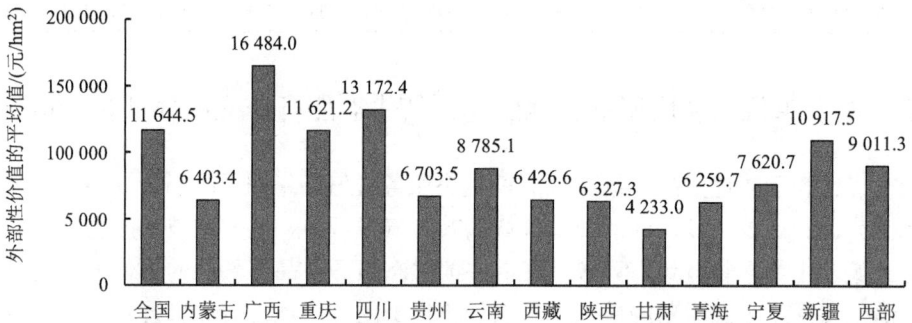

图 5-5　耕地经营与保护的生态服务产品外部性价值的平均值

利用农村人口人均耕地和第一产业就业人口人均经营与保护的耕地数量，将耕地单位面积的生态服务产品的外部性价值损失变换为农村人口和第一产业就业人口的人均损失量见表 5-22。

表 5-22　耕地经营与保护生态服务产品外部性的人均损失　　（单位：元/人）

年份		2005	2006	2007	2008	2009	2010
农村人口	全国	1 297	1 422	1 631	1 825	1 969	2 345
	西部	1 506	1 676	1 935	2 171	2 254	2 684
第一产业就业人口	全国	2 849	3 261	3 811	4 310	4 569	5 634
	西部	3 343	3 741	4 272	4 746	4 912	5 725

六、基于单位当量因子的社会服务产品外部性价值

开敞空间及景观、科学文化效益合称景观与科学文化价值，牛海鹏（2010）将之归为社会服务产品外部性价值，即农户劳动力经营与保护耕地的过程中，无偿地向社会提供的景观欣赏服务。其计算方法同计算基于单位当量因子的耕地生态系统生态服务产品的外部性价值，计算结果见表 5-23。2008～2010 年耕地经营与保护的社会服务产品外部性价值的平均值见图 5-6。

表 5-23　基于单位当量因子的社会服务产品外部性价值　　（单位：元/hm²）

年份	全国	内蒙古	广西	重庆	四川	贵州	云南	西藏	陕西	甘肃	青海	宁夏	新疆	西部
2005	212	117.5	308	247.2	273.2	133.3	144.7	119.2	105.1	86.4	108.6	143.1	181.6	169.2
2006	233.2	126.5	336.4	204.9	256.7	142.3	157.3	115.3	123.4	86.7	109	153.7	205	173.9
2007	263.8	159.8	359.7	288.2	311.8	163.2	166.4	145.9	139.7	99.3	147.9	172.9	259.9	205.5
2008	291	169.7	401.5	344.3	351.7	186.7	193.3	176.8	161.8	119.2	200.9	189	273.2	232.9
2009	299	159.1	421.9	286.1	329.5	162.4	284.4	160	163.2	99.3	139.9	197.4	284.2	234.8
2010	346.6	186.3	502.5	304.5	378.4	190.2	229	180.2	183.9	122.1	162.7	226.6	320.8	257.2

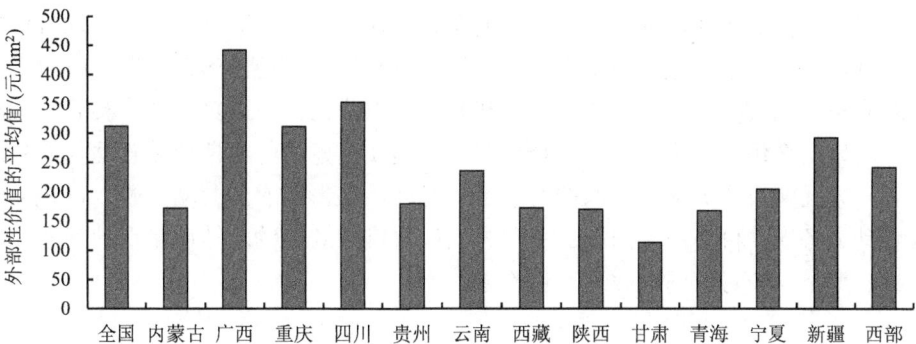

图 5-6　耕地经营与保护的社会服务产品外部性价值的平均值

　　利用农村人口人均耕地和第一产业就业人口人均经营与保护的耕地数量，将耕地单位面积的社会服务产品外部性价值损失变换为农村人口和第一产业就业人口的人均损失，结果见表 5-24。

表 5-24　耕地经营与保护社会服务产品外部性价值的人均损失　　（单位：元/人）

年份		2005	2006	2007	2008	2009	2010
农村人口	全国	35	38	44	49	53	63
	西部	40	45	52	58	60	72
第一产业就业人口	全国	76	87	102	116	123	151
	西部	90	100	115	127	132	154

注：表中数据为计算结果

七、正外部性对激励农户保护耕地质量的启示

　　国家应该有条件地购买正外部性价值激励农户耕地经营与保护。研究分析表明，农户劳动力经营与保护耕地存在正生态服务产品外部性和社会服务产品外部性的价值损失。2005～2010 年的耕地的生态服务产品的外部性价值，全国为7906.0～12927.3 元/hm²、西部地区为 6308.3～9592.4 元/hm²，耕地的社会服务产品外部性价值，全国为 212～346.6 元/hm²、西部地区为 169.2～257.2 元/hm²，无论是生态服务产品外部性价值还是社会服务产品外部性价值，其损失都呈现逐年增加趋势。农户劳动力经营与保护耕地的正外部性给农户造成了超越市场调控能力的价值损失，不同学者关于其损失的价值大小的研究结论尽管有差别，但对该种损失的存在性认识是一致的，为此，国家政府应该对这种损失的存在性买单。因为这种外部性产品的生产与消费具有同步性、不可储存性、不可运输性、易于灭失性等特点，经营与保护耕地的农户不应该按照市场原则要求国家购买这种外部性产品的存在性，所以，不同学者的相关研究，目的不是为了精确计算农户劳动力经营与保护耕地的外部性价值，而是为了从不同角度论证这种外部性价值的存在性。为此，本书进一步认为，为了激励农户保护耕地的热情，国家政府可以采取有条件购买的方式，例如，以工代补，即农户出工、国家出钱，实施"参与式"耕地质量保护工程，让农户全员参与耕地质量建设与后期持续管理与质量维护。一方面解决了劳动力务农的有效劳动时间不足影响农业劳动力收入，进而降低劳动力务农的机会成本问题；另一方面解决国家政府的耕地质量保护问题，本书将在第十章中对该问题做进一步论述。

第四节　保护耕地外部性在粮食输出中的损失
及对地方政府耕地保护行为的影响

一、地方政府耕地保护行为中的外部性

地方政府是保护耕地数量的主体，也是在建设高标准农田、综合整治山水田林路等耕地质量建设过程中的资金筹集主体。保护耕地数量越多、质量建设标准越高，地方政府为保护耕地的投入就越大。如果地方政府保护耕地数量超过了满足本行政辖区居民粮食安全的需求，则保护超过需求数量的耕地就是为本行政辖区外居民的粮食安全服务的；其超额投入保护耕地费用而保护的超需求耕地，保障了辖区外居民的粮食安全，其粮食安全收益构成了保护耕地区的地方政府的外部性损失。相反，对于保护耕地数量不足的行政辖区，因保障其居民粮食安全的耕地在区外，粮食安全对这些区域的地方政府而言就是一种外部性收益。

二、单位耕地面积的粮食安全价值

刘慧芳（2000）、陈丽等（2006）、李翠珍等（2008）认为，从保障农产品总共给角度，依据替代原则，运用影子价格法，以新垦耕地的投入成本（V_1）及收益损失（V_2）之和表示无限年期耕地粮食安全价格，再利用收益还原利率（$r=3.5\%$）计算单位耕地面积的年度粮食安全价值（A）。即

$$A = r(V_1 + V_2) \tag{5-8}$$

其中，$V_2 = \dfrac{b \times 40\%}{1+r_1} + \dfrac{b \times 30\%}{(1+r_1)^2} + \dfrac{b \times 20\%}{(1+r_1)^3} + \dfrac{b \times 10\%}{(1+r_1)^4}$

式中，以 r_1 表示研究期内的折现率，取 $r_1 = 3.72\%$；新垦耕地的投入成本（V_1）为 121 500 元/hm^2[①]；b 表示耕地单位面积种植农业经济产出价值即区域耕地产值，其值等于区域农业产值除以区域耕地面积，用多年平均值表示；新垦耕地存在土壤熟化期，在土壤熟化期存在收益损失并逐年减少，参照相关研究将期限定为 4 年，其收益损失率为区域耕地产值的 40%、30%、20% 和 10%，则西部 12 省（自治区、直辖市）2006～2010 年的区域耕地年产值和新垦耕地的收益损失值见表 5-25。

---

① 参照《全国土地开发整理规划》（2001～2010 年）各类新增耕地面积投入成本及新开垦单位面积耕地的投资标准确定。

表 5-25　西部 12 省（自治区、直辖市）的区域耕地年产值
和新垦耕地的收益损失值　　（单位：元/(hm² · a)）

地区	区域耕地产值（b）			新垦耕地的收益损失值（V_2）		
	5 年均值 （2006～ 2010 年）	4 年均值 （2007～ 2010 年）	3 年均值 （2008～ 2010 年）	5 年均值 （2006～ 2010 年）	4 年均值 （2007～ 2010 年）	3 年均值 （2008～ 2010 年）
全国	23 288	24 697	26 179	21 662	22 972	24 351
内蒙古	9 811	10 390	10 955	9 126	9 664	10 190
广西	25 500	26 993	28 311	23 719	25 108	26 334
重庆	21 001	22 484	24 017	19 535	20 914	22 340
四川	26 798	29 015	31 305	24 927	26 989	29 119
贵州	10 245	10 839	11 544	9 530	10 082	10 738
云南	12 775	13 383	14 093	11 883	12 448	13 109
西藏	11 057	11 618	11 890	10 285	10 807	11 060
陕西	19 067	20 583	22 278	17 736	19 146	20 722
甘肃	11 710	12 519	13 411	10 892	11 645	12 475
青海	11 030	12 031	13 029	10 260	11 191	12 119
宁夏	12 187	13 207	14 246	11 336	12 285	13 251
新疆	21 724	23 226	24 743	20 207	21 604	23 015
西部	16 740	17 879	19 062	15 571	16 631	17 731

据公式（5-8）及上述相关数据，得到单位耕地面积的年粮食安全价值见表 5-26。尽管单位耕地面积年粮食安全价值的 3 年均值、4 年均值、5 年均值有差异，但波动很小，其中，西部地区围绕 4800 元/(hm² · a)波动，即西部地区为区外的中部地区和东部地区保护 1 公顷耕地，其年粮食安全价值的外部性损失金额为 4800 元左右；西部 12 省（自治区、直辖市）有明显的差异性，四川省的波动中心值最大、约为 5200 元/(hm² · a)，为省外保护 1 公顷耕地，其年粮食安全价值外部性损失金额就为 5200 元左右；内蒙古自治区和贵州省的波动中心值最小、约为 4600 元/(hm² · a)，为省外保护 1 公顷耕地，其年粮食安全价值外部性损失金额就为 4600 元左右。

表 5-26　西部 12 省（自治区、直辖市）单位耕地面积的
年粮食安全价值　　（单位：元/(hm² · a)）

年份	西部	内蒙古	广西	重庆	四川	贵州	云南	西藏	陕西	甘肃	青海	宁夏	新疆
2006～ 2010 年	4 797	4 572	5 083	4 936	5 125	4 586	4 668	4 612	4 873	4 634	4 612	4 649	4 960
2007～ 2010 年	4 835	4 591	5 131	4 984	5 197	4 605	4 688	4 631	4 923	4 660	4 644	4 682	5 009
2008～ 2010 年	4 873	4 609	5 174	5 034	5 272	4 628	4 711	4 640	4 978	4 689	4 677	4 716	5 058

三、外部性损失及对地方政府耕地保护行为的影响

地方政府保护耕地的外部性损失，就是超过本辖区居民和食品加工的粮食需求，为辖区以外的居民提供粮食安全保障的那部分耕地的粮食安全收益。用 S_1 表示行政辖区耕地总面积，S_2 表示满足行政辖区内居民食物安全所需的人均耕地数量（即人均耕地警戒值），P 表示行政辖区的人口数量，ΔS 表示行政辖区为区外居民提供粮食安全保障的耕地数量，A 为单位耕地面积的年粮食安全价值（元/hm^2），S_2 为人均耕地警戒值[①]。W 代表地方政府保护耕地的外部性价值。则：

$$W = \Delta S \cdot A = A \cdot (S_1 - P \cdot S_2) \tag{5-9}$$

如果 $W > 0$，表示行政辖区保护耕地数量在满足区内居民粮食安全后有盈余，盈余耕地服务区外居民，地方政府保护耕地向区外提供正外部性而自身招受损失；反之，地方政府因保护耕地数量不足而在从区外向管理辖区内输入粮食的同时，输入粮食安全价值而获得外部性价值。利用上述计算公式和相关数据，计算得到西部 12 省（自治区、直辖市）地方政府保护耕地的外部性价值（表 5-27）。

表 5-27　西部 12 省（自治区、直辖市）地方政府保护
耕地的外部性价值　　　　　　　　（单位：10^8 元）

省（自治区、直辖市）	内蒙古	广西	重庆	四川	贵州	云南	西藏
外部性价值	+152.07	+129.42	+20.63	+80.95	+18.16	+79.30	-7.97

省（自治区、直辖市）	陕西	甘肃	青海	宁夏	新疆	西部	
外部性价值	-80.30	-74.57	-22.48	+10.72	+13.99	+315.27	

注：表中数据为计算结果

表 5-27 中，"+"代表该省（自治区、直辖市）地方政府无偿地为其他省（自治区、直辖市）的粮食安全做贡献，其值代表该省（自治区、直辖市）无偿调出的粮食安全外部性价值，是在为其他省（自治区、直辖市）做贡献过程中损失的粮食安全价值量。"-"代表该省（自治区）地方政府从区外向区内调入的粮食安全价值，其值代表无偿占有的粮食安全价值量。保护耕地的外部性价值调出，影响了地方政府保护耕地的投入积极性，为了激励地方政府保护耕地的热情，以粮食等产品的调入调出量为载体，由粮食调入省（自治区、直辖市）补偿调出省（自治区、直辖市），对激励-约束地方政府的耕地保护行为具有重要意义，相关研究在第九章中有详细论述。

---

① 参见冉清红（2009）《中国耕地警戒值研究》（博士学位论文）中相关成果。

第五节　行为主体的耕地管理与利用行为对耕地质量的影响

一、行为主体不合理利用行为对耕地质量的影响

不合理利用加剧了干旱半干旱区的土地沙化。西部地区的干旱地区、半干旱区尽管生态比较脆弱，但在没有或少受人类干扰的情况下生态环境保持比较完好。随着人口急增，人类对所居住的土地进行过度放牧、过度垦殖、过度樵采和不合理地利用水资源等，使原非沙质荒漠的干旱地区和半干旱地区出现了以风沙活动、沙丘起伏为主要标志的似沙漠景观退化过程。土地沙化导致土地资源遭受难以逆转的破坏，可供农牧的土地面积减少，土地滋生能力退化、植物量减少、载畜能力下降、单位面积作物产量降低。

土地沙化对西部地区保护耕地质量有不利影响。西部地区的土地沙化面积达 $16591.96 \times 10^4\ hm^2$，占全国的 95.8%；沙化的耕地面积 $83.33 \times 10^4\ hm^2$，占全国的 18.7%[①]（图 5-7）。除西南地区的云、贵、川、渝三省一市和南方地区的广西外，其他的西部省级行政区是沙化土地最集中的区域，其沙化土地面积集中了西部地区的 99.30%、全国的 95.18%；其沙化耕地集中了西部地区的 71.94%，其中内蒙古有 $15 \times 10^4\ hm^2$ 耕地因沙化而弃耕（郑颖，2003），宁夏沙化耕地面积占 24.19%。

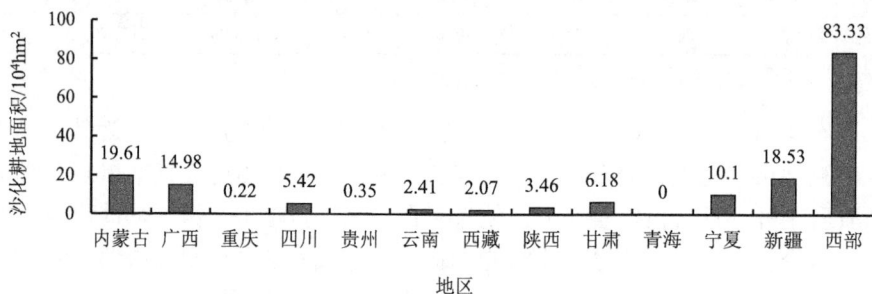

图 5-7　西部地区沙化耕地面积比较

不合理利用行为增加了湿润区耕地的水土流失。水土流失就是人类在土地利用过程中，对水土资源不合理的开发和经营，使土壤覆盖物遭受破坏，裸露土壤在水力冲蚀下而失去的过程。当耕地土壤流失量大于母质层育化成土壤的数量，土壤就会由表土流失到心土流失，降低土壤肥力，耕地质量下降。例如，西南地

---

① 据《中国环境统计年鉴》整理与计算。

区低山丘陵地区多为石质山地、土层薄，表土流失容易形成石漠化土地；宁夏回族自治区的黄河流域中上游地区，植被稀疏、地面陡峭裸露，松散的黄土缺乏保护，水土流失面积占 71.14%（马斌，2009），带走大量有机质、氮和磷等土壤养分，造成耕地肥力下降，生态环境遭受破坏和恶化；重庆市因水土流失，坡耕地土层浅薄，近 1/4 的坡耕地土层厚度不足 30 cm，抗旱能力低，土壤保水保肥能力弱，形成典型的低产地。

行为主体重用轻养的利用行为对耕地质量的影响。各类行为主体的重用轻养行为，不利于耕地质量的保持和提升。一是从政府管理部门到经营耕地的农户，都缺乏耕地改良和保养意识。二是松散无约束性的土地承包经营权流转影响耕地质量，一方面土地转出方因为进城务工的不确定性，不敢让流转期太长，土地转入方因经营时间不长或不确定而不愿意投入；另一方面土地承包经营权流转合同缺乏合理利用和保护耕地地力的条款，越来越多的耕地转包者毫无顾忌地掠夺性利用土地，只用不养。三是承包土地少的兼业农户，因经营的土地有限，即使单位面积耕地的收益最大化，从土地上获取的收益也非常有限，家庭经济来源的主渠道在耕地以外，种地目的在于满足家庭消费而非种地收入最大化，不会将资金和劳动力配置在培肥地力、发展生产方面下功夫，对耕地地力提升不利。

不合理施肥行为导致耕地土壤养分失衡，加快土壤酸化、引起质量退化。例如，王玄德（2004）通过调查研究并结合模拟试验和田间定位试验研究四川紫色土酸化现状、影响因素及发展趋势，与 20 年前相比，紫色土 pH 值下降、交换性酸和交换性铝含量上升，土壤酸化面积扩大、酸化程度加深，土壤酸化成为紫色土质量退化的重要方面。不合理施肥可能引起肥力元素变化，导致耕地质量退化，黄文校等（2006）分析广西耕地土壤养分变化动态和理化性状的结果表明，土壤有机质、全氮、速效磷的含量与"二普"时期相比，普遍存在缺钾现象，土壤酸性加大。所以，施肥管理是耕地肥力管理的重要方面。研究表明，在农户的种植过程中，作物生长从土壤中吸取至少 13 种元素肥，导致土壤肥力元素大量流出；在耕地肥力补偿方面，农户施肥缺乏专家指导，一般按经验补偿，施肥方法落后，80%以上的耕地通过人工方式向耕地补充氮、磷、钾化学肥料，有机肥、猪粪肥、绿肥等的投放逐年减少，集成在作物秸秆中的各种元素还田不足，致使土壤养分流出、流入极不均衡，农田的养分失衡，质量下降。所以，在耕地肥力管理中，要注重肥力平衡管理。

不合理排放导致耕地土壤污染。人为活动产生的污染物进入土壤并积累到一定程度，引起土壤质量恶化，造成农作物中某些指标超过国家标准的现象称为土壤污染，土壤污染与人类的土地利用行为直接相关。我国土壤污染发展很快，1997年我国耕地污染较重，有 1000 万 hm^2 耕地受到不同程度的污染，2003 年全国受重金属污染的农田有 6000 多万 hm²[①]，6 年时间增长了 5 倍，土壤污染发展速度惊人。污染物进入土壤与人类的灌、排行为有关，矿区污染、石油污染、固体废弃物堆放污染、工业三废对农田的污染等都是污染物进入的有效途径，人为利用未经处理或未达到排放标准的工业污水灌溉农田是污染耕地土壤的主要途径，过量施用农药、化肥也是耕地土壤污染的重要来源，我国每公顷耕地化肥的平均施用量高达 400 kg，远超发达国家 225 kg/hm² 的安全上限，不到世界 10% 的耕地使用了世界 30% 的氮肥，农药使用量每年 120×10⁴t，9.1×10⁶ hm²[①]耕地遭到不同程度的污染。生产企业排放废物中的重金属对耕地土壤的污染影响很大，就镉污染而言，已处于警戒级的西部地区土壤分布在重庆、成都等大城市的郊区，四川、贵州等工矿企业区的耕地及内蒙古等污水灌区；已处于超标状态的土壤分布在重庆等大中城市郊区、郊县的污水灌区，四川、贵州、甘肃白银等地区工矿企业区，四川攀西工矿企业区及贵州的贵阳、六盘山工矿企业区的耕地等。就铅污染而言，已处于警戒级的西部地区土壤分布在四川、重庆、广西、陕西、甘肃、内蒙古等地的耕地；已处于超标状态的土壤分布在重庆郊区，四川工矿企业所在区域的耕地，甘肃、内蒙古等地区。就砷污染而言，已处于警戒级的西部地区土壤分布在宁夏银川城市郊区，四川成都、广元等工矿区，内蒙古的工矿企业区、污水灌区；处于超标状态的区域主要分布在四川成都、广元等城市郊区和工矿区，内蒙古、甘肃、陕西及广西的某些大中城市郊区。

二、投资不足影响耕地有效灌溉面积增加和有效灌溉程度提升

区域性耕地总面积一定的情况下，要增加耕地有效灌溉面积比例，唯一途径就是在投资引导下通过建设手段增加有效灌溉耕地面积。只要有效灌溉耕地面积总量增加了，区域性有效灌溉程度也就提升了。整体上看，我国很重视水利设施建设投资，但在水利建设的投资方向上，出于经济效益的考虑，更加关注大江大河的治理、大型水利设施的建设，城市防洪方面的投资，而对农田水利设施投资重视不够、投入不足。表 5-28 表明，2006～2010 年全国累计完成水利设施投资总额 7040.8×10⁸ 元，其中西部地区累计完成投资 2261×10⁸ 元，占全国的 32.11%；同期全国累计完成的灌溉工程投资额 703.1×10⁸ 元，占同期水利建设累计完成投资总额的 9.99%，如果西部地区按照全国平均水平计算，则同期累计完成灌溉工程投资额仅为 225.87×10⁸ 元。全国的农田水利投资少，西部地区占的份额和总额也就少，进而影响了建设发展。

---

① 参见中国环境状况公报。

表 5-28　西部地区农田水利建设及灌溉投资额　　（单位：10^8 元）

年份		2006	2007	2008	2009	2010	累计
水利建设	全国	793.8	944.9	1 088.2	1 894.0	2 319.9	7 040.8
	西部	251.4	292.6	396	577.5	743.5	2261
灌溉工程	全国	68.8	71.7	90.8	194.8	277.0	703.1
	西部						225.87

各级政府基于效率因素而不愿投资花费资金多、短期显性效益不明显的农村基础设施，农田水利等农村基础设施提供格局扭曲，甚至主体缺位。特别是农村劳动积累工和义务工（简称两工）被取消，新的投入机制没有建立，使农村基础设施建设筹资筹劳失去了制度基础，不但新建的农田水利设施少，而且原有的农田水利设施因缺乏两工的替代性投入机制，难以保障基本农田的水利设施正常维护，原有的供给水平遭到破坏，水利设施淤塞、农田道路失修，农业抗灾能力减弱，影响了"三农"持续稳定发展。

农户作为具有独立经济利益的经营主体，由于经营规模小，地块分散细碎，劳动空间转移的时间成本高，影响了总经济收益，农田水利等外部性的共用设施建设对农户而言是一种成本高且没有规模效益的活动，很少有农户愿意去建设、去维护，只用不管，难于合作成为普遍现象。例如，重庆市南川区大观镇的土溪水库至白沙镇干渠，从 20 世纪 70 年代建成以来的就没修整过，仅靠每年放水时应急性的清淤补漏，水根本流不到渠尾，却因渠道整治维修费昂贵，农户难以承受，没有动力来集资修建维护渠道。

三、行为主体的不合理管理行为对耕地有效灌溉面积的影响

水利工程老化、毁损，建设占用，机井报废或水源不足，退耕还林和其他因素等都是影响西部地区有效灌溉面积减少的主导因素，共同导致西部地区有效灌溉面积减少、有效灌溉程度降低。2001～2009 年的累计减少影响状况[1]见表 5-29。

表 5-29　不同因素对西部省（自治区、直辖市）
有效灌溉面积累计减少的影响　　　（单位：10^4 hm²）

因素	西部	内蒙古	广西	重庆	四川	贵州	云南	西藏	陕西	甘肃	青海	宁夏	新疆
水利工程老化、毁损	61.98	40.61	2.06	0.96	1.94	1.98	1.25	0.53	9.16	1.15	0.09	0.60	1.65
建设占用	32.04	1.96	1.49	2.16	9.17	0.44	5.40	0.52	7.05	0.57	0.33	0.93	2.03
机井报废或水源不足	9.91	2.49	0.19	0.06	0.30	0.72	0.46	0.00	2.80	0.41	0	0.24	2.25

---

[1] 依据国家统计数据库，由 EPS 整理。

续表

因素	西部	内蒙古	广西	重庆	四川	贵州	云南	西藏	陕西	甘肃	青海	宁夏	新疆
退耕还林	33.30	7.93	0.07	0.37	1.10	0.59	1.49	0.04	3.00	0.87	0	0.84	17.01
其他因素	63.14	0.36	4.49	2.48	4.70	1.44	1.77	5.20	5.26	3.68	0.03	5.74	28.00

　　水利工程老化、毁损是指因灌区内各生产领域、各行政辖区为了自己生产生活需要而随意截留、堵坝、开沟等将水线和明渠搞得支离破碎、千疮百孔，导致输水和供水功能丧失；或因渠系本身的建设年代久远、年久失修，农户对水利工程只用不管、重用轻管，或在堤坝上乱垦乱种等引起输水过程中出现"跑、冒、渗、漏"，或渠水不按照渠道流动而难以到达预定灌区，影响灌溉功能发挥和降低有效灌溉率的现象。2001～2009 年，西部地区因水利工程老化、毁损，有效灌溉面积总量累计减少 61.98×10^4 hm²，其中内蒙古自治区和陕西省的累计减少量分别达 40.61×10^4 hm² 和 9.16×10^4 hm²，分占本行政辖区的 65.52% 和 14.78%，合计占到西部地区因水利工程老化、毁损而导致有效灌溉面积累计减少的 80% 以上。

　　建设占用是指受城市化进程加快、城市空间扩张的影响，有效灌溉区域的城市、道路和居民点等非农建设土地利用方式与农业利用方式相互争夺土地空间，"农退非农进"导致先于城市、道路和居民点建设的有效灌溉区域让位于城市、道路和居民点等非农建设土地利用方式，使有效灌溉面积减少的现象。建设占用有效灌溉面积必然降低区域的有效灌溉率。根据统计，2001～2009 年，建设占用的有效灌溉面积累计减少量达 32.04×10^4 hm²，但西部各省（自治区、直辖市）的差异大，其中四川省、陕西省和云南省的累计减少量分别达 9.17×10^4 hm²、7.05×10^4 hm² 和 5.40×10^4 hm²，分占 28.62%、22.00% 和 16.85%，三省合计占西部地区因建设占用而有效灌溉面积累计减少的 67.47%。其次，新疆维吾尔自治区、重庆市、内蒙古自治区、广西壮族自治区的建设占用比例也比较大。

　　机井报废是指某些井灌区因地下水资源不足或者过量开采，造成地下水位大幅度持续下降，原有的提水工具失效而引起提水困难的现象；由于城市和农村居民点的扩张，井灌区出现水井、农田、农房、村办企业交织在一起的现象，管理不散、乱采砂石、倾倒垃圾和违法建设等问题导致地下水源受到污染也成为机井报废的重要因素；另外，如果河道被人为堵塞、河道改变，井灌区内的水文地质环境也会发生变化，进而引起地下水位下降导致机井报废。西部 12 省（自治区、直辖市）除西南地区的云、贵、川、渝三省一市和南方地区的广西外，其他省（自治区）属于干旱或半干旱地区，地表水不足和充分利用地下水资源是共同特征，即使在降水充足的区域，因地形限制和井灌区用水管理不善等原因，也存在能够被农户有效利用的地表淡水资源不足问题，进而衍生出大量农户打井种稻等人文现象。除西藏自治区、青海省外的西部省（自治区、直辖市），机井报废或水源不足对有效灌溉面积的影响普遍存在。统计发现，在 2001～2009 年，机井报废或水源不足影响的有效灌溉面积累计减少量达 9.91×10^4 hm²，其中内蒙古自治区、陕西省和新疆维吾尔自治区分别达 2.49×10^4 hm²、2.80×10^4 hm² 和 2.25×10^4 hm²，分占 25.13%、28.25% 和 22.70%，三省（自治区）合计占因机井报废或水源不足而导致有效灌溉面积累计减少量的 76% 以上。例如，陕西省岐山县雍川镇解刀村因多口灌溉水井干枯，失望的村民认为渠道失去了作用，渠道的杂草不仅没人收拾，耕种收割的拖拉机也不断碾压渠道而造成损坏；甘肃省中部的会宁县，井灌区 62 处，设计灌溉面积 10.7×10^2 hm²，有效灌溉面积 1 万亩，但完好率仅 15%。

退耕还林对西部各省（自治区、直辖市）有效灌溉面积的影响普遍存在。统计发现，在 2001～2009 年，退耕还林减少有效灌溉面积总量累计达 33.30×10^4 hm²，其中新疆维吾尔自治区和内蒙古自治区减少量分别达 17.01×10^4 hm²、7.93×10^4 hm²，分占西部地区退耕还林减少总量的 51.08%、23.81%，合占西部地区因退耕还林而有效灌溉面积减少总量的 74.89%。

2001～2009 年，其他原因导致西部地区减少有效灌溉面积总量累计达 63.14×10^4 hm²，其中新疆维吾尔自治区的减少量达 28.00×10^4 hm²，占 44.35%；其次是宁夏回族自治区、陕西省、西藏自治区、四川省、广西壮族自治区，6 省（自治区）占其他原因减少量的 40.21%。

不同因素对西部 12 省（自治区、直辖市）有效灌溉程度减少的贡献不同。如前述，水利工程老化、毁损，建设占用，机井报废或水源不足，退耕还林和其他因素是影响西部各省（自治区、直辖市）的有效灌溉程度的重要因素。用某因素作用下减少的有效灌溉面积除以同期的区域有效灌溉面积，得到该因素对有效灌溉面积影响程度指标。不同因素对西部 12 省（自治区、直辖市）2001～2009 年的有效灌溉程度减少的贡献程度具有显著的差异，基本情况见表 5-30。就西部地区而言，在 2001～2009 年，五大类因素对西部地区有效灌溉面积减少贡献率为 1.21%，其中，水利工程老化、毁损和其他因素的贡献率分别为 0.38%、0.38%，成为最主要的两大类主成分因素；然后是建设占用和退耕还林因素，其贡献率分别为 0.19% 和 0.20%；机井报废或水源不足成为最次要的影响因素。就西部各省（自治区、直辖市）而言，情况比较复杂，差异也十分显著。五大类因素对内蒙古自治区有效灌溉面积减少的总贡献率为 1.94%，而水利工程老化、毁损因素就贡献了 1.48%，其影响率占到了 76.29%，为此，水利工程老化、毁损因素是内蒙古有效灌溉面积减少的主导因素。五大类因素对广西壮族自治区有效灌溉面积减少的总贡献率为 0.54%，其中，其他因素贡献了 0.29%，水利工程老化、毁损贡献了 0.14%，二者的影响率共计 79.63%，所以，其他因素和水利工程老化、毁损因素分别是广西壮族自治区有效灌溉面积减少的第一、第二主导因素。五大类因素对重庆市有效灌溉面积减少的总贡献率为 0.95%，其中，其他因素贡献了 0.39%，建设占用和水利工程老化、毁损分别贡献了 0.34% 和 0.15%，三者的影响率共计 92.63%，其他因素，建设占用和水利工程老化、毁损因素分别是重庆市有效灌溉面积减少的第一、第二、第三主导因素。五大类因素对四川省有效灌溉面积减少的总贡献率为 0.69%，其中，建设占用对有效灌溉面积减少的贡献率为 53.62%，其他因素的贡献率为 27.54%，二者分别构成四川省有效灌溉面积减少的第一、第二主导因素。五大类因素对贵州省有效灌溉面积减少的总贡献率为 0.65%，其中，水利工程老化、毁损对有效灌溉面积减少的贡献率为 0.25%，其他因素的贡献率为 0.18%，二者分别构成贵州有效灌溉面积减少的第一、第二主导因素。五大类因素对云南省有效灌溉面积减少的总贡献率为 0.69%，其中，建设占用对有效灌溉面积减少的贡献率为 0.36%，其他因素的贡献率为 0.12%，二者分别构成云南省有效灌溉面积减少的第一、第二主导因素。五大类因素对西藏自治区有效灌溉面积减少的总贡献率为 3.31%，其中，其他因素的贡献率为 2.74%，成为西藏自治区有效灌溉面积减少的第一主导因素。五大类因素对陕西省有效灌溉面积减少的总贡献率为 2.08%，其中，水利工程老化、毁损因素对有效灌溉面积减少的贡献率为 0.70%，建设占用的贡献率为 0.54%，二者分别构成陕西省有效灌溉面积减少的第一、第二主导因素。五大类因素对甘肃省有效灌溉面积减少的总贡献率为 0.54%，其中，其他因素对有效灌溉面积减少的贡献率为 0.30%，成为甘肃省有效灌溉面积减少的第一主导因素。五大类因素对青海省有效灌溉面积减少的总贡献率为 0.18%，其中，建设占用对有效灌溉面积减少的贡献率为 0.13%，成为青海省有效灌溉面积减少的第一主导因素。宁夏回族自治区和新疆维吾尔自治区，其他因素对有效灌溉面积减少的贡献率分别达到了 1.32% 和 0.83%。

表 5-30　不同因素对西部地区有效灌溉面积减少的贡献　　（单位：%）

因素	西部	内蒙古	广西	重庆	四川	贵州	云南	西藏	陕西	甘肃	青海	宁夏	新疆
水利工程老化、毁损	0.38	1.48	0.14	0.15	0.08	0.25	0.08	0.28	0.70	0.09	0.04	0.14	0.05
建设占用	0.19	0.07	0.10	0.34	0.37	0.06	0.36	0.27	0.54	0.05	0.13	0.21	0.06
机井报废或水源不足	0.06	0.09	0.01	0.01	0.01	0.09	0.03	0	0.21	0.03	0	0.05	0.07
退耕还林	0.20	0.29	0	0.06	0.04	0.07	0.10	0.02	0.23	0.07	0	0.19	0.50
其他因素	0.38	0.01	0.29	0.39	0.19	0.18	0.12	2.74	0.40	0.30	0.01	1.32	0.83
合计	1.21	1.94	0.54	0.95	0.69	0.65	0.69	3.31	2.08	0.54	0.18	1.91	1.51

　　不同因素对西部 12 省（自治区、直辖市）的未来年份影响不同。表 5-31 为不同影响因素对 2001～2009 年有效灌溉面积影响强度的变化情况，主要特点为以下几点。第一，水利工程老化、毁损对有效灌溉面积的影响程度在减弱，研究期

内，水利工程老化、毁损的影响，全国降低了 0.14 个百分点，西部地区降低了 0.15 个百分点；西部 12 省（自治区、直辖市）有差异，四川省、陕西省、甘肃省、宁夏回族自治区和新疆维吾尔自治区等的水利工程老化、毁损对有效灌溉面积的影响得到强化，尽管每年都有水利工程项目增加有效灌溉面积，但毁损抵消，使增长速度放慢。第二，建设占用对有效灌溉面积的影响程度在加强，2001～2009 年，全国增加了 0.01 个百分点，西部地区增加了 0.05 个百分点，西部地区建设占用有效灌溉区域的耕地比例是全国平均水平的 5 倍多；西部 12 省（自治区、直辖市）间有差异，在四川、陕西、甘肃、宁夏和新疆等省（自治区）的水利工程老化、毁损对有效灌溉面积的影响还得到强化，尽管每年都有水利工程项目增加有效灌溉面积，但建设占用减少了有效灌溉面积，使增长速度放慢。第三，机井报废或水源不足对有效灌溉面积的影响程度在增强，2001～2009 年，全国增加了 0.11 个百分点，西部地区增加了 0.13 个百分点；西部 12 省（自治区、直辖市）间有差异，在四川、陕西、甘肃、宁夏、新疆等省（自治区），机井报废或水源不足对有效灌溉面积的影响还得到强化。第四，退耕还林对有效灌溉面积的影响程度在减弱，2001～2009 年，全国和西部地区各减少 0.04 个百分点，西部 12 省（自治区、直辖市）有差异，退耕还林在内蒙古、陕西、宁夏和新疆的影响在减弱，在四川、贵州、云南的影响在强化。第五，其他因素对有效灌溉面积的影响程度在增强，2001～2009 年，全国增加 0.11 个百分点，西部地区增加 0.19 个百分点；西部 12 省（自治区、直辖市）有差异，其他因素在内蒙古、广西、重庆、贵州、云南、陕西、甘肃和宁夏的影响在减弱，西藏、四川和新疆的影响在强化，特别是新疆，2009 年比 2001 年增加了 0.62 个百分点。

表 5-31　不同因素对有效灌溉面积减少的影响与评价

因素		西部	内蒙古	广西	重庆	四川	贵州	云南	西藏	陕西	甘肃	青海	宁夏	新疆	全国
水利工程老化、毁损	影响/%	-0.15	-1.23	-0.11	-0.01	0.02	-0.52	-0.01	0	0.72	0.14	0	0.09	0.02	-0.14
	评价	减弱	减弱	减弱	减弱	加强	减弱	减弱		加强	加强		加强	加强	减弱
建设占用	影响/%	0.05	0.04	-0.14	-0.02	0.31	0.04	0.24	0	-0.03	-0.03	0	0.07	0.02	0.01
	评价	加强	加强	减弱	减弱	加强	加强	加强		减弱	减弱		加强	加强	加强
机井报废或水源不足	影响/%	0.13	0.28	0.10	0	0.02	0.01	-0.01		0.34	0.12	0	-0.21	0.20	0.11
	评价	增强	增强	增强		增强	增强	减弱		增强	增强		减弱	增强	增强
退耕还林	影响/%	-0.04	-0.03	0	0	0.08	0.04	0.10	0	-0.05	0	0	-0.16	-0.24	-0.04
	评价	减弱	减弱			增强	增强	增强		减弱			减弱	减弱	减弱
其他因素	影响/%	0.19	-0.02	-0.15	-0.14	0.08	-0.51	-0.13	12.63	-0.36	-0.21	0	-0.96	0.62	0.11
	评价	增强	减弱	减弱	减弱	增强	减弱	减弱	增强	减弱	减弱		减弱	增强	增强

四、耕地占补行为对行为主体保护耕地质量的影响

耕地占补平衡。受工业化、城市化的影响，耕地总量减少；受工业化、城市化和人口增长的影响，人均耕地不可逆转地减少，同时，工业化、城市化在推动经济社会发展中的地位不可逆转。在耕地总量、人均耕地数量"双减少"趋势只能延缓而不可逆转的大背景下，2004 年国家颁布的《中华人民共和国土地管理法》确定了非农建设经批准占用的耕地，按照占多少、补多少的原则，保质、保量地实行耕地总量占补平衡。

补充同等质量耕地在理论上难以实现，其主要原因集中在以下方面。第一，城市空间扩张优先占用优质耕地。人类优先选择地势平坦、条件优越的地区集居形成居民点，人口集中的居民点进一步发展为岛状分布的城市，优质耕地分布区往往与城市分布区具有一致性。呈点状分布的城市，由点到面、由面到片方式的空间扩张是共同特征，空间扩张必然导致城市周边、交通沿线的优质耕地首先被占用。第二，即使完全按照技术规范和程序补充耕地，其质量也难以达到已占用耕地的综合生产能力。占用优质耕地、熟地，补充耕地是区位条件相对较差的生地。耕地综合生产能力的高低与耕地熟化程度有关，与受区位因素制约的自然条件和生产要素投入状况有关，即使补充与占用地块质量相当的生地块，其综合生产能力也难以赶上被占耕地。据统计，1999～2009 年，全国建设占用置换耕地 $237.67×10^4\,hm^2$，置换量占耕地总量的 1.91%，同期，东部地区的部分省（自治区、直辖市）的置换率很高，最高的北京市达到 20.77%；西部地区置换量占西部地区耕地总量的 1.52%，比全国平均水平低 0.39 个百分点，西部 12 省（自治区、直辖市）有差异（图 5-8）。第三，行为主体不按照技术规范要求补充耕地，加剧了补充规定的质量下降。现实中，行为主体在开发、整理、补充耕地的时候，往往走"上坡"的路子，进行低丘、缓坡开发，新开垦的耕地多在海拔高的荒山或丘陵地，受施工难、监管难、交通不便利等因素影响，新开垦耕地建设中普遍存在耕层薄、肥力差、培肥难、缺水等问题，以致开发出的耕地多数土层浅薄，土层中沙砾含量高，漏水、漏肥，易洪、易涝，形成占优补劣、占肥补瘦、占多补少的耕地补偿格局特征。例如，重庆市和四川省等非农建设占用的耕地多为城郊及平原或平坝区的良田沃土，而开垦整理的耕地多选择在山区、丘陵或滩涂，新开垦的耕地肥力低、结构差，在 5～10 年内难于达到良田熟土的产量水平；陕西省铜川市在 2012 年的国家土地例行督察中被发现，土地开发整理补充的耕地存在质量问题，甚至有 $112.73\,hm^2$ 补充耕地为荒草地。

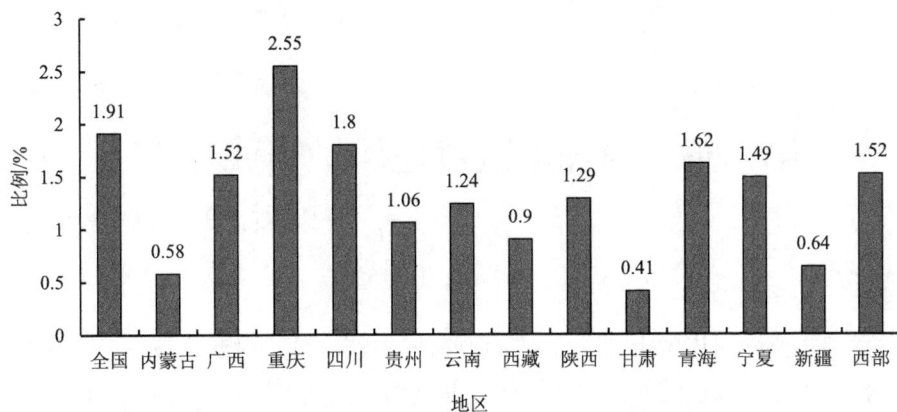

图 5-8　西部地区建设占用置换耕地占本级行政区耕地总量的比例对比

第六章 西部地区耕地保护实践与思考
——以成都市耕保金为例

成都市位于四川省中部、成都平原腹地。成都平原为岷江、沱江等河流的冲积、洪积平原，土层深厚，土壤肥沃，并且拥有优越的气候条件和良好的生态环境，物产丰富，是四川省重要的粮食生产基地。成都市作为中国西部的特大中心城市和西南地区的金融中心、商贸中心及交通枢纽，经济发展迅速，建设占用耕地量大，耕地面积减少较快。图 6-1 表明，2011 年成都市总耕地面积 32.6×10^4 hm²[①]，人均耕地面积 0.02 hm²，低于全国人均耕地面积 0.09 hm² 及四川省人均耕地面积 0.05 hm² 的水平，2000～2011 年耕地面积共减少 10.1×10^4 hm²[②]。伴随人口数量增加，各项非农建设用地数量逐年增加，农业结构调整，耕地面积还会减少，耕地保护的形势十分严峻。

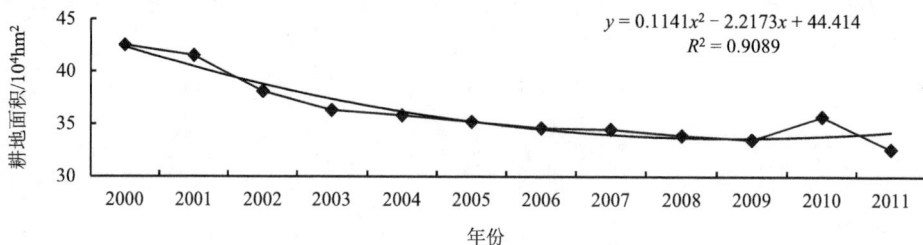

$$y = 0.1141x^2 - 2.2173x + 44.414$$
$$R^2 = 0.9089$$

图 6-1 成都市耕地面积的年变化

资料来源：2001～2012 年的《四川统计年鉴》

第一节 成都耕保金制度的基本内容

自 1986 年《中华人民共和国土地管理法》实施以来，耕地保护一直依靠法律与行政手段，尽管实施了最为严格的耕地保护制度，耕地总量仍然不断地减少。成都市在 2008 年 1 月构建的耕保金制度，让农户分享耕地保护与经济发展成果而

---

① 数据参见《四川统计年鉴—2012》。
② 据《四川统计年鉴》2000 年和 2011 年耕地面积数据计算。

实现耕地保护目标，丰富、完善了耕地保护手段，使耕地保护从法律和行政手段走向了行政、法律和经济"三位一体"的综合手段阶段。

　　成都市耕保金适用于市域有土地承包经营权并承担耕地保护责任的农户，及承担未承包到户耕地保护责任的村（组）集体经济组织。资金由市、区（市、县）两级共同筹集，包括每年的市、区（市、县）两级的新增建设用地土地有偿使用费，每年缴入市、区（市、县）两级财政的土地出让收益的一定比例资金，土地税收返还地方政府部分及其他财政资金。根据耕地质量和生产能力，对市、区（市、县）耕地实行类别保护与补贴，即按基本农田 6000 元/hm² 和一般耕地 4500 元/hm² 的标准，依据农户承包的基本农田和一般耕地数量进行类别保护与补贴，耕地保护补贴的 10%用于耕地流转担保资金和农业保险补贴、90%用于承担耕地保护农户的养老保险补贴和发放现金补贴。在耕保金发放环节方面，由市、区（市、县）人民政府与耕地保护责任人签订《耕地保护合同》，对耕地保护地块、面积、级别、期限和补贴资金及违约责任等内容进行约定；由国土资源行政主管部门为每个农户发放耕地保护卡并与社保、银行联网实现"一卡通"。成都市耕保金运行模式见图 6-2。

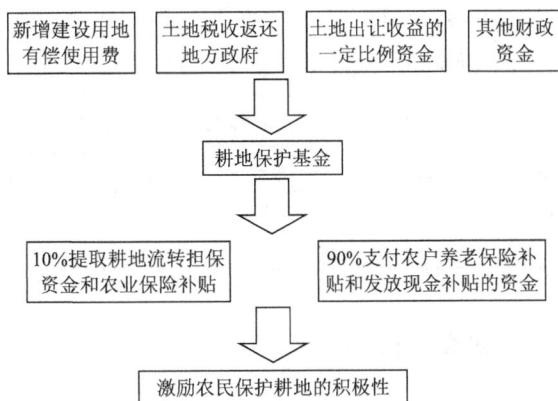

图 6-2　耕保金运行模式

第二节　农户对耕保金制度的认知

　　课题组在成都市进行了耕保金调查[①]。在调查对象的选取上，综合考虑了各方

---

① 2013 年 10 月至 2014 年 2 月，在成都市的彭州市、新都区、邛崃市、都江堰市、金堂县、双流县（现为双流区）、成华区和郫县（现为郫都区）8 个区（市、县）进行了问卷调查和随机访谈。发放调查问卷 209 份，回收有效问卷 202 份，回收率为 96.7%，回收问卷全部有效。

面因素，既包括青年群体、务农为主的农户、外出务工的农民和老人，也包括地方干部。调查以问卷调查为主，结合访谈、讨论、实地考察等形式。问卷设计以单项、多项选择题、调查表和问答等多种形式结合，内容涉及农民对耕保金制度及使用范围、发放耕保金的目的、农户领取耕保金的标准、农户领取耕保金前后行为变化及农户对耕保金发放的满意度等。

一、农户认知耕保金的渠道

农户对于耕保金的了解渠道、使用范围等方面的认识程度直接影响耕保金的运行效果，也是检验政府对于耕保金宣传成效和有效性的重要尺度。关于"你是通过什么渠道了解耕保金的"，其调查结果统计见表6-1。在202位调查对象中，对耕保金一无所知的农户2位，人数少，比例低。在200位了解耕保金的农户中，70.5%的农户通过政府了解，15.0%的农户通过电视、广播了解，4.5%的农户通过报纸了解，31.5%的农户通过组织宣传了解。农户了解耕保金信息的渠道具有多样化特征，但被动接受政府宣传的人数仍然是多数，主动通过电视、广播和报纸了解的人数较少。一方面说明在农村工作中，政府有目标的组织、宣传作用很重要，另一方面也说明尽管政府对耕保金的宣传取得很好的成效但仍然有盲区，没有达到无人不知、无人不晓的程度，继续宣传十分重要。

表 6-1　调查区农户了解耕保金的渠道

方式	政府	电视、广播	报纸	组织宣传	其他方式	总计
人数/人	141	30	9	63	4	200
百分比/%	70.5	15.0	4.5	31.5	2.0	—

二、农户对耕保金制度的认知

耕保金制度包括制定依据、涵盖范围、发放标准、使用范畴、发放耕保金的目的等内容。围绕这些内容对农户进行了针对性的调查。

耕地类型和面积、水田和旱地折算方法等是成都耕保金制度的重要参数，农户对这些问题的了解程度，直接关系到农户对耕保金的接受程度。"耕地类型包括哪些"的统计结果见表6-2。水田出现的频次是116次，占了总频次的54.72%；旱地出现的频次为73次，占了总频次的34.43%。其他农田类型出现的频次为23次，占总频次的10.85%。说明水田为该调查区域的主要农田类型，次为旱地，农田类型的确定是耕保金发放的重要依据。

表 6-2　农户对耕地类型的认知

选项	水田	旱地	其他	总计
频次/次	116	73	23	212
百分比/%	54.72	34.43	10.85	100

关于"你认为自留地应该纳入耕保金计算范畴吗",其统计结果见表 6-3,71.29%的农户认为应该纳入;仅 13.36%的农户认为不应该纳入;弃权的农户占 15.35%,这部分农民主要以外出打工为生,常年在外很少回家,土地一般都送给邻居或亲友耕种。多数农户赞成将自留地纳入耕保金计算范围,一方面说明农户希望获得更多的补偿,另一方面也说明农户保护耕地的愿望强烈,农户并没有将自留地用于房屋建设而是用于耕作。

表 6-3　农户对自留地是否应纳入耕地金计算范畴的认知

方式	应该	不应该	弃权	总计
人数/人	144	27	31	202
百分比/ %	71.29	13.36	15.35	100

关于"耕保金标准是多少"的认知,统计结果见表 6-4。选择基本农田 5400 元/($hm^2 \cdot a$)的频次为 102 次,占总频次的 52.04%;选择一般农田 4050 元/($hm^2 \cdot a$)的频次为 72 次,占总频次的 36.73%;选择基本农田 5400 元/($hm^2 \cdot a$)和一般农田 4050 元/($hm^2 \cdot a$)的频次为 22 次,仅占总频次的 11.23%。一方面说明受访农户对耕地分类不很清楚,另一方面也说明农户对不同耕地类型给出不同的补偿标准也不清楚,进一步加强耕地类型及其重要程度差异的宣传对耕地保护具有重要意义。

表 6-4　调查区农户对耕保金补偿标准的认知

选项	频次/次	百分比/%
基本农田 5400 元/($hm^2 \cdot a$)	102	52.04
一般农田 4050 元/($hm^2 \cdot a$)	72	36.73
基本农田 5400 元/($hm^2 \cdot a$) + 一般农田 4050 元/($hm^2 \cdot a$)	22	11.23
总计	196	100.00

关于"你认为耕保金标准是否合理",其统计结果见表 6-5。认为合理和不合理的农户分别为 125 人和 50 人,占有效问卷的比例分别为 61.88%和 24.75%,13.37%的农户弃权。说明目前耕保金补偿标准总体上得到了农民认可,但也还存在一些问题需要完善,以满足农户的要求,达到保护保护耕地的目的。

表 6-5　调查区农户对耕保金标准合理性的认知

方式	合理	不合理	弃权	总计
人数/人	125	50	27	202
百分比/%	61.88	24.75	13.37	100

关于"你认为耕保金要怎样计算才算合理"设计了 4 个选项，即按农户所承包的耕地面积、耕地类型、农户人口数、其他方式，对调查区农户的回答进行统计后，结果见表 6-6。认为按农户所承包的耕地面积计算的农户占 48.02%；认为要考虑耕地类型的农户占 31.19%；认为按农户人口数计算的农户占 17.82%；有其他想法的农户占 2.97%。农户的意见较为分散，说明农户对于耕保金的计算与分配还存在争议。在调查过程中发现，特别是那些耕地大部分被占地区的农户强烈希望按农户人口数来计算与分配耕保金。这就需要地方政府根据不同地区的实际情况做出不同的政策调整，才能满足不同地区农户的要求，以更好地保护耕地。

表 6-6　调查区农户对耕保金分配依据的认知

选项	人数/人	百分比/%
按农户所承包的耕地面积	97	48.02
耕地类型	63	31.19
农户人口数	36	17.82
其他方式	6	2.97
总计	202	100

耕保金使用范围[①]包括耕地流转担保资金和农业保险补贴、承担耕地保护责任农户的养老保险补贴、承担未承包到户耕地保护责任的村（组）集体经济组织的现金补贴、每年提取当年划拨的耕保金资金总量的 10%用于全市范围耕地流转担保资金和农业保险补贴。关于"你知道耕保金的使用范围有哪些吗"的调查，利于掌握农户对耕保金使用范围的认知程度。调查结果统计见表 6-7，23.19%的农户知道耕保金用于"耕地流转担保资金和农业保险补贴"，46.01%的农户知道耕保金能用于"承担耕地保护责任农户的养老保险补贴"，11.96%的农户知道耕保金用于"承担未承包到户耕地保护责任的村（组）集体经济组织的现金补贴"，15.22%的农户知道"每年提取当年划拨的耕保金资金总量的 10%，用于对全市范围耕地流转担保资金和农业保险补贴"，有 3.62%的农户不知道耕保金的用途。结果表明，农户更关心直接影响到自己切身利益的问题，对于自身利益影响不大或者影响缓慢的问题较少关注。

---

① 依据《成都市耕地保护基金使用管理办法（试行）》的规定。

表6-7　调查区农户对耕保金使用范围的认知

选项	频次/次	百分比/%
耕地流转担保资金和农业保险补贴	64	23.19
承担耕地保护责任农户的养老保险补贴	127	46.01
承担未承包到户耕地保护责任的村（组）集体经济组织的现金补贴	33	11.96
每年提取当年划拨的耕保金资金总量的10%，用于对全市范围耕地流转担保资金和农业保险补贴	42	15.22
其他用途	10	3.62
总计	276	100

关于"你知道政府设立耕保金想要达到什么目的吗"，其统计结果表6-8。调查区内36.45%的农户认为了是为"改善农户生活，增加农户收入"；26.90%的农户认为是为了"提高农民种地的积极性"；28.27%的农户认为是为了"保护耕地"；7.80%的农户认为是为了"进一步推进新农村建设，缩小城乡差距"；有0.58%的农户认为是其他原因。显然，农户的回答与政府构建耕保金的目的有较大的差距，在今后的工作中进一步对农户加强耕保金的作用宣传任重道远。

表6-8　调查区农户对耕保金发放目的的认知

选项	频次/次	百分比/%
改善农户生活，增加农户收入	187	36.45
提高农民种地的积极性	138	26.90
保护耕地	145	28.27
进一步推进新农村建设，缩小城乡差距	40	7.80
其他	3	0.58
总计	513	100

关于"你认为政府实行耕保金的目的达到了吗"，其统计结果见表6-9，调查区内仅28.22%的农户认为达到了目的；71.78%的农户认为没有达到目的。事实上，政府实施耕保金对于农民的生产、生活及耕地保护都很有利，但为什么取得的实际效果与预期目标还有很大的差距呢？为了消除这个差距，就必须找出造成差距的原因。

表6-9　调查区农户对政府耕保金意图实现情况的评价

选项	频数/人	百分比/%
达到	57	28.22
未达到	145	71.78
总计	202	100

关于"如果你认为没达到耕保金分发的目的，则主要原因有哪些"统计结果见表6-10。调查区内29.19%的农户认为是"政府管理宣传部不利"；22.25%的农户认为是"耕保金不足，对农民吸引力小"；24.88%的农户认为是"因乱占耕地现象普遍，耕地破坏严重"；20.57%的农户认为是"农业投入多，收入少"；3.11%的农户认为有其他原因。这些统计数据表明，耕保金对农户有一定的激励作用，但保护耕地靠耕保金激励农户是不够的。

表 6-10　　调查区农户对耕保金未达到保护耕地意图的原因认知

选项	频次/次	百分比/%
政府管理宣传部不利	122	29.19
耕保金不足，对农民吸引力小	93	22.25
乱占耕地现象普遍，耕地破坏严重	104	24.88
农业投入多，收入少	86	20.57
其他	13	3.11
总计	418	100

关于"在你看来要怎么样才能达到保护耕地的目的呢"的调查，受访农户对于解决措施的认识具有差异性，统计结果见表6-11。41.56%的农户认为需要"政府加强监管及奖惩制度"；27.96%的农户认为应该"增加耕保金数量"；25.44%的农户认为应"严格落实农户与政府签订的耕保责任承担合同"；5.04%的农户认为有其他方法。统计数据表明，政府在保证耕保金的实施及达到预期目标都有具有举足轻重的作用，政府除了对各地耕地保护情况进行检查与监管外，必须对不履行合同的农户进行必要的处罚，同时，随着区域经济发展，提高耕保金补偿标准也是必要的，耕保金越多对农民的吸引力越大，他们保护耕地的积极性也越高。

表 6-11　　调查区农户关于增强耕地保护措施的认知

选项	频次/次	百分比/%
政府加强监管及奖惩制度	165	41.56
增加耕保金数量	111	27.96
严格落实农户与政府签订的耕保责任承担合同	101	25.44
其他	20	5.04
总计	397	100

三、耕保金制度对农户态度的影响

关于"与耕保金发放前相比，耕地保护行为有无变化"的调查，有助于了解农户领取耕保金前后的耕地保护行为是否发生变化，进而了解耕保金制度对加强农户耕地保护意识有没有起作用。从统计数据来看（表 6-12），有效问卷 196 份，52.55% 的受访农户认为领取耕保金后更加爱惜耕地，但仍然有 47.45% 的受访农户选择无变化。说明耕保金不能够一发了之，对农户不断地加强耕地保护的宣传和教育，强化农户珍惜爱护每一寸土地的意识需要长期进行。进一步对选择无变化的农户，以"如果领取了耕保金后不采取保护耕地行动，就要停止发放耕保金"为主题进行沟通后，重新进行"耕保金发放后是否愿意采取保护耕地的行动"调查，统计表明，93 位受访户中有 73 位愿意采取耕地保护行动，占受访户的 78.49%；弃权的有 20 位。由此可见，耕保金对多数农户具有影响力，关键是敢不敢对领取耕保金又不履行耕地保护职责者进行相应处罚。

表 6-12　耕保金发放前后农户耕地保护行为变化情况

选项	有变化	无变化	总计
人数/人	103	93	196
百分比/%	52.55	47.45	100

四、耕保金制度的社会评价

农户对耕保金发放的满意度，直接影响社会稳定程度和农户保护耕地的积极性，了解农户对耕保金发放的满意度十分重要。关于"你对耕保金发放的满意程度如何"的调查，统计结果见表 6-13。如果把满意度大于 60% 记为及格，低于 60% 记为不及格，则表 6-13 表明，满意度大于 60% 的受访农户占 75.74%；除弃权者外，满意度低于 60% 的农户只有 21.79%。所以，整体上说，农户对耕保金的发放是满意的，但还有 21.79% 的人不满意，说明问题也较多，制度还存在不足，需要改进。政府需要进一步要深入到群众中，了解群众的真实想法，解决群众最关心、最需要、最迫切的问题，这样才能把政府和农户结合起来，发挥的作用才能达到最大化。

表 6-13　调查区农户对耕保金制度的满意度评价

选项	频数/人	比例/%
<38%	19	9.41
39%～59%	25	12.38
60%～75%	68	33.66
76%～90%	62	30.69
91%～100%	23	11.39
弃权	5	2.48
总计	202	100

　　学术界对耕保金制度有正反两方面的评价。一方面认为，耕保金制度的建立使保护耕地变被动为主动（赵蕾，2009），创新机制与农村养老保险相结合（唐景明等，2010），有利于增加农民收入，极大地调动了农民保护耕地的积极性（董祚继等，2008；尹音频和张丽丽，2011），切实保护了耕地，推动了成都市城乡统筹发展（田春华，2008）。另一方面认为，成都耕保金实施以来也出现了资金来源不规范、地方筹资压力大等问题（杨珍惠，2009）。整体上说，积极评价占主流。

第三节　耕保金补偿实践的反思

一、有激励作用但作用有限

（一）耕地抛荒现象得到抑制

　　成都市耕保金制度建构的初衷是通过补贴提高农户保护耕地的积极性。其理论依据是：保护耕地是为了保护国家粮食安全，是国家利益和社会公共利益的需要，而非农民的利益需要；但从保护耕地的法律规定来看，农户承担了保护耕地的责任和义务，而没有从中获得更多的利益，反而牺牲了发展的利益，农户缺乏保护耕地的主动性和积极性；设立耕保金，保障农户的相关利益，减少或防止农户乱占耕地的行为发生。

　　调查表明，在实行耕保金制度后，受区域土地资源条件的影响，农户没有开垦荒山、荒地及复垦增加耕地面积的行为，同时农户主动进行耕地条件改良的情况较少；但耕地保护态度有明显转变，更加爱惜耕地的农户占到了受调查农户数量的比例超过了一半，达 52.55%；丢荒现象受到遏制，如南店村在耕保金制度实施前，荒地随处可见，但实施耕保金制度后，全村没有一处显性耕地撂荒，实施耕保金制度对耕地保护起到了积极作用。

（二）未能阻止区域性耕地数量减少

　　图 6-3 表明，耕保金制度实施后，成都市的耕地总量仍然在减少。2007 年，成都市年末耕地面积 34.48×10^4 hm²。开始实施耕保金制度的 2008 年，比 2007 年净减少 0.59×10^4 hm² 耕地，年末耕地面积为 33.89×10^4 hm²；2009 年比 2008 年净减少 0.42×10^4 hm² 耕地，年末耕地面积为 33.47×10^4 hm²。2007～2009 年逐年减少变动，2009 年末比 2007 年末净减少 1.01×10^4 hm² 耕地。通过土地整理、

复垦、开发等手段补充耕地后，成都市在 2010 年末的耕地面积又高达 $35.65\times$ $10^4\ hm^2$，比 2009 年末净增 $2.18\times10^4\ hm^2$，到 2011 年实际耕地又减少到 $33.2\times$ $10^4\ hm^2$。从年内耕地面积变化来看，在实施耕保金制度的 2008~2010 年，熟化耕地面积在年内减少量分别高达 $0.86\times10^4\ hm^2$、$0.75\times10^4\ hm^2$、$1.51\times10^4\ hm^2$，年内减少面积占当年耕地面积的比例分别高达 3%、2% 和 4%。结论是，成都市耕保金制度的实施，不能够确保耕地总量不再减少，特别是不能阻止熟化耕地数量的逐年减少。

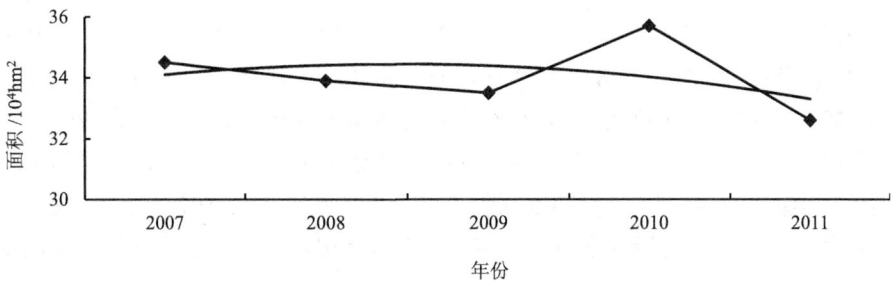

图 6-3　成都市耕保金制度实施前后的耕地总量变化

表 6-14 表明，没有实施耕保金制度的自贡市、攀枝花市、泸州市、广元市、南充市、宜宾市、广安市、达州市、巴中市和凉山州的耕地的年内减少量小、减少量占耕地总量的比例小，总量呈现逐年增加的特点。与成都市对比分析后的结论是：耕保金制度的实践，尽管能够在一定程度上调动农户保护耕地的积极性、减少耕地抛荒的可能性，但不能够阻止区域性耕地数量的减少变动。这充分说明，推动区域性耕地数量减少的主体不是农户，通过耕保金制度推动农户保护耕地尽管很重要，但因为区域经济社会发展的需要，政府要推动耕地非农化，耕地数量减少的趋势照样无法逆转。

表 6-14　四川省未实施耕保金制度的市（州）耕地总量变化情况　（单位：10^4hm^2）

市（州）	2007 年	2008 年	2009 年	2010 年
自贡市	13.03	13.24	13.36	13.46
攀枝花市	3.21	3.47	3.95	4.00
泸州市	20.83	20.92	20.95	20.95
广元市	16.19	16.43	16.60	16.61
南充市	29.82	29.92	30.00	30.07
宜宾市	24.02	24.10	24.35	24.34
广安市	16.84	16.83	16.90	17.34
达州市	28.00	28.57	29.43	30.13

市（州）	2007 年	2008 年	2009 年	2010 年
巴中市	15.04	15.32	15.27	15.28
凉山州	33.12	34.08	34.74	35.13
全省	200.12	202.88	205.55	207.31

（三）未能阻止耕地质量不再降低

农户是农业资源的占有者和使用者，农户化肥、农药施用行为通过不同方式和形式影响着农业环境和耕地质量（韩喜平和谢振华，2000）。一是化肥施用状况未能得到较大改善，2008～2010 年，农户水田的化肥施用量由 442.6 kg/hm² 下降到 439.05 kg/hm²，仍然依靠施用大量化肥增加粮食产量的状况没有改变；二是施用化肥的比例明显高于农家肥，甚至有农户全部施用化肥，尽管农家肥所含营养物质比较全面，但因农户家庭的农家肥存储量少，施用化肥省时、省力，短时间内提高农作物产出快，普遍存在重化肥现象，未能从根本上改变农户保护耕地质量的行为；三是农户的农药施用行为没有明显改善，水田农药施用量从 2008 年的 10.22 kg/hm² 下降到 2010 年的 9.54 kg/hm²，农户从当地农药销售人员处获取关于防治农作物、虫和草害信息，基于价格和施用效果选择农药种类，几乎很少考虑农药残留对耕地质量的影响，随意将农药包装容器丢弃在田边地角的行为没有根本改变。综上所述，在推行耕保金制度前后，农户的耕地质量意识没有明显改善，具体表现为缺乏耕地质量安全意识，没有考虑化肥、农药等施用行为和不按规矩处置废弃物的行为对耕地环境产生负外部性的影响。

（四）激励作用有限性的经济学背景分析

耕保金不是包医百病的良药，在提升农户保护耕地积极性方面的激励作用有限。调查表明，成都市到 2012 年初还有 47.45%的受访农户的耕地保护态度、措施没有明显变化，正好说明了这个观点。激励作用的有限性，具有深刻的经济学背景。

激励效果差的农户一般都是经营耕地数量少的兼业农户，因为西部大开发中的城乡快速发展等原因，大量修建公路、高铁及引进大型工厂，农田被占，当地农户人均耕地数量很少，尽管补贴资金按照单位耕地面积计算很高，按照耕地类型与面积计算的耕地保护补贴总量不多，特别是那些耕地已经被占所剩无几的农户，领取的耕保金少则只有几十元，多则不过二三百元，特别是青年农民，其补贴收益较外出务工收益显得微不足道，种地的目的在于满足粮食自给性而不在于经济性，保护耕地的任务留给在家留守的老人、妇女和儿童，在耕保金发放前后，农户耕地保护态度和措施难有明显改变。

受物价上涨的影响，化肥、农药、种子和机械等农业生产资料的相关费用相应增长，农业生产成本大大提高，而旱、涝等自然灾害的不可预见性和多发性等因素，在极端情况下可能导致投入大于产出。为了提升抗灾能力，兼业农户不愿意把精力大量投入在耕地经营上，而是以"非农经营+农业经营"的家庭经济模式，将主要的农户劳动力投入到务工等非农经济领域，将家庭的非主流劳动力投入到以耕地经营为载体的农业经济领域，正是因为如此，即使实行耕保金制度，也不能够使他们的耕地保护态度和措施有明显改变。

生活环境变迁影响农户在耕地上的投入积极性。随着新农村建设的快速推进，农民都搬进了小区，住房面积有限，没有足够多的空间来存放谷物、农耕用具等，在收获时节缺乏足够的场地晾晒谷物等，住在高层的农户也不便于搬运粮食；农民从原来的分散居住到现在的集中居住，增加了居住地与承包经营农田之间的空间距离，这些不便进一步导致农民不愿种地；保护耕地活动伴随于农户的耕地经营过程之中，让不愿意种地的农户保护耕地，由此可以推知保护耕地效果是极其有限的。

耕地承包者的大量涌入，农村承包耕地进行规模经营的模式十分流行，农民不仅能从中获取耕地租金，还能获得诸如花圃锄草、剪枝、培苗等工作，为了避免自己经营耕地承担自然灾害带来的风险，越来越多的农户愿意将耕地流转给承包者经营，而自己扮演农业工人角色，通过出售劳动力，就地挣取劳务工资收益，这种农户，尽管也按照补贴标准领取了足额的耕地保护补贴，但他们的耕地保护态度和措施不会发生明显变化。

二、公平分配土地收益的有限性

一般认为，耕保金制度促进了土地收益分配的社会公平性。在土地用途管制制度下，耕地能否获得发展权转为建设用地，不由农户决定而由政府通过编制土地利用总体规划决定。土地利用总体规划划定的农用地承担了耕地保护责任和义务，为国家粮食安全和全国人民的吃饭问题做出了贡献。但作为农业生产，收益远远低于建设用地，正是因为大多数农用地受到用途管制失去了发展权，才使得取得发展权的建设用地量少而价高。国家、用地单位、个人及少数农户，因为土地由农用地变为建设用地就可以获取巨额土地增值收益，没有取得发展权的多数农户就只有依靠转为建设用地的增值收益的再分配政策受益。耕保金制度就是一种对建设用地收益进行再分配，让农户普遍受益，体现土地收益分配公平性的一种政策。

　　然而，耕保金制度在促进土地收益分配的社会公平性方面的作用有限。一是从成都市耕保金的来源结构看，用于耕保金的土地出让收益仅占全部土地出让收益的 4%～6%，94%以上的土地出让收益都与保护耕地的农户无缘，尽管通过耕保金制度让农户分享了土地出让收益的成果，但把其成效提升到促进社会公平的高度进行评价，不免有些言过其实。二是成都市人均保护耕地数量远远未达到四川省和西部地区的平均水平，从可持续发展的角度看，成都市以外的农户还要帮助成都市保护耕地以满足保障成都市居民未来粮食安全对耕地的需求，于是出现：土地非农化获取的土地出让收益让成都市农户分享，而成都市以外地区的农户为保护耕地而失去获取土地出让收益的机会，形成了地区间不公平地获取土地收益的现状，成都市的耕保金制度试图用不公平机会获取的土地收益来实现分配上的公平性，本身就是区域之间的极大不公平性问题。三是耕保金来源于土地收益，当代人通过土地出让方式获取土地收益并进行分配，表面上似乎推进了社会分配的公平，实际上，鉴于耕地资源的有限性，出让一点就使后代人可资利用的土地资源减少一点，其行为是在消耗后代人的土地财富和透支未来的土地资源，这种对当代人的貌似公平，其代价是对后代人的最大不公平。

三、对保护耕地数量和质量作用的反思

　　已有的研究成果表明，农户的耕地利用行为在产生正面影响的同时，如果农户对耕地重利用轻养护，将导致耕地生态环境恶化、农田基础设施退化、终使耕地质量下降。学术界对农户的耕地经营行为的负面影响有很多调查研究与论述。例如，黎元生（1999）认为，农户粗耕粗种、掠夺式经营会引起耕地质量退化；韩喜平和谢振华（2000）认为，农户的农业生产行为对耕地土壤和植被、气候等耕地环境会造成直接破坏；谭淑豪等（2001）发现农户在经济政策刺激下过度利用耕地行为可能导致耕地退化；刘彦随和 Jay Gao（2002）对陕北长城沿线农户行为调查表明，粗放经营直接影响局部耕地沙漠化；王鹏等（2002）在湖南省祁东县紫云村土地利用及农户经济行为调查中发现，过度利用的水田土壤有机质含量减少、理化性状变差、自然肥力降低，旱地、林地粗放经营、质量退化；欧阳进良等（2003）在黄淮海平原曲周县对农户抽样调查发现，农户无论采取何种土地利用方式，对土壤全氮含量、土壤速效钾含量、土壤有机质含量、地下水硝态氮含量、土壤地下水位等土地质量和环境都会产生影响，只是农户种类不同，采取的土地利用方式不同，其影响程度可能有所差异；韩书成和谢永生（2004）认为，农户的投入偏好差异会对耕地可持续利用产生重要影响；何蒲明和黎东升（2005）认为，农业技术行为选择也是影响耕地可持续利用的重要因素；高明（2006）认为，农户对兴建和维护基础设施缺乏兴趣，重视农药和化肥等见效快的生产要素

投入，导致耕地生态环境恶化；张衍毓等（2006）在陕西省衡山县的农户调查中发现，农民在现有生产模式下对不同质量耕地的响应行为差异对耕地可持续利用产生不良影响；孔祥斌等（2008）的研究表明，农户的土地利用行为差异，是耕地质量提高幅度不断减小的重要原因。

《耕地保护合同》是政府与农户之间具有约束力的契约性耕地保护文件。文件对耕地保护地块、面积、期限和补贴标准、资金及违约责任等相关事宜进行约定，农户和集体经济组织享有获得耕地保护补贴的权利，同时承担保护耕地不受破坏、不得弃耕抛荒、不得用于非农业用途的义务。分析合同约定的耕地保护内容发现，"不得用于非农业用途"属于耕地数量保护中的用途限制条款，农户在未经批准的情况下，自主、单方面改变承包耕地的农业用途的几乎不可能或可能性很小，合同规定该条款内容的形式意义大于实际意义；如果有改变，也是在地方村干部组织下，通过集体租赁形式流转给开发商进行非农经营，绝非农户个体行为。合同中的耕地不受破坏、不得弃耕抛荒内容是耕地质量保护条款，其中，耕地破坏行为包括占用耕地建窑、建坟等，未经批准擅自在耕地上建房、挖砂、采石、采矿、取土和堆放固体废弃物等使土地种植条件遭到破坏，土地开发造成土地沙化、盐渍化，拒不履行土地复垦义务，经责令限期整改逾期不整改；建设项目施工和地质勘查耕地的临时占用期满之日起 1 年以上未复垦。调查表明，农户知道什么是耕地破坏行为，同时也知道耕地破坏行为和抛荒行为属于违法行为，凡是违法行为都要受到刑法的处罚，为此，将这样的耕地质量保护条款写进《耕地保护合同》也只具有形式意义和象征意义。按照规定，农户只要保证耕地上种植农作物，耕地保护的责任就算完成，就可以领取耕保金。关于耕地地力提升、田间基础设施维护、立地条件改善、耕地环境质量提升等满足农作物安全和持续生产的能力的质量保护措施，一条也没有写进《耕地保护合同》之中。所以，政府与农户签订的合同，实际上就是一个耕地用途维持合同，根本不是什么质量、数量保护合同，从而也就降低了耕保金的实际效用。

四、耕保金来源存在法理上的问题

成都市耕保金来源于耕地非农化的土地相关收益。《成都市耕地保护基金使用管理办法（试行）》规定，市、区（市、县）应将分成的新增建设用地土地有偿使用费，在省财政按季下拨成都市后，由成都市财政直接拨付到市国土资源局的耕保金专户；中央和省分配给成都市的新增建设用地土地有偿使用费，在省财政划转成都市后，由成都市财政拨付到市国土资源局的耕保金专户。每年缴入区（市、县）财政的耕地占用税按50%进入耕保金专户，每季终了10日内，由区（市、县）财政拨付同级国土资源局（分局），区（市、县）国土资源局（分局）在收到后 5 日内将其缴入市国土资源局的耕保金专户。市和区（市、县）两级财政每年按 4%~6%的比例从土地出让收益中安排耕保金，市国土资源局根据土地供应计划、地价水平等因素确定从土地出让收益中安排耕保金的具体比例，并报成都市政府批准后下达；土地出让收益包括以招拍挂和协议出让国有土地使用权取得的总成交价款及以划拨方式取得国有土地使用权缴纳的土地价款等。

　　建立在耕地非农化的土地出让收益基础上的耕保金存在法理问题。耕保金是为了保护耕地而设立的专项基金，目的是通过建立耕地保护补偿机制提高农户及农村集体经济组织保护耕地的积极性和主动性，切实落实耕地特别是基本农田保护目标。但这种资金却是耕地变为非耕地的价格的一部分，可以理解为通过减少一些耕地获取资金来保护另一些耕地或通过开放复垦等手段新增一些耕地，进一步可以理解为城市扩张减少城郊耕地获取资金，保护城郊以外的耕地。由于城市区域所在的耕地以优质基本农田为主，所以，可以再进一步理解为通过规划手段，减少城市周边的优质耕地，获取资金保护远离城市的耕地。如果没有耕地非农化，耕保金将失去来源，耕地保护将失去持续的资金支持。所以，耕地保护资金，除了将耕地非农化获取的土地有关的收益，全部用于保护耕地外，还应该有其他财政资金支持。

五、社会影响与反思

（一）积极作用

　　耕保金的农户知晓度高。在对耕保金知晓度的调查中，农户普遍了解耕保金制度。在收回的 202 份问卷中，只有 2 人不知道，知晓度高达 99.01%。从了解耕保金的渠道看，70.5%的受访农户通过政府的宣传资料、宣传黑板报、会议等途径获取信息；15.0%的受访农户通过电视、广播获取信息；31.5%的受访农户通过组织宣传了解信息。

　　耕保金用途的农户知晓度高。在对农户进行耕保金使用范围的调查中发现，有 23.19%的受访农户知道耕保金用于"耕地流转担保资金和农业保险补贴"；有 46.01%的受访农户知道耕保金能用于"承担耕地保护责任农户的养老保险补贴"；有 11.96%的受访农户知道耕保金用于"承担未承包到户耕地保护责任的村（组）集体经济组织的现金补贴"，有 15.22%的受访农户知道"每年提取当年划拨的耕保金资金总量的 10%，用于对全市范围耕地流转担保资金和农业保险补贴"。

　　农户对耕保金发放的满意度高。农户对耕保金发放的满意度，直接影响耕保金发放想要达到的预期效果和提高农户保护耕地的积极性，所以了解农户对耕保金发放的满意度十分重要。根据实地调查和统计结果分析，有 75.74%的受访农户，满意度大于 60%，只有 21.29%的受访农户，满意度在 60%以下。

（二）负面作用

耕保金制度在发挥积极作用的同时，带来了一些消极的社会影响。一是农户有关耕保金分配标准的看法不一致。48.02%的农户认为"按农户所承包的耕地面积"分配才合理，31.19%的农户认为按"耕地类型"分配合理；17.82%的农户认为按"农户人口数"分配比较合理。调查过程中发现，特别是那些耕地大部分被占地区的农户强烈希望按农户人口数来分配。二是财政的长期支持问题。耕保金制度，对地方经济发展水平、财政实力提出了较高要求，足够的资金保证是落实耕保金制度的根本保障。三是地类划分标准问题。按照规定，耕保金根据全市耕地质量和综合生产能力，实行分类保护与补贴。这样，1 亩基本农田的补贴标准每年要比一般耕地高出 100 元，问题在于以什么标准划分基本农田和一般耕地才能使农户不感到不公平还需要研究。四是耕保金的计算补贴面积问题。这项制度在征求农民意见的过程中，多数农民要求按现在实际耕种的土地面积计算耕保金补贴金额，但问题是如果要重新测算农民现在实际耕种的土地面积，不仅工作量大，技术手段也难以保证准确度；如果不重新测算，由于实际耕种的土地面积与账面记载的土地面积出入较大，又难以确定采用何种面积作为耕保金的补贴基数。据查，农村耕地面积账实不符主要是由三个方面原因所致，其一是国土资源部门与农业部门在农地面积的统计口径上不一致；其二是农民实际承包土地面积与账面面积存在折算关系，折算比例普遍情形是水田为 1∶1、旱地为 2∶1、坡地为 3∶1，但承包经营权证上对农户承包土地类型并无严格区分和记载；其三是为了减少纳税额，农民实际承包土地的面积与作为计税依据的承包经营权证上记载的面积也有很大出入，这些问题对计算耕保金补贴造成了一定困难，需要在技术上加以解决。五是耕保金补贴范围问题。开垦荒地对增加耕地面积是件好事，但如果将新开荒地纳入耕保金补贴范围，则有可能导致农户为多得补贴而随意垦荒，生态环境遭受破坏。六是监督管理问题。按照成都市做法，由区（市、县）政府与耕地保护责任人签订《耕地保护合同》，实际操作中可能因工作量大而演变为逐级下签，这与耕保金直接补到耕地、惠及农户的初衷不一致，同时在中间环节还可能出现徇私舞弊、侵害农民利益的行为，需要强化监督管理和防范措施。此外，按规定，若造成耕地永久性破坏，已发放的耕保金补贴将全部予以追缴，限于现有技术手段，加之执法监察与社会稳定等原因，难以对耕地破坏行为完全做到及时发现和处理，事后追缴措施的可操作性需要进一步研究。七是管理的压力问题。一方面会增加征地的成本，征地工作面临阻力，由于农民可以通过耕保金持续从耕地中获取稳定经济收益，这部分收益会随着征地行为转化为征地成本支付给农民，否则会遭到农民的强烈抵制；另一方面会显化一些历史遗留问题，诸如农民要求对以前被平调的耕地享受耕保金补贴等，在一定时期会造成涉地信访量的增加。

六、财力基础对耕保金制度的支撑能力分析与反思

（一）成都市土地收益能够支撑耕保金制度

成都市的财力基础分析。成都市获取的土地指标多，受地理区位优势的影响，土地出让获取的纯收益多，2004 年以来，每年的土地出让纯收益超过百亿元，2007 年的土地出让纯收益高达 421.51×10^8 元（图 6-4）。加上中央和上级政府返还的新增建设用地土地有偿使用费和耕地占用税多，成都市土地收益数额巨大。土地收益是财政收入的重要来源。在巨额的土地收益支撑下，成都市在 2008 年创新性地提出了建立耕保金制度。

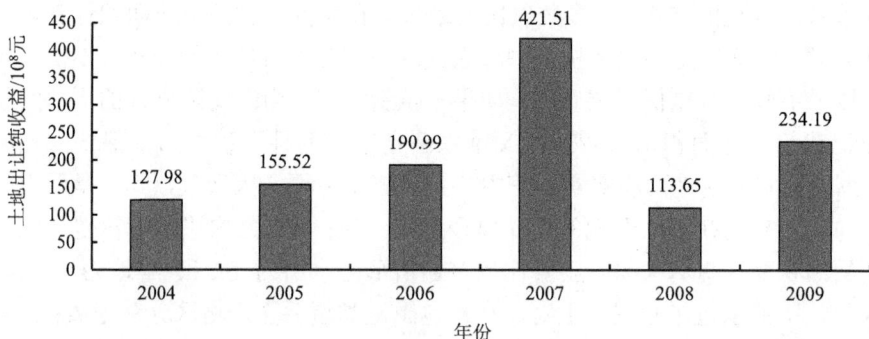

图 6-4　成都市土地出让纯收益

成都市土地收益能够支撑耕保金制度。2004 年以来，成都市的土地出让纯收益占到了四川省的 1/2 以上，2007 年约占全省的 2/3（图 6-5）；2008 年的耕地保护目标为 $33.89 \times 10^4 \text{ hm}^2$，按基本农田 6000 元/$\text{hm}^2$ 和一般耕地 4500 元/hm^2 的标准，当年耕保金的最大需求量为 20.33×10^8 元，而当年的土地出让纯收益较 2007 年尽管有大幅度的减少但仍然高达 113.65×10^8 元，耕保金的最大需求量仅占当年土地出让纯收益的 17.89%；2009 年的耕地保护目标为 $33.47 \times 10^4 \text{ hm}^2$，耕保金的最大需求量为 20.08×10^8 元，当年的土地出让纯收益在 2008 年基础上翻番竟高达 234.19×10^8 元，耕保金的最大需求量仅占土地出让纯收益的 8.57%。所以，成都市的土地收益完全能够支持耕保金制度的实践。

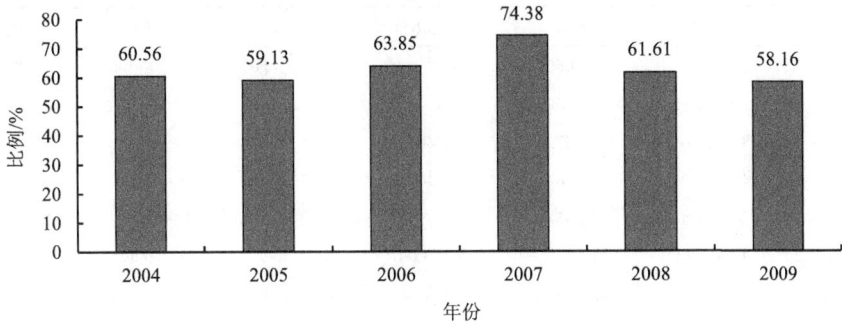

图 6-5 成都土地出让纯收益占四川全省的比例

（二）四川省除成都市外的各市（州）难以支撑耕保金制度

四川省各市（州）的土地收益具有区域差异。2004～2009 年四川省各市（州）的土地出让纯收益见表 6-15。土地收益在各地区间的巨大差异主要与土地指标关系密切。在土地用途管制制度下，农用地能否获得发展权并转为建设用地，由政府编制的土地利用总体规划决定；农用地受到用途管制失去发展权，规划用作非农建设的土地有机会获得发展权；受种种因素的影响，各地区获取农地发展权指标存在很大差异。土地指标越多的地区，占用耕地就越多，通过土地出让获取的纯收益就越多。各地区的各用地单位竞相争取用地指标，完全背离耕地保护的目的。

表 6-15 四川省各市（州）土地出让纯收益 （单位：10⁴ 元）

年份	2004	2005	2006	2007	2008	2009
四川省	2 113 172.10	2 630 110.92	2 991 260.99	5 667 208.41	1 844 665.39	4 026 714.98
成都市	1 279 754.17	1 555 203.51	1 909 949.73	4 215 134.53	1 136 463.51	2 341 853.44
自贡市	13 605.53	23 531.30	36 415.20	91 140.24	50 896.27	57 391.06
攀枝花市	42 287.19	56 756.45	82 840.61	136 403.89	48 712.56	111 584.09
泸州市	53 591.06	105 237.90	84 414.26	111 104.58	61 919.35	127 182.65
德阳市	26 425.62	111 841.20	80 768.29	125 876.82	66 840.66	150 748.12
绵阳市	92 402.13	87 422.03	123 429.41	87 330.55	48 378.39	133 705.11
广元市	25 192.89	8 762.60	17 308.83	36 486.33	40 363.03	77 713.11
遂宁市	53 568.85	64 722.50	94 458.50	83 569.20	44 214.36	143 827.68
内江市	40 439.27	37 128.11	38 746.70	73 641.27	20 327.99	46 076.27
乐山市	62 260.33	72 501.48	88 780.42	120 269.80	39 920.52	159 140.21
南充市	122 303.36	123 181.56	79 227.04	103 595.67	43 899.98	218 625.72
眉山市	44 619.15	52 347.44	83 417.18	127 813.68	62 009.22	125 491.20
宜宾市	28 602.43	74 901.63	90 356.28	67 641.37	61 455.74	78 271.48

续表

年份	2004	2005	2006	2007	2008	2009
广安市	37 802.52	28 406.54	44 997.40	50 732.41	16 223.60	47 820.06
达州市	86 220.15	100 513.32	62 464.96	116 417.98	44 576.32	69 369.98
雅安市	16 060.64	20 687.47	15 748.02	33 691.90	13 381.98	31 224.02
巴中市	15 183.21	21 766.33	12 194.62	11 250.83	1 603.38	1 705.14
资阳市	37 711.82	47 265.46	24 197.30	18 123.87	15 998.01	48 342.43
阿坝州	11 443.46	11 678.32	4 173.04	10 676.90	8 999.47	3 349.14
甘孜州	7 856.35	12 035.13	6 889.36	3 823.16	10 820.69	14 506.57
凉山州	15 841.97	14 220.64	10 483.84	42 483.43	7 660.36	38 787.49

注：阿坝州，全称阿坝彝族羌族自治州。下同

图 6-6 中，2004 年以来，成都市以外的其他地区，土地出让纯收益总量整体上也在呈现增加趋势，但占四川全省的比例从来没有超过一半。2009 年绝对数和相对数都达到最大值，分别仅为 168.49×10^8 元和 41.84%。

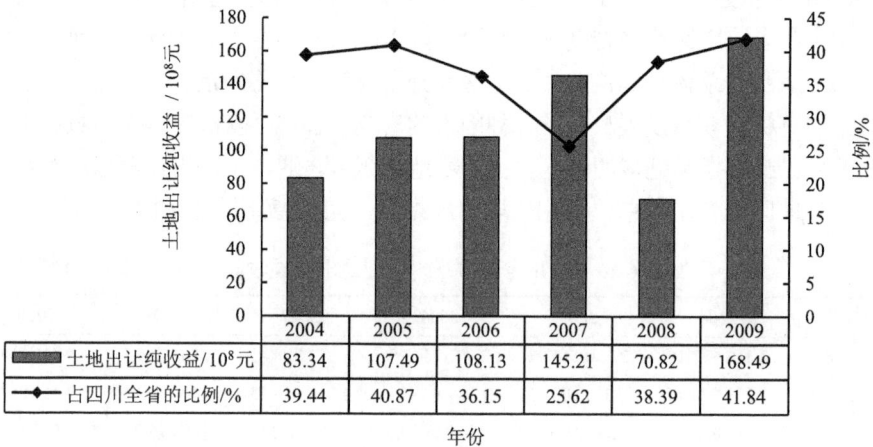

	2004	2005	2006	2007	2008	2009
土地出让纯收益/10^{8}元	83.34	107.49	108.13	145.21	70.82	168.49
占四川全省的比例/%	39.44	40.87	36.15	25.62	38.39	41.84

年份

图 6-6　成都市土地出让纯收益总量及其占四川全省的比例

2008 年，四川省的耕地面积为 395.95×10^4 hm^2，扣除成都市耕地保护面积 33.89×10^4 hm^2，成都市以外地区耕地保护面积为 362.06×10^4 hm^2，按照 80%划为基本农田的最低要求和成都市耕保金补贴标准，需要的最低耕保金数量为 206.37×10^8 元，而土地出让纯收益仅为 70.82×10^8 元，即使全部用于保护耕地还缺口 135.55×10^8 元。

2009 年，四川省的耕地面积为 397.61×10^4 hm^2，扣除成都市耕地保护面积 33.47×10^4 hm^2，成都市外各地区耕地保护面积 364.14×10^4 hm^2，按照 80%划为基本农田的最低要求和成都市耕保金补贴标准，需要的最低耕保金数量为 207.56×

10^8 元，而土地出让纯收益仅为 168.49×10^8 元，即使全部用于保护耕地还缺口 39.07×10^8 元。各地区土地出让纯收益和需要的耕保金计算结果列在表 6-16。分析表明，除成都市外，四川各市（州）的土地出让纯收益无法支撑耕保金制度，如果缺乏国家统筹，成都模式在四川难以推广，进一步推演，在西部、在全国，成都模式也无法推广。既然无法推广，也就很难称之为模式、范例，我们必须寻找新的替代模式。

表 6-16　年末实有耕地面积与耕保金的需求量

地区	2008			2009		
	耕地面积 /10^4hm²	需要的耕保金 /10^8 元	土地出让纯收益 /10^8 元	耕地面积 /10^4hm²	需要的耕保金 /10^8 元	土地出让纯收益 /10^8 元
全省	395.95	225.69	184.47	397.61	226.64	402.68
成都市	33.89	19.32	113.65	33.47	19.08	234.19
自贡市	13.24	7.55	5.09	13.36	7.62	5.74
攀枝花	3.47	1.98	4.87	3.95	2.25	11.16
泸州市	20.92	11.92	6.19	20.95	11.94	12.72
德阳市	18.87	10.76	6.68	18.60	10.60	15.07
绵阳市	28.08	16.01	4.84	27.99	15.96	13.37
广元市	16.43	9.37	4.04	16.60	9.46	7.77
遂宁市	15.44	8.80	4.42	15.45	8.80	14.38
内江市	16.37	9.33	2.03	16.46	9.38	4.61
乐山市	15.05	8.58	3.99	15.10	8.60	15.91
南充市	29.92	17.05	4.39	30.00	17.10	21.86
眉山市	17.24	9.83	6.20	17.09	9.74	12.55
宜宾市	24.10	13.74	6.15	24.35	13.88	7.83
广安市	16.83	9.59	1.62	16.90	9.63	4.78
达州市	28.57	16.28	4.46	29.43	16.77	6.94
雅安市	5.65	3.22	1.34	5.54	3.16	3.12
巴中市	15.32	8.73	0.16	15.27	8.70	0.17
资阳市	27.44	15.64	1.60	27.30	15.56	4.83
阿坝州	5.95	3.39	0.90	5.99	3.41	0.33
甘孜州	9.10	5.19	1.08	9.09	5.18	1.45
凉山州	34.08	19.42	0.77	34.74	19.80	3.88

注：耕地面积数据来自《四川省统计年鉴》，其余为计算结果

（三）西部 12 省（自治区、直辖市）层面的可行性

按照成都市的补贴标准，依据西部 12 省（自治区、直辖市）的耕地面积，计

算各省（自治区、直辖市）耕保金的需求量见表 6-17。各省（自治区、直辖市）的耕保金如果完全让地方财政承担，则耕保金占地方财政的比例，除重庆外，都将介于 15%～59%。显然，地方政府将无力承担，耕保金制度无法推广。

表 6-17　西部省（自治区、直辖市）耕保金的需求量

地区	内蒙古	广西	重庆	四川	贵州	云南	西藏	陕西	甘肃	青海	宁夏	新疆
耕地面积 /10^4hm^2	714.72	421.75	223.60	594.74	448.53	607.21	36.16	405.03	465.88	54.27	110.71	412.46
耕保金/10^8 元	407.39	240.40	127.45	339.00	255.66	346.11	20.61	230.87	265.55	30.93	63.10	235.10
占地方财政比例/%	30.03	25.37	8.56	16.58	33.07	31.15	37.64	15.39	59.00	20.38	28.69	32.63

（四）全国层面的可行性

《成都市耕地保护基金筹集与使用管理实施细则（试行）》规定的补贴标准为基本农田 6000 元/(hm^2 · a)、一般耕地 4500 元/(hm^2 · a)；再加上至少 80%的田地划为基本农田、最多 20%的田地划为一般耕地的规定，平均而言，耕地的补贴标准应为 5700 元/(hm^2 · a)。全国保护耕地红线为 1.2433×10^8 hm^2，则耕保金的全国需求量为 7086.81×10^8 元/a，占 2011 年全国财政收入 103740×10^8 元的 6.83%。按照财政部预测的 2012 年全国财政收入目标增幅为 9.5%的目标，2012 年的财政收入可达 113595×10^8 元，则耕保金的全国需求量仅占财政收入的 6.24%。所以从全国层面来看，通过合理安排，从预算内资金的角度，可以解决耕保金问题。

第七章 西部地区耕地保护对策（一）
——基于居民点用地集约利用减少建设占用保护耕地的视角

随着人口向城市不断集聚，城市用地需要不断增加；随着农村经济发展，农户收入增加，改善居住条件而进行居民点建设的用地需要不断增加；无论是城市居民点还是农村居民点的建设都要占用耕地。既要增加城乡居民的人均居住面积，又要控制城乡居民点建设用地扩张以保护耕地数量，就必须提高居民点用地的利用效率，其核心是对已建居民点用地充分利用、减少新增居民点建设占用以保护耕地。第二章的研究表明，城乡居民点建设的总用地量大，要协调耕地保护和居民点建设之间的矛盾，可以首先充分开发利用现有的居民点建设用地，提高现有居民点建设用地的利用效率，减缓居民点建设占用耕地的速度，进而实现保护耕地的目的。本章提出：基于居民点用地集约利用减少建设占用耕地的思路与保护对策，包括集约利用农村居民点用地、减少农村居民点建设占用实现保护耕地的行为，以及集约利用城市居民点用地、减少城市居民点建设占用实现保护耕地的行为。

第一节 居民点用地集约利用与保护耕地的关系

居民点用地分为农村居民点用地和城市居民点用地。

一、农村居民点用地集约利用

农村居民点用地集约利用是采取政策、经济等手段，激励或约束微观行为主体对已转为居民点和工矿用地的土地进行集约利用，提高单位面积土地上农村居民承载力的行为。简而言之，农村居民点用地集约利用就是对已经是居民点的用地进行潜力挖掘，不再新增或减少农村居民点建设用地的行为。改革开放以来，由于农村经济逐渐边缘化、非重心化，加上农村居民点用地比较分散，人们对农村居民点建设占用、争夺土地空间的现象重视不够，集约利用行为研究较少。

二、城市居民点用地集约利用

　　我国人多地少，土地资源稀缺，随着城市化进程的加快，城市扩张对土地空间的争夺加剧，通过不断增加单位城市土地资金、技术和劳动力等的投入，既促使城市土地利用结构合理化、最优化，又能最大限度地提高城市土地的使用效率、经济效益和实现土地可持续利用，对保护城市郊区因城市空间扩展侵占耕地具有重要意义，为此，学术界对城市土地集约利用的内涵及如何加强城市土地集约利用等问题研究较为深入。

　　城市居民点用地集约利用是指在已经是城市的建设用地范围内，追加单位城市用地面积上的资金投入量，对已有的城市用地设施进行内涵式深度开发，实现城市土地的集中、高效利用。马克伟（1991）定义城市土地集约利用为以合理布局、优化用地结构和可持续发展的思想为指导，通过增加存量土地投入、改善经营管理等途径，不断提高土地的使用效率和经济效益。随着经济的快速发展，城市"摊大饼"式的快速扩张在全国范围内成为普遍现象，通过集约利用，挖掘城市内部土地利用潜力，实现从量的扩张到质的提升成为学术界研究的焦点（王国恩和黄小芬，2006）。对城市土地利用集约度进行综合评价，能够掌握城市内部土地集约利用程度，为挖掘土地利用潜力、制定相关规划提供合理依据（陶志红，2000）；许树辉（2001）从土地产出率、土地利用程度、土地投入强度和土地可持续度4个方面建构了城市土地集约利用评价指标体系总框架，从宏观、中观、微观三个层次对城市土地集约利用进行研究后认为，土地利用集约程度的高低是生产力发展水平的反映，城市化过程中的用地粗放与人均耕地锐减之间的矛盾是提出城市土地集约利用的依据；何芳（2003）从总量集约潜力、土地水平结构集约潜力、垂直空间集约潜力和土地动态集约潜力等方面构建土地集约利用潜力评价指标体系；郑新奇（2004）构建了集约度模型、总分值-极限修正模型、密度容积率模型、用地效益潜力测算模型、理想值修正模型等集约利用评价模型。总之，我国当前城市化进程正处于迅速发展阶段，城市发展和各项建设用地扩张迅速，经济增长方式面临由粗放经济向集约经济的根本性转变，无论是从保护耕地资源，还是从城市发展和城市用地合理配置的角度，进一步集约利用城市居民点用地非常重要。

三、集约利用居民点建设用地减少占用就是保护耕地

　　2006~2010年，西部地区设市城市新征城市建设用地中的44.4%为城市周边的优质耕地，四川、陕西、甘肃、青海和宁夏等省（自治区）征用的土地中，耕地比例超过了征用土地的50%，其中陕西高达70%（表7-1）。就西部地区的县城

建设新征用地而言，2008 年新征用地 213.99 km²，其中耕地 126.74 km²，耕地占征用土地的 59.23%；2010 年新征用地 233.25 km²，其中耕地 103.70 km²，耕地占征用土地的 44.46%。西部 12 省（自治区、直辖市）的县城建设新征用耕地比例，2008 年超过一半的包括四川（81.72%）、青海（77.01%）、贵州（58.54%）、云南（58.35%）、甘肃（55.69%），2010 年超过一半的包括宁夏（66.90%）、甘肃（59.53%）、云南（57.68%）、陕西（53.13%）。同期，全国设市城市新征用城市建设用地 7103.4km²，其中 42.50% 的征用土地属于城市周边的优质耕地。2008 年县城建设新征用地 578.04 km²，其中，耕地 244.56 km²，耕地占征用土地的 42.31%；2010 年县城建设新征用地 639.67 km²，其中耕地 242.92 km²，耕地占征用土地的 37.98%[①]。

表 7-1　西部 12 省（自治区、直辖市）设市城市新征城市
建设用地中耕地的比例　　　　　　（单位：%）

年份	2006	2007	2008	2009	2010	2006～2010
全国	48.7	36.8	45.9	37.5	43.2	42.5
内蒙古	7.6	22.0	30.7	17.7	9.9	21.4
广西	36.9	39.5	32.3	28.4	39.8	35.6
重庆	54.3	44.3	43.2	44.5	29.6	43.0
四川	69.2	45.6	39.5	51.6	52.8	51.2
贵州	55.0	62.5	13.6	31.6	5.7	32.6
云南	65.4	51.3	38.6	33.1	51.6	42.2
西藏	50.0	—	—	—	24.1	37.3
陕西	14.1	23.8	51.6	57.7	73.7	70.0
甘肃	63.0	73.6	60.3	54.7	52.9	58.1
青海	20.0	83.3	0.0	57.1	—	53.3
宁夏	48.4	67.5	42.7	32.6	75.9	51.5
新疆	21.4	21.6	43.3	53.8	28.8	32.5
西部	53.0	49.9	40.9	38.5	46.3	44.4

　　上述分析表明，无论是设市城市还是县城，每年的居民点建设新征用地中，耕地的占比都较大。农村居民点建设用地的报批程序简单，行为主体的经济实力一般较差，土地平整能力不强，一般都是首先选用地势平坦的承包地建设居民点，以减少房屋地基建设资金的投入，农村居民点建设用地占用耕地的比例可能比县城和设市城市建设占用耕地比例更高。为此，集约利用居民点建设用地就是减少新增居民点建设占用耕地，减少占用的实质就是保护耕地。

---

① 据 2009 年和 2011 年《中国城乡建设统计年鉴》资料整理与计算。

第二节　城市建设用地集约利用减少占用的潜力与耕地保护对策

一、城市建设用地增长与结构

（一）城市建设用地增长

设市城市建设用地和县城建设用地共称为城市建设用地，又称为城市居民点建设用地。城市建设用地总量逐年快速增长。图 7-1 为设市城市和县城建设用地年变化对照图。设市城市建设用地 2000 年全国总量为 22 113.7 km²，2010 年为 43 537.33 km²，净增 21 423.63 km²，年均净增量 2142.36 km²，2010 年相对于 2000 年的增率为 96.88%。县城建设用地 2000 年为 8788 km²，2010 年为 16 023.93 km²，净增 7235.93 km²，年均净增量 723.59 km²，2010 年相对于 2000 年的增率为 82.34%[①]。无论是设市城市还是县城，其建设用地总量都呈现快速增加势头，前者的增长速度高于后者。

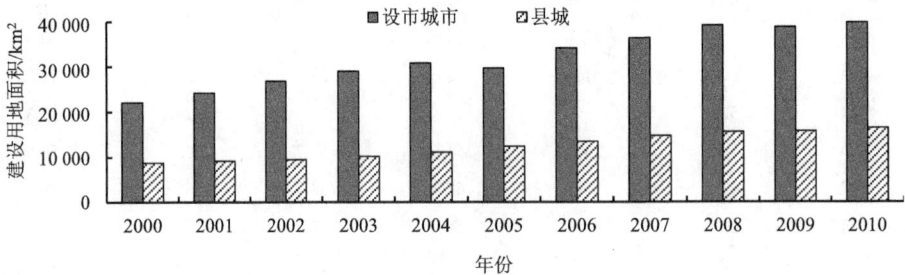

图 7-1　设市城市和县城的建设用地年变化对比

人均建设用地量呈现增加变动。县城人均建设用地及年增量变化情况见图 7-2。县城人均建设用地量，2001 年为 101.61 m²，到 2010 年上升为 118.25 m²，2010 年较 2001 年增加 16.64 m²，年平均增加 1.85 m²/人，其间，仅 2006 年和 2009 年呈现减少变动，2006 年的变动较大；尽管如此，并不影响整体变化趋势。年增量波动较大，波幅为-10.36～8.26 m²，离差高达 18.62 m²，主要受制于 2006 年变动的影响。

---

① 据 2001 年和 2011 年《中国城乡建设统计年鉴》数据整理与计算。

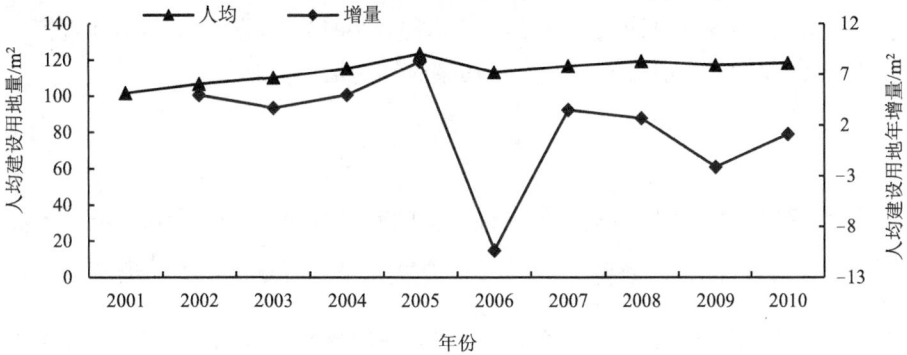

图 7-2　县城人均建设用地及年增量变化情况

图 7-3 为设市城市人均建设用地及年增量变化情况。2000 年，设市城市人均建设用地量为 56.96m²，到 2010 年上升为 112.4 m²，2010 年比 2001 年增加 55.44 m²，年平均增加 6.16 m²，增加了 97.33%。2006 年具有变化的突变性。年增量波动较大，波幅为-7.64～20.14m²，离差高达 27.78m²。

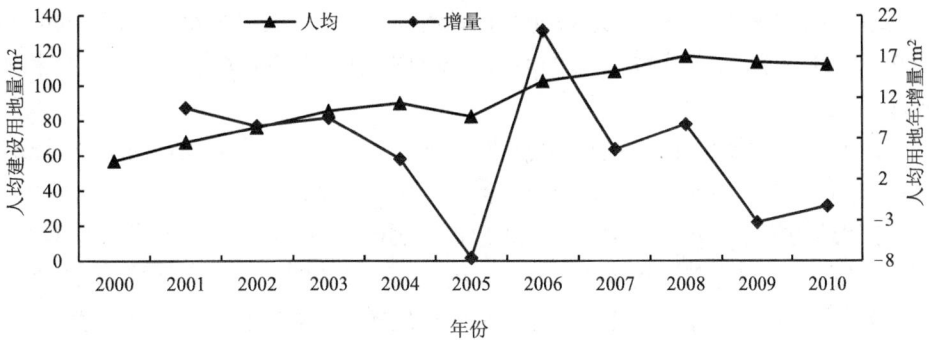

图 7-3　设市城市人均建设用地及年增量变化

（二）城市用地规模增长弹性

1. 城市用地规模增长弹性的内涵

弹性是描述变量之间变动敏感程度的重要工具。弹性系数（λ）是衡量弹性大小的重要方法，其值等于变量 y 变动的百分比与变量 x 变动的百分比的比值，即：

$$\lambda = \frac{\Delta y}{y} / \frac{\Delta x}{x} \qquad （7-1）$$

弹性系数应用到城市化命题研究时称为城市用地规模增长弹性系数（α），表达城市用地对人口增长的敏感程度（谭术魁，2001）。d 表示城市用地规模，p 表示城市人口，Δd、Δp 分别表示二者在某时期的增量，则：

$$\alpha = \frac{\Delta d}{d} / \frac{\Delta p}{p} \qquad (7\text{-}2)$$

显然，影响城市用地规模增长弹性系数的变量有两个，一是城市用地增长率（$\frac{\Delta d}{d}$），二是城市人口增长率（$\frac{\Delta p}{p}$），如果用地增长率大，人口增长率小，用地规模增长快于人口增长，弹性系数大于1，用地规模增长相对于人口增长敏感，如果远远大于1，则用地规模增长相对于人口增长高度敏感；相反就是不敏感。

2. 城市用地规模增长弹性敏感性的机制分析

基于相关数据[①]和式（7-1），研究 2001～2010 年的城市用地规模增长弹性系数，则设市城市为 6.18，县城为 1.47。同类实证研究成果也很多，例如，中国城市规划设计院确定的城市用地规模增长弹性系数控制值为 1.12（王万茂，1997），我国 1984～2001 年的城市用地规模增长弹性系数为 1.59，城市建设用地需求量大、城市规模扩张快，城市用地规模增长弹性系数较大（谈明洪和吕昌河，2005）；1990～2004 年有 41 个特大城市的城市用地规模增长弹性系数达 2.28（高艳梅和曲福田，2005）。

城市用地规模增长弹性系数的绝对值大于 1.12，代表城市居民点的用地规模增长对人口增长非常敏感，少许人口增长都可能引起用地规模的快速增长。县城和设市城市用地规模增长对人口增长高度敏感的原因，可能与我国的城市化方式有关，在城市化的"三驾马车"及带动关系中，我国主要以地域空间城市化带动人口城市化，最后才落实到产业城市化，即先征地实现地域空间城市化，再通过补偿、安置等行政和经济手段使失地人口城市化，再以城市化空间为平台招商实现产业城市化。空间城市化带动战略，必然造成县城和设市城市用地规模增长快于人口增长，进而必然出现城市用地规模增长弹性系数大、用地效率偏低的局面。

3. 城市用地规模增长弹性的指示功能分析

设市城市用地规模增长弹性系数为 6.18，是城市用地规模增长弹性系数控制值 1.12 的 5.52 倍，表示设市城市的建设用地规模增长远远快于城市人口增长，城市用地效益下降。2001～2010 年，设市城市建设用地净增 15 565.7 km^2，在 2001 年基础上净增 64.34%，而人口仅增加 3721.5×10^4 人，同期增率为 10.41%。

---

① 数据来源于中华人民共和国住房和城乡建设部网站和《中国城乡建设统计年鉴 2010 年》。

县城用地规模增长弹性系数 1.47,略高于城市用地规模增长弹性系数控制值 1.12。2001～2010 年,县城城市建设用地净增了 7248 km²,在 2001 年基础上净增 79.15%,而人口仅增加 3625×10⁴ 人,同期增率为 53.94%。这些研究表明,在我国城市化过程中存在土地资源浪费、土地资源利用效率低等较为严重的问题。

（三）城市建设用地类型与结构

1. 城市建设用地类型及指示功能

城市建设用地分为居住用地、工业用地、物流仓储用地、公共管理与公共服务用地、商业服务业设施用地、道路与交通设施用地、公用设施用地、绿地与广场用地 8 个大类[①]。

居住用地是由住区及服务于基本生活需要的道路、绿地和日常性生活服务设施用地这 4 项用地构成,其中,住区以外的 3 项用地叫作"住区服务设施用地"。居住用地主要为市民提供居住场所和服务于居民的日常生活需求。由于市民个体的收入水平、社会地位、美学观念等的差异,对居住区的要求具有很大的差异性。通过控制高档住宅区的比例,适当提高二、三类住宅区的比例,居住区的密集利用水平会有很大提升空间。

工业用地是用于安排工业项目和基础设施建设,调整工业用地布局,制定环境保护措施的用地类型,包括为工矿企业服务的办公室、仓库和食堂等附属设施用地。工业用地对居住和公共环境的干扰污染因素,主要包括噪声、烟尘、有害气体、恶臭、废渣、污水及交通运输量等。物流仓储用地包括用于物资仓储、中转、配送、批发、交易等生产性和商业性活动用途用地,也包括货运公司车队的站场等非加工用地。工业用地、物流仓储用地属于生产性用地,密集利用程度体现一个市场的生产性用地的集约化水平,随着利用的集约化程度提高,可以在生产性用地上创造更多的经济价值。

公共管理与公共服务用地、商业服务业设施用地、道路与交通设施用地、公用设施用地、绿地与广场用地这五大类都属于服务性用地,是凸显城市品位、提高城市环境质量的用地类型,城市规模越大,对这五类用地的要求越高、比例越大。其中,公共管理与公共服务用地是政府控制以保障民生基础性需求的行政、文化、教育、卫生、体育等机构和设施的非营利性用地。商业服务业设施用地是通过市场配置的各类商业、商务、娱乐康体等服务设施用地,其核心内涵是以营利为主要目的的商业服务设施。道路与交通设施用地是城市对内、对外通勤出行所需求的基本用地。公用设施用地是电厂以外的供电用地,制气

---

① 参见《城市用地分类与规划建设用地标准》（GB 50137—2011）。

厂以外的供燃气用地，包括邮政函件、包件业务为主的邮政局、邮件处理与储运场所等用地在内的通信设施用地。绿地与广场用地是满足市民日常公共活动和生活需求的用地。

2. 规划城市建设用地结构

规划城市建设用地结构是城市各类用地与建设用地的比例关系。对各项城市建设用地资料统计表明，居住用地、工业用地、公共管理与公共服务用地、道路与交通设施用地、绿地与广场用地分别占城市建设用地的比例具有一定的规律性①（表 7-2），其比例合理就能够基本保证城市用地的结构合理，城市就能够正常发展。从各大类建设用地规模的影响因素看，居住用地、绿地与广场用地规模主要受城市人口数量因素主导，道路与交通设施用地等除了受人口数量影响外，主要与城市建设用地规模呈比例关系。

表 7-2 规划城市建设用地结构

用地名称	占城市建设用地比例/%
居住用地	25.0～40.0
公共管理与公共服务用地	5.0～8.0
工业用地	15.0～30.0
道路与交通设施用地	10.0～25.0
绿地与广场用地	10.0～15.0

3. 各类城市建设用地增长

2000～2010 年城市建设用地及城市建设的各类用地增率②见表 7-3，总增率都明显高于人均增率。一方面，说明人口增长推动城市规模扩张的倍增效应显著；另一方面，尽管城市空间总量增长较快，但城市人口增长更快，城市空间发展速度慢于人口发展速度。

表 7-3 城市建设用地总增率及人均增率对比   （单位：%）

城市建设用地增率		各类城市建设用地					
		居住用地	公共设施用地	工业用地	道路广场用地	市政公用设施用地	绿地
总增率	37.23	33.71	38.18	39.60	73.36	40.77	52.10
人均增率	17.54	14.54	18.26	19.61	48.44	20.21	30.25

各类城市建设用地增率与城市建设用地增率的关系见表 7-4。工业用地、公共

---

① 参见《城市用地分类与规划建设用地标准》（GB 50137—2011）对五大类用地比例的规定。
② 据 2000～2010 年《中国城乡建设统计年鉴》城市用地分类数据计算。

设施用地、道路广场用地、市政公用设施用地、绿地等生产性和服务性用地的增长，无论是总增率还是人均增率，都快于城市建设用地的增率，表现在表7-4中，对比关系的增率都大于100%。而作为生活性用地的居住用地增率要低于城市建设用地增率，在表7-4中表现为增率低于100%。

表7-4　各类城市建设用地增率与城市建设用地增率的关系　　（单位：%）

类别	工业用地	公共设施用地	道路广场用地	市政公用设施用地	绿地	居住用地
总增率	106.36	102.56	197.04	109.51	139.94	90.54
人均增率	111.81	104.12	276.18	115.21	172.50	82.91

尽管居住用地增长慢于城市建设用地增长，但对比 GB 50137—2011 标准中居住用地占比的范围 25.0%～40.0%，居住用地占城市建设用地比例一直稳定在30.75%～32.02%，处于标准的中间状态，从集约利用的角度看还有一定的空间。在 2003～2010 年的城市建设用地和居住用地面积的人均水平都稳中有升，到2009 年，前者达 102.79 m²/人，后者为 32.00 m²/人，2010 年尽管略有减少，分别为100.73 m²/人和 31.43 m²/人，但并不影响 2003～2010 年的增长总趋势。其中，人均居住用地面积处于 GB 50137—2011 标准人均居住用地面积的控制范围23.0～38.0 km²/人的中上水平（表7-5）。分析 2003～2010 年的历史数据变化，尽管居住用地占城市建设用地面积的比例在波动中减少，但人均居住用地面积却在波动中增加，说明集约利用居住用地并不一定会影响人均居住用地面积。

表7-5　城市居住用地面积及占城市建设用地面积比例的年际变化情况

类别名称	2003	2004	2005	2006	2007	2008	2009	2010
人均城市建设用地面积/(m²/人)	85.70	90.14	82.50	85.22	91.56	99.25	102.79	100.73
人均居住用地面积/(m²/人)	27.44	28.49	25.88	26.22	28.33	30.52	32.00	31.43
居住用地占城市建设用地面积的比例/%	32.02	31.61	31.37	30.76	30.94	30.75	31.13	31.20

二、城市建设用地特点与集约利用的潜力

建筑气候区[①]是人均城市建设用地控制指标[②]的确定依据。人均城市建设用地控制指标是分析城市建设用地土地和分析城市土地集约利用潜力的依据。

---

① 参见《建筑气候区划标准》（GB 50178—93），以1月和7月平均气温、7月平均相对湿度为主要指标，以年降雨量、年日平均气温低于或等于5℃的日数和年日平均气温高于或等于25℃的日数为辅助指标，将全国划分为Ⅰ～Ⅶ7个一级建筑气候区。

② 参见《城市用地分类与规划建设用地标准》（GB 50137—2011），依据《建筑气候区划标准》（GB 50178—93）划定的建筑气候区，制定了人均城市建设用地控制范围值，其中，位于Ⅰ、Ⅱ、Ⅵ、Ⅶ建筑气候区的城市，人均城市建设用地指标控制在 65.0～115.0 m²/人；位于Ⅲ、Ⅳ、Ⅴ建筑气候区的城市，人均城市建设用地指标控制在 65.0～110.0 m²/人。

（一）城市建设用地特点

1. 设市城市建设用地特点

西部地区设市城市人均建设用地处于控制范围的中高水平但低于全国平均水平，仍然有集约开发利用潜力。在 2010 年，西部地区设市城市人口 7949.48×10⁴ 人，其中户籍人口 6931.76×10⁴ 人，暂住人口 1017.72×10⁴ 人，西部 12 省（自治区、直辖市）设市城市人口占全国的比例为 20.14%，约为全国的 1/5；八大类城市建设用地共计 8439.88 km²，人均建设用地为 106.17 m²/人，介于设市城市人均建设用地控制范围 65.0～115.0 m²/人的中上水平。同期，全国设市城市人口 39468.80×10⁴ 人，其中户籍人口 35373.54×10⁴ 人，暂住人口 4095.26×10⁴ 人，八大类城市建设用地 43 537.3 km²，人均建设用地为 110.3 m²/人[①]（表 7-6）。西部地区较全国的人均建设用地面积少 4.13 m²/人，说明西部地区设市城市人均建设用地水平低于全国平均水平。

表 7-6　西部 12 省（自治区、直辖市）设市城市人口与建设用地

地区	人口/10⁴ 人	建设用地/km²	控制范围/(m²/人)	建筑气候区	人均建设用地/(m²/人)	超控制上限的面积/km²
全国	39 468.80	43 537.33	65.0～115.0		110.31	2 060.20
内蒙古	837.62	1 123.44	65.0～115.0	Ⅶ	134.12	160.18
广西	847.12	908.64	65.0～110.0	Ⅳ	107.26	
重庆	1 059.65	855.67	65.0～110.0	Ⅲ	80.75	
四川	1 583.45	1 610.31	65.0～110.0	Ⅲ	101.70	
贵州	541.70	477.07	65.0～110.0	Ⅴ（Ⅲ）	88.07	
云南	732.41	832.86	65.0～110.0	Ⅴ	113.71	27.21
西藏	44.96	82.51	65.0～115.0	Ⅵ	183.52	30.81
陕西	787.70	704.86	65.0～115.0	Ⅱ	89.48	
甘肃	541.05	594.35	65.0～115.0	Ⅶ	109.85	
青海	118.83	113.45	65.0～115.0	Ⅵ	95.47	
宁夏	224.11	284.37	65.0～115.0	Ⅱ	126.89	26.64
新疆	630.88	852.35	65.0～115.0	Ⅶ	135.10	126.84

西部 12 省（自治区、直辖市）设市城市人均建设用地水平差异大，集约利用潜力差异很大。其中，四川省、甘肃省和广西壮族自治区处于控制范围的中高水平，重庆市、贵州省、陕西省和青海省处于控制范围的中等水平，内蒙古、云南、西藏、宁夏和新疆 5 个省（自治区）设市城市人均建设用地超过控制上限，超标

① 原始数据来源于《中国城乡建设统计年鉴 2010 年》。

总量合计为 371.67 km²①，占全国设市城市人均建设用地超标的总量的 18.04%，西部地区设市城市建设用地超过控制标准上限面积占全国的比例低于西部地区设市城市人口占全国的比例，尽管西部地区设市城市建设用地有超标现象，但不如全国平均水平突出。

2. 县城建设用地特点

县城建设用地与设市城市建设用地控制标准具有一致性。分析县城建设用地特征采用 GB 50137—2011 标准。

西部地区县城人均建设用地超标且高出全国均值，提高集约利用的潜力大。在 2010 年，西部地区县城人口数 4704.36×10^4 人，其中户籍人口数 4254.52×10^4 人，暂住人口 449.84×10^4 人，八大类城市建设用地 5504.66 km²，人均建设用地为 117.01 m²/人，比人均城市建设用地控制上限 115.0 m²/人高 2.01 m²/人。同期，全国县城人口数位 13749.83×10^4 人，其中户籍人口 12637.47×10^4 人，暂住人口 1112.36×10^4 人，八大类城市建设用地 16 023.93 km²，人均建设用地为 116.54 m²/人，超过人均城市建设用地控制上限 1.54 m²/人，全国县城人均建设用地量处于超标状态。县城人均建设用地，西部地区比全国高出 0.47 m²/人。

西部 12 省（自治区、直辖市）的县城人均建设用地情况差异大。内蒙古、云南、贵州、西藏、青海、宁夏、新疆 7 个省（自治区）的县城人均建设用地处于超标状态，西藏是超标最多的省级行政区，为 203.36 m²/人；7 个省（自治区）超过控制上限的土地面积为 661.77 km²，占全国县城建设用地超过控制上限土地面积的 50.36%，即全国县城建设用地超标面积中，一半稍多都集中在西部的上述 7 个省（自治区）。广西、重庆、四川、陕西和甘肃 5 个省（自治区、直辖市）的县城人均建设用地都在 GB 50137—2011 标准的控制范围，其中，重庆为 70.15 m²/人，最小；陕西和甘肃处于控制范围的中高水平（表 7-7），集约利用的潜力较大。

表 7-7　西部 12 省（自治区、直辖市）县城人口与建设用地情况

指标	人口/10⁴ 人	建设用地/km²	控制范围/(m²/人)	建筑气候区	人均建设用地/(m²/人)	超控制上限的面积/km²
全国	13 749.83	16 023.93	65.0～115.0		116.54	1 313.97
内蒙古	459.67	837.23	65.0～115.0	Ⅶ	185.62	324.63
广西	535.9	557.89	65.0～110.0	Ⅳ	98.06	
重庆	336.41	266.3	65.0～110.0	Ⅲ	70.15	
四川	967.19	916.67	65.0～110.0	Ⅲ	94.50	
贵州	476.33	509.03	65.0～110.0	Ⅴ（Ⅲ）	110.23	1.12

---

① 超标总量是根据 GB 50137—2011 标准与人均用地现状计算，下同。

续表

指标	人口/10⁴人	建设用地/km²	控制范围/(m²/人)	建筑气候区	人均建设用地/(m²/人)	超控制上限的面积/km²
云南	517.75	611.79	65.0～110.0	V	112.62	13.58
西藏	74.96	195.31	65.0～115.0	VI	203.36	66.24
陕西	576.84	658.4	65.0～115.0	II	103.83	
甘肃	287.93	339.94	65.0～115.0	VII	110.46	
青海	96.73	166.05	65.0～115.0	VI	147.81	31.74
宁夏	77.07	111.33	65.0～115.0	II	177.51	48.18
新疆	297.58	501.15	65.0～115.0	VII	174.24	176.29

（二）城市建设用地的人口承载潜力

按照 GB 50137—2011 标准的人均城市建设用地控制范围核算区域人口承载潜力，结合区域当年的实际人口数量，计算人口承载潜力。

1. 设市城市建设用地的人口承载潜力

西部 12 省（自治区、直辖市）设市城市建设用地的人口承载潜力的范围在 2010 年为 324.27×10^4～5034.95×10^4 人，占全国的 16.36%～18.30%。测算过程如下。

西部 12 省（自治区、直辖市）设市城市建设用地的人口承载总量，按照人均城市建设用地控制下限应为 12984.43×10^4 人，与 2010 年西部 12 省（自治区、直辖市）实际承载的城市人口相比，其承载潜力应为 5034.95×10^4 人。同期，全国设市城市人均建设用地高出控制下限 45.31 m²/人，如果按照控制下限进行城市科学规划、合理布局与土地集约利用，则能够承载的城市人口总量为 66980.51×10^4 人，与 2010 年全国实际承载的城市人口相比，其承载潜力应为 27511.71×10^4 人（表 7-8）。西部 12 省（自治区、直辖市）设市城市建设用地的人口承载潜力占全国的 18.30%。

按照人均城市建设用地控制上限核算的人口承载潜力，则只包含超过城市建设用地控制上限的设市城市。西部 12 省（自治区、直辖市）设市城市建设用地 2010 年超过控制上限的土地面积合计为 371.68 km²，超过控制上限土地按照人均城市建设用地控制上限计算其人口承载潜力为 324.27×10^4 人；同期，全国超过控制上限的土地面积合计为 2060.20 km²，其人口承载潜力应为 1982.46×10^4 人。西部 12 省（自治区、直辖市）设市城市建设用地的人口承载潜力占全国的 16.36%。

表 7-8　西部 12 省（自治区、直辖市）设市城市建设用地的人口承载潜力

地区	建筑气候区	人均建设用地/(m²/人)	控制下限/(m²/人)	按下限的承载人口/10⁴ 人	潜力/10⁴ 人	控制下限/(m²/人)	按上限的承载人口/10⁴ 人	潜力/10⁴ 人	超控制上限的土地/km²
全国		110.31	65	66 980.51	27 511.71	115		1 982.46	2 060.20
内蒙古	Ⅶ	134.12	65	1 728.37	890.75	115	976.90	139.28	160.18
广西	Ⅳ	107.26	65	1 397.91	550.79	110			
重庆	Ⅲ	80.75	65	1 316.42	256.77	110			
四川	Ⅲ	101.70	65	2 477.40	893.95	110			
贵州	Ⅴ（Ⅲ）	88.07	65	733.95	192.25	110			
云南	Ⅴ	113.71	65	1 281.32	548.91	110	757.15	24.74	27.21
西藏	Ⅵ	183.52	65	126.94	81.98	115	71.75	26.79	30.81
陕西	Ⅱ	89.48	65	1 084.40	296.70	115			
甘肃	Ⅶ	109.85	65	914.38	373.33	115			
青海	Ⅵ	95.47	65	174.54	55.71	115			
宁夏	Ⅱ	126.89	65	437.49	213.38	115	247.28	23.17	26.64
新疆	Ⅶ	135.10	65	1 311.31	680.43	115	741.17	110.29	126.84

2. 县城建设用地的人口承载潜力

西部 12 省（自治区、直辖市）县城建设用地的人口承载潜力的范围在 2010 年为 576.03×10⁴～3764.35×10⁴ 人，占全国的 34.53%～49.99%。测算过程如下。

西部 12 省（自治区、直辖市）县城建设用地的人口承载总量，按照人均城市建设用地控制下限应为 8468.71×10⁴ 人，与 2010 年西部 12 省（自治区、直辖市）县城实际人口相比，其承载潜力应为 3764.35×10⁴ 人。同期，全国县城依据控制下限计算，人均建设用地超过 51.54 m²/人，能够承载的县城人口总量应为 24652.20×10⁴ 人，与 2010 年全国县城实际人口相比，其人口承载潜力应为 10902.37×10⁴ 人。西部 12 省（自治区、直辖市）的县城建设用地人口承载潜力占全国的 34.53%。

按照人均城市建设用地控制上限核算的人口承载潜力，则只包含超过城市建设用地控制上限的县城。西部 12 省（自治区、直辖市）的县城建设用地 2010 年超过控制上限的土地面积合计为 661.77 km²，这些超过控制上限的土地按照人均城市建设用地控制上限进行核算，其人口承载潜力为 576.03×10⁴ 人。同期，全国超过控制上限的土地面积合计为 1313.97 km²，其人口承载潜力为 1152.27×10⁴ 人。西部 12 省（自治区、直辖市）县城建设用地的人口承载潜力占全国的 49.99%。数据见表 7-9。

表7-9　西部12省（自治区、直辖市）县城建设用地的人口承载潜力

地区	建筑气候区	人均建设用地/(m²/人)	控制下限/(m²/人)	按下限的承载人口/10⁴人	潜力/10⁴人	控制下限/(m²/人)	按上限的承载人口/10⁴人	潜力/10⁴人	超标的土地/km²
全国		116.54	65	24 652.20	10 902.37	115		1 152.27	1 313.97
内蒙古	VII	185.62	65	1 312.69	853.02	115	741.96	282.29	324.63
广西	IV	98.06	65	808.49	272.59	110			
重庆	III	70.15	65	363.08	26.67	110			
四川	III	94.50	65	1 406.15	438.96	110			
贵州	V（III）	110.23	65	807.82	331.49	110	477.35	1.02	1.12
云南	V	112.62	65	897.08	379.33	110	530.09	12.34	13.58
西藏	VI	203.36	65	234.52	159.56	115	132.56	57.60	66.24
陕西	II	103.83	65	921.40	344.56	115			
甘肃	VII	110.46	65	489.32	201.39	115			
青海	VI	147.81	65	219.97	123.24	115	124.33	27.60	31.74
宁夏	II	177.51	65	210.48	133.41	115	118.97	41.90	48.18
新疆	VII	174.24	65	797.71	500.13	115	450.88	153.30	176.29

三、城市建设用地集约利用减少占用以保护耕地的对策

2010年，全国设市城市和县城超过城市建设用地控制上限的土地面积合计为3374.17 km²，这些超标土地按照人均城市建设用地控制上限进行核算，其人口承载潜力为 3134.73×10⁴ 人；西部 12 省（自治区、直辖市）设市城市和县城超过城市建设用地控制上限的土地面积合计为 1033.44 km²，其人口承载潜力为 900.30×10⁴ 人。为此，通过深度开发手段集约利用城市建设用地，是控制城市空间扩张，减少城市发展占用耕地，实现耕地保护的重要途径。

（一）居住用地集约利用是提升城市用地承载里的重点

1. 居住用地富有弹性

研究表明，只要居住用地、公共管理与公共服务用地、工业用地、道路与交通设施用地、绿地与广场用地，这五大类城市用地的比例合适，就能够保证城市有正常发展的合理用地结构。GB 50137—2011 标准对这五大类城市建设用地结构规定见表 7-2。从各大类城市建设用地规模的影响因素看，居住用地、绿地与广场用地规模主要受人口数量因素主导，道路与交通设施用地等除了受人口数影响外，主要与城市建设用地规模呈比例关系。显然，通过提高居住用地集约化程度来控制居住用地空间扩展，是控制城市空间扩张、减少对城市周边优质耕地侵占的重

要途径，集约利用城市建设用地关键在于集约利用居住用地。

2. 城市居住用地构成

城市居住用地由住宅用地与住区服务设施用地组成。其中，住宅用地即用于修建住宅的用地；住区服务设施用地即用于修建住区及以下的幼托、文化体育设施、商业金融、社区服务、公用设施等主要公共设施和服务设施用地。2005年，建设部政策研究中心在《全面建设小康社会居住目标研究》中提出，到2020年城镇人均住宅建筑面积为35.0 m²/人；《城市居住区规划设计规范》（GB 50180—93）认为，住宅用地最多占居住用地的60%，据此，可以得出人均居住用地最小值。

3. 控制"一类居住用地"比例

人均住宅用地面积相同时，采取不同的建筑方式，人均占用的居住用地面积是不一样的。中高层、高层建筑，人均占用的居住用地面积较小，多层、低层建筑，人均占用的居住用地面积较大。按照建设部政策研究中心的人均住宅建筑面积 35.0 m²/人的标准，根据住宅建筑面积净密度最大值的规定，推导出不同建筑方式下的最少人均住宅用地面积和居住用地面积。

表7-10为不同建筑方式下的人均住宅用地与居住用地的对照关系。据表7-10，可以得到不同建筑方式之间的用地关系（表7-11）。按照人均住宅建筑面积35.0 m²/人的标准，人均住宅用地面积和人均居住用地面积都随着建筑层高的增加而减少。在同样多的人均住宅建筑面积情况下，人均住宅用地的关系是，多层为低层的2/3，中高层为多层的2/3～4/5，高层为中高层的1/2～2/3，高层为低层的1/3；人均居住用地的也具有同样的关系特征。所以，在同样多的人均住宅建筑面积情况下，人均住宅用地面积和人均居住用地面积都随着建筑层高的增加而减少。

表7-10　不同建筑方式下的人均住宅用地与居住用地的对照　　（单位：m²/人）

建筑方式	人均住宅用地面积		人均居住用地面积最小值	
	建筑气候区 Ⅰ、Ⅱ、Ⅵ、Ⅶ	建筑气候区 Ⅲ、Ⅳ、Ⅴ	建筑气候区 Ⅰ、Ⅱ、Ⅵ、Ⅶ	建筑气候区 Ⅲ、Ⅳ、Ⅴ
低层	31.8	26.9～29.2	53.0～63.6	44.9～58.3
多层	20.6	18.4～19.4	34.3～41.2	30.7～38.9
中高层	17.5	14.6～15.9	29.2～35.0	24.3～31.8
高层	10.0	10.0	16.7～20.0	16.7～20.0

按层数、布局、公共设施、公用设施、环境质量等综合因素的不同，居住用地包括高端的低密度居住用地，包括别墅区、独立式花园住宅、四合院等，公用设施、交通设施和公共服务设施齐全、布局完整、环境良好的"一类居住用地"；中、高密度居住用地，公用设施、交通设施和公共服务设施比较齐全、布局相对

完整、环境良好的"二类居住用地"。分析表明，随着经济发展，将有 30% 的住户追求品质居住在"一类居住用地"，70% 以上人口将居住在"二类居住用地"。所以，通过合理布局，增加高层建筑的比例，提升"二类居住用地"比例，控制"一类居住用地"建设面积，有利于提高居住区的容积率，提高居住用地的集约化程度。

表 7-11　不同建筑方式下的人均住宅与居住用地之间的关系　　　（单位：%）

建筑方式	人均住宅用地最小值		人均居住地最小值	
	建筑气候区 I、II、VI、VII	建筑气候区 III、IV、V	建筑气候区 I、II、VI、VII	建筑气候区 III、IV、V
多层占低层的比例	64.78	68.40 66.44	64.72 64.78	68.37 66.72
中高层占多层的比例	84.95	68.40 66.44	85.13 84.95	79.15 81.75
高层占中高层的比例	57.14	68.40 66.44	57.19 57.14	68.72 62.89
高层占低层的比例	31.45	37.17 34.25	37.19 31.45	37.19 34.31

4. 小户型城市住宅利于城市空间的集约化利用

全国户均人口呈现小户型变动。图 7-4 中，1964 年以来，全国户均人口数呈现小户型变动，到 2010 年，平均为 3.1 人/户。在改革开放前的减少速度慢，在 1964~1982 年的 18 年间，户均人口仅减少 0.03 人，年均减少速度为 0.0017 人/户。改革开放后减少速度加快，1982~2010 年的 28 年间，户均人口减少 1.31 人，年均减少速度为 0.0468 人/户。年均减少速度在 80 年代为 0.056 人/户，在 90 年代为 0.052 人/户，在 21 世纪的第一个十年为 0.034 人/户[①]。

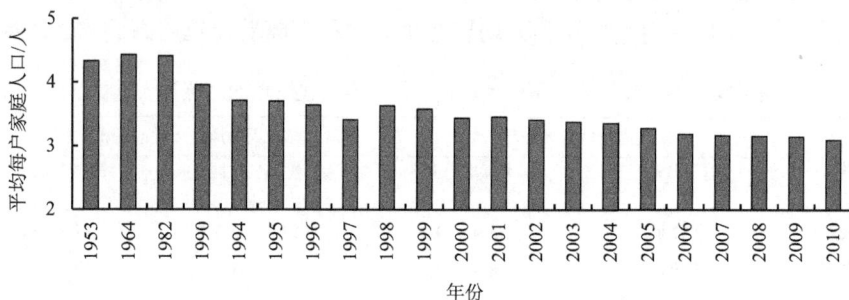

图 7-4　主要年份全国户均人口数的变化

城市小户型化快发展快。图 7-5 为 1985 年以来的全国城市户均人口数变化情况，1985~1990 年减少 0.39 人/户，年均减少速度为 0.078 人/户；在 20 世纪 90 年代减少 0.37 人/户，年均减少速度为 0.037 人/户；在 21 世纪的第一个十年减少

---

① 据《中国统计年鉴》中全国户数和人口数计算整理。

0.25 人/户，年均减少速度为 0.025 人/户。

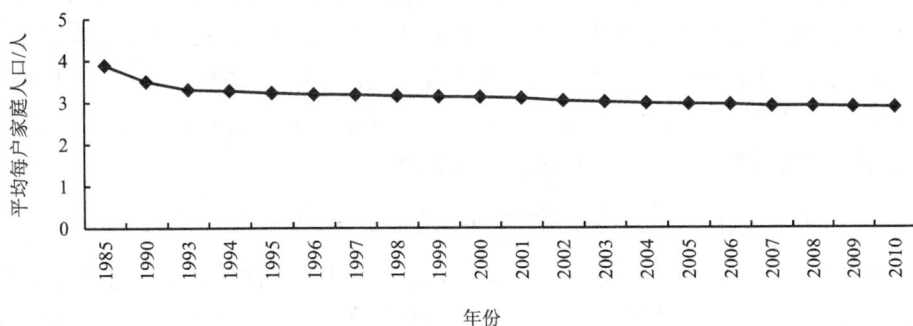

图 7-5 全国城市居民家庭户均人口数变化

资料来源：《中国统计年鉴》

城市户均人口减少变动快速，全国 2010 年减少为 2.88 人/户；西部地区对 18 100 户居民调查表明，平均每户 2.90 人；西部各省、市、县级尽管有差异[①]，但小户型化都十分显著（表 7-12）。

表 7-12 西部省、市、县级户均人口数 （单位：人/户）

地区	全国	内蒙古	广西	重庆	四川	贵州	云南	西藏	陕西	甘肃	青海	宁夏	新疆
省级	3.23	2.89	3.47	2.95	3.02	3.66	3.47	4.17	3.28	3.57	3.44	3.23	3.37
市级	3.10	2.90	3.41	2.75	2.87	3.55	3.12	2.96	3.32	3.33	3.13	3.03	3.08
县级	3.36	2.88	3.51	3.16	3.12	3.70	3.60	4.39	3.26	3.70	3.52	3.44	3.60

中小户型为主的城市住宅利于居住区集约利用。鉴于城市户均人口从 2004 年以来已经降到 3 人以下，2010 年平均为 2.88 人/户的现状，而且户均人口可能还有减少的趋势。为此，将建筑住宅面积控制在 90.0 m²/户以内，可能比较适合我国未来的发展需求。

（二）通过经济补偿措施激励行为主体集约利用居住区用地

1. 居民居住老区改造的经济激励机制

在西部地区一些城市的棚户区、城中村，人们的生活环境较差，有的房屋还是新中国成立前后修建的，距今已有半个多世纪的历史，属于严重危房，人民的生命安全完全得不到保障；城中村更是家家点火，户户冒烟，土地利用粗放。要通过棚户区改造和城中村土地的集约节约利用，提高平均容积率，改变西部地区

---

① 据《中国统计年鉴》中全国户数和人口数计算整理。

城市土地利用粗放，和各类用地布局不合理的现状。对棚户区改造和城中村进行统一拆迁并进行前期开发，成为净地后纳入储备，由规划部门统一进行规划开发，首先政府划出一部分土地作为原有住户的回迁安置房，并给予政策扶持和资金扶持，确保人民生活条件有改善，生活水平有提高，维护并实现了广大回迁居民的根本利益；其余结余出的土地公开进行出让，既弥补了拆迁资金不足，又实现了住宅用地的有效供给，实现土地集约节约利用。

2. 建立居住小区物管补贴机制激励居民居住中小户型居住小区

通过经济补贴手段，引导城市公众向高层住宅集中、向中、小户型住宅集中，实现人均占有住宅用地最小化，人口向城市集聚和降低城市扩张速度，最终实现保护耕地数量的目的。

前面分析表明，城市居住用地占到了城市建设用地的 20%～40%，近些年都在 30%以上，集约利用城市用地首先要集约利用住宅用地；户型越大，单位土地面积上承载的人口越少，引导居民向中小户型居住区集中，住宅面积主体控制在 90 m²/户之内的小户型化方式，以及通过合理布局等方式充分利用地上空间建立高层住宅，是节约城市中的居住用地的重要途径。现实中，随着人均收入的增加，居民的购买力越来越强，加上对未来经济发展乐观向上的预期，城市居民都更加趋向于购买较大面积的住宅，买大住宅的人多了，住宅用地的比例就会上升。在控制城市建设用地的条件下，住宅用地上升就会压缩城市建设中的其他用地类型，就会增加城市道路的拥挤和恶化城市环境；如果又要大住宅，又要宽道路、高城市绿化率等，势必就要扩张城市空间，就要进一步侵占城市周边的耕地，这无形中增加了城市人口与城市空间之间的矛盾。为此，采取激励措施，引导城市居民购买、居住中小户型的高层住宅，就是集约利用城市居住用地的必然选择。

在城市化发展的背景下，购买住宅是居民自己的事情，但城市管理是政府的事情，居住用地及其居住小区的管理属于城市管理的重要组成部分，管好城市居住区，就等于管好城市 1/3 左右的区域，为此，本书认为，构建居住小区物管补贴机制，以政府为补偿主体，中小户型的居住居民为受偿主体，按照小区实际入住的居民人数，依据一定标准补偿入住居民；在补偿方式方面，政府通过财政转移支付方式补贴居住小区物业管理费用。通过构建居住小区物管补贴机制，一方面减少中小户型居住小区居民的物业管理费用支出方式，吸引中低收入居民入住，在实现城市土地集约利用减少城市扩展占用耕地的同时，让普通城市民众分享城市经济发展成果，使政府通过转移支付方式对中低收益居民进行收益补贴，激励中低收益居民调整家庭收支结构，增加生活必需品支出能力，改善生活质量；另一方面，政府通过对中小户型居住小区的居民用转移支付的方式补贴费用，实际上也是政府在用财政资金创造服务业岗位的过程，也是政府在监督、规范各物业管理集团财务状况、强化物业管理和提高服务质量的过程。

3. 建立居民"参与性"住宅用地需求的经济约束机制

建立居民"参与性"住宅用地需求的经济约束机制，就是通过负补贴手段，抑制公众对城市住宅的投机性需求，降低因城市住宅建设占用耕地的速度，实现保护耕地数量的目的。其核心是以住宅为载体，以房管局掌握的住宅用地土地信息为依据，制定住宅用地耕地保护税的税率标准，居民按照占用的住宅面积和相应的税率，按月纳税，大住宅多纳税、小住宅少纳税，让"全民参与"控制城市的住宅用地增长进而控制城市扩张实现保护耕地的目的。

居民"参与性"住宅用地需求的经济约束机制属于"负补偿经济机制"，参与购房的城市人口是经济补偿主体，保护耕地质量的农户是经济受偿主体，政府是联系补偿主体和受偿主体的第三方。按照住宅用地面积征收的耕地保护税，全额进入国库的"耕保金专户"并用于耕地保护，政府通过逐级管理、分层负责的管理与支付程序，将耕地保护税金直接用于农户的耕地质量保护项目方面。

居民"参与性"住宅用地需求的经济约束机制提出的背景基于：第一，城市中的每位居民都是耕地城市化的受益者，都是城市占用耕地的使用者，在耕地日益减少、人地矛盾日益激化的背景下，都应该对城市建设占用耕地承担各自的责任。第二，通过居住用地的经济负补偿，让每位城市公民为保护耕地而纳税，抑制了居民对城市住宅的过分需求、超前需求，进而达到保护耕地的目的；让"参与性"耕地保护落地，即由"义务"变成了纳税行动。第三，开辟了耕地保护资金的稳定来源，前面的相关研究表明，尽管城市比农村居民点更加节约土地，但在城市建设中仍然要占用很大一部分耕地；占用了耕地，就应该通过在异地补充耕地和提高其他耕地的质量等办法，补偿城市占用导致的耕地减少；耕地补充或者耕地质量提升需要大量的资金投入，耕地开垦、整理和复垦等耕地保护资金主要来源于新增建设用地的土地收益提成和税金；事实上，新增建设用地的土地收益提成和税金固然应该用于耕地开垦、整理和复垦等耕地保护行为，但一方面，由于数量有限，而且源于耕地占用的耕地保护资金从长远看具有波动性和不可持续性；另一方面，地方政府并不乐意将新增建设用地的土地出让收益全部用于耕地保护，为此，国家必须开辟耕地保护资金的稳定性募集来源，这个来源就是基于居住用地的耕地保护税。

以住宅的土地使用面积（即土地证上的面积）为依据，向住户增收住宅用地保护耕地税，其立足点在于住宅建设要占用耕地、数量逐步减少的耕地需要通过劳动力的投入而提高质量以弥补数量的减少、保护耕地质量需要长期不间断地投入大量资金，这样的征税立脚点民众能够理解，容易得到支持，在法理上站得住脚。

第三节　农村居民点建设用地集约利用减少占用的潜力与耕地保护对策

一、农村居民点建设用地的地位与规模增长弹性

（一）农村居民点建设用地在城乡居民点建设用地中的地位

城乡居民点建设用地是城市居民点建设用地和农村居民点建设用地的总称，包括村庄、乡、建制镇、县城和设市城市五大类居民点用地类型。农村居民点建设用地包括村庄、乡建成区、建制镇建成区建设用地。

2000 年，农村居民点建设用地总量为 144 600 km²，城乡居民点建设用地总量为 193 701.7 km²，农村居民点建设用地占城乡居民点用地总量的 74.65%；到 2010 年，农村居民点建设用地总量为 179 221.29 km²，城乡居民点建设用地总量为 238 782.60 km²，农村居民点建设用地占城乡居民点建设用地总量的 75.06%[①]。分析表明，2000～2010 年，农村居民点建设用地比例一直稳定在城乡居民点建设用地的 3/4 附近，研究居民点建设用地集约利用不能不研究农村居民点建设用地。

（二）农村居民点建设用地规模增长弹性

依据城市用地规模增长弹性系数公式和相关数据，计算 2001～2010 年农村居民点用地规模增长弹性系数，结果见表 7-13。建制镇建成区用地规模增长弹性系数高达 8.84，是城市用地规模增长弹性系数控制值（1.12）的 7.9 倍，用地规模增长对人口增长非常敏感，说明人口由村庄、乡建成区、建制镇建成区集中过程中，用地规模增长与人口增长不相适应的程度上升很快，土地利用效率低下，土地浪费现象恶化。

表 7-13　农村居民点用地规模增长弹性系数

时间	建制镇建成区	乡建成区	村庄
2001～2010 年	8.84	0.15	−0.05

---

① 据《中国城乡建设统计年鉴 2010 年》数据整理与计算。

村庄用地规模增长弹性系数-0.05，负的弹性系数意味着村庄人口数量和用地数量的变动相反。在 2001～2010 年，村庄的户籍人口呈现减少变动，10 年间户籍人口减少了 4.59%；人口减少，村庄建设用地失去扩张依托，10 年间村庄用地总量增加 0.22%。人口较快减少、村庄用地不降反增，村庄建设的土地浪费现象非常严重。乡建成区用地规模增长弹性系数为 0.15，大于 0 但远远小于 1，意味着用地规模递减率小于人口规模递减率，尽管乡建成区用地总量可能减小但人均用地量增加，土地浪费现象在乡政府驻地建成区中也非常严重。乡建成区户籍人口减少 39.62%，乡建成区人口的用地总量减少 5.75%；按理，在人均用地标准控制下，建设用地量应该与户籍人口同步减少，但实际上居民点用地的减少速度要远远低于户籍人口减少速度，这与迁离原住地在异地安家的老百姓不愿意放弃原住地居民点用地有关。

二、农村居民点建设用地的特征与集约利用的潜力

（一）农村居民点建设用地的特征

按照 GB 50188—2007 规定，村镇人均建设用地控制范围为 $60.1～140.0 \text{ m}^2$/人。

1. 建制镇建成区建设用地特征

表 7-14 中，西部地区（西藏数据缺失，下同）2010 年建制镇建成区的人口数为 $3570.25×10^4$ 人，其中，户籍人口 $3166.21×10^4$ 人，暂住人口 $404.04×10^4$ 人，建制镇建成区建设用地 6804.64 km^2，建制镇建成区人均建设用地为 190.59 m^2/人，比建制镇建成区人均建设用地控制上限 140.0 m^2/人高 50.59 m^2/人，比全国建制镇建成区人均建设用地 191.76 m^2/人低 1.17 m^2/人。广西的建制镇建成区人均建设用地为 138.94 m^2/人，属于西部地区也是全国的最低值；除广西外，其余 10 个省（自治区、直辖市）的建制镇建成区人均建设用地都处于严重超标状态，新疆为 317.59 m^2/人，属于超标最严重的自治区，10 个超标省（自治区、直辖市）的建制镇建成区超过控制上限的建设用地面积合计为 1811.32 km^2。西部 11 省（自治区、直辖市）建制镇建成区的人口占全国的比例为 21.54%，建制镇建成区超过控制上限建设用地面积占全国建制镇建设超过控制上限建设用地面积的 21.10%，说明西部 11 省（自治区、直辖市）建制镇建设超标处于全国平均水平稍低的状态。

在 2010 年，全国建制镇建成区人口数为 $16578.04×10^4$ 人，其中户籍人口 $13902.70×10^4$ 人，暂住人口 $2675.34×10^4$ 人，建制镇建成区用地 31789.25 km^2，全国建制镇建成区人均建设用地为 191.76 m^2/人，比建制镇建成区人均建设用地

控制上限 140.0 m²/人高 51.76 m²/人。2010 年，西部地区仅有 1 个省级行政区的建制镇建成区人均建设用地低于控制上限　140.0 m²/人，其余都超过控制上限 140.0 m²/人，人均建设用地为 138.94～317.59 m²/人。建制镇建成区人均建设用地超标的全国 29 个省（自治区、直辖市），超过控制上限的建设用地面积合计为 8585.0 km²。分析表明，全国建制镇建成区人均建设用地量处于严重超标状态，超标总量大。

表 7-14　西部地区建制镇建成区人口与建设用地情况

指标	人口/10⁴ 人	建设用地/km²	用地控制范围/(m²/人)	建筑气候区	人均建设用地/(m²/人)	超控制上限建设用地/km²
全国	16 578.04	31 789.25	60.1～140.0		191.76	8 585.0
内蒙古	345.35	1 011.25	60.1～140.0	Ⅶ	292.82	527.76
广西	474	658.57	60.1～140.0	Ⅳ	138.94	
重庆	423.81	595.6	60.1～140.0	Ⅲ	140.53	2.27
四川	861	1 508.86	60.1～140.0	Ⅲ	175.25	303.46
贵州	395.19	774.95	60.1～140.0	Ⅴ（Ⅲ）	196.10	221.68
云南	295.85	541.32	60.1～140.0	Ⅴ	182.97	127.13
陕西	414.36	787.21	60.1～140.0	Ⅵ	189.98	207.11
甘肃	185.33	451.41	60.1～140.0	Ⅱ	243.57	191.95
青海	38.99	96.96	60.1～140.0	Ⅶ	248.68	42.37
宁夏	57.39	127.68	60.1～140.0	Ⅵ	222.48	47.33
新疆	78.98	250.83	60.1～140.0	Ⅱ	317.59	140.26

2. 乡建成区建设用地

西部地区（西藏数据缺失，下同）2010 年乡建成区户籍人口数为 1133.1×10⁴ 人，乡建成区建设用地 2749.94 km²，乡建成区人均建设用地为 242.69 m²/人，比人均建设用地控制上限 140.0 m²/人高 102.69 m²/人，比全国乡建成区人均建设用地 232.09 m²/人高 10.60 m²/人。广西的乡建成区人均建设用地为 148.32 m²/人，属于西部地区的最低值、全国仅次于福建的第二低值区；新疆为 366.48 m²/人，即西部 11 省（自治区、直辖市）的乡建成区人均建设用地介于 148.32 m²/人和 366.48 m²/人之间；乡建成区超过控制上限建设用地面积合计为 1163.59 km²，按照人均建设用地控制上限，尚能够承载 831.14×10⁴ 人（表 7-15）。西部 11 省（自治区、直辖市）乡建成区的承载人口占全国乡建成区总承载人口的 36.61%，乡建成区建设用地超标总量占全国乡建成区超过控制上限建设用地的 39.04%。分析表明，西部 11 省（自治区、直辖市）的乡建成区建设用地不但远远超过控制上限的标准，而且其集约利用程度低于全国平均水平。

表 7-15　西部地区乡建成区人口与建设用地情况

指标	人均建设用地/(m²/人)	控制上限/(m²/人)	按照最高标准的承载人口/10⁴人	承载潜力/10⁴人	超控制上限建设用地/km²
全国	232.09	140.0	5 365.76	2 129.00	2 980.60
内蒙古	300.78	140.0	105.31	56.29	78.81
广西	148.32	140.0	109.04	6.12	8.56
重庆	182.53	140.0	50.52	11.77	16.48
四川	215.36	140.0	351.99	123.17	172.43
贵州	235.98	140.0	285.79	116.24	162.74
云南	201.48	140.0	224.42	68.48	95.87
陕西	248.54	140.0	185.59	81.05	113.46
甘肃	300.91	140.0	244.27	130.62	182.87
青海	211.40	140.0	38.14	12.88	18.04
宁夏	282.30	140.0	31.78	16.02	22.43
新疆	366.48	140.0	337.39	208.50	291.90
西部	242.69	140.0	1 964.24	831.14	1 163.59

在 2010 年，全国乡建成区户籍人口数为 3236.76×10⁴人，乡建成区建设用地 7512.06 km²，人均建设用地为 232.09 m²/人，比人均建设用地控制上限 140.0 m²/人高 92.09 m²/人。2010 年，福建的乡建成区人均建设用地为最低值，为 145.49 m²/人，天津最大，为 858.94 m²/人。分析表明，全国所有乡建成区人均建设用地都超过控制上限，超过控制上限的建设用地合计为 2980.60 km²。

3. 村庄建设用地

西部地区（西藏数据缺失，下同）2010 年村庄户籍人口为 24779.42×10⁴人，村庄建设用地 37 598.46 km²，人均建设用地为 151.73 m²/人，比人均建设用地控制上限 140.0 m²/人高 11.73 m²/人，比全国村庄人均建设用地 182.00 m²/人低 30.27 m²/人。西部 11 省（自治区、直辖市）的村庄人均建设用地为 102.06～244.79 m²/人；村庄超过控制上限的土地面积合计为 4569.33 km²，按照人均建设用地控制上限，尚能够承载 3263.81×10⁴人（表 7-16）。西部 11 省（自治区、直辖市）的村庄户籍人口占全国的 32.23%，村庄建设用地超标总量占全国的 14.15%[①]。分析表明，西部 11 省（自治区、直辖市）的村庄建设用地存在超过控制上限标准的问题，但人均超标程度低于全国平均水平，村庄建设集约利用程度优于全

---

① 据《中国城乡建设统计年鉴 2010 年》数据整理与计算，下同。

国水平。

2010 年,全国村庄户籍人口数为76879.47×10^{4}人,村庄建设用地 139 919.98 km^2,人均建设用地为 182.00 m^2/人,比村庄人均建设用地控制上限 140.0 m^2/人高 42.00 m^2/人。2010 年,福建、广西、重庆、四川的村庄的人均建设用地低于 140.0 m^2/人,重庆最低为 102.06 m^2/人,但处于控制范围 60.1~140.0 m^2/人的中等偏上水平。超过控制上限的村庄建设用地面积全国合计为 32 288.72 km^2。

表7-16　西部地区村庄人口与建设用地情况

地区	人均建设用地 /(m^2/人)	控制上限/(m^2/人)	按照最高标准的承载人口/10^{4}人	承载潜力/10^{4}人	超控制上限建设用地/km^2
全国	182.00	140.0	99 942.84	23 063.37	32 288.72
内蒙古	176.18	140.0	1 597.11	327.96	459.15
广西	132.88	140.0	3 644.80	—	—
重庆	102.06	140.0	1 506.48	—	—
四川	129.64	140.0	5 407.79	—	—
贵州	165.49	140.0	3 223.89	496.62	695.26
云南	149.83	140.0	3 509.40	230.34	322.48
陕西	185.59	140.0	2 963.30	727.94	1 019.12
甘肃	184.33	140.0	2 406.39	578.75	810.24
青海	168.69	140.0	383.36	65.21	91.29
宁夏	172.64	140.0	462.70	87.49	122.49
新疆	244.79	140.0	1 750.84	749.51	1 049.31
西部	151.73	140.0	26 856.04	3 263.81	4 569.33

注:表中数据计算时村庄人口为户籍人口

(二)农村居民点建设用地的人口承载潜力

1. 建制镇建成区建设用地的人口承载潜力

西部地区(西藏数据缺失,下同)2010 年建制镇建成区人口及建设用地情况列在表 7-17 中。按照控制下限核算的西部建制镇建成区的人口承载总量应为 10468.68×10^{4}人,与 2010 年实际承载人口相比的承载潜力应为 6898.43×10^{4}人。超过控制上限的建制镇建成区如果按照控制上限核算2010 年的理论建设用地数量,再与当年实际建设用地数量对比,超过控制上限的建设用地合计为 1811.32 km^2。这些超标土地按照人均建设用地控制上限进行核算,其人口承载潜力为 1293.80× 10^{4}人。

表 7-17　西部地区建制镇建成区建设用地的人口承载潜力

地区	建筑气候区	人均建设用地/(m²/人)	控制下限/(m²/人)	按下限的承载人口/10⁴人	潜力/10⁴人	控制上限/(m²/人)	按上限的承载人口/10⁴人	潜力/10⁴人	超控制上限建设用地/km²
全国		191.76	60.1	48 906.54	32 328.50	140.0	22 706.61	6 132.14	8 585.00
内蒙古	Ⅶ	292.82	60.1	1 555.77	1 210.42	140.0	722.32	376.97	527.76
广西	Ⅳ	138.94	60.1	1 013.18	539.18	140.0	470.41		
重庆	Ⅲ	140.53	60.1	916.31	492.50	140.0	425.43	1.62	2.27
四川	Ⅲ	175.25	60.1	2 321.32	1 460.32	140.0	1 077.76	216.76	303.46
贵州	Ⅴ（Ⅲ）	196.10	60.1	1 192.23	797.04	140.0	553.54	158.35	221.68
云南	Ⅴ	182.97	60.1	832.80	536.95	140.0	386.66	90.81	127.13
陕西	Ⅱ	189.98	60.1	1 211.09	796.73	140.0	562.29	147.93	207.11
甘肃	Ⅶ	243.57	60.1	694.48	509.15	140.0	322.44	137.11	191.95
青海	Ⅵ	248.68	60.1	149.17	110.18	140.0	69.26	30.27	42.37
宁夏	Ⅱ	222.48	60.1	196.43	139.04	140.0	91.20	33.81	47.33
新疆	Ⅶ	317.59	60.1	385.89	306.91	140.0	179.16	100.18	140.26

2010 年的全国建制镇建成区人均建设用地 191.76 m²/人，比控制下限 60.1 m²/人的指标值高出 131.66 m²/人；按照人均建设用地的控制下限核算，2010 年建制镇建成区的人口承载总量应为 48906.54×10⁴ 人，与 2010 年实际承载人口相比，其承载潜力为 32328.50×10⁴ 人。超过控制上限的建制镇建成区，按照控制上限核算 2010 年的建设用地数量，再与当年实际用地数量对比，超过控制上限的建设用地面积合计为 8585.00 km²，其人口承载潜力为 6132.14×10⁴ 人。

2. 乡建成区建设用地的人口承载潜力

西部地区（西藏数据缺失，下同）2010 年乡建成区建设用地超标与人口承载潜力情况见表 7-18。2010 年的西部 11 省（自治区、直辖市）的乡建成区人均建设用地 242.69 m²/人，比控制下限 60.1 m²/人的指标值高出 182.59 m²/人，比控制上限 140.0 m²/人的指标高出 102.69 m²/人。超过控制上限的乡建成区如果按照控制上限核算 2010 年的理论建设用地数量，再与当年实际建设用地数量对比，超过控制上限的建设用地面积合计为 1163.60 km²。这些超标土地按照人均建设用地控制上限进行核算，其人口承载潜力为 831.14×10⁴ 人。

2010 年的全国乡建成区人均建设用地 232.09 m²/人，比控制下限 60.1 m²/人的指标值高出 171.99 m²/人，比控制上限 140.0 m²/人的指标高出 92.09 m²/人。超过控制上限的乡建成区，按照控制上限核算 2010 年的乡建成区理论建设用地数量，再与当年实际建设用地数量对比，超过控制上限的建设用地面积合计为 2980.60 km²，其人口承载潜力为 2129.00×10^4 人。

3. 村庄建设用地的人口承载潜力

西部 11 省（自治区、直辖市）2010 年村庄建设用地超标与人口承载潜力情况列在表 7-18。2010 年的西部 11 省（自治区、直辖市）的村庄人均建设用地 151.73 m^2/人，比控制下限 60.1 m^2/人的指标值高出 91.63 m^2/人，比控制上限 140.0 m^2/人的指标值高出 11.73 m^2/人。超过控制上限的村庄如果按照控制上限核算 2010 年的理论建设用地数量，再与当年实际建设用地数量对比，超过控制上限的土地面积合计为 4569.33 km^2。这些超过控制上限的建设用地按照村庄人均建设用地控制上限进行核算，其人口承载潜力为 3263.81×10^4 人。

2010 年的全国村庄人均建设用地 182.00 m^2/人，比控制下限 60.1 m^2/人的指标值高出 121.90 m^2/人，比控制上限 140.0 m^2/人的指标值高出 42.00 m^2/人。超过控制上限的村庄，按照控制上限核算 2010 年的理论建设用地数量，再与当年实际建设用地数量对比，超过控制上限的建设用地面积合计为 32288.72 km^2，其人口承载潜力为 23063.37×10^4 人。

表 7-18　西部地区的乡建成区和村庄建设用地超标与人口承载潜力情况

指标	控制上限 /(m²/人)	乡建成区			村庄		
		超控制上限建设用地/km²	按上限的承载人口/10⁴人	人口承载潜力/10⁴人	超控制上限建设用地/km²	按上限的承载人口/10⁴人	人口承载潜力/10⁴人
全国	140.0	2 980.60	5 365.76	2 129.00	32 288.72	99 942.84	23 063.37
内蒙古	140.0	78.81	105.31	56.29	459.15	1 597.11	327.96
广西	140.0	8.56	109.04	6.12		3 644.80	
重庆	140.0	16.48	50.52	11.77		1 506.48	
四川	140.0	172.43	351.99	123.17		5 407.79	
贵州	140.0	162.74	285.79	116.24	695.26	3 223.89	496.62
云南	140.0	95.87	224.42	68.48	322.48	3 509.40	230.34
陕西	140.0	113.46	185.59	81.05	1019.12	2 963.30	727.94
甘肃	140.0	182.87	244.27	130.62	810.24	2 406.39	578.75
青海	140.0	18.04	38.14	12.88	91.29	383.36	65.21
宁夏	140.0	22.43	31.78	16.02	122.49	462.70	87.49
新疆	140.0	291.90	337.39	208.50	1 049.31	1 750.84	749.51
西部		1 163.60	1 964.24	831.14	4 569.33	26 856.04	3 263.81

三、农村居民点建设用地集约利用减少占用保护耕地的对策

（一）集约利用农村居民点建设用地的经济约束机制

2010 年，全国建制镇建成区超过控制上限的建设用地面积合计为 8585.0 km²，其人口承载潜力为 6132.14×10⁴ 人；西部 11 省（自治区、直辖市）建制镇建成区超过控制上限的建设用地面积合计 1811.32 km²，其人口承载潜力为 1293.80×10⁴ 人。2010 年，全国乡建成区超过控制上限的建设用地面积合计 2980.60 km²，其人口承载潜力为 2129.00×10⁴ 人；西部 11 省（自治区、直辖市）乡建成区超过控制上限的建设用地面积合计为 1163.60 km²，其人口承载潜力为 831.14×10⁴ 人。全国村庄超过控制上限的建设用地面积合计 32 288.72 km²，其人口承载潜力为 23063.37×10⁴ 人；西部 11 省（自治区、直辖市）村庄超过控制上限的建设用地面积合计为 4569.33 km²，其人口承载潜力为 2076.62×10⁴ 人。所以，集约利用农村居民点建设用地，可以有效地控制农村居民点用地扩张，对耕地保护具有重要意义。

对不按照规划建设或不报批的农村居民点用地行为，实行负补偿约束机制。其核心是加强管理，责令违规的行为主体，在规定的时间内将占用的耕地恢复土地利用原状。事实上，对侵占土地上的建筑物拆除，本身就是一种负投入，通过违规行为主体对自己的违规行为进行负投入，让他自己给自己造成损失，就是一种负向约束。因为，农村居住的主要是文化层次较低的居民，对国家的政策了解不够，对国家的税收、违规行为罚款等，难以理解，甚至有强烈的抵制情绪，为此，政府不收违法行为主体的相关资金，而责令其还原土地利用现状，其作用在于：①能够有效地惩罚违规行为主体；②能够起到示范作用；③能够杜绝管理主体在行使职权过程中的腐败行为；④恢复原状后，耕地没有减少，真正地保护了耕地。

（二）农村居民点用地退出的经济激励机制

调查表明，部分原来居住在农村的居民，已经通过多条途径举家迁往城市居住。其原有的农村宅基地及其附属物，要么卖给附近的农户，要么作为自己的财产放置在原地。卖给农户，就扩大了购买方的宅基地面积；放置在原地，不但个人的资产闲置，而且因人口外迁、宅基地不减，要增加迁出地居民的人均宅基地面积。为此，本书认为，构建政府购买的农村居民点用地退出经济激励机制的意义重大。政府购买外迁的农村居民点用地：①帮助外迁的农村居民盘活闲置资产，

有利于将变卖房屋的资金用于在城市创业；②政府购买外迁居民农村宅基地，然后复垦，可以作为国有土地的储备过程，为通过置换方式增加城市建设用地打基础；③即使外迁农村居民的邻居有意愿购买，政府也作为第三方优先购买，然后再视其情况，即使以相同价格专卖给农户，也利于减少买卖中的纠纷，利于维护社会稳定与和谐。

（三）进城务工人员定居城市减少农业资源占用保护耕地的经济激励机制

进城务工人员定居城市减少农业资源占用保护耕地的经济激励机制，就构建经济补偿激励措施，让进城务工时间长有积蓄、在城市择业机会多有相对稳定收益等类型的务工人员，定居在城市中并将自己的储蓄和收益投入城市发展的价值创造过程中。

促进进城务工人员定居城市，是为了提高资源的利用率，促进耕地保护。与欧美国家不同，我国城市化过程中形成的进城务工人员，尽管在城市生活了多年，仍然要年复一年地、像候鸟一样返回农村，而且将在城市中赚取的钱财带回农村，在原居住地修建楼房，大量的楼房在农村拔地而起，建房必占地，特别是占农户自己的承包地，导致耕地建房成为必然；农户建房占用了大量的资金，很多农户在房屋建好以后仍然举家在城市务工，其子女一种可能是通过读书进城后不再回农村，一种可能是像父辈一样进城务工且不愿返回农村，从而导致资金闲置或者利用效率低；进城务工人员是在城市生活、工作多年的农民，农民就要被统计为农村人口，使统计上的城市化率低于实际上的城市化率，造成城市化水平的统计、评估失真，进而影响到相关的政府决策。如果解决了进城务工人员定居城市的问题，不但可以提高城市化水平、提高城市向农村流动的资金流的利用效率，而且有利于从农村居民点建设对土地需求的源头上减少耕地占用的机会，进而从源头上保护耕地。

政府是城市化的推动主体，进城务工人员本身就是人口城市化的产物，是农村劳动力对政府城市化行为的支持行动。所以，政府是行政辖区内定居城市的进城务工人员的经济补偿主体，拟定居城市的进城务工人员是政府补偿的对象。该机制的核心是要解决在本行政辖区进城务工人员的定居能力问题。要解决有收益进城务工人员的定居能力问题，其关键是解决居住住房问题。要从经济上解决进城务工人员在城市定居的住房问题，一是解决进城务工人员购房能力，二是提供政府性公共租赁住房的房源，确保进城务工人员长期租用。解决进城务工人员购房能力也有两条路径，一方面是增加工资或者劳务收益，这个问题是进城务工人员本身与相关用人行业、单位之间的问题，其决定主体归用人市场调节，政府没有能力控制。另一方面是政府提供进城务工人员买得起的保障性住房。为此：①一是政府主导建设的保障性住房应该面向进城务工人员出售，保障性住房只解决通过务工形式城市化的农户住得下、买得起的问题；二是对进城务工人员在城市购买保障性住房实行政府补贴，吸引有条件的进城务工人员在城市购房并定居，减少农村宅基地对耕地的占用，实现耕地数量保护。②政府作为第三方，购买举家进城务工人员承包地的"耕地农业发展权"，让农户承包耕地的"农业发展权资本化"，为进城务工人员的创业、买房提供资金支持；再将政府购买的"耕地农业发展权"有条件地流转给耕地经营者，促进耕地流转和规模化经营，让有经营能力的纯农户经营更多的耕地，成为商品农业的经营者，进而成为耕地保护者；事实上，耕地用途转用关键在于"耕地农业发展权"损失，只要政府控制了"耕地农业发展权"，即使耕地属于集体所有，或者属于个人所有，都没有能力转变用途。而且，如果在政府主导下，实现了"农业发展权资本化"，就解决了农户进城创业的资金瓶颈问题，进城的农村人口多了，城市化水平也就高了，进城农村人口的贫困问题也就解决了，同时，农村人口少了，第一产业就业人口经营的耕地也就多了，规模经营问题就解决了。

第八章 西部地区耕地保护对策（二）

——基于教育推进农村人口城市化保护耕地的视角

第五章研究表明，因经营的耕地数量少、年有效劳动时间不足，农户劳动力经营与保护耕地的机会成本高而不愿意花更多可自由自配的资源在经营与保护耕地方面；要保护耕地需要就需要通过减少农户劳动力数量、增加农户劳动力经营与保护耕地的数量，进而增加农户年有效劳动时间，增加农户收入激励耕地保护意愿。城市化是转移农户劳动力转移到第二、三产业，减少农户劳动力务农的重要途径。基于此，本章提出基于教育为载体，接受教育者为目标人群，农村人口城市化为核心，经济补偿为激励-约束手段，保护耕地为目的，激励农村人口通过升学、培训等途径演变为城市人口，减少以经营与保护耕地为主业的农户劳动力数量，提升农户务农劳动力人均经营与保护耕地的数量而实现增收，进而实现耕地保护目标的基本思想。

第一节 教育对农村人口城市化的贡献

一、人口城市化及教育的推动功能

人口城市化，简单说就是农村人口向城市人口转变和人力资本提升的过程。一种途径是地域空间城市化带动的人口城市化，即伴随着农业为主的非城市区域向工业、服务业为主的城市区域转变过程而实现的农村人口城市化；另一条途径是教育带动的人口城市化，即城市以外的广大农村青少年，在接受教育提升科学文化素质、社会道德素质、法制意识和服务社会意识后，通过升学、培训与招聘、务工等途径向城市集中的城市化过程。

教育推进人口城市化的观点已经见诸相关研究成果，例如，马侠（1987）将招收农村学生进入中专及以上的学历教育归为农村人口迁往城市的重要类型；李松林（2001）认为考入中等专业学校或高等学校学习的青年学生毕业后将成为各行业的专门人才，提出升学转化模式推进农村人口转化为城市人口；许抄军等

（2007）认为出生在农村的大学毕业生除了自身实现城市化外，还会带动家庭成员进入城市生活圈；阳少华（2014）认为高等教育是釜底抽薪式的农村人口城市化路径，提出建立对农村职业技术型大学生的普惠制扶持制度；阚大学和吕连菊（2014）认为职业教育对于转移人口的素质和就业能力提高、转移人口生活方式转变、城市就业结构升级等都具有积极作用，有利于城市化水平提高，其中2001年前中等职业教育影响最大，2001年后高等职业教育影响最大。

有学者从基础教育角度论述教育在推进人口城市化方面的作用，如刘世庆（1999）在美国做访问后提出从农民子女教育入手实现农村人口向城市转移是一个能够大规模转移、转移速度比较快的好办法；刘伟德（2000）从就业的难易程度角度认为农村劳动力的文化素质越高，越易在城市找到工作岗位且被取代的可能性小，提出通过提升农村人口素质推进人口向城市转移；桂水清（2004）和彭艳红（2010）认为农村人口的教育状况已经制约了人口城市化，顺利推进人口城市化的途径在于通过发展农村教育提高农村人口整体文化素质。

随着经济社会发展的不断深入，职业竞争的不断加剧，对职业教育和培训在推进人口城市化方面的作用广泛受到关注，杨建华（2006）和余振运（2009）认为教育、职业教育和培训有助于提升进城农村剩余劳动力的受教育水平、就业能力和整体素质，帮助他们尽快适应新产业部门需要和融入城市生产、生活方式，加速向市民化转化的过程；辜胜阻等（2015）探讨了农村外出务工人员职业培训、学校职业教育在人口城市化中的存在的问题与作用。

二、农村人口教育城市化的内涵与分析方法

（一）农村人口教育城市化的内涵

农村人口教育城市化是农村未成年人口在完成基础教育后通过中等职业教育或高等教育、农村成年剩余劳动力通过接受短期非学历培训教育，掌握就业岗位所需技能，实现经济活动和生活方式非农化的过程，是人口城市化的方式之一。

通过农村人口教育城市化方式增加的城市人口称为教育城市化人口。教育城市化人口包含两个方面：一方面是通过高等教育或中等职业教育、培训等教育方式由农村向城市转移的人口，这部分人口与教育直接相关，称为教育直接城市化人口，具有教育直接迁移属性；另一方面是教育直接城市化人口生养具有城市型特征的后代和带父母进城生活，生养的后代和跟随其进城的父母成为城市化人口都是收到受教育者的影响，皆与教育间接相关，称为教育衍生城市化人口，其中，随迁入城的父母具有教育间接迁移属性，其子女具有城市人口自然增长属性。

通过农村人口教育城市化方式，在一定时期内增加的城市人口数量就是教育

城市化人口数，其中，每年增加的数量称为年教育城市化人口数，研究期内增加的数量称为教育城市化人口总数；同理，可以分别对教育直接城市化人口数、教育衍生城市化人口数，按照"年内"或"研究期内"进行分类统计与研究。本章仅研究高等教育和中等职业教育贡献的教育直接城市化人口及其带动作用，未研究非学历培训教育对人口城市化的贡献。

通过农村人口教育城市化方式增加的城市人口中，教育直接城市化人口有助于提升城市人口素质，这部分城市化人口基于自身发展经验，往往十分重视对子女的教育，其生养的子女对提高城市人口整体素质也是有裨益的。为了研究的方便，将教育直接城市化人口和其生养的子女统称为文化素养人口；文化素养人口可以按照"年内"或"研究期内"分类研究，以评价农村人口教育城市化对城市人口素质的改善情况及其演变趋势。文化素养人口数与教育城市化人口增量的比率，称为农村人口教育城市化对城市人口素质的贡献率。

（二）农村人口教育城市化的分析方法

利用 2000～2014 年数据，建构数学模型评价教育对人口城市化的贡献。研究期定义为$[t_{2000}, t_{2014}]$，t 表示年；研究期内的 i 年，$i = 2000, 2001, \cdots, 2014$。

1. 教育城市化人口数的计量模型

构建教育城市化人口数的计量模型，需要涵盖教育直接城市化人口和教育衍生城市化人口这两个变量。用 Q 表示研究期内的教育城市化人口总数，Q_i 表示第 i 年的年教育城市化人口数（10^4 人/年），q_i 和 q_i' 分别表示第 i 年的年教育直接城市化人口数量（10^4 人/年）、年教育衍生城市化人口数量（10^4 人/年），则有

$$Q = \sum_{i=1}^{n} Q_i = \sum_{i=1}^{n} (q_i + q_i') \tag{8-1}$$

其中，

$$Q_i = q_i + q_i'$$

$$q_i = \frac{M_i^g}{P} \cdot p_x \cdot \beta + \frac{M_i^z}{P} \cdot p_x \cdot \lambda$$

鉴于，$r_i = p_x / P$，于是有

$$q_i = r_i(\beta \cdot M_i^g + \lambda \cdot M_i^z)$$

$$q_i' = q_i \cdot 2\mathfrak{I} + q_i \cdot \aleph$$

式中，M_i^g 为年大学生毕业人数（10^4 人/年），β 为大学生就业率（%），M_i^z 为年中等职业学校毕业生人数（10^4 人/年），r_i 为年农村人口比重（%），λ 为中职学生就业率（%），P 为总人口（10^4 人），p_x 为农村人口数（10^4 人）。$\Im$ 为教育城市化人口携带父母共同生活系数，$0 \leqslant \Im \leqslant 1$；$\aleph$ 为教育城市化人口生育系数，$0 \leqslant \aleph \leqslant 0.5$。毕业生就业调查和毕业后的跟踪调查表明，大学生通过毕业时的一次性就业和毕业后的自主创业，最终都能够实现充分就业，β 取 1；中等职业技术类学生通过各种途径提升学历水平后有 60%～70% 的毕业生能够在城市找到稳定的、适合自己的职业，λ 取 0.65。对在校大学生进行问卷调查表明，有 50%～60% 的学生愿意在成家立业后将农村父母接进城生活，$\Im$ 取 0.55；有 90% 左右的受访者愿意生养后代，$\aleph$ 取 0.45[①]。

需要进一步说明的是，教育衍生城市化人口中，携带父母进城的总数 $q_i \cdot 2\Im$ 是以其父母健在为前提的；教育城市化人口的年生育数 $q_i \cdot \aleph$ 有两个存在前提，一是至少需要夫妻一方是城市化人口，二是研究期内人口国策为独生子女政策，其基础数据采集于独生子女政策大背景，实施二孩政策之后，基本模型不会受到影响，但 $\aleph$ 的取值范围需要调整至 $0 \leqslant \aleph \leqslant 1$。

2. 农村人口教育城市化对城市人口素质贡献率的计量模型

第 i 年的年文化素养人口数为同年的年教育直接城市化人口数 q_i 与其年生养子女数之和，即为 $q_i + \aleph \cdot q_i$，研究期内的文化素养人口数为 $\sum\limits_{i=2000}^{2014} (q_i + \aleph \cdot q_i)$；第 i 年相对于第 $i-1$ 年的城市化人口年增量为年城市人口总量之差 $p_i' - p_{i-1}'$。研究期内新增城市人口的总增量为 $\sum\limits_{i=2000}^{2014} (p_i' - p_{i-1}')$，则研究期内和第 i 年的教育城市化人口对城市人口素质的贡献率用 D，年贡献率 D_i 的计量模型表示为式（8-2）：

$$D = \frac{\sum\limits_{i=2000}^{2014} (q_i + \aleph \cdot q_i)}{\sum\limits_{i=2000}^{2014} (p_i' - p_{i-1}')}$$

其中，

$$D_i = \frac{q_i + \aleph \cdot q_i}{p_i' - p_{i-1}'} \tag{8-2}$$

---

① 经验数据利用问卷星进行问卷调查，然后对调查结果统计分析所得。

三、教育对我国城市化人口数量的贡献分析

（一）对研究期内的城市人口总量增长作用显著

依据公式（8-1），计算教育城市化人口数并评价研究期内农村人口教育城市化对城市人口总量的贡献，计算教育直接城市化人口数、教育衍生城市化人口数并评价教育在研究期内直接或间接增加城市人口总量的大小；公式中的大学生毕业人数、中等职业学校毕业生人数、农村人口比重、总人口、农村人口数等基础数据从国家统计局主页的统计数据栏目的数据查询得，大学生就业率、中职学生就业率、教育城市化人口携带父母共同生活系数、教育城市化人口生育系数使用经验系数。

计算表明，研究期内的教育城市化人口总量多达 10435.5×10^4 人，农村人口教育城市化方式对城市人口数量增长的贡献显著。利用中国国家统计局官网公布的年城市化人口数据计算研究期 2000～2014 年新增城市人口的总增量为 31168×10^4 人。对比教育城市化人口数和城市化人口总增量，教育城市化人口数占同期城市化人口增量的 33.5%，说明高等教育和中等职业教育是我国农村人口城市化的重要方面，成为我国城市化人口的重要来源，学历教育不仅具有农村人口城市化的推动功能，而且已经成为拉动农村人口城市化、增加城市人口数量的主要马车。

进一步对 2000～2014 年的教育城市化人口总量进行结构性分析发现，具有教育直接迁移属性的教育直接城市化人口数为 4092.3×10^4 人、教育衍生城市化人口数多达 6343.2×10^4 人；占教育城市化人口总数的比重，教育直接城市化人口为 39.2%、教育衍生城市化人口为 60.8%，后者是前者的 1.55 倍。教育衍生城市化人口数和比重，比教育直接城市化人口数和比重更大、更高，说明通过生养城市型后代和带动父母进城的方式，教育直接城市化人口的增长可以引导城市化人口数成倍地增加，这就是人口教育城市化方式对城市人口数量的放大作用或乘数效应。鉴于教育衍生城市化人口属于城市化人口的家庭行为，放大作用或乘数效应的意义在于：人口教育城市化方式促进了人口城市化的社会成本下降，减轻政府为增加城市化人口数量和提高城市化水平的压力。

（二）人口教育城市化方式增加的城市人口数量逐年上升趋稳

在利用公式（8-1）计算 2000～2014 年的教育城市化人口总数过程中，首先得到其间第 i 年的年教育城市化人口数，将其结果编制为年教育城市化人口数变化过程图 8-11。图 8-1 表明，2000～2014 年的年教育城市化人口数变动在 336.78×10^4～939.0×10^4 人，对年教育城市化人口数进行 4 阶多项式回归分析，其回归方

程写为

$$y = 0.1072x^4 - 4.224x^3 + 51.532x^2 - 155.26x + 457.99$$

$R^2 = 09983$ 表明，年教育城市化人口数的观察值与利用 4 阶多项式进行回归分析的拟合值的拟合程度很高，该回归方程可以用来预测分析未来年份的年教育城市化人口数，进一步说明回归分析生成的趋势线（图 8-1 的虚线）在一定程度上能够代表未来发展趋势。

　　趋势线变化过程以 2008 年为界点年，年教育城市化人口数的变动可以划分为两个阶段，其中，2008 年前为快速上升期，这与 2000 年以来的教育大发展，特别是高等教育扩招增长有很大的关系；2008 年以后，尽管年增量在波动中呈现先缓升、后微降的变化，但趋势线反映出微升的趋势变动特点，而且在 2014 年后的几年之内，上升的幅度仍然稳定在 2008 年以来的高值区间以内，在未来一段时间内仍然能够保持 2008 年以来的基本稳定增长态势。2008 年以来的年教育城市化人口数变动在 $882.4 \times 10^4 \sim 939.0 \times 10^4$ 人，年均超过 912×10^4 人；其间，城市化人口数的年增量为 $1170 \times 10^4 \sim 2466 \times 10^4$ 人，均值为 2040.4×10^4 人。前者占后者的比例变化范围在 37.6%～49.9%，均值为 44.7%。上述分析表明：教育在人口城市化中的地位高、作用大，且皆呈现上升势头，国家政府把握机会，利用政策工具因势利导地推进人口教育城市化会收到事半功倍的效果。

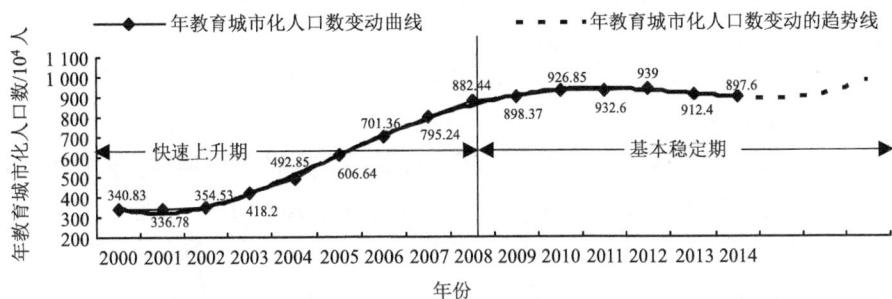

图 8-1　2000～2014 年我国年教育城市化人口数及变化过程

　　（三）年教育城市化人口数增长同人口城市化新形势的需求具有一致性

　　我国人口城市化面临城市化人口总量大[1]、比主要发达国家的总量还要多[2]、

---

[1] 据中国国家统计局官网查询，2014 年为 74916×10^4 人。

[2] 据联合国粮食及农业组织数据库（http://faostat3.fao.org/download/O/OA/E）2014 年数据计算，美国、英国、日本、德国、法国、意大利、加拿大、澳大利亚、瑞典、挪威、韩国等主要发达国家同年城市化人口合计为 66613×10^4 人，比我国少 8303×10^4 人。

城市化人口总量的年增率[①]居高不下[②]（图 8-2）等新形势，定量分析城市化人口总量的年增量[③]表明，2025 年以前的各年度可能皆在 2%以上，城市化人口总量在 2020 年和 2025 年可能分别达到 86399×10⁴ 人、95979×10⁴ 人；与 2014年相比，2020 年和 2025 年的城市化人口总量可能分别净增 11483×10⁴ 人和21063×10⁴ 人[④]。

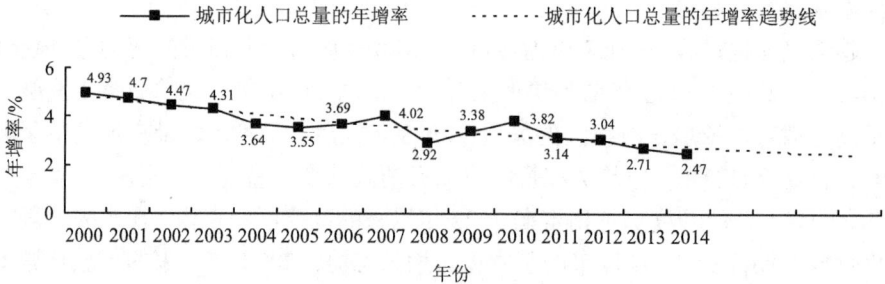

图 8-2　2000～2014 年我国城市化人口总量的年增率及变化

　　在新的人口城市化背景下，增加城市人口数量、提升城市人口比重必须要有强大的第二、三产业经济及产业经济创造的就业岗位来支撑。尽管我国已成为世界第二大经济体，城市经济集聚能力和就业岗位创造能力强、潜力大，但我国仍然属于最大的发展中国家，贫困人口总量大、脱贫任务重，人口城市化给城市人口的可持续发展带来了越来越大的压力已经成为不争的事实，采取适当方式，寻求既不影响人口城市化，又能够将城市化人口数控制在适当范围内的人口城市化方式是当下的任务。

　　将图 8-1 中的趋势线周期延长后发现，未来年份的教育城市化人口的年增量可能以稳为主并略有增加，教育城市化人口数围绕 900×10⁴ 人/a 的上下波动。如果将人口教育城市化作为人口城市化的主要发展路径，则未来的年城市化人口数约为 2014 年的 50%。综上所述，人口教育城市化的年教育城市化人口数基本稳定、增量相对较小的特点，符合我国未来年份的城市化人口在庞大基数的前提条件下保持持续增长的同时，将城市化人口总量保持在适当范围的需要。

---

① 城市化人口总量年增率等于第 i 年与第 $i-1$ 年的城市人口总量之差同第 $i-1$ 年的城市人口总量的比值。
② 城市化人口总量年增率居高不下，是指 2000 年的年增量高达 4.93%，2014 年尽管较 2000 年下降幅度较大，但仍然高达 2.47%。
③ 对图 8-2 中的年增率进行 2 阶多项式回归分析，回归方程为 $y = 0.0036x^2 - 0.2067x + 5.0053$，鉴于 $R^2 = 0.8254$，观测值与趋势线的拟合程度较高，利用回归方程测算城市化人口总量的年增率，其中 2020 年为 2.25%，2025年为 2.06%，进一步预测未来年份的城市化人口总量。
④ 预测的城市化人口总量与 2014 年的城市化人口总量之差。

四、教育对城市人口素质的提升作用分析

（一）人口教育城市化具有提升城市人口素质作用

人口教育城市化过程中，城市增长的文化素养人口包括直接教育城市化人口和其生养的后代。这些新增文化素养人口的规模、占年城市人口增量的比重（即人口教育城市化对城市人口素质贡献率）是评价高等教育和中等职业技术教育对提升城市人口素质贡献的重要参数。

在利用公式（8-1）计算研究期内的教育城市化人口总量过程中，得到其间第 i 年的年教育直接城市化人口数和年生养子女数，将其结果编制为"年增量-年份"变化过程图 8-3。由图 8-3 可知，研究期内的教育直接城市化人口数总数为 4092.5×10^4 人，生养子女数总数为 1841.6×10^4 人，文化素养人口的总数为 5934.1×10^4 人。分析表明，每年皆有数以百万计的文化素养人口依托人口教育城市化方式加入到城市化人口行列之中，这些人口接受过高等教育或中等职业教育，对改善城市人口的文化结构、提升城市化人口的素质发挥积极作用。

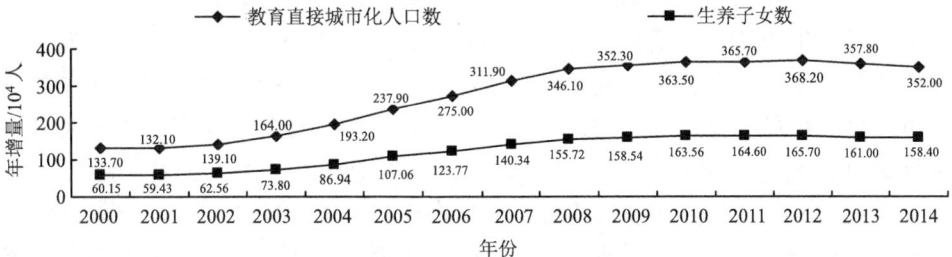

图 8-3　2000～2014 年我国的年教育直接城市化人口数、生养子女数年际变化

鉴于研究期内的人口城市化新增的城市化人口总增量为 31168×10^4 人。据式（8-2），研究期内的教育城市化人口对城市人口素质提升的贡献率 D 为 19.04%。说明通过高等教育和中等职业教育途径，农村向城市移入的高素质人口占到了新增城市化人口总量的 1/5，使城市人口的素质得到不断的提升。

（二）人口教育城市化对城市人口素质提升具有加速作用

据国家统计局官网公布的人口数据和图 8-3 数据，用式（8-2）计算人口教育城市化对城市人口素质的年贡献率 D_i 并编制成为"年贡献率-年份"变化过程图 8-4，对图 8-4 中的年贡献率进行线性回归分析，趋势线为图 8-4 中虚线，拟合

直线方程为：$y=1.5064x+7.2286$，$R^2=8749$，表征趋势线基本能够代表教育城市化人口对城市人口素质提升的年贡献率变化方向。

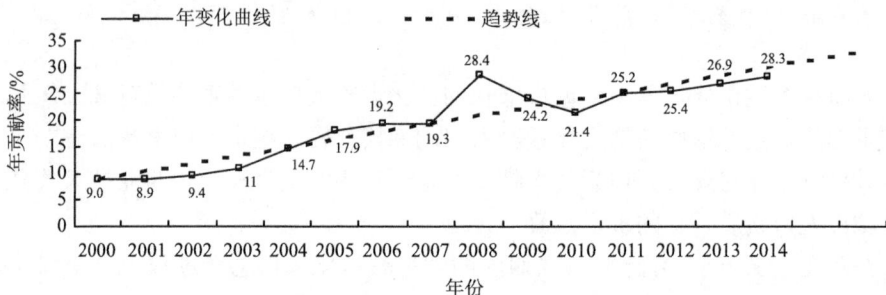

图 8-4 教育城市化人口对城市人口素质的贡献

人口教育城市化对城市人口素质的年贡献率整体呈线性增长趋势就是人口教育城市化的素质提升加速作用。图 8-4 表明，2014 年的年贡献率为 28.3%，较 2000 年净增 19.3%，平均每年提升近 1.3 个百分点，年际之间的加速增长作用明显，图 8-4 中的年变化曲线呈现向右上方变动的特征。加速作用的形成因素集中在两个方面：其一是因为高等教育和中等职业教育的发展，每年进入城市的毕业生数量及生养的子女增多，有文化生养的人口增多的结果；其二是因为空间城市化带动人口城市化的发展阶段逐步接近尾声，城市空间扩张产生的失地农民市民化的数量减少，导致城市化人口的年增量呈现逐年递减变动的结果。年贡献率 D_i 的分母在减小、分子在增大，其比值呈现增长变化是必然的趋势。

教育城市化人口对城市人口素质提升的年贡献率有波动（图 8-4）。2000～2008 年的高素质城市人口增加较快，城市人口的文化素质结构在向好的方面发展；2008～2010 年下降，城市人口年增长量提速，且快于农村教育直接城市化人口数量和其生育后代年增量的增速，究其原因在于城市地域空间的政策性扩张过快引导城市人口总量的年增长过快。2011 年以后教育对城市化人口的贡献率增强，城市人口的素质结构趋于好转，2014 年基本恢复到 2008 年的水平。

（三）对城市人口素质的提升作用与我国人口城市化方式的需求相适应

我国人口城市化率自 2011 年超过 50% 以来，2014 年已经达到 54.77%[1]（或 55.4%[2]），尽管与意大利、德国、挪威、法国、英国、加拿大、美国、澳大利亚、

---

[1] 数据来源于国家统计局官网。
[2] 据联合国粮食及农业组织数据库数据。

日本等发达国家[①]仍然有-38.4%～-15.9%的差距，但同韩国的差距仅-5.9%[②]。如果以"年"为单位，按照 2010～2014 年人口城市化率的年增量[③]变动范围的最小值和最大值分别计算赶上主要发达国家人口城市化水平所需最短和最长时间（图 8-5），同韩国仅差 4.5～5.7 年，与意大利相差 11.7～14.9 年[④]；预计在第 13 个五年计划末或第 14 个五年计划初就能够赶上韩国人口城市化水平。

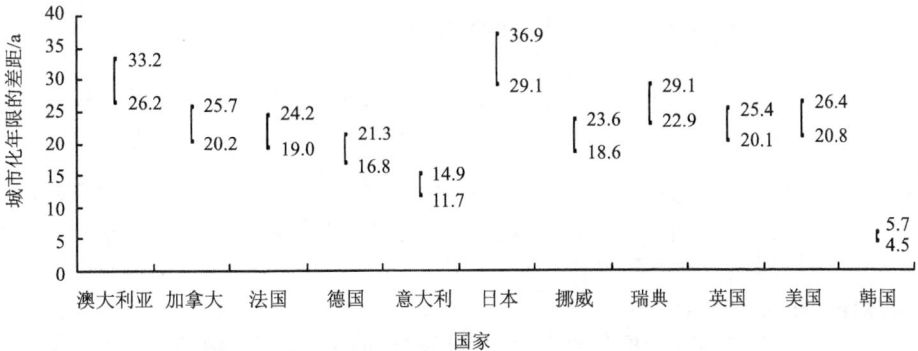

图 8-5　我国与主要发达国家人口城市化水平的时间差距

图中数据为我国与主要发达国家人口城市化水平相差年数的最大值和最小值，基础数据来源及算法同前

按照人口城市化发展阶段划分理论，我国人口城市化已进入中等阶段（朱传耿等，2008）的中偏上水平，同部分发达国家差距小；人口城市化进程"S"形曲线的加速阶段（李辉，2003）我国即将完成，再结合我国城市化人口总量巨大的客观现实，人口城市化可持续发展的方向需要从以提高城市化水平为主转向提升城市人口素质为主。要实现这种转变，选择合理的人口城市化方式是必要的。在多样化的人口城市化方式中，基于高等教育和中等职业教育平台的人口教育城市化，具有提升城市人口素质的典型特征并加速的作用，进入城市的教育城市化人口数量越多，城市人口素质结构改善程度越高。所以，人口教育城市化方式符合人口城市化中高水平的城市人口素质变动要求。以提高城市人口素质为主要特征的人口教育城市化方式具有重要意义。

---

① 据联合国粮食及农业组织数据库数据。

② 差距为我国与各发达国家在 2014 年的人口城市化率之差。

③ 人口城市化率的年增率等于相邻两年之差，其值为 1.04%～1.61%。

④ 我国与发达国家人口城市化水平相差的年数，等于我国同发达国家人口城市化率之差与我国人口城市化率的年增率的比值。

第二节　基于教育的城市化人口对耕地保护的贡献

一、人口教育城市化对耕地数量保护的贡献与影响机制

（一）人口教育城市化对耕地数量保护的贡献模型

用 B_n 表示农村居民点建设用地的人均规划标准，B_c 表示城市居民点建设用地的人均规划标准，B_j 表示城市居民点相对于农村居民点建设用地的人均规划标准之差值，即 $B_j = B_c - B_n$，$B_j < 0$ 代表城市居民点较农村居民点更能节约用地。用 η_c、η_n 分别表示城市居民点、农村居民点建设用地中的耕地占用率，η 表示城市居民点、农村居民点建设用地的耕地占用率之差，则 $\eta = \eta_c - \eta_n$，$\eta < 0$ 代表农村居民点建设用地的耕地占用率高。

研究期 $[t_1, t_n]$ 内第 i 年的教育城市化人口对耕地保护的年贡献量，应等于年教育城市化人口数量 Q_i、城市居民点较农村居民点建设用地规划标准的差值 B_j、城市居民点建设用地与农村居民点建设用地中的耕地占用率差 η 的乘积，即 $Q_i \cdot B_j \cdot \eta$。用 B_g 表示在研究期 $[t_1, t_n]$ 内，教育城市化人口通过集约利用居民点建设用地，对耕地保护的贡献量总量（km²），则：

$$B_g = \sum_{i=1}^{n} Q_i \cdot B_j \cdot \eta \qquad (8\text{-}3)$$

（二）对耕地数量保护的贡献

B_j 利用农村居民点建设用地人均规划标准和城市居民点建设用地人均规划标准计算得出。农村居民点建设用地人均规划标准 B_n 的上限，2007 年及以前为 150 m²/人[1]，2008 年以来为 140 m²/人[2]。农村人口城市化后，执行城市居民点建设用地人均规划标准 B_c 的上限，2011 年及以前为 120 m²/人[3]，2012 年以来为 115 m²/人[4]。城市居民点、农村居民点建设用地人均规划标准之差值 $B_j = B_c - B_n$，2007 年及以前为-30 m²/人，2008～2011 年为-20 m²/人，2012 年以来为-25 m²/人，$B_j < 0$ 代表城市化一个农村人口至少可以节约 20 m² 的居民点建设用地。

---

① 见《村镇规划标准》（GB 50188—93）。
② 见《镇规划标准》（GB 50188—2007）。
③ 见《城市用地分类与规划建设用地标准》（GBJ 137—90）。
④ 见《城市用地分类与规划建设用地标准》（GB 50137—2011）。

η 可利用统计数据和调查数据计算得到。2006～2010 年的新征城市居民点建设用地耕地占用率均值 η_c 为 42.5%，该时段前后的新征城市居民点建设用地耕地占用率因相关数据无法获取而无法计算，拟用 2006～2010 年的均值替代，农村居民点建设用地的耕地占用率 η_n 取 80%，有 $\eta = \eta_c - \eta_n = -37.5\% < 0$。

年教育城市化人口数 Q_i 中，只有年教育直接城市化人口数和年教育城市化人口的生育子女数（图 8-3）对保护耕地可能发生作用，教育城市化人口的父母在随迁入城前已经占有了农村居民点建设用地，对居民点建设用地节约难有贡献，据此计算得出 Q_i 值。

Q_i、B_j 的乘积就是研究期内各年份因农村人口教育城市化节约的居民点建设用地量（图 8-6）。将 Q_i、B_j、η 代入式（8-3），得到 2000～2014 年农村人口教育城市化后，通过节约居民点建设用地而多保护的耕地数量，其值为 531.3 km²。研究的结论是，研究期内的耕地数量尽管仍然呈现递减趋势，但因为人口教育城市化，少减少耕地面积 531.3 km²，"少减少"实际上就是"多保护"，所以，人口教育城市化确实通过居民点建设用地节约，达到了保护耕地数量的目的。

需要澄清的是，现实中的耕地面积逐年减少变动特点的形成，应该是与经济发展、人口总量增长对空间的需求有关，而不是人口城市化率提高的直接产物。也就是说，增加的人口即使不被城市化而生活在农村，因为同样需要生产、生活及其配套实施的居民点建设用地，建设这些生产和生活设施，也会成为耕地数量减少的影响因素。也就是说，在耕地资源总量一定的情况下，只要经济发展和人口增加，耕地资源总量下降是必然的，相反，人口城市化带来地域空间的承载力增高，在一定程度上推进了居民点建设用地节约，可能控制耕地减少的速度，耕地减少速度得到减缓或控制也是保护耕地行为，人口教育城市化就是具有这种特点的耕地保护行为。

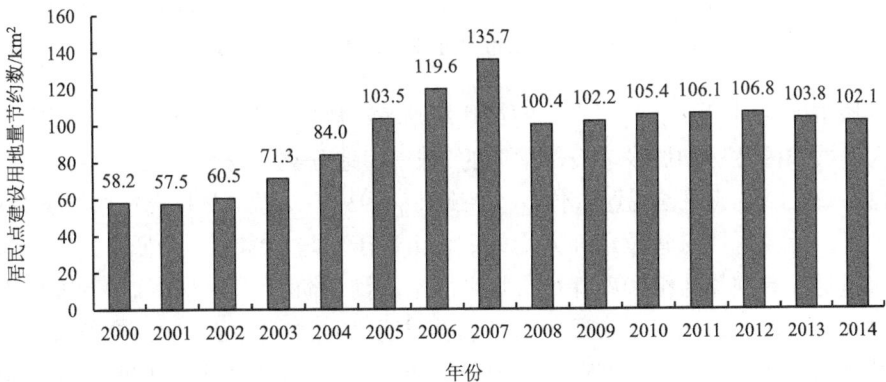

图 8-6　2000～2014 年的农村人口教育城市化节约的居民点建设用地量

（三）对保护耕地数量的影响机制分析

农村人口教育城市化后，减少了农村人口数量。农村人口数量减少后，农村居民点用地扩张动力减缓或消除，已有的居民点用地在一定条件下可能退出、复垦而增加耕地面积；经营耕地面积扩大，农户经营耕地的获利增加，从耕地上的经济收益增加可能激励农户更好地保护耕地。其对耕地数量保护的传导过程见图8-7。

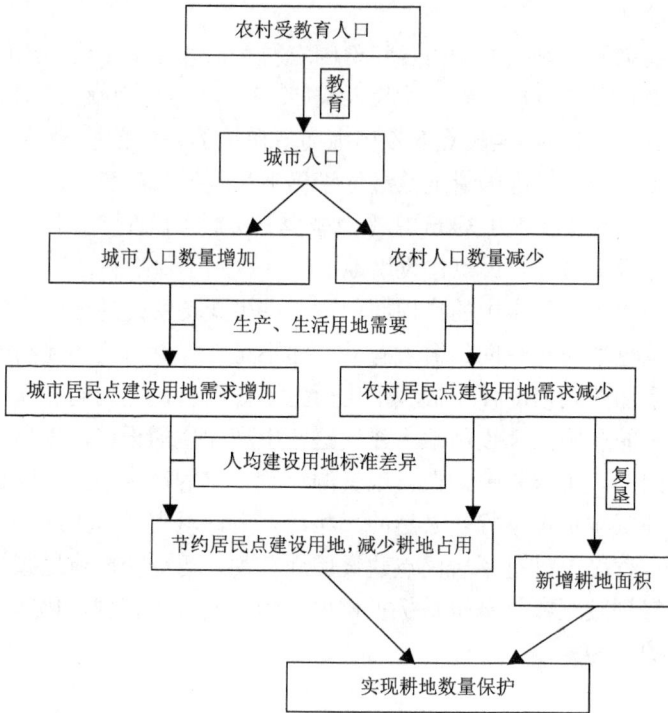

图8-7　人口教育城市化对耕地数量保护的传导过程

城市比农村"一低一严格"的管理规则驱动居民点建设用地的节约行为。中华人民共和国住房和城乡建设部主编的《城市用地分类与规划建设用地标准》（GB 50137—2011）、《村镇规划标准》（GB 50188—93）、《镇规划标准》（GB 50188—2007）表明，居民点建设用地人均标准城市低于农村（简称"一低"），在城市较农村更具有规划特征和确保城市规划严格贯彻（简称"一严格"）的前提下，农村人口教育城市化可以实现居民点建设用地集约利用目标，即同样数量的人口因城市化而从农村迁移到城市，在改善生产、生活与居住环境的同时，少占用居民点建设用地。"一低一严格"成为人口教育城市化节约居民点建设用地的内在驱动机制。

　　城乡居民点建设用地构成"一低一高"的统计特征减少城市居民点的耕地占用。无论是城市居民点，还是农村居民点，其新增用地包括耕地和非耕地两大地类；耕地和非耕地分别占其用地总量的比例，就是新增居民点建设用地的构成。据《中国城乡建设统计年鉴2010年》查询得到年内征用居民点减少土地面积和其中的耕地面积数量，计算得到新增城市建设用地的耕地占用率，2006~2010年的全国设市城市分布为42.5%。而在对西部12省（自治区、直辖市）已建成的农村居民点进行调查后发现，山区和丘陵区的农村居民点建设出于节约建设用地整地成本和道理建设成本的需要、半山区居民受"喜坝恶山"的习惯影响、平原或平坝区的土地利用以耕地为主要类型等因素的影响，加上土地承包制推进后的管理权限下放，农村居民点建设用地的耕地占用率大于80%。耕地在居民点建设用地构成中的比例，城市居民点低、农村居民点高。"一低一高"的统计特征说明，当城乡居民点的建设用地面积相同时，城市居民点比农村居民点能够少占耕地，成为农村人口教育城市化实现居民点建设用地集约利用目标基础上，居民点建设能够进一步少占耕地和保护耕地的内在机制。

　　人均建设用地标准城市低于农村。从居民点建设的规划用地标准来看，城市化一个农村人口节约20~30 m²的建设用地。2007年前，《村镇规划标准》（GB 50188—93）的人均建设用地上限为150 m²/人；2007年后，《镇规划标准》（GB 50188—2007）的人均建设用地上限为140 m²/人。农村人口城市化后，城市执行城市规划用地标准。2011年前，《城市用地分类与规划建设用地标准》（GBJ 137—90）的人均建设用地上限为120 m²/人；2011年后，《城市用地分类与规划建设用地标准》（GB 50137—2011）的人均建设用地上限为110/115 m²/人。所以，当城市和农村都严格执行人均建设用地标准建设居民点时，城市化一个农村人口，在2007年前能够节约农业用地30 m²；在2008~2011年能够节约农业用地20 m²/人；在2011年以后，城市和农村都执行新的规划用地标准，城市化一个农村人口能够节约25~30 m²的农业用地。

　　人均建设用地实际占用城市少于农村。据有关统计，1998年全国城市人均建设用地面积为100 m²/人，其中，特大城市为75 m²/人、大城市为88 m²/人，中等城市为108 m²/人，小城市为143 m²/人；建制镇人均建设用地面积为154 m²/人；农村居民点人均建设用地面积为170 m²/人；全国城市、建制镇、农村居民点的平均水平为157 m²/人（李秉仁，1999）。所以，城市规模越大，人均建设用地越少，小城市的人均建设用地是特大城市的近两倍或更多。统计数据表明：全国城市人均建设用地，比城镇村的人均建设用地水平少57 m²/人、比建制镇的人均建设用地少54 m²/人、比农村居民点的人均建设用地少70 m²/人；人均建设用地，特大城市比农村居民点少 95 m²/人、大城市比农村居民点少 82 m²/人，中等城市比农村居民点少 62 m²/人，小城市比农村居民点少 27 m²/人，建制镇比农村居民点少 16 m²/人，所以，农村人口向城市集中利于节约建设用地，农村人口流向的城镇等级越高，节约的建设用地就越多。据张宏斌（2001）计算，每增加一个农村人口要占用耕地 0.0146 hm²，每增加一个城镇人口则只占耕地 0.0099 hm²，所以，每实现一个农村人口转变为城市人口，就可以节约耕地 0.0047 hm²。盛洪等（2007）对 2004 年的数据进行统计后，也得出相似的结论，认为一个农村人口转移到城市能够节约 75 m² 的土地。

人均居住用地城市少于农村。宋戈等（2006）的统计表明，2000 年我国城市人均居住面积为 10.25 m²/人，农村人均居住面积为 24.80 m²/人，相当于城市的 2.40 倍。吴群和郭贯成（2002）在以江苏为例研究 1978～1998 年的城市化水平与耕地面积变化关系中发现，全国人均居住面积，城市为 3.6～9.3 m²/人、农村为 8.1～23.7 m²/人；江苏人均居住面积，城市为 5.7～11.08 m²/人、农村为 9.7～32.03 m²/人，农村人均居住面积是城市的 2～3 倍。所以，同农村居民点相比，城市居民点建设用地的使用效率更高，农村人口迁入城市，等于减少了占用耕地的数量。学者认为，城市化有利于土地集约利用的主要原因在于城市空间对土地的立体综合利用，现代技术应用于高层建筑和地下空间的开发，实现节约用地目的。据厉伟（2002）查证国外资料分析，9～10 层和 16～17 层建筑分别比 5 层建筑节约用地 23%～38% 和 32%～49%。现代技术应用于城市地下空间的开发，城市地下铁路等交通运输条件的改善与地下商业街的建设等都带动了城市向地下扩展空间容量，达到了节约土地资源、提高土地利用集约程度的目的。综上所述，城市和农村人均建设用地面积在同一时期的差异较大，农村人均建设用地规模要远远高于城市人均建设用地规模，即使是最低层次的城市，人均建设用地面积也比农村居民点小得多，城市规模越大，建筑密度和容积率越高，中心功能越强，人口密度越大，人均建设用地面积就越小，对土地利用的集约程度也就越高。通过优化城市用地的结构和合理布局，提高城市单位面积土地利用率和土地利用效益（钱紫华和毛蒋兴，2005），增强资本等生产性要素投入对土地的替代作用，实现土地的集约利用、达到保护耕地资源的目的。

二、人口教育城市化对耕地质量保护的贡献与影响机制

农村人口教育城市化后，减少了农户劳动力的数量。农户劳动力数量减少后，经营耕地的人均面积扩大并可能逐步实现规模经营而获利，从耕地上的经济收益增加会激励农户更好地保护耕地。其对耕地质量保护的传导过程见图 8-8。

用 S 表示研究区域的耕地面积，p_i 表示研究基期的农村农户劳动力数量。通

过教育途径，研究区域从基期开始由农村向城市转移城市人口，到研究末期向城市实际转移城市化人口 Q，在不考虑其他影响因素的前提下，在研究末期的农村农户劳动力数量为 $(p_l - Q)$。在农村人口转移前与转移后相比，有 $p_l > (p_l - Q)$，这就是人口教育城市化对农户劳动力数量的减少作用（即"一减"）。

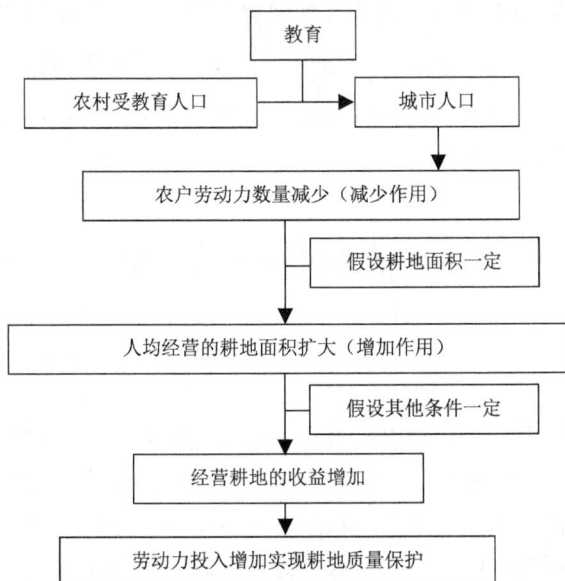

图 8-8　人口教育城市化对耕地质量保护的传导过程

耕地面积与农户劳动力数量之比为农户劳动力经营耕地的人均面积。农户劳动力经营耕地的人均面积在基期和末期分别为 $\dfrac{S}{p_l}$ 和 $\dfrac{S}{p_l - Q}$。在区域耕地面积 S 不变的前提条件下，有 $\dfrac{S}{p_l} < \dfrac{S}{p_l - Q}$，即转移后的农户劳动力经营耕地的人均面积大于转移前的人均面积，这就是人口教育城市化对农户劳动力经营耕地的人均面积的增加作用（即"一增"）。2000 年我国农户劳动力数量实际为 27930.5×10^4 人，前面研究表明，2000～2014 年的人口教育城市化，农村向城市直接转移教育城市化人口 4092.3×10^4 人，为了研究的方便，假定不考虑其他因素对农户劳动力数量的影响，则 2014 年的农户劳动力应为 23838.2×10^4 人。2000 年我国耕地面积为 $11116.3 \times 10^4 \mathrm{hm}^2$，为此，同年的农户劳动力人均经营耕地 0.3980 hm^2，为了研究的方便，假设在"占补平衡"的耕地保护制度下，2014 年的耕地数量较 2000 年没有减少[①]，则 2014 年农户劳动力经营耕地的人均面积的理论值应为 0.4663 hm^2/人。

---

① 实际上，因为管理的原因，占补并不平衡，耕地总量有减少。

农村人口教育城市化前后对比表明，人口城市化使得农户劳动力经营耕地的人均面积增加了 0.0683 hm²。[①]

假定单位耕地面积的农户劳动力经营收益为 R（万元/hm²），则有 $R \cdot \dfrac{S}{p_l} <$ $R \cdot \dfrac{S}{p_l - Q}$。农户劳动力经营耕地的人均面积增加量与单位耕地面积的农户劳动力经营收益的乘积"0.0683 万元"，就是因为农村人口教育城市化导致农户劳动力经营耕地的人均年收益增加。收入增加会激励农户劳动力在耕地上的投入数量增加，进而推进耕地质量保护。

第三节　推进人口教育城市化保护耕地的经济补偿机制

一、基本思路

通过经济补偿手段，减少农民教育负担，促进农村文化青年接受职业技术教育和普通高等教育，进城就业或自主创业，在条件成熟时带动亲友进城，形成"一人带一家，一家带一队，一队带一村"的良性局面。进城的人多了，留在农村的人就少了，空心村就可以复垦了，人均经营的耕地就多了，土地流转、规模经营保护耕地也就变成现实了。

二、超标的城镇空间承载文化青年的能力

第七章的研究表明，2010 年，设市城市、县城和建制镇建成区超过城市和建制镇建设用地控制上限的城市空间，按照居民点人均建设用地控制上限核算其人口承载潜力，全国尚能够在 2010 年基础上新增承载能力 9266.87×10⁴ 人；西部11 省（自治区、直辖市）尚能够在 2010 年基础上新增承载能力 2194.10×10⁴ 人，如果居民点人均建设用地控制在上限以内，其新增的人口承载能力更大。

2010 年新增大学毕业生和中职毕业生进城的数量，全国为 800 万余人，西部地区为 260 万余人。未来年份的年新增大学毕业生和中职毕业生进城数量，平均按照 2010 年的进城数量计算，设市城市、县城和建制镇建成区超过城市和建制镇建设用地控制上限的城市空间，全国尚能够承载 11.5 年的大学毕业生和中职毕业生，西部地区尚能够承载 8.4 年的大学毕业生和中职毕业生。

综上所述，按照 2010 年的城镇空间、居民点人均建设用地标准，以及 2010

---

① 数据来源于中华人民共和国国家统计局。

年毕业的大学、中职毕业进城的学生数量计算，城镇土地尚能够吸纳未来10年左右的毕业生。所以，如果强加教育城市化，将高素质的人口吸引到城镇，不但有利于提高城市化水平，而且有利于提高城镇化土地的利用率和保护耕地。

三、人口教育城市化保护耕地的经济补偿机制

人口教育城市化保护耕地的经济补偿机制，就是基于高等教育和中等职业教育在人口城市化方面的贡献作用，通过经济补偿手段帮助农户克服子女教育问题方面的经济困境和消极影响，激励农户子女接受教育、提高受教育水平，增强进城就业、定居的能力。其核心在于以教育为载体，通过政府承担教育费用的方式间接补偿老百姓对子女教育的经济支出，提供人人接受教育的机会提高教育城市化人口的创业能力和就业能力，进而减少农村人口数量、减少农村务农劳动力的数量、减少农村居民点扩张占用耕地的数量，最终实现保护耕地的目的。政府是人口教育城市化保护耕地的补偿主体，农户是经济受偿主体，教育是补偿的载体，农户子女在学校接受教育（包括接受培训）是补偿的基本存在前提。

人口教育城市化保护耕地的经济补偿机制集中在两个关键方面。一是建立小学至大学阶段的公办免费教育，将收费教育让给民办教育机构，让每一位学生都能够在公立学校免费享受从小学到中等职业教育、从小学到高等教育，通过教育途径推进城镇化，减少农村人口及其农村居民点建设对农地的占用，促进耕地的有效保护，推进已城镇化土地空间的深度开发、集约利用。二是建立进城务工人员的定期免费培训机制，定期免费培训（包括进城务工人员岗前职业培训、进城务工人员就业再就业培训、在岗进城务工人员技能提升培训等）对城市化波及的务工人员素质、就业能力、生活方式的转变及社会稳定具有积极的促进作用；特别重视进城务工的青年农民工培训，增强他们在城市就业、生存与适应能力，降低进城务工人员、特别是知识型进城务工人员返乡的概率，减小耕地的就业承载压力，也就等于扩大了耕地经营者的经营规模，即使在农业经营利润相对较低的情况下，通过扩大经营耕地规模实现农户总收益增加的目的，进而促进我国农村自给自足的小农经济逐步在人口教育城市化进程中，向商品型农业转变，进而实现保护耕地的目的。

提出人口教育城市化保护耕地的经济补偿机制的背景主要有三个方面。一是世界上很多国家已经推行免费教育机制。二是基于国家教育投入已经发生了根本性转变的认识，我国已经实行了九年制义务教育，近年又实行了中等职业教育免学费政策和"公费师范生"政策，按照GDP总量4%的教育投入变成现实已经改变了教育资金投入严重不足的局面。三是办教育的目的在于提高国民素质，国民素质问题应该是国家、社会发展和稳定的"必需品"，用公共资源的国家投入方

式解决国民素质教育是世界趋势；老百姓送子女读书的目的在于寻求工作，甚至是寻求好工作，进入大众化阶段的教育特别是高等教育已经与城市青年就业脱钩，继续向老百姓收取学费办教育与老百姓在子女教育投入的目标方面有冲突，这会增加广大农村学生家庭经济负担，影响家庭困难的学生完成高中学业而提前进入社会，进而让他们损失发展机会，进入"文化缺失致贫"的恶性循环，而且因读书支付学费使大学毕业而就业出现问题的学生及其家庭陷入难以自拔的贫困境地，出现"教育致贫"的怪象，对于因为支付高额学费和其他开支而耗光家庭积蓄、但又想要自主创业的大学毕业生，也会因为家庭经济困难缺乏创业的入门资本金而影响自主创业，沦为新时代的知识型农民，与老农民争夺耕地经营权。综上所述，人口教育城市化免费机制，解决的关键问题就是老百姓子女，特别是农户子女读得起书，通过读书"进得了城"，进城的农户子女有资金"创得了业"的问题。进一步说，人口教育城市化，推动了农村人口减少，进而实现了保护耕地的目的。

第九章 西部地区耕地保护对策（三）

——基于区际粮食贸易量补偿地方政府的视角

第四章表明，地方政府是耕地数量保护的行为主体，保护耕地数量、减少耕地非农化的机会成本高；第五章表明，地方政府保护超过本行政辖区居民粮食需求的耕地为辖区外居民提供粮食安全和社会保障，因粮食安全收益外溢而遭受外部性损失。要激励行为主体保护耕地积极性，需要解决地方政府在保护耕地中的机会成本损失和粮食安全价值外溢损失等问题。鉴于相关研究薄弱，本章提出基于区际粮食贸易量补偿地方政府的视角来研究西部地区耕地保护对策。

第一节 基于区际粮食贸易补偿地方政府
耕地保护的内涵与提出背景

一、基本内涵

（一）区际粮食贸易

粮食贸易就是从空间上平衡粮食生产供应波动的方式，其贸易的地域范围越大，覆盖地域的自然、经济条件差异越大，平衡波动的能力越强；从区域角度分为国际粮食贸易、区际粮食贸易、区内粮食贸易等类型，国际粮食贸易是利用国际市场的粮食资源平衡国家粮食生产供应中的波动，区内粮食贸易是非政府性微观行为主体之间的市场供需关系，区际粮食贸易是国家内不同地区间的粮食贸易，在国家粮食安全得到保障的大背景下，国内不同地区因为耕地资源配置不均等因素影响而出现粮食生产与消费矛盾，通过省①间的粮食贸易流动平衡粮食生产与消费问题的经济活动行为。在粮食资源充足的条件下，自由的区际粮食贸易有利于粮食生产不足省以较低的成本使粮食需求得到满足；相反，国内粮食市场会产生大的非稳定性波动、国家粮食安全受到威胁。贸易双方按照市场交易方式买卖的

---

① 本章若无特定说明，"省"即代表全国所有省级行政区。

粮食数量即为区际粮食贸易量。

（二）耕地保护区际补偿

耕地保护区际补偿就是基于不同区域有对等的耕地保护责任和义务、耕地经营与保护的机会成本高，以行政区域为基本单位，借助某种评价体系或者利益传递媒介，由保护耕地数量不足的粮食输入省向保护耕地数量大的粮食输出省进行经济补偿。耕地保护区际补偿的补偿原则、补偿方式、补偿标准、补偿主体和受偿对象、管理办法等问题制度化和程序化，就形成了耕地保护区际补偿机制。耕地保有量和基本农田数量等耕地保护指标的区域差异与耕地资源开发利用、区域发展不平衡有关，区域发展要受自然、历史、社会经济等多因素影响，导致发达地区与欠发达地区耕地保护指标的差异性；在国家粮食安全保障制度的大前提下，自上而下配置耕地保护指标方式凸现的问题是区域耕地保护力度的欠均衡性，欠发达地区发展晚、承担保护耕地的责任而失去有利的发展机会。通过耕地保护区际补偿的方式，协调不同区域在耕地保护利益方面的关系，使耕地保护行为既能满足社会经济发展对土地非农化的合理需求，又能在总体上最大限度地保护有限的耕地资源以保障国家粮食安全目标。

（三）基于区际粮食贸易量补偿地方政府

耕地保护区际补偿基本框架见图 9-1。

以粮食为媒介，区际之间流动的粮食贸易量为载体，单位重量粮食载荷的机会成本数量为标准，在粮食输入省和粮食输出省的地方政府之间开展的经济补偿活动就是基于区际粮食贸易量补偿地方政府。关键是将粮食输入省政府确定为补偿主体，粮食输出省政府确定为受偿主体，然后通过一定的方法测量粮食在省之间的输出、输入数量，单位重量粮食及相关产品中承载的耕地保护成本，合理确定耕地保护补偿基金数量，通过财政转移支付方式实现区域之间的相互经济补偿。通过经济补偿，让耕地资源丰富地区的地方政府在粮食输出中获取耕地保护收益，其保护耕地的积极性得到激励；让耕地资源不足地区的地方政府在粮食输入中支出耕地保护成本，其耕地减少动机受到抑制，进而实现保护耕地意图。

二、提出背景

（一）保障国家粮食供–需平衡需要保护耕地

长期来看，国内市场粮食供需处于平衡状态。粮食的供给来源包括国内生产

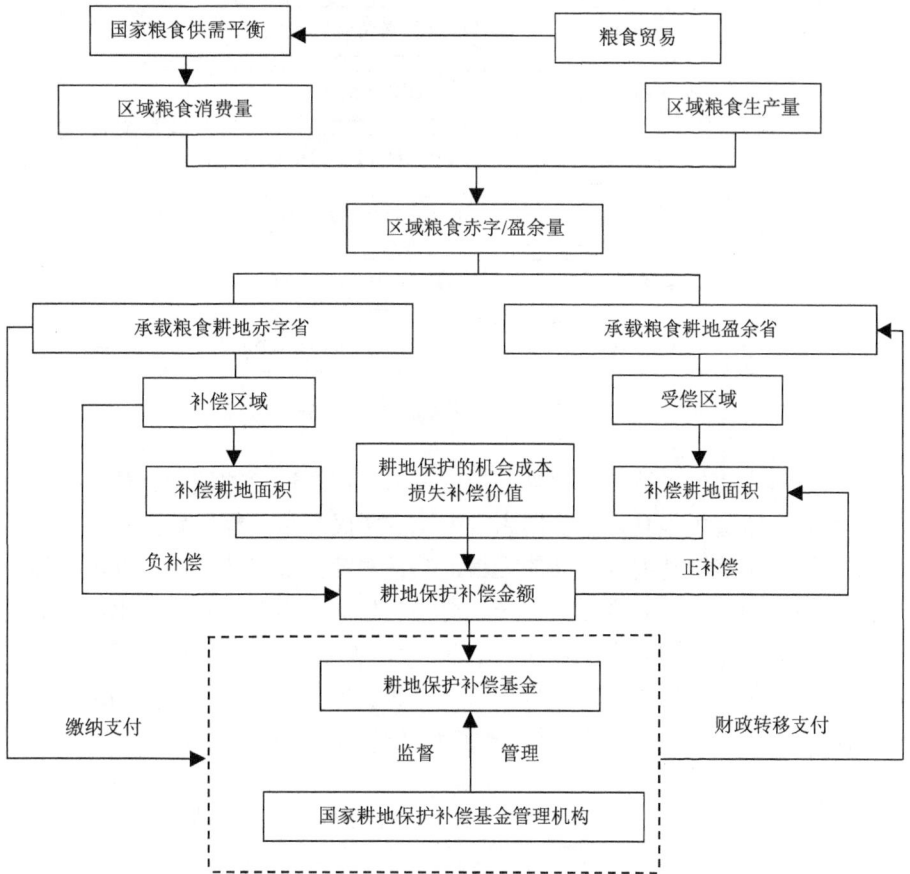

图 9-1　保护耕地区际补偿基本框架

和国外进口，需求去向包括粮食国际出口，种子用粮，国内居民口粮消费，国内用于肉、蛋、奶、鱼等动物性产品生产的饲料用粮，餐饮用粮，酒类生产、淀粉食物加工用粮，储备与耗损等其他用粮。假定国内生产的粮食优先满足国内居民口粮消费、动物性产品生产的饲料用粮、种子用粮、储备与耗损等其他用粮，其次是满足粮食的国际出口，然后再满足酒类生产、淀粉食品加工用粮和餐饮用粮，酒类生产、淀粉食品加工用粮和餐饮用粮的不足部分由国际市场粮食进口补充。为此，构建国内粮食供-需平衡模式（图9-2）。

（二）保护耕地需要地方政府投入保护成本

在国内粮食供-需平衡模式的控制下，各省处于次级供-需平衡状态。各省的供给来源包括省内生产、省外调入和国际市场进口，优先利用省内生产的粮食，

```
国内粮食生产量 ──→ 国内居民口粮消费折原粮量
            ──→ 种子用粮量
            ──→ 储备与耗损等其他用粮量
            ──→ 动物性产品生产的饲料用粮量
            ──→ 粮食国际出口折原粮量
            ──→ 酒类生产、淀粉食品加工用粮和餐饮用粮量 ←── 国外粮食进口量
```

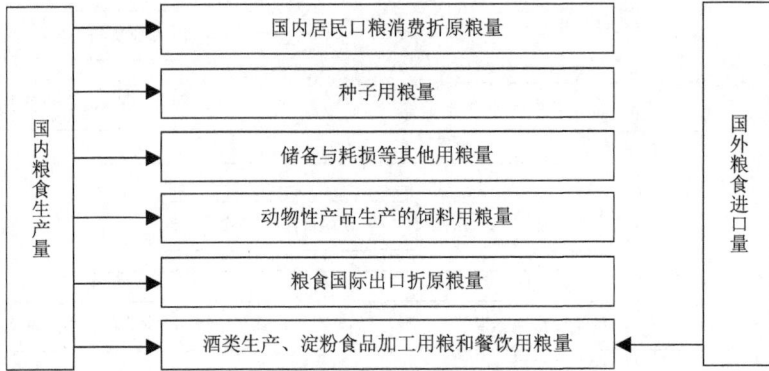

图 9-2　国内粮食供-需平衡模式图

　　然后是国内其他省输入的粮食，最后是国际市场进口的粮食。从次区域粮食安全出发，假定省内粮食需求去向为省内城乡居民居家口粮消费，种子用粮，省内城乡居民居家消费动物性产品的耗粮，储备与耗损等其他用粮，满足省外粮食消费需求不足的调出，省内酒类生产、淀粉食品加工用粮和餐饮用粮，最后是粮食国际出口。上述各种需求去向的不足部分，由省外调入和国际市场进口的粮食平衡，其中，从国际市场进口的粮食只用于平衡酒类生产、淀粉食品加工和餐饮等用途的需求。为此，构建省粮食供-需平衡模式（图 9-3）。

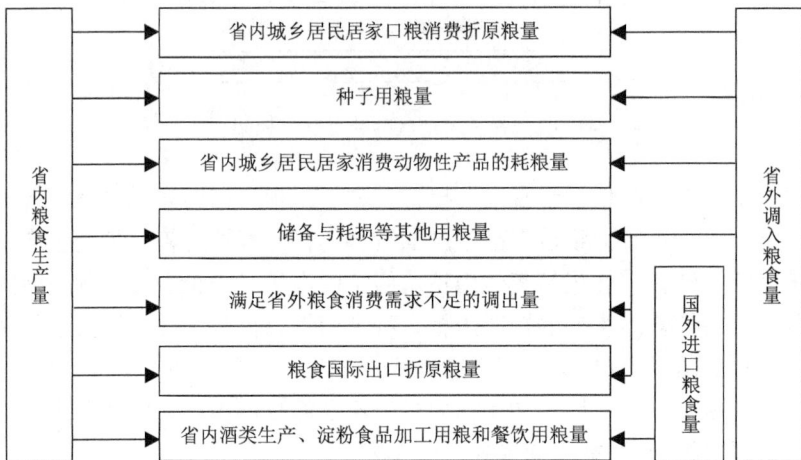

```
省内粮食生产量 ──→ 省内城乡居民居家口粮消费折原粮量 ←──
            ──→ 种子用粮量 ←──
            ──→ 省内城乡居民居家消费动物性产品的耗粮量 ←──  省外调入粮食量
            ──→ 储备与耗损等其他用粮量 ←──
            ──→ 满足省外粮食消费需求不足的调出量 ←──
            ──→ 粮食国际出口折原粮量 ←──  国外进口粮食量
            ──→ 省内酒类生产、淀粉食品加工用粮和餐饮用粮量 ←──
```

图 9-3　省粮食供-需平衡模式图

　　由于粮食是生活的基本必需品，维持生存必不可少的消费品，其供应状况直接影响社会稳定、政治安定和国家存亡，而超越国界的粮食国际贸易很容易受各

国的对外贸易政策变化及相应的关税、非关税壁垒的限制和影响，不利于保障国家粮食安全，为此，必须坚持有限度地利用国际市场粮食资源的原则，把粮食安全建立在以国内粮食生产供应为主体的基础之上。要保障粮食的国内供应量，必须有足够的生产量；要有足够的粮食生产量，必须要保护足够的耕地数量。耕地不但具有省的自然分布、规划配置的不平衡性，而且保护耕地需要投入资金和劳动力投入，即需要成本。

（三）粮食输出输入承载着地方政府的耕地保护成本

耕地越多的省，耕地保护的投入越大，在粮食贸易中流向省的耕地保护成本损失就越大；耕地少的省，耕地保护的投入就少，尽管因耕地少而由自己生产的粮食不能够满足本行政辖区居民的需要，但在经济一体化愈来愈强烈的背景下，通过省粮食贸易输入需要的粮食及其制品就能够解决缺口部分。在输入粮食的同时，耕地保护的成本投入也随着粮食贸易而流入了粮食输入省成为其不需要付出的红利。粮食输出省，一方面因为粮食附加值就低、利润薄，另一方面因为保护耕地和生产粮食的投入成本随着粮食贸易流出，进一步加重了耕地保护的困难局面。

三、理论与实践意义

（一）协调区域经济利益

人口大国对粮食的消费必须立足于自力更生，而不能过多依赖进口。保护耕地和确保粮食安全是各区域的责任和义务，不能因为经济发展较快而占用耕地、输入粮食安全而不承担耕地保护成本。国家在对基本农田的划定时只是简单地规定"各省、自治区、直辖市划定的基本农田应当占本行政区域内耕地的百分之八十以上"（《中华人民共和国土地管理法》），基本没有考虑区域的自然条件和耕地的质量等因素，更没有考虑区域人口因素和为满足国家自给率情况下区域粮食自给所应承担的保护耕地的责任和义务，这势必会造成各省在耕地保护和耕地非农化发展经济等方面存在不公平的局面。以补偿为手段，建立区域间的利益调节机制，有利于确保需要占用耕地的地区能有地可用，耕地资源丰富地区的地方政府和农户愿意承担保护耕地任务。

（二）解决耕地管理失灵

在保护耕地过程中，尽管国家推行了世界上最为严厉的耕地保护制度，因为耕地价值体现不完全和耕地保护制度不完善而没有使耕地保护措施达到预期效果。经济发展需要占用一定数量耕地，耕地数量进一步减少和质量进一步下降对国家粮食安全和社会稳定可能要构成威胁，保护耕地需要制度的约束与激励。通过保护耕地区际补偿，使空间需求强烈区域的地方政府，一方面通过为占用耕地的异地保护和补充支付费用而有地可用，另一方面通过支付费用而抑制浪费土地空间行为实现保护耕地目的；使耕地资源丰富地区的地方政府，在保护耕地的同时得到补偿，激励各类行为主体保护耕地的意愿。本质上，保护耕地区际补偿是解决地方政府管理耕地的占用与保护中各类问题的重要手段，对缓解耕地保护（吃饭）与经济发展（建设）矛盾非常必要。

（三）补偿方式容易计算、易于接受

为了解决地方政府在保护耕地中的机会成本损失和粮食安全价值外溢损失，激励行为主体保护耕地积极性，张效军（2006）提出基于省耕地面积盈余-赤字量和耕地单位面积补偿标准进行区际补偿；由于行政辖区内的耕地面积盈余-赤字量受非农建设用地影响外，更主要受政策、历史上行政区划与人口迁移等因素的影响且有动态变化，按耕地面积盈余-赤字量补偿难以被粮食输入省地方政府所接受。而粮食贸易的省际流动量发生在历届地方政府的任期内且容易统计。

第二节　粮食及动物性产品区际贸易量

一、省内粮食及动物性产品需求分析方法设计

（一）省内城乡居民居家口粮消费总量

依据城镇人口数和城镇居民人均口粮消费量计算城镇口粮消费总量，依据农村人口数和农村居民人均口粮消费量计算农村口粮消费总量，进而计算省内城乡居民居家口粮消费总量。用 Q_i^k 表示第 i 省居民的口粮量，p_i^c 表示第 i 省城镇人口数，p_i^x 表示第 i 省农村人口数，M_i^c 表示第 i 省城镇居民人均口粮消费量，M_i^x 表示第 i 省农村居民人均口粮消费量，则：

$$Q_i^k = p_i^c \cdot M_i^c + p_i^x \cdot M_i^x \qquad (9\text{-}1)$$

（二）省内城乡居民居家消费动物性产品的耗粮量

依据城镇人口数和城镇居民人均肉、蛋、奶、鱼等动物性产品的消费量计算

城镇居民肉、蛋、奶、鱼等动物性产品消费总量，依据农村人口数和农村居民人均肉、蛋、奶、鱼等动物性产品的消费量计算农村居民肉、蛋、奶、鱼等动物性产品消费总量，进而计算省内城乡居民居家消费肉、蛋、奶、鱼等动物性产品的消费总量，再结合粮食与猪肉、牛肉、羊肉、禽肉、禽蛋、牛奶、鱼等之间的转化系数，计算生产省内城乡居民居家消费肉、蛋、奶、鱼等动物性产品的耗粮总量。依据肉、蛋、奶、鱼等动物性产品的生产总量和省内城乡居民居家消费总量，计算其他用途的需求总量；然后再计算肉、蛋、奶、鱼等动物性产品的其他用途耗粮总量。

用 Q_i 表示第 i 省内城乡居民肉、蛋、奶、鱼等动物性产品的消费量、Q_i^h 表示第 i 省内城乡居民消费肉、蛋、奶、鱼等动物性产品的耗粮量，p_i^c 表示第 i 省城镇人口数，p_i^x 表示第 i 省农村人口数，分别用 m_{ij}^c、m_{ij}^x 表示第 i 省城镇、农村居民人均消费的猪肉、牛肉、羊肉、禽肉、禽蛋、奶类、鱼肉。$j = 1,2,3,\cdots,7$，分别代表猪肉、牛肉、羊肉、禽肉、禽蛋、奶类、鱼肉。则：

$$Q_i = \sum_{j=1}^{7} p_i^c \cdot m_{ij}^c + \sum_{j=1}^{7} p_i^x \cdot m_{ij}^x \qquad (9\text{-}2)$$

用 δ_j 表示生产单位重量的猪肉、牛肉、羊肉、禽肉、禽蛋、奶类、鱼肉的耗粮量，则：

$$Q_i^h = \sum_{j=1}^{7} p_i^c \cdot m_{ij}^c \cdot \delta_j + \sum_{j=1}^{7} p_i^x \cdot m_{ij}^x \cdot \delta_j \qquad (9\text{-}3)$$

单位重量的肉、蛋、奶、鱼等动物性产品的耗粮量又分别称为粮-肉、粮-蛋、粮-奶、粮-鱼转化系数。用 w_j 表示某种动物性产品产量，w_l 表示生产某种动物性产品的耗粮量，则：

$$\delta_j = \frac{w_l}{w_j} \qquad (9\text{-}4)$$

粮-鱼的转化系数为 0.770（肖国安等，2008）。把某种畜产品产量和生产某种畜产品的耗粮量[①]带入式（9-4），得到粮-肉、粮-蛋和粮-奶的转化系数（表 9-1），缺失的转化系数采用全国平均转化系数值。

表 9-1 粮-肉、粮-蛋、粮-奶等动物性产品的转化系数 （单位：kg/kg）

动物性产品	猪肉	牛肉	羊肉	禽肉	禽蛋	奶类
全国平均	1.829	0.898	1.040	1.751	1.658	0.369

---

① 参见国家发展与改革委员会价格司主编《全国农产品成本收益资料汇编》，http://cyfd.cnki.com.cn/N2015100281.htm。

续表

动物性产品	猪肉	牛肉	羊肉	禽肉	禽蛋	奶类
内蒙古	1.803	—	—	1.420	1.662	0.372
广西	1.687	—	—	1.608	—	0.416
重庆	1.597	—	—	0.000	1.572	0.356
四川	1.591	—	—	0.000	1.548	0.382
贵州	1.707	—	—	0.000	0.000	0.367
云南	2.006	—	—	2.007	1.901	0.292
西藏	—	—	—	—	—	—
陕西	1.931	0.850	1.144	—	1.768	0.358
甘肃	2.061	—	—	—	1.572	0.357
青海	1.845	—	—	—	—	0.369
宁夏	1.999	1.187	1.027	1.648	1.603	0.353
新疆	1.867	0.490	0.640	—	1.850	0.383

（三）省内种子用粮量

用 Q_i^z 表示第 i 省种子用粮量，q_{ij}^z 表示第 i 省第 j 种种子数量，β_j 表示第 j 种种子用粮量占粮食生产量的比例。于是

$$Q_i^z = \sum_{j=1}^{n} \beta_j \cdot q_{ij}^z \tag{9-5}$$

（四）省内储备与耗损用粮量

按照联合国粮食及农业组织统计中关于中国储备与耗损用粮数量占粮食生产量的百分比推算。用 Q_i^t 表示第 i 省储备与耗损用粮量，q_{ij}^t 表示第 i 省第 j 种储备与耗损用粮量，β_j 表示第 j 种储备与耗损用粮量占粮食生产量的比例。于是

$$Q_i^t = \sum_{j=1}^{n} \beta_j \cdot q_{ij}^t \tag{9-6}$$

（五）省内粮食国际出口的量

用 Q_i^c 表示第 i 省出口的原粮数量，q_{ij}^c 表示第 i 省出口的第 j 种精粮数量，β_j 表示第 j 种精粮-原粮的折算系数。于是

$$Q_i^c = \sum_{j=1}^{n} \beta_j \cdot q_{ij}^c \tag{9-7}$$

（六）省内酒类生产、淀粉食品加工用粮量

计算酒类生产用粮量的办法同计算居民消费肉、蛋、奶、鱼等动物性产品的耗粮量，其中白酒和啤酒的粮-酒转化系数分别为 2.3 和 0.172。省内淀粉食品加工用粮数量，按照联合国粮食及农业组织统计数据中关于中国粮食加工数量占粮食生产量的百分比推算。用 Q_i^j 表示第 i 省加工用粮数量，q_{ij}^j 表示第 i 省第 j 种加工用粮数量，β_j 表示第 j 种加工用粮量占粮食生产量的比例。于是

$$Q_i^j = \sum_{j=1}^{n} \beta_j \cdot q_{ij}^j \tag{9-8}$$

二、数据来源与处理

（一）数据来源

粮食国际出口量，农村居民人均口粮消费量，农村居民人均猪肉、牛肉、羊肉、禽肉、蛋、鱼、酒的消费量等数据来自《中国农村统计年鉴》。各省粮食生产量，猪肉、牛肉、羊肉、禽肉、蛋、奶、鱼、白酒和啤酒生产量，城镇和农村人口数，全国城镇居民人均口粮消费量，猪肉、牛羊肉、禽肉、禽蛋、奶类、鱼肉、酒类的消费量等数据均来自《中国统计年鉴》。

（二）数据处理说明

鉴于海水捕捞和淡水捕捞的鱼类不需要饲料用粮，在进行鱼产品生产量统计时，需要从统计数据中仅筛选出人工养殖的淡水鱼和海鱼产量作为鱼类生产量，也就是说，纳入本章研究的鱼类生产量不包括天然生产的鱼类产量。

鉴于统计年鉴的酒类消费统计未对啤酒进行单独统计，而生产统计中按照白酒、啤酒分类统计的事实，在计算过程中按照白酒、啤酒的转化系数，将啤酒生产量转化成为白酒生产量，然后再进行各省的酒类生产-消费平衡。肉类消费统计中，统计年鉴将农村居民人均消费的猪肉、牛肉、羊肉进行整体统计，将城镇居民人均消费的牛羊肉进行整体统计，为了便于进行生产-消费平衡，利用猪肉、牛肉、羊肉年生产量分别占对应的年生产总量的份额对农村居民人均消费的猪肉、牛肉、羊肉进行分解，用牛肉、羊肉年生产量分别占牛羊肉年生产总量的份额对城镇居民人均消费的牛肉、羊肉进行分解。

鉴于各省的种子用粮量、淀粉食品加工用粮量、其他用粮数量难以获取，而

联合国粮食及农业组织的数据统计对我国的种子用粮量、淀粉食品加工用粮量、其他用粮数量进行了统计。可以计算出上述各类用粮数量占全国粮食年生产量的份额，然后再假定各省上述各项用粮量占省生产量的比例与全国一致，用各省的粮食生产量乘以相应的用粮份额就能够得到各省的种子用粮量、淀粉食品加工用粮量、其他用粮数量。

（三）数据处理的技术路线图

省内居民口粮，肉、蛋、奶、鱼和酒的消费及耗粮量生成技术路线见图9-4。图中包含了三个平衡：一是区域的粮食生产-消费平衡，二是区域肉、蛋、奶、鱼、酒的生产-消费平衡，三是区域肉、蛋、奶、鱼、酒生产耗粮量平衡。假定各省的口粮量，肉、蛋、奶、鱼、酒量、生产肉、蛋、奶、鱼、酒的耗粮量都处于平衡状态。对于粮食生产量，肉、蛋、奶、鱼、酒的生产量低于需求量的省，平衡居民消费和其他需求必须从粮食的生产-消费量，肉、蛋、奶、鱼、酒的生产-消费量盈余省调入，调入的省称为赤字省，调出的省称为盈余省。粮食和肉、蛋、奶、鱼、酒的省际调入、调出量是耕地保护区际补偿的依据。

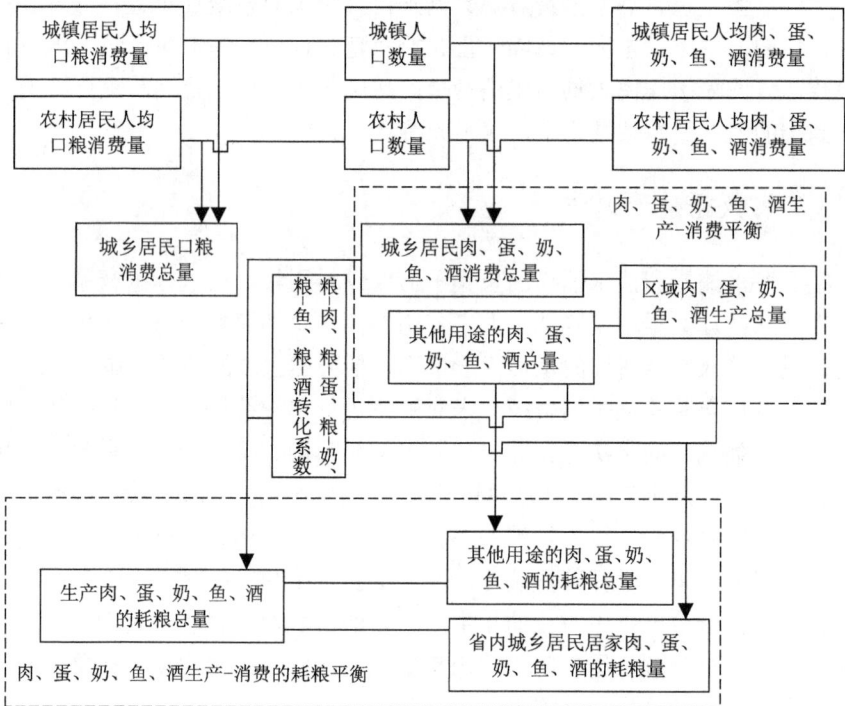

图9-4　计算城乡居民口粮和肉、蛋、奶、鱼、酒消费及耗粮量的技术路线

三、粮食及动物性产品的省贸易量

以 2010 年的粮食、肉、蛋、奶、鱼、酒生产量，城镇人口及人均粮食、肉、蛋、奶等食物消费量，农村人口及人均粮食、肉、蛋、奶等食物消费量等数据为例，利用本节中构建的相关研究方法，按照图 9-4 中的流程对相关数据进行处理后，分别进行国内生产的粮食供需分析，国内生产的肉、蛋、奶、鱼、酒供需分析，最后进行省际粮食等调出、调入平衡分析。

（一）国内生产的粮食供-需平衡分析

如果国内生产的粮食首先满足城乡居民口粮消费、各省肉、蛋、奶、鱼、酒生产耗用、种子、储备与耗损后，再用于酒类生产、淀粉食品加工、出口等其他需要，其他需求用粮的国内供给不足部分由国际市场进口平衡。根据这种思路安排国内粮食消费去向，全国粮食的生产-消费处于"自平衡"状态。各省自己生产的粮食，优先满足本省的城乡居民的口粮消费和肉、蛋、奶、鱼、酒生产用粮，种子用粮，储备与耗损用粮，盈余部分用于安排其他需求；其他需求中，优先用于本省的酒类生产、淀粉食品加工、餐饮等，然后是满足缺粮省、国际市场需求。通过粮食贸易促使粮食在省际流动，实现各省的粮食供-需平衡。

粮食生产量、粮食出口量依据统计年鉴数据。估计种子用粮量，一是用播种面积乘以亩均种子用量数量，鉴于亩均种子用量数量缺乏统计，计算缺乏依据，这种方法的运用有困难；二是采用经验法进行估计，郗若素和马国南（1993）、程国强等（1997）按照粮食产量的 4%～5%估计种子用粮量；三是用多年的种子总量占粮食需求总量的比例进行估计，据周津春（2006）计算，我国这一比例多年稳定在 2%～3%，笔者取中间值 2.5%。联合国粮食及农业组织确定的结构储备用粮量为粮食年消费量的 17%～18%，其中，当年新增的后备储备粮占年消费量的 5%～6%，上年结转的周转储备粮占 11%～12%（颜加勇，2006），笔者取后备储备粮占年消费量的 5.5%。粮食耗损量及其在粮食消费中的占比反映了粮食消费效率，耗损总量及耗损率越小，说明粮食消费利用率越高。程国强等（1997）认为取 1%，在 1998 年参照世界各国粮食的耗损情况，结合我国的粮食生产、收获、储备和运输等实情确定粮食耗损率为 2.9%；肖国安等（2002）采用 2%；高帆（2006）在计算谷物浪费量时采用 5.2%。笔者取中间值 4%。城乡居民的口粮年消费量，肉、蛋、奶、鱼的耗粮量，酒生产耗粮量依据统计年鉴的相关数据，按照本节中相关方法计算而来。淀粉食品加工与餐饮用粮，有的用经验法计算（程国强等，1997），但笔者是将淀粉食品加工与餐饮用粮作为国内粮食消费的最后去向，不足部分由国际进口进行补充，在计算上就很简单，即采用国内粮食生产量与消费量的平衡算法，用国内粮食生产量减去淀粉食品加工与餐饮用粮以外的用粮总量。按照上述的相关标准和前述算法，分析 2010 年西部 12 省（自治区、直辖市）粮食的生产-消费平衡状况，结果见表 9-2，全国处于平衡状态。

省（自治区、直辖市）内的粮食生产量减去城乡居民的居家消费量，如果出现正值，就表示该省（自治区、直辖市）在满足城乡居民的居家消费后有盈余用于食品加工、餐饮、储备、出口和外省调出等其他用途；如果为负值，就表示城乡居民的居家消费量大于粮食生产量，负值的绝对值就是该省（自治区、直辖市）居家消费缺口并需要从省（自治区、直辖市）外调入的数量（表 9-2）。

表 9-2　　国内粮食的供-需平衡分析　　　　　　（单位：10⁴t）

地区	粮食生产量	粮食需求量									供-需平衡
		出口原粮	种子用粮	酒生产耗粮	淀粉食品加工与餐饮用粮	口粮	肉、蛋、奶、鱼耗粮量	储备	耗损	小计	
全国	54 647.7	123.6	1 366.2	2 318.8	2 313.2	21 052.8	22 281.6	3 005.6	2 185.9	54 647.7	0
内蒙古	2 158.2	7.0	54.0	116.9	91.4	398.3	761.3	118.7	86.3	1 633.9	524
广西	1 412.3	0.2	35.3	23.8	59.8	750.1	867.7	77.7	56.5	1 871.1	-459
重庆	1 156.1	0.1	28.9	48.5	48.9	423.5	419.9	63.6	46.2	1 079.6	77
四川	3 222.9	1.2	80.6	386.1	136.4	1 267.8	1 479.0	177.3	128.9	3 657.3	-434
贵州	1 112.3	0.0	27.8	37.5	47.1	559.1	338.2	61.2	44.5	1115.4	-3
云南	1 531.0	0.1	38.3	100.6	64.8	701.3	618.7	84.2	61.2	1669.2	-138
西藏	91.2	0.0	2.3	2.3	3.9	71.3	36.6	5.0	3.6	125.0	-34
陕西	1 164.9	0.2	29.1	35.4	49.3	552.0	322.2	64.1	46.6	1098.9	66
甘肃	958.3	0.0	24.0	11.3	40.6	505.8	163.2	52.7	38.3	835.9	122
青海	102.0	0.0	2.6	4.9	4.3	99.6	48.5	5.6	4.1	169.6	-68
宁夏	356.5	0.0	8.9	3.1	15.1	104.3	84.5	19.6	14.3	249.8	107
新疆	1 170.7	2.9	29.3	24.3	49.6	416.8	248.3	64.4	46.6	882.4	288

注："-"代表调入，"+"代表调出

（二）国内生产的动物性产品供需平衡与省际可能贸易量

国内生产的肉、蛋、奶、鱼等动物性产品的需求去向主要有 5 个方面的用途：城乡居民的居家消费、食品加工、餐饮、储备和出口，把食品加工、餐饮、储备和出口统称为肉、蛋、奶、鱼的其他用量。按照供需平衡理论，长期来看，肉、蛋、奶、鱼等动物性产品的国内生产量同城乡居民的居家消费量和其他用量之间必然达成供-需平衡状态。依据统计数据和转化率和本节中的算法，2010 年国内肉、蛋、奶、鱼的供-需平衡见表 9-3。

表 9-3　国内生产的肉、蛋、奶、鱼供-需平衡　　　（单位：10⁴t）

动物性产品	猪肉	牛肉	羊肉	禽肉	禽蛋	奶类	鱼肉
生产量	5071.2	653.1	398.9	1802.7	2762.7	3748.0	3828.80
居家消费量	2340.64	259.35	159.40	994.72	1061.58	938.78	1342.60
其他用途量	2730.59	393.70	239.46	807.96	1701.16	2809.18	2486.20

　　各省（自治区、直辖市）的肉、蛋、奶、鱼，除了城乡居民的居家消费之外，食品加工、餐饮、储备、出口（国际市场、省际贸易）等其他用途是必需的用途。经济发展水平不同，各省（自治区、直辖市）餐饮、储备等其他用途的人均数量有差别。鉴于各省（自治区、直辖市）其他用途的需求去向和结构数据难以获取，假定各省（自治区、直辖市）肉、蛋、奶、鱼其他用途的人均数量与全国一致，计算各省（自治区、直辖市）生产的肉、蛋、奶、鱼的其他用途量，进而构建各省（自治区、直辖市）的供需平衡关系。国内生产肉、蛋、奶、鱼的其他用途量，除以全国的人口数量，得到人均数量，计算结果见表 9-4。

表 9-4　其他用途量人均数量　　　（单位：kg/人）

动物性产品	猪肉	牛肉	羊肉	禽肉	禽蛋	奶类	鱼肉
人均数量	20.36	2.94	1.79	6.03	12.69	20.95	18.54

　　将其他用途的人均数量乘以各省（自治区、直辖市）的人口数量，得到西部12省（自治区、直辖市）肉、蛋、奶、鱼的其他用途需求量，计算结果见表 9-5。

表 9-5　西部 12 省（自治区、直辖市）肉、蛋、奶、鱼的
其他用途需求量　　　（单位：10⁴t）

地区	猪肉	牛肉	羊肉	禽肉	禽蛋	奶类	鱼肉
全国	2 730.59	393.70	239.46	807.96	1 701.16	2 809.18	2 486.20
内蒙古	51.09	7.37	4.48	15.12	31.83	52.56	46.52
广西	100.78	14.53	8.84	29.82	62.79	103.68	91.76
重庆	60.20	8.68	5.28	17.81	37.50	61.93	54.81
四川	169.80	24.48	14.89	50.24	105.78	174.68	154.60
贵州	77.99	11.25	6.84	23.08	48.59	80.24	71.01
云南	94.31	13.60	8.27	27.90	58.75	97.02	85.87
西藏	5.91	0.85	0.52	1.75	3.68	6.08	5.38
陕西	78.69	11.35	6.90	23.28	49.02	80.95	71.64
甘肃	54.27	7.82	4.76	16.06	33.81	55.83	49.41
青海	11.59	1.67	1.02	3.43	7.22	11.92	10.55
宁夏	13.07	1.88	1.15	3.87	8.14	13.45	11.90
新疆	44.84	6.47	3.93	13.27	27.94	46.13	40.83

　　西部 12 省（自治区、直辖市）肉、蛋、奶、鱼、酒的供给量等于各省（自治区、直辖市）内生产量与省（自治区、直辖市）外调入量之和；需求量等于城乡居民居家消费量与其他用途需求之和。长期来看，各省（自治区、直辖市）的供需处于平衡状态，即省（自治区、直辖市）内生产量±省（自治区、直辖市）外调入（出）量=城乡居民居家消费量+其他用途量。为此，各省（自治区、直辖市）之间的调入、调出量就等于生产量减去需求量。肉、蛋、奶、鱼在 2010 年的省（自治区、直辖市）之间的可能调入、调出量见表 9-6。表中 "+" 表示省（自治区、直辖市）满足自身需求之外有盈余，是调出省份，表中的正值表示调出数量，"-"表示省（自治区、直辖市）不能满足自身需求，属于产消赤字省（自治区、直辖市），是调入省份，表中的负值表示调入数量。西部地区，猪肉、牛肉、羊肉、奶类的生产量大于可能的需求量，禽肉、禽蛋和鱼肉的生产量低于可能的需求量。

表 9-6　肉、蛋、奶、鱼在省（自治区、直辖市）之间的可能贸易量　　（单位：10^4t）

地区	猪肉	牛肉	羊肉	禽肉	禽蛋	奶类	鱼
全国	0.00	0.00	0.00	0.00	0.00	0.00	0.00
内蒙古	-14.37	+34.09	+69.90	-2.82	+2.94	+875.68	-47.17
广西	+38.95	-12.34	-8.31	+39.87	-61.96	-118.03	v66.02
重庆	+6.71	-9.78	-5.64	-9.61	-27.50	-80.85	-52.61
四川	+102.88	-12.00	-4.37	-13.21	-16.70	-154.37	-91.62
贵州	-15.85	-7.81	-5.86	-25.44	-49.55	-89.31	-69.12
云南	+38.09	2.57	-1.29	-22.56	-57.40	-53.72	-72.78
西藏	-6.77	+11.69	+6.87	-2.48	-4.02	+21.64	-5.56
陕西	-35.93	-7.38	-2.97	-26.72	-22.77	+68.06	-74.23
甘肃	-33.63	+2.36	+5.13	-17.75	-31.56	-30.80	-51.93
青海	-9.01	+4.30	+5.89	-5.07	-7.88	+10.94	-11.47
宁夏	-10.86	+3.75	+4.35	-5.27	-3.72	+67.14	-4.19
新疆	-43.54	+22.23	+34.05	-8.88	-12.93	+75.69	-36.17
西部	+16.67	+31.68	+97.75	-99.94	-293.05	+592.07	-450.83

（三）粮食的基本需求与省际贸易最小量

　　对于国家而言，粮食生产-消费平衡或者生产量适当大于需求量才能维护国家的粮食安全。但对于各省而言，在国家的粮食需求平衡的大背景下，即使省内部不平衡，也能够通过国内省际流动满足省内的粮食安全目标；但从粮食安全责任角度而言，只要各省生产的粮食能够满足本行政辖区城乡居民口粮消费，肉、蛋、奶、鱼生产用粮，种子用粮，储备与耗损用粮等需求，就是对国家粮食安全的贡献。为此，把城乡居民口粮，肉、蛋、奶、鱼生产用粮，种子用粮，储备与耗损用粮称为区域粮食的基本需求，区域粮食的基本需求是基于区域粮食生产量现状、粮食及动物性产品转化率现状、口粮消费现状等因素，处于区域粮食安全的责任和义务，按照相关原则、标准和计算方法等确定的种子用粮、储备与耗损用粮、动物耗粮和城乡居民耗粮数量；国际、国内的粮食出口，酒类生产、淀粉食品加工用粮，餐饮用粮成为区域粮食的其他需求。

如果区域粮食生产量大于区域粮食基本需求量，则供需处于盈余状态，区域粮食生产量能够满足本行政辖区的基本需要，即使不从区域外调入粮食，也能够维持区域生产和生活需要，同时还有一定的满足区域粮食的其他需求的能力；相反，如果区域的粮食生产量小于区域粮食的基本需求量，则供需处于赤字状态，要维持本行政辖区的基本需要必须从区域外调入粮食，为满足区域粮食的基本需求而调入的粮食量为最小调入量。

表 9-7 中，2010 年，全国各省（自治区、直辖市）自主生产的粮食量，通过盈余–缺口平衡后尚盈余 $4756 \times 10^4 t^{①}$ 粮食用于满足酒类生产、淀粉食品加工用粮，餐饮用粮和粮食出口需要，所以，国家粮食安全完全有能力保障。西部地区的广西、青海和西藏的粮食基本需求量缺口 $461 \times 10^4 t$，其缺口与大面积的退耕还林有关；其余 9 个省（自治区、直辖市）自主生产的粮食在满足了区域粮食的基本需求后盈余 $1927 \times 10^4 t$，占全国盈余省（自治区、直辖市）总量的 19.49%；平衡缺口后，西部省（自治区、直辖市）净盈余粮食 $1466 \times 10^4 t$，占全国净盈余量的 30.2%，属于粮食的净盈余区，能够满足西部地区粮食的其他需求。区域粮食的基本需求表揭示了粮食生产量小于城乡居民居家粮食消费量引起缺粮的省（自治区、直辖市）情况，居家消费粮食短缺必须从省外流入，该项需求的省际流动量为 $5130 \times 10^4 t$，流入的省（自治区、直辖市）涵盖 12 个，其中西部有广西、西藏和青海，供给需要流入 $461 \times 10^4 t$，占全国的 8.99%。

表 9-7　区域粮食的基本需求分析　　　　　　　　（单位：$10^4 t$）

地区	粮食生产量	区域粮食的基本需求						省（自治区、直辖市）粮食盈余	省（自治区、直辖市）粮食赤字需要跨省调入的最少量
		种子	口粮	生产肉蛋奶鱼用粮	储备用粮	耗损用粮	合计		
全国	54 647.7	1 366.2	21 052.8	22 281.6	3 005.6	2 185.9	49 892.1	9 886	-5130
西部	13 024.1	325.8	5 099.8	4 520.4	716.4	520.8	11 183.2	1 927	-461
内蒙古	2 158.2	54.0	398.3	761.3	118.7	86.3	1 418.6	740	

① 河北、山西、内蒙古、吉林、黑龙江、江苏、安徽、江西、山东、河南、湖南、重庆、四川、贵州、云南、陕西、甘肃、宁夏、新疆 19 个省（自治区、直辖市）自主生产的粮食有盈余，在满足了本行政区域城乡居民基本需求后盈余 9886 万 t；而北京、天津、辽宁、上海、浙江、福建、湖北、广东、海南、广西、西藏、青海 12 个省（自治区、直辖市）自主生产的粮食不足，要满足本行政区域城乡居民基本需求后还缺口 $5130 \times 10^4 t$。粮食盈余省（自治区、直辖市）和缺口省（自治区、直辖市）供销平衡后尚盈余 $4756 \times 10^4 t$。

地区	粮食生产量	区域粮食的基本需求						省（自治区、直辖市）粮食盈余	省（自治区、直辖市）粮食赤字需要跨省调入的最少量
		种子	口粮	生产肉蛋奶鱼用粮	储备用粮	耗损用粮	合计		
广西	1 412.3	35.3	750.1	867.7	77.7	56.5	1 787.3		-375
重庆	1 156.1	28.9	423.5	419.9	63.6	46.2	982.1	174	
四川	3 222.9	80.6	1 267.8	1 479.0	177.3	128.9	3 133.6	89	
贵州	1 112.3	27.8	559.1	338.2	61.2	44.5	1 030.8	82	
云南	1 531.0	38.3	701.3	618.7	84.2	61.2	1 503.7	27	
西藏	91.2	2.3	71.3	36.6	5.0	3.6	118.8		-28
陕西	1 164.9	29.1	552.0	322.2	64.1	46.6	1 014	151	
甘肃	958.3	24.0	505.8	163.4	52.7	38.3	784	174	
青海	102.0	2.6	99.6	48.5	5.6	4.1	160.4		-58
宁夏	356.5	8.9	104.5	84.5	19.6	14.3	231.6	125	
新疆	1170.7	29.3	416.8	248.3	64.4	46.8	805.6	365	

注："-"表示自主生产的粮食不能够满足区域粮食的基本需求的省（自治区、直辖市），需要调入粮食的最小量

（四）肉、蛋、奶、鱼供需分析与最小贸易量

肉、蛋、奶、鱼生产量不等于需求量，其需求量分为城乡居民居家消费需求量及包括餐饮、食品加工、出口等其他需求量。肉、蛋、奶、鱼的生产量减去城乡居民居家消费量的值如果大于零，表示本行政辖区肉、蛋、奶、鱼生产量能够满足城乡居民居家消费需求；相反，需要从省外调入，且其调入量为最小贸易量。从省（自治区、直辖市）外调入肉、蛋、奶、鱼产品相当于输入粮食，即相当于外省（自治区、直辖市）帮助保护耕地。

西部地区基于城乡居民基本生活消费需求的肉、蛋、奶、鱼产品盈余-缺口量见表9-8，"-"表示自主生产的动物性产品不能够满足城乡居民基本生活消费需求的省（自治区、直辖市），其值表示缺口量。"+"表示自主生产量在满足城乡居民基本生活消费需求后有盈余的省（自治区、直辖市），其值表示盈余量。2010年国内的猪肉、牛肉、羊肉、禽肉、禽蛋、奶类和鱼肉的生产-消费平衡后都有盈余，可用于满足基本生活以外的各类需求。西部12省（自治区、直辖市）的差异较为显著，猪肉除西藏缺口 0.87×10^4t 外，其他11省（自治区、直辖市）的盈余总量 780.08×10^4t，生产-消费平衡后可用于基本生活以外其他消费的数量为 779.21×10^4t；牛肉和羊肉除重庆市分别缺口 1.10×10^4t、0.36×10^4t 外，其他11个省（自治区）分别盈余 142.73×10^4t 和 165.00×10^4t，生产-消费平衡后可用于基本生活以外其他消费的数量分别为 141.63×10^4t和164.64×10^4t；禽肉除了贵州、西藏、陕西、甘肃、青海和宁夏 6 个省（自治区）缺口 11.25×10^4t 外，其余 6 个

省（自治区、直辖市）盈余总量为 136.95×10^4t，生产–消费平衡后可用于基本生活以外其他消费的数量为 125.70×10^4t；禽蛋除了贵州、西藏和青海 3 个省（自治区）缺口 1.96×10^4t 外，其余 9 个省（自治区、直辖市）盈余 183.96×10^4t，生产–消费平衡后可用于基本生活以外其他消费的数量为 182.00×10^4t；奶类除了广西、重庆和贵州 3 个省（自治区、直辖市）缺口 42.35×10^4t 外，其余 9 省（自治区）盈余总量为 1418.89×10^4t，生产–消费平衡后可用于基本生活以外其他消费的数量为 1376.54×10^4t；鱼肉除了内蒙古、西藏、陕西、甘肃和青海 5 个省（自治区）缺口 6.84×10^4t 外，其余 7 个省（自治区、直辖市）盈余 250.32×10^4t，生产–消费平衡后可用于基本生活以外其他消费的数量为 243.48×10^4t。

表 9-8　西部地区基于城乡居民基本生活消费需求的
动物性产品盈余-缺口量　　　　　　　（单位：10^4t）

动物性产品	猪肉	牛肉	羊肉	禽肉	禽蛋	奶类	鱼肉
全国	2 730.59	393.70	239.46	807.96	1 701.16	2 809.18	2 486.20
内蒙古	+36.72	+41.45	+74.38	+12.30	+34.77	+928.24	-0.65
广西	+139.74	+2.20	+0.54	+69.69	+0.82	-14.35	+157.78
重庆	+66.91	-1.10	-0.36	+8.20	+10.00	-18.93	+2.20
四川	+272.68	+12.48	+10.52	+37.03	+89.08	+20.31	+62.98
贵州	+62.14	+3.44	+0.98	-2.36	-0.96	-9.07	+1.89
云南	+132.39	+16.17	+6.98	+5.34	+1.35	+43.30	+13.09
西藏	-0.87	+12.54	+7.39	-0.73	-0.34	+27.71	-0.18
陕西	+42.76	+3.97	+3.93	-3.43	+26.25	+149.01	-2.58
甘肃	+20.64	+10.18	+9.89	-1.69	+2.25	+25.04	-2.51
青海	+2.58	+5.97	+6.91	-1.64	-0.66	+22.86	-0.92
宁夏	+2.22	+5.63	+5.49	-1.40	+4.43	+80.59	+7.72
新疆	+1.30	+28.70	+37.99	+4.39	+15.01	+121.83	+4.66

（五）肉、蛋、奶、鱼居家消费不足部分折粮与省际间接粮食贸易最小量

本省生产的肉、蛋、奶、鱼不能满足城乡居民对肉、蛋、奶、鱼居家消费需求的不足部分通过省外输入弥补。鉴于生产动物性产品需要粮食作为饲料，在跨省调入、调出肉、蛋、奶、鱼的过程中伴随着粮食流动。除了城乡居民基本消费中需要动物性产品外，酒类生产、淀粉食品加工等其他方面也需要动物产品，但其他方面需要的动物性产品难以区分省内外需求量，为此，只考虑肉、蛋、奶、鱼产品用于满足城乡居民居家消费的跨省的最低流动量。

城乡居民居家消费的肉、蛋、奶、鱼跨省最低流动量的折粮见表 9-9。"–"表示该省（自治区、直辖市）城乡居民居家消费的动物性产品折粮量净流入，其值代表伴随动物性产品进口而承载的粮食数量；"—"表示该省（自治区、直辖市）没有城乡居民居家消费的动物性产品折粮流入。尽管不同省粮-肉、粮-蛋、粮-奶、粮-鱼转化系数不同，但由于需要调入肉、蛋、奶、鱼的省（自治区、直辖市）并不清楚其进口的肉、蛋、奶、鱼分别来自哪里、各自有多少等信息，利用各省（自治区、直辖市）的差异性转化率来计算肉、蛋、奶、鱼流动过程中携带的粮食数量的意义不大，于是，采用全国平均转化率来计算跨省流动的肉、蛋、奶、鱼数量的折粮数量。

就全国而言，猪肉的区际贸易最少量为 52.59×10^4t，猪肉贸易承载的粮食量至少为 95.25×10^4t；牛肉的区际贸易最少量为 40.08×10^4t，承载的粮食量至少为 36.00×10^4t；羊肉的区际贸易最小量为 31.88×10^4t，承载的粮食量至少为 33.15×10^4t。禽肉的区际贸易最少量为 49.02×10^4t，承载的粮食量至少 85.89×10^4t；禽蛋的区际贸易最少量为 57.16×10^4t，承载的粮食量至少为 94.78×10^4t；奶类的区际贸易最少量为 261.16×10^4t，承载的粮食量至少为 98.20×10^4t；鱼肉的区际贸易最少量为 87.45×10^4t，承载的粮食量至少为 67.33×10^4t。

表 9-9　城乡居民居家消费的肉、蛋、奶、鱼
跨省（自治区、直辖市）流动量的折粮　　（单位：10^4t）

地区	猪肉	牛肉	羊肉	禽肉	禽蛋	奶类	鱼肉	合计
全国	-95.25	-36.00	-33.15	-85.89	-94.78	-98.20	-67.33	-510.60
内蒙古	—	—	—	—	—	—	-0.50	-0.50
广西	—	—	—	—	—	-5.40	—	-5.40
重庆	—	-0.98	-0.38	—	—	-7.12	—	-8.48
四川	—	—	—	—	—	—	—	—
贵州	—	—	—	-4.13	-1.59	-3.41	—	-9.13
云南	—	—	—	—	—	—	—	—
西藏	-1.57	—	—	-1.28	-0.57	—	-0.14	-3.56
陕西	—	—	—	-6.01	—	—	-1.99	-8.00
甘肃	—	—	—	-2.96	—	—	-1.94	-4.90
青海	—	—	—	-2.88	-1.09	—	-0.71	-4.68
宁夏	—	—	—	-2.45	—	—	—	-2.45
新疆	—	—	—	—	—	—	—	—

就西部 12 省（自治区、直辖市）而言，西藏猪肉至少缺口 0.87×10^4t，承载的粮食量最少为 1.57×10^4t；重庆牛肉至少缺口 1.10×10^4t、羊肉至少缺口 0.36×10^4t，承载的粮食最少量分别为 0.98×10^4t 和 0.38×10^4t；贵州、西藏、陕西、甘

肃、青海和宁夏 6 个省（自治区）至少缺口禽肉 11.25×10^4t，承载的粮食量最少为 19.71×10^4t；贵州、西藏和青海 3 个省（自治区）的禽蛋至少缺口 1.96×10^4t，禽蛋贸易承载的粮食量最少为 3.25×10^4t；广西、重庆和贵州 3 个省（自治区、直辖市）的奶类至少缺口 42.35×10^4t，奶类贸易承载的粮食量最少为 15.93×10^4t；内蒙古、西藏、陕西、甘肃、宁夏和青海 5 个省（自治区、直辖市）的鱼肉至少缺口 6.85×10^4t，鱼肉贸易承载的粮食量最少为 5.28×10^4t。

城乡居民居家消费的肉、蛋、奶、鱼等动物性产品跨省流动量的折粮分析表（表 9-9）揭示了以肉、蛋、奶、鱼为载体的粮食流动量，即粮食间接流动量。西部 9 个省（自治区、直辖市）必须从省外调入；调入的动物性产品折合成为粮食 47.1×10^4t，占国内省际流动量 510.6×10^4t 的 9.22%。

第三节　粮食及动物性产品承载的耕地保护成本

供-需平衡分析表明，各省生产的粮食、肉、蛋、奶和鱼等动物性产品在满足了本省的各项需求之后，有的省有盈余，有的省不足而需要调入，省际存在粮食及动物性产品贸易。地方政府耕地保护投入随着跨省贸易外流，给粮食、肉、蛋、奶、鱼等调出省的地方政府造成了经济损失；相反，给调入省地方政府带来了无形的经济收益。调出越多，耕地保护投入的损失愈多；相反，调入越多，调入省地方政府无偿获取的耕地保护投入收益愈多。开展区际补偿除了测算粮食及动物性产品跨省贸易量外，还必须计算粮食及动物性产品承载的耕地保护成本。

一、确定区域单位耕地面积粮食产量

区域单位耕地面积粮食产量为 C_l，区域粮食生产总量为 C_l^z，区域耕地面积为 S，β 表示粮食作物播种面积占粮经作物播种面积的份额。则：

$$C_l = \frac{C_l^z}{S \cdot \beta} \tag{9-9}$$

西部地区每公顷耕地的粮食产量计算结果列在表 9-10 中。

表 9-10　西部地区每公顷耕地的粮食产量

地区	区域耕地面积 S/hm²	粮食作物播种面积占粮经作物播种面积的份额 β	区域粮食总产量 C_l^z/10^4t	区域单位耕地面积的粮食产量 C_l/(t/hm²)
全国	121 715 891.81	0.746 6	54 647.71	6.013
内蒙古	7 147 243.04	0.792 7	2 158.20	3.809

续表

地区	区域耕地面积 S/hm²	粮食作物播种面积占粮经作物播种面积的份额 β	区域粮食总产量 C_l^z /10⁴t	区域单位耕地面积的粮食产量 C_l /(t/hm²)
广西	4 217 519.76	0.623 6	1 412.32	5.370
重庆	2 235 932.01	0.728 9	1 156.10	7.094
四川	5 947 398.55	0.735 2	3 222.90	7.371
贵州	4 485 297.25	0.665 1	1 112.30	3.729
云南	6 072 059.95	0.742 8	1 531.00	3.394
西藏	361 631.29	0.714 6	91.20	3.529
陕西	4 050 347.65	1.000 0	1 164.90	2.876
甘肃	4 658 767.49	0.785 2	958.30	2.620
青海	542 719.26	0.506 6	102.00	3.710
宁夏	1 107 062.10	0.748 0	356.50	4.305
新疆	4124 563.70	0.538 5	1 170.70	5.271
西部	44 950 542.05	0.538 5	14 436.42	4.364

注: 表中数据为计算结果

二、确定单位耕地面积承载的动物性产品产量

猪肉、牛肉、羊肉、禽肉、禽蛋、奶类、鱼肉等动物性产品是粮食转化而来。依据各类动物性产品与粮食的转化系数及单位耕地面积的粮食产量，就能够计算单位耕地面积承载的动物性产品产量。用 C_j 表示区域单位耕地面积承载的动物产品产量；δ_j 表示生产单位重量的动物性产品的耗粮量；$j=1,2,3,\cdots,7$，分别代表猪肉、牛肉、羊肉、禽肉、禽蛋、奶类和鱼肉。计算公式为

$$C_j = \frac{C_l}{\delta_j} \tag{9-10}$$

西部地区单位耕地面积承载的肉、蛋、奶、鱼数量见表 9-11。

表 9-11　西部地区单位耕地面积承载的肉、蛋、奶、鱼等
动物性产品数量　　　　　（单位：t/hm²）

地区	全国	内蒙古	广西	重庆	四川	贵州	云南	西藏	陕西	甘肃	青海	宁夏	新疆
猪	3.29	2.11	3.18	4.44	4.63	2.18	1.69	1.93	1.49	1.27	2.01	2.15	2.82
牛肉	6.7	4.24	5.98	7.9	8.21	4.15	3.78	3.93	3.38	2.92	4.13	3.63	10.76
羊肉	5.78	3.66	5.16	6.82	7.09	3.59	3.26	3.39	2.51	2.52	3.57	4.19	8.24
禽肉	3.43	2.68	3.34	4.05	4.21	2.13	1.69	2.02	1.64	1.5	2.12	2.61	3.01
禽蛋	3.63	2.29	3.24	4.51	4.76	2.25	1.79	2.13	1.63	1.67	2.24	2.69	2.85
奶类	16.29	10.25	12.9	19.94	19.31	10.15	11.61	9.56	8.04	7.33	10.05	12.18	13.77
鱼肉	7.81	4.95	6.97	9.21	9.57	4.84	4.41	4.58	3.74	3.4	4.82	5.59	6.85

三、确定单位重量粮食及相关产品承载的耕地保护成本

用 F 表示粮食生产省投入在单位耕地面积上的耕地保护成本，用 N_l 表示单位重量粮食承载的耕地保护成本，N_j 表示单位重量动物性产品承载的耕地保护成本。那么：

$$N_l = \frac{F}{C_l} \tag{9-11}$$

$$N_j = \frac{F}{C_j} \tag{9-12}$$

目前，成都市和佛山市都以人民政府为补偿主体、村（组）集体经济组织和农民为受偿主体，建立了政府性耕保金。其中，成都市以耕地为补偿客体，耕地质量为补偿依据，从新增建设用地有偿使用费和土地出让收益中拿出资金，按照基本农田 6000 元/hm²、一般耕地 4500 元/hm² 的标准，对受偿主体进行保护耕地经济补偿；佛山市以基本农田为补偿客体，区位为依据，从区、镇两级一般财政收入中列支耕保金，按照经济发达区 7500 元/hm²、经济欠发达区 3000 元/hm² 的标准，对受偿主体进行保护耕地经济补偿。成都市和佛山市耕地保护都取得了显著成效。鉴于经济发展具有很强的动态特性，经济发达区和经济落后区是一个相对概念，佛山模式运行中，政府执行力可能将会受到考验。鉴于我国地域辽阔，经济发展地域差异大，经济发达地区内部有欠发达地区，经济欠发达地区中有相对发达的地区等客观现实，以耕地质量为依据进行耕地保护经济补偿更具有推广价值。

根据《基本农田保护条例》的规定，基本农田的划定比例不低于80%。为此，以基本农田比例的下限和一般耕地比例的上限对成都市的耕地保护补偿标准进行加权，则耕地保护补偿标准为 5700 元/hm²。假定各省地方政府按照 5700 元/hm² 的标准对村（组）集体经济组织和农民进行耕地保护经济补偿，运用式（9-11）和式（9-12）计算各省生产单位重量粮食承载的耕地保护成本，以及生产单位重量动物性产品承载的耕地保护成本见表9-12。表9-12表明，无论是生产单位重量的粮食，还是生产单位重量的动物性产品，就其承载的耕地保护成本而言，西部地区都要高于全国。西部12省（自治区、直辖市）的差异也较大。

表 9-12　西部省（自治区、直辖市）单位重量商品粮食
和动物性产品承载的耕地保护成本　　　（单位：元/t）

地区	粮食	猪肉	牛肉	羊肉	禽肉	禽蛋	奶类	鱼肉
全国	948	1734	851	986	1660	1572	350	730

续表

地区	粮食	猪肉	牛肉	羊肉	禽肉	禽蛋	奶类	鱼肉
内蒙古	1496	2698	1344	1556	2126	2487	556	1152
广西	1061	1791	953	1104	1706	1760	442	817
重庆	804	1283	722	836	1407	1263	286	619
四川	773	1230	694	804	1354	1197	295	595
贵州	1529	2609	1373	1589	2677	2535	562	1177
云南	1679	3369	1508	1746	3371	3192	491	1293
西藏	1615	2954	1450	1680	2829	2678	596	1244
陕西	1982	3827	1685	2267	3471	3505	709	1526
甘肃	2176	4484	1954	2262	3810	3420	778	1675
青海	1537	2835	1380	1598	2691	2548	567	1183
宁夏	1324	2647	1572	1360	2183	2122	468	1020
新疆	1081	2019	530	692	1894	2001	414	833
西部	1421	2646	1264	1458	2460	2392	514	1095

第四节　耕地保护区际补偿机制及运行管理

粮食及动物性产品承载着政府性耕地保护成本。附加在粮食及动物性产品上的政府性耕地保护成本随着粮食及动物性产品的市场贸易流失，影响了地方政府保护耕地的投入积极性。为了耕地保护事业的可持续发展，以经济补偿为手段，提出基于粮食贸易的耕地保护区际补偿机制及运行管理办法（图9-5）。

一、耕地保护区际补偿机制的基本要素

（一）耕地保护区际补偿主体和受偿主体

耕地保护区际补偿数量的计算和确定是实现合理补偿的前提，是耕地保护经济补偿的关键环节。通常是耕地保护补偿主体对耕地保护受偿主体进行补偿。保护耕地就是为了保障城乡居民粮食需求，考虑保障国内粮食供-需平衡需要保护耕地，则基于省际粮食贸易量来确定补偿主体和受偿主体。在本章中，粮食及动物性产品的调入省是补偿主体，调出省为受偿主体。研究表明，多数省既有调出、也有调入，不同的粮食及动物性产品的调出供给来源地和调入市场消费地可能有差别，于是，在很多省之间形成互为补偿主体和受偿主体的关系。

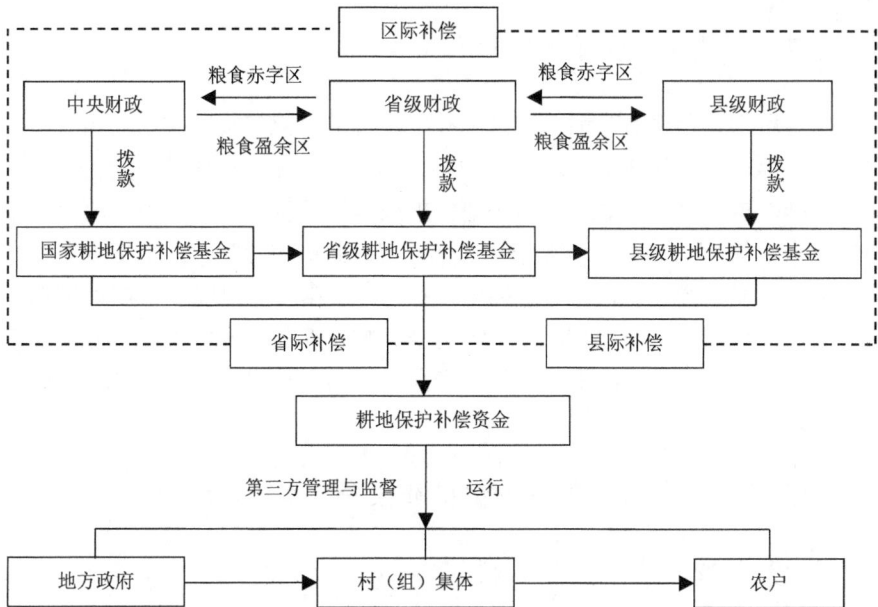

图 9-5　耕地保护区际补偿机制运行管理办法

（二）耕地保护区际补偿媒介

粮食及动物性产品为耕地保护区际补偿的价值传递媒介。保护耕地的目的是确保国家的粮食安全，因为耕地和人口分布不平衡，粮食或者以粮食作为饲料生产的动物性产品的数量具有省际差异，如前文分析，有些省生产的粮食不能满足粮食的基本需求，有些省在满足粮食的基本需求后还有盈余，于是在粮食多的省和粮食少的省之间形成粮食供应能力梯度推移力，进而形成粮食流。前面已经计算的单位重量粮食承载的耕地保护成本要沿着粮食流而流动。为此，选择粮食或动物性产品为省际耕地保护区际补偿媒介。

（三）耕地保护区际补偿数量

前面研究了粮食供-需平衡和区际的最小贸易量问题,同时研究了动物性产品省际可能流动量和最小贸易量，还研究了动物性产品折粮和动物性产品最小贸易量的折粮问题。计算了省际粮食最小贸易量、动物性产品最小贸易量、动物性产品最小贸易量折粮等，作为省际经济补偿依据，省际按照粮食调入、调出的数量进行补偿。

（四）耕地保护区际补偿标准

确定科学、合理的耕地保护区际补偿标准具有重要现实意义。实践中，四川省成都市等已经率先按照耕地的类型和面积，建立了政府性耕保金并从 2008 年开始实施。事实上，各地政府的耕地保护投入随着粮食贸易外流，所以，粮食及动物性产品调入省自然应该对牺牲发展机会而保护耕地的粮食及动物性产品调出省给予适度的经济补偿。对于补偿标准，本章第三节研究了单位重量的粮食及动物性产品承载的耕地保护成本，特别是动物性产品的省际贸易，无论是按照动物性产品，还是按照单位重量动物性产品的折粮，都能够方便地进行耕地保护成本核算。

二、第三方管理与监督的耕地保护补偿资金运行机制

（一）三位一体的运行机制

由国家政府和地方政府合作，建立三位一体的耕地保护补偿资金运行机制。将粮食及动物性产品的调入方定义为经济补偿方、调出方定义为经济受偿方，国家政府定义为第三方。经济补偿方的地方政府负责筹集耕地保护补偿资金，经济受偿方负责按照相关规定和政策用好耕地保护补偿资金，发挥耕地保护补偿资金在耕地保护中的效用，最大限度地提高耕地保护的性价比。

（二）第三方管理与监督职能

第三方负责耕地保护补偿资金的核算、协调及资金流动和使用的监管。根据当年的耕地保护补偿资金投放额度、保护的耕地面积、粮食产量、动物性产品产量和饲料粮消耗量等基本数据，核算单位重量粮食及动物性产品承载的耕地保护成本；依据粮食及动物性产品的官方调出-调入数据和单位重量物品承载的耕地保护成本，核算调入方的应收耕地保护补偿资金数量、调出方的应支耕地保护补偿资金数量，再与经济补偿方和经济受偿方进行对接。然后利用转移支付平台，监管双方的耕地保护补偿资金的转移和使用情况。经济补偿实行年补偿制度，补偿方每年一次补偿，受偿方按照保护耕地的年度计划进程合理使用。

（三）国家统筹是保障

保护耕地的根本目的在于国家的粮食安全，在世界经济一体化快速发展的今

天，耕地保护作为基本国策的最大受益者是国家政府，要让地方政府很乐意地接受国家政府委托，承担耕地保护成本有阻力。以粮食及动物性产品为载体的耕地保护经济补偿机制，就是要让粮食及动物性产品进口的省（自治区、直辖市）为保护耕地投入成本买单。地方政府都希望把钱拿进而不愿意拿出，如果没有国家政府的政策性支持，让地方政府为进口粮食及动物性产品的耕地保护成本买单可能无法实现。为此，国家政府从制度上、管理与监督上进行统筹是完成耕地保护经济补偿的关键。

三、激励与约束机制互动化

对于粮食及动物性产品调出省，按照调出的数量和单位重量产品承载的耕地保护成本，由调入省的地方政府通过财政转移支付方式，对调出省的地方政府给予经济补偿。

粮食及动物性产品调出省的地方政府因为保护耕地、出口粮食及动物性产品得到经济补偿，保护耕地的经济利益没有受到或者很少受到损失，同时得到政治利益。保护耕地越多，调出的粮食及动物性产品可能就越多，得到的经济补偿数量可能就越大，从经济补偿角度看就是正向经济补偿行为。正向的经济补偿对耕地保护行为主体具有激励作用，这就是耕地保护的经济激励机制。

粮食调入省的地方政府，承担调入粮食承载的耕地保护成本，调入的粮食及动物性产品越多，支出的耕地保护成本也就越多，地方财政通过转移支付平台发生的支出行为也就越多，对粮食调入省的地方政府而言，这种经济支出行为就是耕地保护不足、粮食及动物性产品供应不足的经济代价。从经济补偿角度看就是负向经济补偿行为，负向的经济补偿对行为主体的耕地减少行为具有一定的抑制作用，抑制耕地过度减少也就等于保护耕地，这就是耕地保护的经济约束机制。

上述分析表明，一方面从耕地数量不足的省着手，以经济手段约束耕地进一步减少，发挥耕地保护作用；另一方面又从耕地数量充足的省着手，通过经济手段激励耕地保护。所以，基于粮食及动物性产品贸易的耕地保护区际补偿机制具有明显的激励与约束互动化、相容性特征。

第十章 西部地区耕地保护对策（四）

——基于农户劳动力以工换酬增收的视角

第三章表明，西部地区耕地细碎化程度高、坡度对耕地影响大、耕地水管理问题多对耕地质量影响程度高、基础地力低的耕地比例大，通过细碎化耕地归整、坡耕地整治和基本农田水管理等措施提升耕地质量的空间大，提升耕地质量需要农户投入务农劳动力。第五章表明，农户投入在耕地经营与保护中的劳动力，因经营的耕地数量少、年有效劳动时间不足、劳动时间剩余多和年收益少等影响了耕地经营与保护的积极性，耕地质量保护措施难以落地。长远看，国家粮食安全更需要保护耕地质量，而农户是保护耕地质量基层单元，增加务农劳动力在耕地质量保护中的收益是激励农户劳动力投入的关键。据此，本章提出基于农户劳动力以工换酬增收的视角，讨论保护西部地区耕地质量的对策。

第一节 以工换酬增收机制的内容与特点

一、以工换酬增收机制的内涵

以工换酬增收，就是农户劳动力参与政府主导的耕地质量建设与耕地质量维护工程，在保护耕地过程中获取务工报酬，补偿务农劳动力因有效劳动时间不足而损失的机会成本。耕地质量保护常态化和国家政府耕地质量保护资金投入常态化是以工换酬增收机制的存在基础，农户劳动力参与性、耕地质量保护指标具体化、显性化是确保以工换酬增收机制产生实效的制度保障。

耕地质量维护、耕地质量建设和耕地质量监管是耕地质量保护工程的三个环节。耕地质量维护就是采取必要措施，确保耕地地力在现有的基础上"稳中有升"，其最低目标就是肥力不再降低或降低后及时得到修复、田间基础设施不受损坏或毁损后及时得到维护。从生物生长过程来看，植物要不断地从土壤吸取营养，即使没有其他的不良土地利用行为影响，耕地肥力随着植物对肥力消耗也会有自然下降的可能，所以，要保证耕地质量不降低，包括肥力管理、设施维护、污染管理在内的耕地质量维护十分必要。肥力管理，就是在耕地地力分等定级的基础上，由村民委员会组织、引导耕地承包者改良土壤、培肥地力、种植绿肥、生产和施用有机肥料、测土配方施肥、秸秆还田，施入耕地作为肥料的污泥、粉煤灰及城乡生活垃圾等应当符合国家有关标准。对新开发、复垦和整理的耕地，进行后续培肥和管理，制定后续培肥方案并组织实施。设施维护，就是组织耕地使用者维护田间基础设施，改善耕作条件。污染管理，就是耕地使用者科学、合理、安全使用农药，降低农药在耕地中的残留量，农业灌溉用水符合国家农田灌溉水质标准，禁止违反法律、法规的规定向耕地排放有毒有害工业、生活废水和未经处理的养殖小区的畜禽粪便，或者占用耕地倾倒、堆放城乡生活垃圾、建筑垃圾、医疗垃圾、工业废料及废渣等固体废弃物。耕地质量建设，就是采取工程措施和生态措施，改造耕地所在的环境，兴修农田水利和田间基础设施，以降低坡度为突破口的土地平整工程，以增加耕作层厚度和改善土壤结构的客土工程，以小块并大块为载体扩大地块面积的耕地归整工程，以提升耕地有机质含量的沃土工程等，包括标准农田建设、以耕作层土壤再利用改良新增耕地和劣质耕地或其他耕地为特征的中低产田土改良、土地开发整理和复垦、灾毁耕地恢复、退化和污染耕地修复等。耕地质量监管，就是地方政府将耕地质量保护纳入自己的责任目标考核范畴，通过加强农业行政主管部门的耕地质量管理队伍、质量监测点基础设施、永久性标志、耕地质量监测体系和预警预报系统等的建设，提高耕地质量监测和管理能力，并依据委托代理的职责，代表国家对耕地质量及其发展变化情况进行监测与管理。从监测角度看，对耕地地力、墒情和环境状况进行监测与评价，并按照有关规定将耕地质量监测、评价结果定期向社会发布，对需要改变性质的耕地质量进行等级鉴定并出具耕地质量等级鉴定报告。从管理角度看，对质量受到破坏的耕地提出治理方案并督促责任单位和个人对污染源进行治理，按照管理程序，依据不同层级的管理职责，共同督促耕地发包方组织、引导耕地承包者改良土壤、培肥地力，从宏观、中观、微观等不同层面和多角度地提高地方政府对耕地质量监督管理的履职能力和履职效果。

二、与成都耕保金制度的比较

以工换酬增收机制，同成都市按类型与面积进行差异化补偿的耕保金制度相比，其根本区别在于以劳动换收入。按照成都市的做法，耕地发包方与农户或者集体经济组织之间通过《耕地保护合同》的约定，农户和集体经济组织对《耕地保护合同》上约定的地块保护其不受破坏、不被弃耕抛荒、不被用于非农业用途就获得耕地保护补贴，如果未认真履行耕地保护责任、非法改变耕地用途或破坏耕作层致使耕地生产能力降低的，发包方有权终止履行《耕地保护合同》，停发耕地保护补贴，并责令其在规定的期限内恢复耕地生产能力。进一步分析发现，只要农户没有改变承包地的农业用途、没有抛荒，即使不进行任何的耕地质量管理行为，也能够满足《耕地保护合同》的要求，并能够顺利地得到耕保金的补贴。这种保护，没有劳动投入，只有合同，实际上是一种"以合同换收入"的典型例子。事实上，在调研中发现，2008 年以来，除了没有人再抛荒外，成都耕地保护区的农户在耕地保护措施方面基本没有明显变化，尽管如此，耕保金制度的推行，增加了农户的收入，得到了农户的拥戴。

按照以工换酬增收的经济补偿机制，农户获取耕地保护的经济补偿资金的前提条件是耕地保护的劳动投入。由发包方组织专门机构，按照地段、地块的实际情况，对保护的耕地进行登记、评估，制定质量保护方案，指导农户制定阶段性实施计划并付诸实践，形成一批农田整治的基础设施和耕地平整、增肥等成果，然后由政府的相关职能机构，按照保护计划进行年度检查、评估、考核，再根据评估与考核结论进行经济补偿。其关键点是没有劳动投入就没有补偿，劳动投入不够、保护目标没有达到规定要求，就按照相关的条款，扣减耕地保护补偿资金数量。以工换酬增收，是以"劳动换收入"的经济补偿机制，体现了耕地质量保护中的农户劳动价值，让农户通过劳动取得合法收入，一方面可在一定程度上解决农村劳动力剩余的隐性失业问题，维护社会稳定；另一方面有利于培养老百姓的劳动致富价值观念，激发群众自力更生、艰苦奋斗的精神，摆脱等、靠、要等消极意识。

三、与以工代赈机制的比较

以工换酬增收机制不同于以工代赈机制。一是项目的目标不同，以工换酬增收机制依托相关职能部门全面规划耕地质量建设与管理工作，追求耕地质量持续、全面的提升；而以工代赈机制明显带有区域性、局地性特征。二是项目的制度基础不同，以工换酬增收机制以耕地质量保护制度设计为基础，一旦作为一种制度安排，就形成耕地质量建设与管理的制度惯例，形成逐年推进制度；以工代赈机制以扶贫解困制度为基础，往往针对贫困地区，以项目申报、争取等制度形式进行管理，耕地保护行为随着项目竣工验收而结束。三是建设模式不同，以工换酬增收机制强调可持续性，对耕地质量建设工程按照建设—维护—监管模式运行；以工代赈机制建设的项目具有阶段性，项目实施按照申报—立项—建设—验收模式运行，验收完成，项目建设就告一段落。四是对农户收益影响不同，以工换酬增收机制强调农户通过稳定、持续的质量工程平台，以劳动持续换取收益，在确保耕地质量持续性提升的同时，让参与农户获得稳定、持续增收的渠道；就以工代赈机制而言，在项目设施阶段，参与农户能够按照参与深度获得收入，但在项目验收结束后，相关的收益就失去来源，可能导致受赈济已经脱贫的农户重新返贫。

第二节　以工换酬增收机制的提出背景

一、行为主体在耕地质量保护中具有主观能动作用

尽管光，以及气温、降水等气候要素不受行为主体掌控，但土层厚度、土壤质地、土壤养分及地质地貌条件等地表要素及影响农作物生长的光，以及气温、降水等气候要素都可以通过土地整理、农田水利和道路建设等工程措施在一定程度上加以人工干预，无污染、高品质的耕地生态环境要素也可以通过行为主体对耕地的合理利用与管理进行调控。在行为主体的影响下，耕地土壤中的有机质分解速度加快，通过秸秆还田和大量施用有机肥，可以在短期内使土壤有机质含量快速提升；种植水稻，土壤长期淹没在水下，潜育化过程加快；沼泽通过人工排水而脱离水环境后会很快脱潜。

显而易见，行为主体不但能够影响耕地土壤品质、性质，而且耕地土壤的品质、性质的演变速度在行为主体的调控下远超自然演变过程。行为主体通过工程或生物措施，能够在较短时间内清除某些土壤障碍因素，例如，通过工程手段清除高岗洼地交错的不利地形能够解决地形崎岖限制性，对土壤进行削高填低的搬动或土层顺序进行重新叠置，改变土层质地、紧实程度，使耕地土壤质量趋向于均一化，能够改善土壤的限制性因素和农作物的土宜性，耕地土壤的经济肥力能够迅速提高。行为主体对耕地土壤进行耕作、灌溉、施肥、排水等可以使土体内的水、热、气、养分等水热状况甚至结构发生巨大变化，让耕地土壤更加有利于作物生长发育。

二、务农劳动力的劳动时间剩余多影响务农收益

参照城镇职工的工作日数，劳动力的农业劳动时间剩余多。城镇职工按照相关规定的法定假日，包括每周双休日、清明节、五一节、十一国庆节、春节等，全年 120 余天，有效劳动的时间 240 余天，考虑加班等可能达到 250 天；如果农户务农劳动力的有效劳动时间达到或超过城镇职工的工作日数，就认定为务农劳动力的劳动时间饱满。与城镇职工相比，就 2008～2010 年的平均值而言，全国和西部地区务农劳动力的劳动时间仅相当于城镇职工的 46% 和 51%，农业劳动时间剩余多。重庆、新疆和内蒙古的务农劳动力劳动时间最饱满，分别相当于城镇职工的 81%、79% 和 73%，西藏、贵州较少，仅相当于城镇职工的 35% 和 39%，远远低于全国的平均值；云南、四川、陕西、甘肃、青海在全国平均水平附近；广

西、宁夏略高于西部地区的平均水平。西部 12 省（自治区、直辖市）务农劳动力
劳动时间与城镇职工工作时间的比较差异见图 10-1。2008～2010 年西部 12 省（自
治区、直辖市）务农劳动力劳动时间占城镇职工比例的均值对比见图 10-2，务农
劳动力劳动时间占城镇职工工作时间的份额为 35%～81%。务农劳动力是在劳动
过程中创造价值，在单位劳动时间的价值创造量一定的情况下，农户有效劳动时
间越长，劳动时间剩余就越少，其价值创造就会越多，个人收益也就越多；相反，
其价值创造就越少，个人收益也就越少。上述分析表明，西部 12 省（自治区、直
辖市）务农劳动力的劳动时间剩余较多，减少了价值创造的有效劳动时间。尽管
务农劳动力的价值创造能力不低于或高于农林牧渔业的城镇职工，但因为有效劳
动时间相对较少，导致其年均收益比城镇职工少，进而影响农户务农劳动力经营
与保护耕地的积极性，对经营与保护耕地行为产生厌恶情绪，进一步导致农户，
特别是年轻农户产生离开耕地、挣脱耕地束缚的愿望与行动。为此，延长农业经
营的产业链条，增加务农劳动力的有效劳动时间，让农户在耕地保护中受益，成
为增加农户收益、激励农户保护耕地积极性的主攻方向。

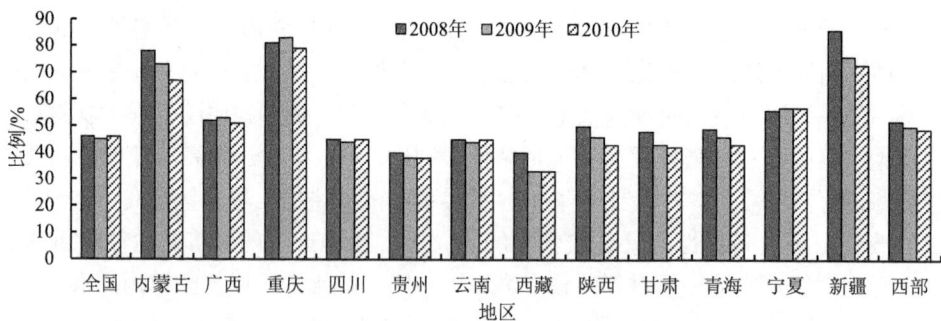

图 10-1　西部 12 省（自治区、直辖市）务农劳动力劳动时间占城镇职工的比例对比

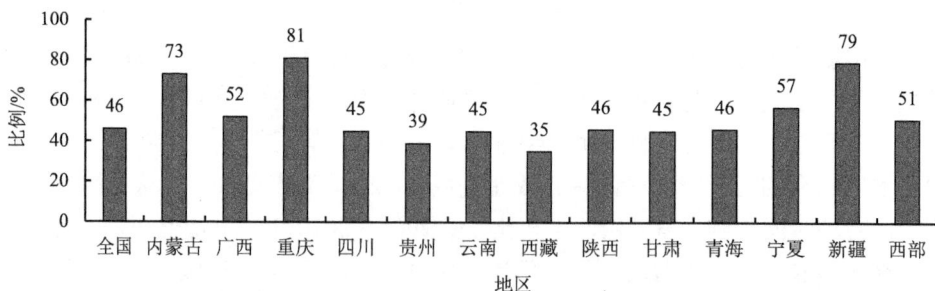

图 10-2　西部 12 省（自治区、直辖市）务农劳动力劳动时间占城镇职工比例的均值对比

　　如果务农劳动力的劳动时间要向城镇职工看齐，就需要增加每个务农劳动力

的经营耕地面积。用城镇职工的工作时间除以务农劳动力的工作时间，其结果再除以务农劳动力实际经营耕地的数量，可得到一个全职务农劳动力应该经营的耕地面积。西部 12 省（自治区、直辖市）全职务农劳动力应经营的理论耕地面积见图 10-3。

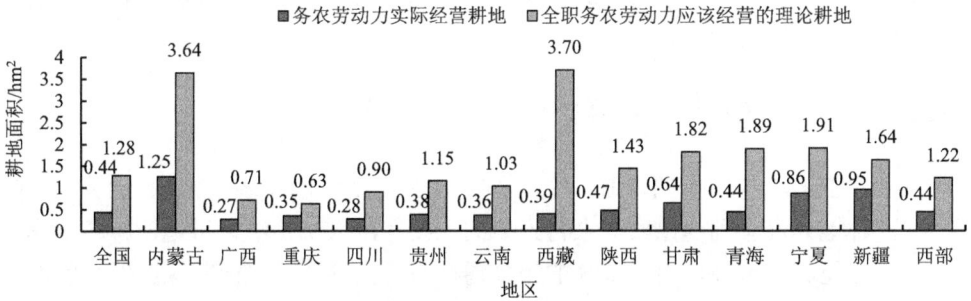

图 10-3　西部 12 省（自治区、直辖市）务农劳动力实际经营耕地面积
和全职务农劳动力应该经营的理论耕地面积对比

图 10-3 中，西部地区，2010 年一个全职务农劳动力理论上应耕种 1.22 hm²，而每个务农劳动力实际耕种耕地 0.44 hm²；就全国而言，2010 年一个全职务农劳动力理论上应耕种 1.28 hm²，但实际耕种耕地 0.44 hm²。在人多地少、人人要求有其田的耕地承包经营模式下，通过增加务农劳动力经营耕地数量来增加务农劳动力有效劳动时间是很困难的。

三、增加务农劳动力有效劳动时间的途径

鉴于人多地少等原因，务农劳动力人均经营耕地数量有限，每个务农劳动力的年内有效劳动时间不足，劳动时间剩余较多，即使务农劳动力在有效劳动时间内的日均劳动价值较高，其年均收益仍然低于外出务工劳动力的年收益，形成务农劳动力的机会成本损失；尽管离乡背井很辛苦，农户仍然要外出务工；在家务农尽管很悠闲，年中的劳动时间短，但因为年总收益少而不愿意务农，耕地地力因缺乏农户的劳动投入而处于自由放任的管理状态。为此，要激励务农劳动力经营和保护耕地的积极性，必须要以耕地为载体，寻找增加劳动力收入的途径。

以耕地为载体的农户劳动力增收途径就是参与性耕地质量提升工程。但调查分析表明，耕地质量提升工程多年来采用招投标方式，让中标的土地整理公司完成，有 76.05% 的被调查者认为农户参与了当地土地综合整理项目，有 19.21% 的被调查者认为农户没有参与土地综合整理项目，参与者年收益在 500 元以下的占 13.31%、500～1000 元的占 11.61%、1000～3000 元的占 12.46%、不清楚的占

30.30%、没有赚钱的占 7.65%。农户参与项目获取的劳动收益与期望值相差甚远及具有阶段性特征，项目结束后就意味着务农劳动力增收渠道消失，如果没有其他务工增收来源，脱贫农户又可能返贫。为此，提出以工换酬增收机制，就是通过调整投入机制和耕地质量提升工程建设实施机制，让耕地保护者在实现耕地保护意图的同时，又让务农劳动力在耕地质量建设与长期维护等保护过程中赚取劳动报酬，增加年总收益。

四、行为主体在耕地质量保护中的地位演变

20 世纪 80 年代中期以前，经济发展相对滞后加上体制原因，大量劳动力除了在家种地外没有别的出路，农村人口的主要经济来源是经营耕地，精耕细作的农户不但能够吃饱饭，而且多余的粮食通过市场卖钱还可以改善家庭经济状况，种地之路就是富裕之路，农户愿意出工出力建设、维护影响粮食产量的水利设施，愿意护坡、护坎和对耕作层培肥、增厚土层以提高肥力，愿意开挖、平整土地以提高耕地质量。土地平整，水利设施建设与维护，土壤肥力提高，耕地粮食综合生产能力提高，粮食产量增加，家家户户有余粮，解决了农户自己的粮食问题，广大农村稳定；农户有余粮，余粮入市后城里人有粮，国家有粮，城乡居民粮食供给均有保障，国家实现了粮食安全。在那个年代，耕地能够给农户带来粮食和财富，农户种地和保护耕地的积极性很高，即使国家征税、地方摊派等，农户也愿意种地和保护耕地；农户不但是耕地保护的主体，而且是推动耕地保护的主体，是与地方性耕地减少、破坏行为斗争的主体；农户知道如果耕地质量不改善，不仅要增加购买化肥等农用物资的费用，而且还会影响单位面积的粮食产量，家庭的困境就无法改变，于是，都会自觉地利用闲暇时间平整土地、护坡护坎、耕地培肥。所以，保护耕地成为农户的自发行为，不需要国家推动，更不需要地方政府推动。

20 世纪 80 年代中后期开始，通过增加劳动投入来增加耕地单位面积上的产量已经较为困难了，必须增施化学肥料才能显著提高粮食和其他农作物产量，加上粮食价格较低，增加的投入和增加的收入相比，增加的净收益有限，出现了边际收益递减和边际收益小的问题；同期，随着改革开放程度的深入，城市经济快速发展对劳动力的需求旺盛，特别是城市建筑行业对劳动力数量需求大、对劳动力素质要求不高的特点为农户劳动力外出务工增加家庭收入创造了大量的机会，为此，出现了大量的"农业+务工"型兼业农户，因为农户劳动力受进城务工收入不稳定、风险大和家乡观念强等因素的影响，在务工的同时仍然不肯放弃家庭承包地的经营，不敢怠慢承包耕地的保护问题，家庭收入结构以农业为主，农户推动耕地保护局面没有根本改变。

进入 20 世纪 90 年代以后，进一步的改革开放和城市经济快速发展，进城务工的农民形成了"一带十、十带百"、"一家带一户、一户带一片"的局面，外出务工人员增多，外出务工的参与家庭增多，举家外出务工的家庭增多，兼业农户数量和类型也增多，家庭经济收益结构方面出现了大量的"务工收益+农业收益"型兼业农户和"务工农户"。"务工收益+农业收益"型兼业农户的家庭经济不再依靠承包耕地而主要依靠务工收益，其承包耕地依靠家庭的留守老人或留守妇女经营，不再在耕地上投入大量的务农劳动，出现了种地只为解决口粮而不为卖钱的农户。"务工农户"以无偿或"以地换粮"的微利流转方式让亲朋或邻居代为经营承包地，出现了以买粮为生活的农户。耕地从"家庭收益唯一载体"中淡出，在不知不觉中改变着农户对耕地投入与保护的态度，影响着耕地保护主体的地位变化，"务工收益+农业收益"型兼业农户，尽管还在经营耕地，但属于典型的依靠社会投入外部性或者靠天吃饭的农户，他们已经不愿意再在承包耕地上投入过多的资金和劳动力，"务工农户"尽管按照《中华人民共和国土地管理法》还属于耕地承包的主体，但因为工作需要已经实现了耕地流转而退出了耕地经营与保护行列，而替代经营与保护耕地的农户因为不是耕地的承包主体，担心投入成本在流转期无法收回而"重用轻养"，"掠夺式利用"流转方式获取的耕地以谋取经营利益最大化成为首要方式，流转耕地被置于"公地悲剧"境地；"纯农户"和"务工收益+农业收益"型兼业农户，因为增加投入的边际收益递减甚至为零等原因，保护耕地性投入也不像 80 年代那样执着。分析表明，耕地经营与保护除了带给农户粮食外，经济增收的边际效果很差，80 年代推动农户保护耕地性投入的经济因素，在 90 年代以后成为制约农户保护耕地的杠杆，农户尽管仍然是耕地质量保护的直接主体，但耕地经营与保护的积极性受到影响、耕地质量保护与管理的效率不高，劳动力无限供给而形成不计代价的"劳动替代资本"投入内在机制难以重新恢复，农户难以自觉地成为耕地保护的推动主体。每个农户在耕地生产力的经济杠杆驱动下的理性选择汇合成一个整体就是大家都不投入，这个结果就是经济学中的"合并谬误"理论。对于国家来说，合并谬误就意味着非理性选择，因为农户家家都不经营与保护耕地，粮食生产都停留在满足小家庭需要或是寄希望于市场，则国家的粮食安全就成大问题了。为此，出于粮食安全需要，国家政府成为耕地保护的推动主体，兴修基本农田水利、使耕地旱涝保收，遇到天灾就不用太担心；耕地质量提升，储粮于地，国家的粮食安全才可持续。尽管国家政府强力推动，但受地方政府代理国家政府执行耕地管理权的影响，地方政府保护耕地在受"投入-产出"经济学的影响，耕地经营与保护投入缺乏效率，进而影响了耕地保护效果。

第三节　农户以工换酬增收保护耕地质量的途径

一、消除耕地坡度限制

表 10-1 中，西部地区坡耕地 2888.21×10^4 hm²，坡改梯耕地面积 761.85×10^4 hm²，坡改梯耕地面积仅占西部坡耕地面积的 26.38%，尚有 2126.36×10^4hm² 的坡耕地需要治理改造。其中，2°～6° 的坡耕地已改造比例为 36.36%，尚未改造比例为 63.64%，其面积为 519.89×10^4 hm²；6°～15° 的坡耕地已改造比例为 27.00%，尚未改造比例为 73.00%，其面积为 816.95×10^4hm²；15°～25° 的坡耕地已改造比例为 17.08%，尚未改造的比例为 82.92%，其面积为 789.52×10^4hm²。显然，随着坡耕地坡度增加，坡改梯的比例降低，2°～6° 坡耕地已改造的比例是 15°～25° 坡耕地的 2 倍多。其结果是，坡耕地比例在增加，梯田比例在降低。

表 10-1　西部 12 省（自治区、直辖市）需要改造的坡耕地面积　　（单位：10^4hm²）

地区	2°～6°		6°～15°		15°～25°		需要坡改梯面积合计
	坡耕地面积	未改造面积	坡耕地面积	未改造面积	坡耕地面积	未改造面积	
内蒙古	219.42	219.42	72.19	72.19	8.58	8.58	300.19
广西	126.50	80.98	59.50	35.01	36.69	29.52	145.51
重庆	42.30	8.50	85.20	40.47	83.62	61.26	110.23
四川	105.30	36.28	221.20	139.76	159.39	123.71	299.75
贵州	73.60	33.64	173.60	116.62	169.10	138.15	288.41
云南	91.10	56.47	199.80	161.52	234.99	204.02	422.01
西藏	7.20	3.07	6.60	2.42	4.19	2.13	7.62
陕西	51.40	0	94.40	72.50	104.50	88.30	160.80
甘肃	64.30	46.12	152.80	123.46	127.19	110.41	279.99
青海	8.40	8.14	16.70	16.23	10.53	10.04	34.41
宁夏	15.80	15.72	31.40	31.00	13.40	13.40	60.12
新疆	11.55	11.55	5.77	5.77	0	0	17.32
西部	816.87	519.89	1119.16	816.95	952.18	789.52	2126.36

坡度限制性属于不稳定的限制性因素，在人为因素的干扰作用下，通过实施坡改梯经济植物篱技术、坡耕地垄作与聚土技术、坡耕地养护与高效利用农作技术等坡耕地水土和养分流失综合防治与农田养护技术，能够减少坡度限制；通过

资金、劳动力的投入，进行土地平整，将坡地改造为梯地（田），能够有效地消除或者缓解耕地坡度限制性，达到提升耕地质量的目的。坡耕地整治除了直接有利于耕地质量的提升外，还有利于治理水土流失问题，从保持有效土层厚度、保持土壤肥力、防止土壤侵蚀等角度提升耕地质量。也就是说，坡耕地整治，是以治理坡度因素为平台，实际上是通过治理耕地坡度，实现耕地质量综合治理的主要途径。

西部地区坡耕地整治是耕地质量建设的主要内容。可以按照先易后难和分步实施的原则，首先解决 2°～6° 坡耕地的坡度治理工程，然后有条件地改造 6°～15° 和 15°～25° 的坡耕地。统计表明，2°～6° 坡耕地只有陕西治理、改造完毕，内蒙古和新疆没有治理，其他 9 省（自治区、直辖市）各自不同程度地整治了一部分，尚未治理、需要坡改梯的耕地总量还有 2126.36 hm²。如果 2°～6° 尚未治理坡耕地的治理率达到 90%，6°～15° 尚未治理坡耕地的治理率达到 50%，15°～25° 尚未治理坡耕地的治理率达到 30%，则治理坡耕地数量总计可达 1110×10⁴ hm²。加上已经实施坡改梯工程的耕地，坡耕地治理总量达到约 1870×10⁴ hm²，治理率达到 65%，则西部地区耕地的坡度限制性将会得到很大程度的缓解，耕地质量能够得到较大提升。

二、基本农田水利设施的建设与维护

农户是耕地田间设施维护的主体。农户通过耕地的田间基础设施维护，影响耕作条件的变化，进而影响耕地质量。耕地的田间道路、灌溉设施等是基本农田建设与管理的重要组成部分。要维护这些设施的可持续利用，需要农户参与，并建立长效维护机制。农户修建排灌水设施、梯田、平整土地、建造温室、种树等田间设施维护行为受多种因素的影响。一是土地调整频度，Prosterman（2001）的研究发现，定期或不定期地进行土地调整等因素，农户如果难以预期将来是否保有同一地块的耕种权利，可能就不愿意进行有利于提高耕地质量的长期投资。二是农户保护耕地意愿，农户保护耕地的积极性越高，投入到耕地中的时间和精力就越多，越会注重耕地管理和耕地质量的提高。三是农户的投入特征和耕地利用特点，农户注重长期投入，对耕地进行科学管理，耕地的田间设施就能够得到维护，耕地生产力就能得到更好的保持。

季风性气候区的夏季多雨易涝，冬季少雨易旱，解决方法是实施沟田渠堰塘和小水窖维护、大江大河治理等农田水利建设工程。西北地区的水窖帮助农户在下雨时节储藏雨水，在少雨时节用于生活与灌溉，在很大程度上缓和了人-水矛盾；西南地区降雨量极为丰富，水多易涝、多涝、少旱，农户很少考虑干旱对生产、生活的影响，靠天吃饭的望天田多，在遭遇突发性大旱年份束手无策的案例不在少数。国家通过调整水利投资方向，拨出专门的基本农田水利建设经费，搭建农户在农闲时因地制宜地修建或维护具有排、灌、贮功能的渠、沟、塘、堰等基本水利设施平台，既可创造农户就业机会，让农户在水利设施建设与维护过程中增加收益，又能够抗旱、排涝，消除水管理对耕地质量的限制性，让农户耕地经营增产增效，实现国家耕地保护与农户增收的双重效益。初步测算，如果国家每年为西部地区配置 600×10^8 元资金专门用于渠、沟、塘、堰的建设，不但能够贮水于田地、提高耕地综合生产能力，而且能够增加 1000×10^4 个农户就业岗位、增加农户务农收益、提高农户保护耕地积极性，还能保障国家粮食安全长久久安。

三、耕地土壤肥力管理

农户在土地利用方式选择、化肥和有机肥施用、秸秆还田等方面的技术选择影响土壤肥力，其土壤培肥、农田基础设施维护、耕作制度选择、污染防护等行为与耕地综合生产能力密切相关。以农业收入为主的兼业农户，粗放利用耕地、粗耕粗作，力求从耕地中攫取更多收益，可能会不顾环境成本而过量施用化肥、农药、地膜，也可能种植耗竭地力的作物且不施用农家肥（毕继业等，2010）。农户作为耕地质量管理的基层"细胞"，何时施肥、怎样施肥、施什么样的肥等问题的决定权都取决于自身的认知能力，通过种植绿肥、增施有机肥、测土配方施肥、秸秆还田等措施增加耕地中的有机质含量，改变耕作层的结构，提高耕地肥力。如果他们认为耕地经营收益不及将劳动力投入到非农业活动时，投入培植耕地肥力的劳动力可能会减少，进而影响施肥管理过程和耕地地力保持与提升。

耕地土壤肥力提升行动。在农作物的生物循环中，对某些矿质养分具有选择性吸收特点，吸收率大的矿质养分被农户在收获农产品时带走，带走的矿质养分及其数量见表 10-2（曾觉廷和谢德体，1996）。耕地复种指数越高，产量越高，带走的养分量越多，如果要保证农作物单位面积的产量增加就必须增施肥料以增加养分。化肥施用过量又会导致土壤板结，向土壤施用有机肥是既补充肥力又能够防止土壤板结的好办法。秸秆还田既提高秸秆利用率又节约成本，改善了农田生态环境，减少化肥的施用量，在环保和农业可持续发展中起到非常重要的作用，有促进土壤有机质及氮磷钾等含量的增加，提高土壤水分的保蓄能力，改善土壤性状，增加土壤团粒结构等优点，是增肥土壤、改善结构、提高地力的最好办法之一，发达国家的秸秆利用时间已长达百年，利用率达到80%。据调查，重庆市已广泛实施秸秆腐熟还田、推广使用有机肥和恢复种植绿肥，区域土壤有机质提高了15%，亩节省化肥 5~10kg，亩节肥增收 81.8 元。无论是堆沤还田还是直接还田，无论是覆盖还田还是翻压还田，为了加快秸秆腐解，将秸秆切割、粉碎是必要的，秸秆还田加工需要投入的机械和劳动力较多，增肥效果虽好但耗时、耗力、耗资金。为此，建立必要的耕地保护投入机制非常必要。

表 10-2　不同农作物带走的矿质养分数量

作物	产量/(t/hm²)	N/(kg/hm²)	P₂O₅/(kg/hm²)	K₂O/(kg/hm²)	MgO/(kg/hm²)	S/(kg/hm²)
水稻	6	100	50	160	20	10
小麦	6	170	75	175	30	30
玉米	6	120	50	120	40	25
大麦	5	150	55	150	25	20
高粱	4	120	40	100	30	15

测土配方施肥。根据土壤类型及其地理分布、作物种类和耕作制度等，要考虑适量施肥的肥效及对环境的影响，在西部地区应全面推进测土配方施肥技术，测土配方施肥技术是实现耕地保护的重要措施。测土配方施肥技术的关键是掌握背景土壤的养分状况，根据需要进行施肥补充。不同级别土壤的主要养分含量分级列在表 10-3 中。测土配方施肥技术利于促进农民转变重化肥、轻有机肥、偏施氮肥等传统观念，提高农民科学施肥水平。重庆市研究表明，与常规施肥方式相比，测土配方施肥区域，水稻、小麦和玉米等主要粮食作物单产增加 6%～8%，每公顷节约成本增效 450 元以上；经济作物增收效果更为明显，每公顷节约成本增效 1200 元以上。

表 10-3　土壤主要养分含量分级

等级		有机质	碱解氮	P₂O₅	K₂O	肥效等级
一等	低量	<0.01	$<80\times10^{-6}$	$<5\times10^{-6}$	$<60\times10^{-6}$	高效
二等	中下	0.01～0.02	$(80\sim120)\times10^{-6}$	$(5\sim10)\times10^{-6}$	$(60\sim80)\times10^{-6}$	中下
三等	中上	0.02～0.03	$(120\sim150)\times10^{-6}$	$(10\sim20)\times10^{-6}$	$(80\sim100)\times10^{-6}$	中上
四等	高量	>0.03	$>150\times10^{-6}$	$>20\times10^{-6}$	$>100\times10^{-6}$	低效

注：根据全国不同级别土壤的主要养分含量分级标准整理完成

四、克服负外部性对耕地质量的影响

农户经营与保护耕地的负外部性，是农户耕种过程中的经营活动对环境产生的负面影响，如灌溉、施肥和使用农药等产生的面源污染，翻耕土地或坡面耕作带来的水土流失，燃烧秸秆带来的大气污染，等等，其负外部性令周围或影响范围内的人群受损，但引起负外部性的农户无须补偿被影响的人群，也无法补偿被影响的人群。

要克服消极影响，需要农户合理利用耕地，采用有利于保护和提高耕地质量的耕作技术，科学合理施肥，增施有机肥，发展绿肥生产，不在田间焚烧秸秆；按照有关法律法规的规定，在农业行政主管部门的技术指导下，科学、合理、安全使用肥料、农药、地膜，作为肥料直接施入耕地的污泥、粉煤灰及城乡生活垃圾等符合国家有关标准，防止农田土壤污染和农业面源污染；耕地灌溉用水符合国家农业用水质量标准；停止或减少人为造成水土流失、土壤沙化、盐碱化、地力退化的行为；不在耕地周围堆放或处置可能导致农田污染的危险废弃物；在农业产业结构调整中，坚持以不破坏农田的耕种条件、有利于农田生产能力提高为准则。

第四节　农户以工换酬增收保护耕地质量的制度保障

在耕地质量保护过程中，农户务农劳动力要投入大量的时间和农业劳动。按照投入-产出理论，作为理性"经济人"的农户，其时间和劳动力投入需要经济产出的回报。农户采取耕地保护措施而得到的高质量耕地是农户的劳动产品，是对农户劳动时间和资金投入的回报。我国的土地所有制和耕地保护制度，限制农户将自己的劳动产品，即高质量耕地按照市场规则进行交易，其投入的倍增效益无法正常实现，农户经营耕地的收益仅限于农作物的秸秆和果实。受经营耕地数量少的影响，农户从农作物的秸秆与果实中获取的总收益少，进而影响了农户经营与保护耕地的积极性。以工换酬增收机制，以构建新型的农户劳动力资本化机制为突破口，建立高质量耕地产品的国家购买机制，最终实现耕地保护与农户脱贫致富奔小康的双重目标。

一、耕地质量保护劳动资本化

耕地质量保护劳动资本化，就是让农户参与耕地质量保护的劳动投入成为赚钱的资本，其核心是在农业生产的价值核算中，考虑农户为改造耕地质量的劳动投入量的价值。事实上，在《中华人民共和国土地管理法》中，将保护耕地作为耕地承包农户的义务进行规定，从制度层面上说明了农户的耕地保护行为在自己承担成本的同时不能获益，影响了农户保护耕地积极性。在调查中发现，绝大多数农户认同耕地保护，认为耕地保护重要或非常重要，但继续调查"您是否愿意参与保护耕地"时，不愿意参与保护耕地的农户占到被调查农户总数的42.68%。通过访谈进一步了解这些农户不愿意参与保护耕地的原因时，86.25%的农户认为参与保护耕地不但对提高家庭收入没有多大帮助，而且国家把保护耕地作为农户的义务，让农民自己承担保护耕地的全部劳动成本。

在自给自足、人少地多的农耕时代，农户劳动力除了农业领域外没有更好的去向，生产的目的主要是为了满足家庭生活需求。同时，农业生产主要依靠耕地的自然肥力，自然肥力不能满足农业生产需要后，农户可以重新开辟新的耕地，社会没有对农户提出保护耕地的要求，农户也不需要在耕地平整、增厚耕作层和人工增加土壤有机质等方面投入劳动，或者说，农户在保持耕地肥力等方面投入的劳动较少。人们更关心耕地的使用价值大小，即在耕地上能否生产出农产品和生产出多少农产品，对改造耕地的劳动投入并不十分在意。

随着人口增多、城市化进程加快，人均占有耕地数量快速减少，人地关系越来越紧张，人地矛盾越来越突出，农户在维持其自身的粮食与食物需求的同时，全社会要求农户为城市人口的生活需要提供更多的商品粮和动物食品。农户要实现这个社会目标，就需要投入更多的劳动、资金、时间，通过新修农田水利设施、改善基本农田的田间条件、平整土地和人工增加耕作层的有机质含量等措施改善耕地质量，提高单位耕地面积的粮食产量。在农户通过增加劳动力、资金、时间等要素投入以提高耕地质量、增加土地上的收益和保障社会粮食安全的同时，因农户为粮食增产目标而改造耕地环境与质量的劳动投入没有计算报酬，加上农产品的附加值低，粮食增产带给农户的经济收益不足以满足农户为增产而增加的劳动投入。

值得注意的是，在城市化较为发达的今天，农户的劳动力、资金和时间等要素逐渐变得稀缺并成为稀缺资源，其投向除了农业生产领域外，更好的投向领域是第二产业和第三产业。劳动力投向农业领域是以损失第二、第三产业机会成本为代价，即从事农业和耕地质量保护的农户劳动力得到的收益少、损失多，长此以往，农户不再愿意增加农业劳动投入。为此，改革农业经济核算方法，把农户为增加产量而改善耕地质量和环境的劳动投入资本化，农户的农业收益除了农作物果实、秸秆收益外，还应包括耕地质量产品的货币化收益。让农户参与高标准农田建设工程，以及建成后的维护与管理，让农户通过以工换酬方式，在工程建设中获取报酬，在建成的质量工程维护中继续参与、继续获取劳动报酬，以耕地质量工程为纽带构建农户长期持续增收平台和制度化机制。

二、耕地质量保护资金投入国家化

耕地质量保护资金投入国家化就是将农户保护耕地质量的投入成本变为国家投入。目前为止，耕地质量建设大项目是国家投入，日常管理、耕地肥力补偿、护坡护坎等耕地质量保护性投入是农户行为，但投入意愿不强、有投入愿望而无投入行动是常见现象。

　　研究产权与投资的认知关系调查表明，23.27%的受调查农户认为土地归自己所有的农户才愿意对经营耕地进行投资（Prosterman，2001），资金投入依靠农户不太靠谱。农户参与保护耕地的帮扶意愿调查表明，82.18%的农户需要资金支持；对农户开展了保护耕地的目的与资金投入关系认知的调查表明，96.42%的农户认为保护耕地为了保障国家粮食安全，59.81%的农户认为保护耕地为了保障养老，44.06%的农户认为保护耕地为了调节气候，75.74%的农户认为保护耕地为了防止水土流失、保护土壤，23.06%的农户认为保护耕地是作为家庭经济持续受益的来源[①]，将保护耕地的目的上升到国家、社会需要层面的农户希望通过保护耕地获取利益，否则不会在保护耕地方面花力气；把耕地作为后半生养老之用的农户，没有想到在年轻时依靠耕地赚钱，可能将耕地流转给他人耕种，不可能在保护耕地方面投资；将耕地作为家庭获取收益的主要来源的农户可能对保护耕地进行投资，但一方面其数量不到受调查者的 1/4，另一方面，依靠种地的家庭往往是最贫困的家庭，尽管想对耕地质量管理方面投入资金但力不从心，受耕地产权引起的未来耕地使用权的不确定性影响，投资意愿能否落实还需要用时间来证明。

　　由于多年以来农业生产的低效益，多数农户并没有把农业生产承包经营当作一个经济产业来对待，并直接导致了农户对耕地生产的投入低下，不仅劳动力投入少，而且水利等农业基础设施建设投入也少。在调查中发现，常年在家从事农业生产的基本上是妇女、老人，农业基础设施特别是水利设施破坏严重，普遍存在灌溉渠道老化现象。在进行承包地水利建设和土壤改良资金投入愿意调查中，虽然有 494 位、占 51.9%的受访对象表示愿意，但实际上除了无意识地施用一定的农家肥来改良土壤结构外，在近 10 年内投入资金进行水利建设和土壤改良的农户寥寥无几，且在施肥选择上，64.7%的农户选择施用化肥，只有35.3%的农户愿意选择具有长期改良土壤作用的农家肥，是有投入愿望、无投入行动的群体；当问及不愿对承包地进行资金投入的主要原因时，有 601 位（占63.1%）认为投入回报低，214 位（占 22.5%）担心承包地会被调整，还有 137位（占 14.4%）担心承包地会被征用（陈美球等，2007b）。本书调查发现 31.0%的受访农户因为投入太大而不愿采取相应的技术、措施改善耕地质量，45.0%的受访农户在相关部门提供技术和资金等支持下愿意，只有 24.0%的受访农户在没有提条件下表示愿意采取相应的技术、措施改善耕地质量，但他们说不出自己采取了哪些技术和措施。

　　综上所述，依靠农户投入，耕地保护资金难保障；要确保耕地质量保护资金

---

① 以上调查数据均来自：2011 年 6 月到 2012 年 5 月，在四川、甘肃、新疆、云南、重庆和广西等省（自治区、直辖市）进行的耕地细碎化问卷调查，703 个调查样本农户分布在 29 个市级行政单位 84 个县（市、区）354个行政村。

的持续投入，必须以国家投入为主体；也只有实现耕地质量保护资金投入国家化，才能使耕地质量保护的劳动投入资本化机制落地。

三、耕地质量保护的资金投入与经济补偿常态化

耕地质量保护的资金投入常态化是指为了耕地质量和立地环境的持续改善，国家要按照年度持续投入资金，农户要持续投入劳动和时间，使耕地质量保护资金投入成为一种制度。耕地质量保护的经济补偿常态化，是指农户从耕地保护中获取的收益具有可持续性，而且这种收益能够持续支持农户愿意将劳动力投放在保护耕地方面。

国家开辟的很多耕地质量保护项目在资金投入和经济补偿方面都不具有可持续性。例如，针对贫困地区的以工代赈项目、中低产田地改造项目、金土地项目等，项目实施具有时间性，通过检查验收以后，项目的所有工程就全部结束。农户获取经济收益只在项目实施期间，项目结束后又将失去经济补偿来源，贫困农户如果不进城务工很快又会出现返贫局面。通过验收的耕地质量保护项目，如果缺乏后续的跟进管理，耕地质量和耕地所在区域的立地环境可能又会出现退化局面。以工换酬增收就是要从制度设计层面上，一方面以耕地质量保护为平台，为农户创造劳动机会和找到可持续增加收入的载体，另一方面把耕地质量保护的资金投入和经济补偿纳入常态化管理，建立耕地质量持续管理与改善的制度基础，同时建立通过合法劳动持续增加农户收入的制度基础。

农户对耕地质量保护较耕地数量保护有更高呼声，认为耕地质量保护更加重要。本书调查表明，要求保护耕地质量的受访农户 2.5 倍于要求保护耕地数量的农户。落实耕地质量保护，关键在于将真正的优质耕地划为基本农田和加强保护资金的投入，分步骤、有计划，将基本农田建设成为高标准农田，提高耕地的综合生产能力。耕地是农业生产的载体，是农作物的立地场所，它与工业经济的厂房、生产产品的机器设备具有同等重要地位，工业制造的厂房需要投资修建、维护，机器设备需要技改、更新和维护，那么，作为农业经济基础的耕地，当然也需要通过不断地投资修建农田基本水利设施、进行山水田林路综合治理，需要通过改造土壤提升地力。由于工业品和农业产品"剪刀差"的长期存在，单位耕地面积上的经济产出长期很低，但不意味着耕地不重要，不意味着农业不重要，更不意味着在耕地上进行连续投入不重要。"剪刀差"的存在使农业领域自身的投入能力受到严重制约，要维护农业产出稳定增长的长期连续投入必须来自农业以外的第二、三产业收益，就是早些年前国家提出了"工业反辅农业"命题。工业反辅农业的核心是通过发展工业经济，解决农业经济投入不足问题，当然也包括耕地质量保护资金投入不足导致农户保护耕地无收益问题。于是笔者在本章提出

"耕地就像工业经济的工厂一样，需要不断投入更新与维护资金"的观点，让农户在耕地质量更新与维护中获取收益。为此，已经开展的、呈现点状分布的"金土地"质量工程，不但应上升为维护粮食安全的国家战略，成为农业持续投入、农户改天换地与增收的常态工程，还应该把耕地质量提升工程作为一项长期战略任务而扩展其建设面。

四、受益农户全覆盖

农户是耕地质量保护主体，以工换酬增收机制除了保护耕地质量外，旨在让受益农户全覆盖。单位面积耕地上的经营收入虽然可观，但农户经营耕地的数量不足使农户从耕地上获取的直接收益数量少，影响了耕地经营与保护行为的积极性。通过对农户耕地质量保护行为的经济补偿，提高收益总量以激励农户投入与耕地保护积极性成为热点。成都市创设的耕保金制度，按照耕地类型与面积发放耕地保护补贴，一定程度上增加了农户收益，有限地提振了农户保护耕地质量的意愿和激励农户落实保护耕地质量的行为。以耕地质量保护与建设为平台，创建以工换酬增收机制，既为农户创造劳动机会解决农户长效增收问题，又保证了耕地质量保护与建设问题的落地。

为扩大收入来源，相当数量的农户选择了兼业经营，与兼业经营相伴的必然是耕地粗放经营和掠夺经营行为不断加重。耕地粗放经营和掠夺经营的结果使基本农田水利建设、病虫害统一防治、机械耕作、品种搭配和轮作倒茬等现代集约经营技术、措施难以推广和应用，对耕地"只取不予"或"多取少予"的短期经营行为使得农业生态环境恶化、生产条件萎缩，耕地单位面积上的产出率难以提高。

政府主导的中、低产田地改造项目，"金土地"项目及针对贫困地区的以工代赈项目等都有特定的项目区域，受益者局限于项目实施区域；与项目比邻区域的农户尽管距离很近也无法受益。同时，项目实施往往由工程队施工，可能因项目不同或同一项目的不同阶段等因素影响，农户的参与程度也不相同，就是在项目区也难做到受益农户全覆盖。成都市耕保金制度的全覆盖特点值得继承，为此，以工换酬增收机制的经济补偿，强调农户全员参与，特别是土地平整和土壤培肥、秸秆还田等常态保护项目，以家庭承包经营的责任田、地为保护对象，由地方政府统一规划、分步推进、常态监管，既促进了参与农户的全覆盖，又为剩余劳动力创造价值提供平台。

第五节 以工换酬增收机制的运行

耕地质量建设与保护中的微观行为主体层级关系见图 10-4。

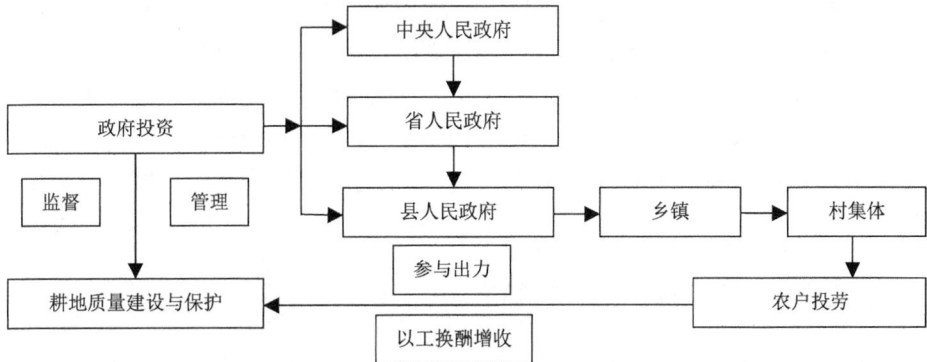

图 10-4 耕地质量建设与保护中的微观行为主体层级关系图

一、国家统筹建设资金安排与专户直投

落实以工换酬增收机制的关键在于资金保障。成都市建立和推行耕保金制度的关键在于可用财力雄厚，迁移成都市做法的武汉、佛山等地无一例外地都具有财力雄厚特征，四川省内未被成都市外的其他市（州）广泛复制与推广的原因在于资金难以落实。地区经济发展差异背景下形成地区财力差异很难改变。

国家统筹建设资金的安排并专户直投是机制运行的重要保障。解决资金问题的最有效的办法是国家政府在年度财力分配中，计划单列耕地质量建设资金，专款专用、年度结转使用。国家在筹集耕地质量建设资金时，应该加强相关资金的整合力度。专户直投，就是耕地质量建设资金由中央财政专户/省财政专户/县级财政专户/农户保护耕地专户的系列直接安排到农户，专户直投能够防止资金层层下达过程中的截留、挪用现象。农户使用耕地质量建设资金必须依据耕地质量建设与保护计划的完成情况，由主管部门验收合格并履行相关程序后，直接在银行进行支取。

二、耕地质量保护分层考核与验收机制

国家统筹建设投入耕地质量建设资金，除了为农户创造增收、增加就业，从"三农"以外开辟解决"三农"问题的出路外，根本目标是通过实施耕地质量建

设与保护工程，使耕地质量建设常态化、稳定化，因地制宜地将每一个地块建设成为优质耕地，从源头上解决我国未来粮食安全问题。要保障投入资金的效率问题、提升耕地产品的性价比，构建分层考核与验收机制就成了必然之举。

分层考核与验收就是按照国家、省/自治区/直辖市、地市州、县、乡镇村社、农户的顺序，按照资金投放与耕地质量建设与保护工程的建设规划内容、质量，由农业行政主管部门主导，进行自下而上的考核与验收。如果村社和农户的保护耕地出现名不符实，由乡镇基层行政主管部门勒令耕地保护行为主体按期履职，否则启动相关的惩罚性机制。村社监督、乡镇政府考核与验收，直接影响农户能否有资格使用耕地质量建设资金；中央—省级—市级—县级—乡镇政府的逐级考核与验收，直接影响上级政府对本级政府管理的行政辖区在下一年度的资金投放情况。

三、耕地质量保护巡查与处罚机制

耕地质量保护的微观行为主体，尽管存在政府、村社、农户多个层级，政府自身从中央到乡镇也存在多个层级，但耕地质量建设与保护工程的具体实施在农户、组织与督促在村社、监督管理与考核验收在乡镇，这三个层级的工作如果落实了，国家投放的资金才能收到成效，否则要形成质量建设资金泡沫。

由于基层人际关系复杂，为了防止基层干部、管理人员营私舞弊，验收考核流于形式，从中央到乡镇政府的农业行政主管部门，应该建立由专门管理人员、技术人员组成的专门巡查机构，对负责的行政辖区的耕地质量建设与保护情况，定期进行实地踏勘和采样分析，实地踏勘和采样地点的确定，由县级以上的行政主管部门，根据本层级政府部门管理的耕地质量预警系统信息进行自主确定，避免下级政府部门安排踏勘地点和样品代采。

上级政府要建立健全耕地质量建设与保护的惩罚措施。下级政府不按照上级行政主管部门的耕地质量建设与保护标准进行管理的，上级政府启动相应的经济约束机制与行政处罚措施。经济约束机制主要在于减少资金投放数量直到启动以上级政府对下级政府进行罚款为特征的负补偿机制，行政处罚措施主要是针对地方行政首长，对耕地质量建设与保护不力的行为进行行政处罚。

四、耕地质量建设与保护的长效机制

如前述，耕地质量建设与保护工程，国家政府的效用是储粮于地，维护国家长远的粮食安全；地方政府的效用是解决委托代理管理耕地机制中的资金投入问题，尽管专项资金不能够随意支配，但可以减少地方财政资金在相应项目中的支

出；农户的效用在于增加年收益。按照前面的设计思路，把耕地质量建设与保护
工程的建设成果视为农户的劳动产品，国家政府为这种质量产品的购买者，国家
投入的建设资金就是这种产品的价格，农户经营与保护耕地的收益分为两个部分，
一是种植收入，二是以专户直投的参与性耕地质量建设与保护的劳务收入。不同
层级微观行为主体的耕地质量建设与保护效用要想顺利实现，其前提就是要建立
健全耕地质量建设与保护长效机制，即国家资金长效投入、地方长效管理与考核、
农户长效坚持耕地质量建设与保护。

第十一章 结论与创新点

第一节 基 本 结 论

西部 12 省（自治区、直辖市）的耕地资源总量大，人均耕地占有量远高于全国平均水平，人地矛盾不如中部地区和东部地区突出，耕地地力等级齐全，保护西部地区耕地资源对缓解全国耕地保护压力有重要贡献。

西部地区耕地数量占全国地位总体上呈现下降变化，耕地细碎化特征显著，有限制性的耕地面积绝对数量大、占西部地区耕地资源总量比例高，坡耕地面积大、占西部地区耕地资源总量比例高，有效灌溉面积不足，本地区有效灌溉面积的占比落后全国、东部地区和中部地区 10 年以上，耕地质量构成以差地为主，行为主体保护耕地数量和保护耕地质量的任务不但紧迫而且艰巨。

农户务农劳动力尽管在单位时间内的收益不低，但经营与保护耕地的年有效劳动时间不足，使得农户劳动力务农的机会成本高，陷入机会成本损失困境。农户务农劳动力经营与保护耕地的生态服务产品正外部性价值高，正外部性的公益性使农户陷入正外部性损失困境。保护耕地而减少非农化用途配置导致地方政府在增加值总量、地方税收和土地出让收益等方面存在机会成本损失，保护超过本辖区居民粮食安全需要的耕地，地方政府投入在耕地上的成本随着粮食和基于粮食的动物性产品贸易而损失。保护耕地需要构建微观行为主体保护耕地的经济补偿机制。

城市居民点用地的集约利用潜力很大，集约利用城市居民点用地重点是集约利用居住用地，构建包括政府补贴中小户型小区的物管补贴机制、以住宅用地面积为载体征收保护耕地税机制等，用经济手段激励-约束居民合理消费居住用地，抑制城市扩展速度减少占用保护耕地。农村居民点用地占城乡居民点用地总量的比例超过 3/4，集约利用农村居民点用地是集约利用城乡居民点用地的主体，建立经济约束机制控制农村居民点用地增长减少占用保护耕地；构建农村居民迁居城市的农村宅基地政府优先购买、激励进城务工人员定居城市、举家进城务工人员承包地经营权资本化机制，多途径减少占用、增加人均经营，增加收入激励农户保护耕地。居民点建设占用耕地的比例城市少于农村，农村人口迁入城市等于减少了居民点建设占用耕地的数量；基于教育用经济补偿手段推进人口城市化减少农村人口，能够增加农村人口人均经营与保护耕地面积和增加农户收入，激励其保护耕地。粮食及动物性产品承载着耕地保护成本，粮食输入省的地方政府补偿粮食输出省的地方政府，能够抑制耕地占用和激励保护。务农劳动力的年有效劳动时间不足是机会成本损失大的关键，坡耕地治理、基本农田水利设施的建设与维护、耕地土壤肥力管理和负外部性治理等耕地质量建设与保护工程提升耕地质量的潜力大，农户和地方政府在保护耕地质量方面的利益具有耦合性。

第二节　创　新　点

构建机会成本损失判别模型研究地方政府保护耕地数量放弃耕地非农化的机会成本损失。将"产量引导法"划分耕地地力等级进行扩展，构建"耕地单位面积粮食产量与地力等级、质量类型的对应关系"评价西部地区耕地质量。构建劳动力经营与保护耕地的价值模型，测算劳动力经营与保护耕地的价值和劳动力务农的机会成本，计算劳动力务农的机会成本损失额，解释农户不愿将劳动力配置在以种植业为载体的耕地保护活动中的原因。构建"单位当量因子价值量的扩展模型"，评价农户在耕地经营与保护的外部性及对农户保护耕地质量的影响，构建"地方政府保护耕地的外部性损失"模型，评价地方政府的外部性损失及对保护耕地的影响。通过研究方法创新，加强了定量分析，实现了定量分析与定性分析的有机结合。

在耕地质量构成与分布、行为主体保护耕地的作用及意愿、影响行为主体保护耕地的关键因素等方面提出了新观点。例如，西部地区呈现三分好地、七分差地的基本质量格局，高等地和中高等地集中于西南地区、西南地区的高等地和中高等地高度集中于四川。农户在西部地区耕地数量减少方面的影响小，劳动力务农的日均收益较高但年有效劳动日数少及劳动时间剩余多导致务农劳动力的机会成本高，同时，农户耕地经营与保护过程中存在生态服务产品外部性价值损失，采取措施增加务农劳动力经营与的耕地数量保护和农户参与式保护的耕地质量，增加年有效劳动时间，增加农户收入是保护耕地的关键。地方政府是影响耕地数量保护和通过资金等生产要素配置影响耕地质量保护的主体，追求机会成本最小化，保护耕地的成本随着粮食及动物性产品输出而损失等因素影响地方政府保护耕地意愿，采取跨区补偿是激励耕地保护约束减少的关键。

针对西部地区微观行为主体保护耕地意愿及保护中的机会成本和外部性损失的关键影响因素，从多视角创新性地提出了耕地保护对策。一是城乡居民点用地是非农建设用地的主体,激励行为主体集约利用居民点用地,减少占用保护耕地。二是按照农户家庭受教育人口进行经济补偿推进农村人口城市化,减少农村居民点占用保护耕地和推进复垦、增加农户务农劳动力人均经营与保护耕地面积,促进收入增加激励其保护耕地。三是以粮食及动物性产品贸易为载体,补偿输出省地方政府保护耕地成本损失激励其保护耕地、约束输入省地方政府的占用行为保护耕地。四是地方政府构建参与式耕地质量保护项目和农户劳动力以工换酬增收机制是实现西部地区政府保护耕地质量、农户务农劳动力增加年有效劳动时间而增加收入的双重目标的重要策略。

　　无须回避的不足。数据来源渠道不同,尽管非常重视数据甄别但也可能存在疏漏之处,问卷调查样本存在有限性;本书是国家社会科学基金西部项目"西部地区耕地保护的经济补偿机制研究——基于耕地保护管理行为主体的视角"(10XJY021)的成果,多数数据截止时间为2010年。此外,笔者认知水平有限,有些观点和算法设计可能还值得进一步锤炼,耕地保护对策的分析论证还主要集中在依据与途径分布方面,而对运行机制研究相对薄弱,在后续研究中尚需要进一步完善。非常愿意有机会与同行商讨。

参 考 文 献

阿兰·兰德尔，1989. 资源经济学：从经济角度对自然资源和环境政策的探讨[M]. 施以正，译. 北京：商务印书馆.

拜琦楠，2010. 西部地区耕地保护法治化研究[D]. 兰州：西北民族大学.

包纪祥，2000. 西部应更新土地利用思维[J]. 中国土地，(5)：16-17.

保护耕地问题专题调研组，1997. 我国耕地保护面临的严峻形势和政策性建议[J]. 中国土地科学，(1)：2-11.

保罗·萨缪尔森，威廉·诺德豪斯，1999. 经济学[M]. 第 16 版. 萧琛，等译. 北京：华夏出版社：25-35.

保罗·萨缪尔森，威廉·诺德豪斯，2004. 经济学[M]. 第 17 版. 萧琛，主译. 北京：人民邮电出版社.

毕宝德，1996. 土地经济学[M]. 第 3 版. 北京：中国人民大学出版社.

毕继业，朱道林，王秀芬，2010. 耕地保护中农户行为国内研究综述[J]. 中国土地科学，24(11)：77-81.

蔡海生，林建平，朱德海，2007. 基于耕地质量评价的鄱阳湖区耕地整理规划[J]. 农业工程学报，23(5)：75-80.

蔡琦，2010. 内蒙古农牧交错区耕地质量及影响因子研究[D]. 呼和浩特：内蒙古师范大学.

蔡银莺，张安录，2006. 居民参与农地保护的认知程度及支付意愿研究：以湖北省为例[J]. 广东土地科学，(5)：30-38.

蔡银莺，李晓云，张安录，2006. 湖北省农地资源价值研究[J]. 自然资源学报，22(1)：121-130.

蔡运龙，2000a. 自然资源学原理[M]. 北京：科学出版社.

蔡运龙，2000b. 中国经济高速发展中的耕地问题[J]. 资源科学，22(3)：24-28.

蔡运龙，霍雅勤，2006. 中国耕地价值重建方法与案例研究[J]. 地理学报，61(10)：78-86.

陈百明，1996. 土地资源学概论[M]. 北京：中国环境科学出版社.

陈百明，周小萍，2004. 中国近期耕地资源与粮食综合生产能力的变化态势[J]. 资源科学，26(5)：38-45.

陈江龙，2003. 经济快速增长阶段农地非农化问题研究[D]. 南京：南京农业大学.

陈丽，曲福田，师学义，2006. 耕地资源社会价值测算方法探讨：以山西省柳林县为例[J]. 资源科学，28(6)：86-90.

陈美球，邓爱珍，周丙娟，等，2005. 不同群体农民耕地保护心态的实证研究[J]. 中国软科学，(9)：16-22.

陈美球，刘中婷，周丙娟，等，2006. 农村生存发展环境与农民耕地利用行为的实证分析：基于江西省 21 个村 952 户农户的调查[J]. 中国农村经济，(2)：49-54.

陈美球，周丙娟，邓爱珍，等，2007a. 当前农户耕地保护积极性的现状分析与思考[J]. 中国人口·资源与环境，17(1)：114-118.

陈美球，邓爱珍，周丙娟，等，2007b. 资源禀赋对农户耕地保护意愿的实证分析[J]. 农村经济，(6)：28-31.

陈美球，肖鹤亮，何维佳，等，2008. 耕地流转农户行为影响因素的实证分析：基于江西省 1396 户农户耕地流转行为现状的调研[J]. 自然资源学报，23(3)：369-374.

陈美球，洪土林，许兵杰，2010. 试析农户耕地保护的外部性[J]. 江西农业大学学报（社会科学版），9(1)：72-75.

陈宁, 蒋美生, 罗杰, 等, 2011. 耕地保护补偿机制的探索和实践: 成都市实施耕地保护基金制度的调研报告[J]. 国土资源通讯, (15): 44-48.

陈培勇, 陈风波, 2011. 土地细碎化的起因及其影响的研究综述[J]. 中国土地科学, 25(9): 90-96.

陈倩, 2012. 基于土地整理的耕地质量评价研究[D]. 北京: 北京林业大学.

陈选能, 2006. 我国城市化进程中发展职业教育的意义与策略[J]. 浙江社会科学, (1): 131-133.

陈银蓉, 2000. 我国政府土地管理行为的研究[D]. 武汉: 华中农业大学.

陈印军, 肖碧林, 方琳娜, 等, 2011. 中国耕地质量状况分析[J]. 中国农业科学, 44(17): 3557-3564.

陈瑜琦, 李秀彬, 朱会义, 等, 2010. 劳动力务农机会成本对农户耕地利用决策的影响: 以河南省睢县为例[J]. 地理科学进展, 29(9): 1067-1074.

陈昱, 陈银蓉, 马文博, 2009. 基于耕地保护外部性分析的区域补偿机制研究[J]. 国土资源科技管理, 26(2): 1-5.

陈源泉, 高旺盛, 2007. 农业生态补偿的原理与决策模型初探[J]. 中国农业通报, 23(10): 163-166.

陈源泉, 董孝斌, 高旺盛, 2006. 黄土高原农业生态补偿的探讨[J]. 农业系统科学与综合研究, 22(2): 109-111.

陈占全, 李月梅, 孙小凤, 等, 2008. 青海省耕地质量现状分析及平衡施肥建议[J]. 青海农林科技, (2): 32-36, 64.

陈志刚, 黄贤金, 卢艳霞, 等, 2009. 农户耕地保护补偿意愿及其影响机理研究[J]. 中国土地科学, 23(6): 20-25.

陈仲新, 张新时, 2000. 中国生态系统效益的价值[J]. 科学通报, 45(1): 17-22.

程国强, 陈良彪, 1998. 中国粮食需求的长期趋势[J]. 中国农村观察, (3): 1-6, 11.

程国强, 周应华, 王济民, 等, 1997. 中国饲料需求与供给的估计[J]. 农业经济问题, (5): 25-29.

但承龙, 厉伟, 王万茂, 2001. 西部地区土地资源可持续利用探讨[J]. 生态经济(中文版), (10): 44-47.

邓红蒂, 董祚继, 2001. 关于西部大开发土地资源开发利用的初步研究[J]. 中国土地科学, 15(1): 39-42.

邓健, 2010. 重庆市耕地保护区域补偿机制研究[D]. 重庆: 西南大学.

邓聚龙, 2005. 灰色系统基本方法[M]. 武汉: 华中科技大学出版社.

邸利, 孙鹏举, 李毅, 等, 2004. 西部地区土地资源利用状况与土壤侵蚀关系研究[J]. 水土保持研究, 11(1): 43-46.

丁洪建, 吴次芳, 梁留科, 2002. 耕地保护理念的创新研究[J]. 中国土地科学, 16(4): 14-19.

丁新亮, 2012. 土地整理的耕地质量评价研: 以重庆市黔江区土地整理项目为例[D]. 重庆: 西南大学.

董黎明, 袁利平, 2000. 集约利用土地: 21世纪中国城市土地利用的重要方向[J]. 中国土地科学, 14(5): 6-8.

董祚继, 蒋美生, 杜杰灵, 2008. "保田钱"大不易: 对成都市耕地保护基金制度的思考[J]. 中国土地, (6): 58-60.

杜发明, 1996. 从巫溪县施家村现状看山区农村[J]. 国土经济, (3): 62-64.

杜伟, 黄敏, 2011. 四川地震灾区耕地资源安全分析与加强耕地保护的思考[J], 四川师范大学学报(社会科学版), 38(3): 52-57.

范明, 2006. 高等教育与经济协调发展[M]. 北京: 社会科学文献出版社: 201-206.

范少冉, 2005. 耕地保有量外部性探讨[J]. 国土资源科技管理, 22(4): 25-28.

方琳娜, 宋金平, 2008. 基于SPOT多光谱影像的耕地质量评价: 以山东省即墨市为例[J]. 地理科学进展, 27(5): 71-78.

冯国, 2011. 陕西从黄土高原沟道中"造耕地"2.65万亩[EB/OL]. (2011-12-09) [2018-01-20]. http://www.enorth.com. cn/system/ 2011/12/09/008286203.shtml.

冯万忠, 2008. 冀中太行山山地丘陵区新增耕地质量研究[D]. 哈尔滨: 东北林业大学.

符加林, 王炳志, 2006. 中央政府声誉、地方政府行为与土地监控效果: 对郑州违规用地行为的分析与引伸[J]. 华东经济管理, 20(12): 24-27.

高帆, 2006. 中国转轨时期粮食安全的理论研究与实证分析[D]. 上海: 复旦大学: 141.

高明, 2006. 耕地可持续利用动力与政府激励[M]. 北京: 经济管理出版社: 86, 101.

高强, 2010. 耕地与基本农田保护研究: 以陕西省安康市为例[D]. 西安: 长安大学.

高清竹, 何立环, 黄晓霞, 等, 2002. 海河上游农牧交错地区生态系统服务价值变化[J]. 自然资源学报, 17(6): 706-712.

高魏, 胡永进, 2004. 耕地保护理论研究[J]. 农村经济, (6): 14-16.

高艳梅, 曲福田, 2005. 耕地保护制约条件下建设用地供给机制优化的途径选择[J]. 广东土地科学, (6): 22-26.

郗若素, 马国南, 1993. 中国粮食研究报告[M]. 蔡昉, 李周, 译. 北京: 北京农业大学出版社.

葛红岩, 2006. 借鉴发达国家经验走农业产业化之路[J]. 农业经济, (8): 36-38.

龚子同, 陈鸿昭, 张甘霖, 等, 2007. 保护耕地: 问题、症结和途径: 谈我国1.2亿公顷耕地的警戒线[J]. 生态环境, 16(5): 1570-1573.

辜胜阻, 刘磊, 李睿, 2015. 新型城镇化下的职业教育转型思考[J]. 中国人口科学, (5): 2-9, 126.

桂水清, 2004. 城市化——农村教育是关键[J]. 当代思潮, (2): 34-35.

郭书君, 米红, 2005. 我国高等教育规模与城市化互动发展的实证研究[J]. 现代大学教育, (5): 45-48.

郭书田, 刘纯彬, 1990. 失衡的中国[M]. 石家庄: 河北人民出版社.

郭旭东, 于琦, 2011. 成都市耕地保护基金制度刍议[J]. 中国土地科学, 25(5): 42-44.

国土资源部, 2006. 地方政府超标征地未有效控制, 国土部拟再紧红线[EB/OL]. (2006-11-03) [2017-12-20]. http://www.mlr.gov.cn/pub/gtzyyb/tuditiaokong/mtbd/qtmt/t20061109_78062.htm.

国土资源部土地估价师资格考试委员会, 2000. 土地估价相关经济理论与方法[M]. 北京: 地质出版社.

国土资源部土地整治中心, 2009. 中心介绍[EB/OL]. (2009-06-07) [2017-10-25]. http://www.lcrc.org.cn/zxjs/znjs.

韩书成, 谢永生, 2004. 高原沟壑区小流域不同收入水平农户土地经营行为差异研究[J]. 农业现代化研究, 25(l): 68-71.

韩喜平, 谢振华, 2000. 浅析农户行为与环境保护[J]. 中国环境管理, (6): 27-28.

郝成元, 张永领, 朱宗泽, 2010. 基于问卷调查的耕地利用问题感知研究[J]. 资源科学, 32(1): 64-70.

郝黎仁, 樊元, 郝哲欧, 等, 2003. SPSS实用统计分析[M]. 北京: 中国水利水电出版社.

何芳, 2003. 城市土地集约利用及其潜力评价[M]. 上海: 同济大学出版社.

何蒲明, 黎东升, 2005. 农户技术选择行为对耕地可持续利用的影响[J]. 长江大学学报(社会科学版), 28(4): 80-82.

何毓蓉, 周红艺, 张保华, 等, 2004. 四川省耕地地力生产潜力及承载力研究[J]. 地理科学, 24(1): 20-25.

何志方, 2001. 高等教育规模与城市化联动发展的国际经验[J]. 比较教育研究, 22(9): 27-31.

何子平, 蒙福贵, 2001. 广西岩溶石山区生态重建中土壤资源开发利用与保护对策[J]. 中国岩溶, 20(2): 117-120.

贺一梅, 杨子生, 赵乔贵, 等, 2008. 中国西南边疆山区耕地资源质量评价: 以云南省为例[J]. 中国农学通报, 24(3): 384-389.

赫尔曼・E. 戴利, 2001. 超越增长: 可持续发展的经济学[M]. 诸大建, 等译. 上海: 上海译文出版社: 210-220.

胡靖, 1998. 粮食非对称核算与机会成本补偿[J]. 中国农村观察, (5): 38-43.

99-104.

刘常青，2004. 职业教育在城市化进程中的作用[J]. 教育与职业，(26)：10-11.

刘国防，2007. 城镇建设用地集约利用问题研究[D]. 济南：山东大学.

刘慧芳，2000. 论我国农地价的构成与量化[J]. 中国土地科学，14(3)：15-18.

刘娟，张峻峰，2015. 发达国家"三位一体"耕地保护管理实践[J]. 世界农业，(1)：34-37.

刘庆，关欣，张凤荣，等，2006. 关于农村宅基地使用权流转的思考[J]. 农村经济，(1)：37-38.

刘世庆，1999. 农村人口转移从下一代教育突破[J]. 重庆社会科学，(3)：25-28.

刘涛，曲福田，金晶，等，2008. 土地细碎化、土地流转对农户土地利用效益的影响[J]. 资源科学，30(10)：1511-1516.

刘维新，2001. 西部大开发中的耕地保护机制与政策研究[J]. 中国城市经济，(4)：40-41.

刘伟，李文君，李军，2006. 城市建设用地集约利用评价指标体系研究[J]. 价格月刊，(2)：5-6.

刘伟德，2000. 推进我国人口城市化进程的若干建议[J]. 城市规划，24(11)：25-28.

刘卫东，1994. 土地资源学[M]. 上海：百家出版社.

刘亚臣，韦蓼英，姚文杰，2003. 小城镇体系分级标准和规模的合理化指标[J]. 沈阳建筑工程学院学报（自然科学版），19(3)：197-199.

刘彦随，Jay Gao，2002. 陕北长城沿线地区土地退化态势分析[J]. 地理学报，57(4)：443-450.

刘艳玲，梁生甫，史增祖，2009. 田坎系数测算新方法研究及应用[J]. 青海科技，16(4)：19-21.

刘艳中，李江风，张祚，等，2006. 县域耕地保有量目标约束机制及预测研究：以广西灌阳县为例[J]. 地理与地理信息科学，22(5)：55-59.

隆国强，1999. 大国开放中的粮食流通：1953～1996 年中国粮食价格分析[M]. 北京：中国发展出版社：98.

鲁明中，尹昌斌，韩威，1998. 我国耕地非农占用及其发展趋势分析[J]. 经济理论与经济管理，(1)：54-58.

罗凌霄，2012. 成都市耕保基金制度的做法、成效及对策建议[J]. 天府新论，(2)：76-78.

罗桥顺，2008. 新疆耕地和基本农田保护状况分析与对策建议[EB/OL]. （2008-07-22）[2017-04-01]. http://www.foodqs.cn/news/ztzs01/2008722134315676.htm.

骆惠琴，1993. 浅谈我省耕地变化趋势与对策[J]. 甘肃农业科技，(8)：1-3.

吕萍，2001. 农业奇迹的背后：透视以色列农地保护观念变化[J]. 中国土地，(10)：43-44.

吕晓，黄贤金，钟太洋，等，2013. 中国农地细碎化问题研究进展[J]. Journal of Resources and Ecology，4(4)：530-540.

马斌，2009. 宁夏水土流失现状与防治对策[J]. 农业科学研究，30(4)：65-67.

马克伟，1991. 土地大辞典[M]. 长春：长春出版社.

马克伟，王世元，向洪宜，等，2000. 我国西部地区土地资源利用状况分析[J]. 中国土地科学，14(2)：1-3.

马文博，2009. 耕地保护经济补偿机制研究[D]. 杨凌：西北农林科技大学.

马文博，李世平，2008. 我国耕地保护经济补偿机制初探[J]. 乡镇经济，(12)：36-38.

马侠，1987. 当代中国农村人口向城镇的大迁移[J]. 中国人口科学，(3)：4-16.

马晓冬，王志强，徐建刚，2004. 江苏省小城镇规模与经济发展分异研究[J]. 经济地理，24(2)：231-235.

倪绍祥，1999. 土地类型与土地评价[M]. 第 2 版. 北京：高等教育出版社.

倪星，李必军，2006. 耕地资源流失中的地方政府行为研究[J]. 湖北行政学院学报，(6)：74-78.

宁文波，2010. 陕西省耕地资源安全评价研究[D]. 杨凌：西北农林科技大学.

牛海鹏，2010. 耕地保护的外部性及其经济补偿研究[D]. 武汉：华中农业大学.

牛海鹏，张安录，2009a. 耕地利用效益体系重构及其外部性分析[J]. 中国土地科学，23(9)：25-29.

牛海鹏，张安录，2009b. 耕地保护的外部性及其测算：以河南省焦作市为例[J]. 资源科学，31(8)：1400-1408.

牛海鹏，王文龙，张安录，2014. 基于CVM的耕地保护外部性估算与检验[J]. 中国生态农业学报，22(12)：1498-1508.

欧雄，冯长春，李方，2007. 城镇土地利用潜力评价：以广州市天河区为例[J]. 地域研究与开发，26(5)：101-104.

欧阳进良，宇振荣，张凤荣，2003. 基于生态经济分区的土壤质量及其变化与农户行为分析[J]. 生态学报，23(6)：1147-1155.

欧阳志云，王如松，2000. 生态系统服务功能、生态价值与可持续发展[J]. 世界科技研究与发展，22(5)：45-50.

潘明才，2001. 人多地少怎么办：透视韩国农地保护制度[J]. 中国土地，(11)：40-43.

潘文灿，2001. 我国西部生态退耕和耕地保护的问题与对策[J]. 中国地质矿产经济，(11)：23-26.

庞欣超，2011. 阴山南北麓耕地质量与影响因素关系评价研究[D]. 呼和浩特：内蒙古师范大学.

彭尔瑞，王穗，张建生，等，2010. 石林县耕地数量和质量分析[J]. 云南农业大学学报，25(4)：551-555.

彭兴庭，2006. "土地违法"为何多由地方政府主导[J]. 乡镇论坛，(11)：21.

彭艳红，2010. 论农村教育优先发展战略[J]. 开发研究，(4)：155-156，159.

钱文荣，2000. 发达国家城市化过程中拼地保护的实践及其启示[J]. 经济问题，(7)：48-50.

钱忠好，2002. 耕地保护的行动逻辑及其经济分析[J]. 扬州大学学报（人文社会科学版），6(1)：32-37.

钱忠好，2003. 中国农地保护：理论与政策分析[J]. 管理世界，(10)：60-70.

钱紫华，毛蒋兴，2005. 1990年代以来我国城市土地集约利用研究述评[J]. 中山大学研究生学刊（自然科学、医学版），26(1)：37-45.

覃事娅，尹惠斌，2010. 基于耕地保护外部性的湖南省耕地保有量预测[J]. 农业系统科学与综合研究，26(1)：16-21.

曲福田，陈江龙，陈雯，2005. 农地非农化经济驱动机制的理论分析与实证研究[J]. 自然资源学报，20(2)：231-241.

冉清红，2009. 中国耕地警戒值研究[D]. 重庆：西南大学.

冉清红，岳云华，谢德体，等，2008. 土地整理的人-地系统响应综述[J]. 水土保持研究，15(4)：171-174.

邵彦敏，杨印生，2008. 耕地保护外部性内部化的路径选择[J]. 农业技术经济，(2)：19-24.

沈纯中，施琛耀，2012-03-20. 《江苏省耕地质量管理条例》4月实施[N]. 江苏法制报，(A01).

沈子华，2012. 政府实施耕地保护经济补偿的方法创新：以成都建立耕地保护基金制度为例[J]. 西北工业大学学报（社会科学版），32(3)：50-57.

盛洪，秦晖，肖金成，等，2007-10-27. 土地产权与交易的变革空间[N]. 21世纪经济报道，(4).

石声萍，2004. 经济外部性问题研究[D]. 重庆：西南农业大学.

石志恒，2012. 农户耕地保护行为研究[D]. 杨凌：西北农林科技大学.

石志恒，李世平，2012. 农户耕地质量保护行为影响因素分析：基于新疆地区农户的样本调查[J]. 电子科技大学学报（社会科学版），14(3)：60-65.

史小忆，朱道林，2008. 浅议耕地保护过程中地方政府的"内部性"问题[J]. 中国国土资源经济，21(4)：32-34.

宋戈，吴次芳，王杨，2006. 城镇化发展与耕地保护关系研究[J]. 农业经济问题，(1)：64-67.

苏旭霞，王秀清，2002. 农用地细碎化与农户粮食生产：以山东省莱西市为例的分析[J]. 中国农村经济，(4)：22-28.

孙海兵，2010. 农户对耕地外部效益支付意愿的实证分析[J]. 中国农业资源与区划，31(4)：7-11.

孙海兵，张安录，2006a. 农地外部效益保护研究[J]. 中国土地科学，20(3)：9-13.

孙海兵，张安录，2006b. 农地外部效益内在化与农地城市流转控制[J]. 中国人口·资源与环境，16(1)：83-87.

孙天厌，孙矩，2005. 城市化进程与高等教育的互动研究：以山东半岛城市群为例[J]. 东岳论丛，26(4)：164-167.

孙新章，谢高地，成升魁，等，2005. 中国农田生产系统土壤保持功能及其经济价值[J]. 水土保持学报，19(4)：156-159.

孙雁，刘友兆，2010. 基于细碎化的土地资源可持续利用评价：以江西分宜县为例[J]. 自然资源学报，25(5)：802-810.

孙燕，张云鹏，王慎敏，等，2007. 我国耕地保有量的指数预测模型[J]. 地理与地理信息科学，23(1)：46-49.

孙英兰，2010. 中国耕地质量之忧[J]. 瞭望新闻周刊，(38)：38-41.

谈明洪，吕昌河，2005. 城市用地扩展与耕地保护[J]. 自然资源学报，20(1)：52-58.

谭峻，戴银萍，高伟，2004. 浙江省基本农田易地有偿代保制度个案分析[J]. 管理世界，(3)：105-111.

谭淑豪，李力，徐挨辉，等，2001. 经济改革背景下的区域土地退化研究：以江西省耕地退化为例[J]. 中国土地科学，15(3)：31-34.

谭淑豪，曲福田，尼克·哈瑞柯，2003. 土地细碎化的成因及其影响因素分析[J]. 中国农村观察，(6)：24-30，74.

谭术魁，2001. 西部开发中耕地锐减隐患及其规避[J]. 经济学家，(5)：51-55.

谭勇，廖和平，牛乐德，等，2006. 耕地保有量研究：以重庆市巫山县为例[J]. 安徽农业科学，34(15)：3771-3773.

唐景明，2010. 成都市温江区建立耕地保护补偿机制、推动农民参加养老保险的调查与思考[J]. 资源与人居环境，(4)：24-25.

唐彦东，2011. 灾害经济学[M]. 北京：清华大学出版社：11-16.

唐义胜，2006. 耕地保护任重道远：浅议耕地保有量目标之实现[J]. 今日国土，(Z4)：49-51.

陶志红，2000. 城市土地集约利用几个基本问题的探讨[J]. 中国土地科学，14(5)：1-5.

田传浩，贾生华，2003. 农地市场对土地使用权配置影响的实证研究：基于苏、浙、鲁1083个农户的调查[J]. 中国农村经济，(10)：24-30.

田传浩，陈宏辉，贾生华，2005. 农地市场对耕地零碎化程度的影响：理论与来自苏浙鲁的经验[J]. 经济学（季刊），4(3)：769-784.

田春华，2008. 成都26亿元"保田钱"的背后[J]. 中国土地，(4)：39-41.

田伟，1986. 乱占滥用耕地的对策[J]. 中国农村经济，(12)：23-25.

田伟，1987. 开征土地征用补偿调节税之管见[J]. 农业经济问题，(5)：39-40.

童倩倩，何腾兵，高雪，等，2011. 贵州省耕地土壤的养分状况[J]. 贵州农业科学，39(2)：82-84.

万广华，程恩江，1996. 规模经济、土地细碎化与我国的粮食生产[J]. 中国农村观察，(3)：31-36.

汪冬梅，刘廷伟，王鑫，等，2003. 产业转移与发展：农村城市化的中观动力[J]. 农业现代化研究，24(1)：15-20.

王保军，2006. 城市化与职业教育发展研究[J]. 教育与职业，(18)：29-30.

王成超，黄民生，2006. 我国大学城的空间模式及影响因素[J]. 经济地理，26(3)：482-485.

王光复，李亦兵，1991. 长春耕地质量评估[J]. 农业区划，12(2)：13-15，64.

王国恩，黄小芬，2006. 城镇土地利用集约度综合评价方法[J]. 华中科技大学学报（城市科学版），23(3)：69-74.

王景新，2002. 俄罗斯、匈牙利农地改革和农村经济转轨：赴俄罗斯、匈牙利转轨考察子报告[J]. 经济管理文摘，(9)：39-42.

王力, 牛铮, 尹君, 等, 2007. 基于 RS 和 ANN 的城市土地集约利用潜力评价[J]. 重庆建筑大学学报, 29 (3): 32-35.

王良健, 1999. 中国土地资源可持续管理的策略选择[J]. 农业经济, (11): 26-27.

王鹏, 田亚平, 张兆干, 等, 2002. 湘南红壤丘陵区农户经济行为对土地退化的影响: 以祁东县紫云村为例[J]. 长江流域资源与环境, 11(4): 370-375.

王倩, 尚月敏, 冯锐, 等, 2012. 基于变异函数的耕地质量等别监测点布设分析: 以四川省中江县和北京市大兴区为例[J]. 中国土地科学, 26(8): 80-86.

王蓉芳, 曹富友, 彭世琪, 等, 1996. 中国耕地的基础地力与土壤改良[M]. 北京: 中国农业出版社: 5-8.

王瑞雪, 颜廷武, 2006. 条件价值评估法本土化改进及其验证: 来自武汉的实证研究[J]. 自然资源学报, 21(6): 879-887.

王士君, 李秀敏, 1995. 中国东部内陆中心城市郊区城市化趋势分析: 以长春市为例[J]. 人文地理, 10(2): 43-47.

王万茂, 1997. 土地资源部门间分配与耕地保护[J]. 中国土地科学, 11(2): 1-4.

王万茂, 黄贤金, 1997. 中国大陆农地价格区划和农地估价[J]. 自然资源, (4): 1-8.

王万茂, 李俊梅, 2000. 小城镇建设中的土地利用问题[J]. 中国土地科学, 14(2): 4-7.

王文博, 许学工, 蔡运龙, 2008. 北京耕保底线测算和"等效面积"耕保机制[J]. 地域研究与开发, 27(4): 89-93.

王兴稳, 2008. 农民间土地流转市场与农地细碎化: 基于江苏兴化、黑龙江宾县两地调查分析[D]. 南京: 南京农业大学: 15-17.

王兴稳, 钟甫宁, 2008. 土地细碎化与农用地流转市场[J]. 中国农村观察, (4): 29-34.

王秀芬, 郝晋珉, 毕继业, 等, 2003. 西部大开发中的耕地保护问题[J]. 水土保持通报, 23(1): 12-15.

王秀红, 2012. 西部地区耕地保护压力分析及启示[J]. 农业环境与发展, (3): 6-9.

王秀清, 苏旭霞, 2002. 农用地细碎化对农业生产的影响: 以山东省莱西市为例的分析[J]. 农业技术经济, (2): 2-7.

王玄德, 2004. 紫色土耕地质量变化研究[D]. 重庆: 西南农业大学.

王一群, 2009. 浅谈职业教育在农村城市化进程中的作用[J]. 中国农村小康科技, (26): 85-87.

王永峰, 2008. ArcView 空间分析方法在耕地质量评价中的应用[J]. 科技信息(学术版), (9): 600-601.

王雨濛, 2007. 耕地利用的外部性分析与效益补偿[J]. 农业经济问题, (3): 52-57.

王竹林, 2001. 关于小城镇适度规模的思考[J]. 陕西经贸学院学报, 14(6): 65-68.

王宗明, 张柏, 张树清, 2004. 吉林省生态系统服务价值变化研究[J]. 自然资源学报, 19(1): 55-61.

韦苇, 杨卫军, 2004. 农业的外部性及补偿研究[J]. 西北大学学报(哲学社会科学版), 34(1): 148-153.

吴群, 郭贯成, 2002. 城市化水平与耕地面积变化的相关研究: 以江苏省为例[J]. 南京农业大学学报, 25(3): 95-99.

吴荣镇, 2000. 西部土地资源的可持续利用: 以新疆为例[J]. 中国土地, (3): 32-34.

吴晓燕, 吕彩霞, 2011-01-12. 甘肃将实施"耕地质量管理办法"[N]. 农民日报, (1).

吴远来, 况殿权, 2008. 大都市郊区耕地保有量研究: 以北京市大兴区为例[J]. 资源与产业, (2): 48-52.

吴泽斌, 刘卫东, 2009. 中国地方政府耕地保护事业的绩效审计探讨[J]. 中国土地科学, 23(6): 26-30.

肖国安, 等, 2002. 中国粮食市场研究[M]. 北京: 中国农业出版社: 35.

肖玉, 谢高地, 安凯, 2003. 青藏高原生态系统土壤保持功能及其价值[J]. 生态学报, 23(11): 2367-2378.

肖玉, 谢高地, 鲁春霞, 等, 2004. 稻田生态系统气体调节功能及其价值[J]. 自然资源学报, 19(5): 617-623.

萧景楷, 1999. 农地环境保育效益之评价[J]. 水土保持研究, 6(3): 60-71.

晓华, 2007-10-18. 湖南省出台《耕地质量管理办法》[N]. 中国国土资源报.

谢高地, 鲁春霞, 冷允法, 等, 2003. 青藏高原生态资产的价值评估[J]. 自然资源学报, 18(2): 189-196.

谢高地, 肖玉, 甄霖, 等, 2005. 我国粮食生产的生态服务价值研究[J]. 中国生态农业学报, 13(3): 10-13.

谢高地, 甄霖, 鲁春霞, 等, 2008. 一个基于专家知识的生态系统服务价值化方法[J]. 自然资源学报, 23(5): 911-919.

谢文蕙, 邓卫, 1996. 城市经济学[M]. 北京: 清华大学出版社.

谢贤健, 黄晓林, 袁天凤, 2010. 汶川地震灾毁耕地灾度评估[J]. 农业工程学报, 26(5): 295-301.

解艳华, 2007. 民办高等教育在城市化进程中的辐射功能: 以北京市为例[J]. 黄河科技大学学报, 9(5): 4-7.

辛辉, 2011. 沈阳市耕地保护外部性测算及其补偿[J]. 吉林农业, (4): 22-23.

熊久平, 刘巧丽, 2008. 地方政府与农民的耕地保护行为分析[J]. 现代农业, (10): 102-103.

徐瑞祥, 周生路, 邹勇刚, 等, 2001. 小城镇建设与土地利用问题及对策: 以南京市为例[J]. 经济地理, 21(5): 609-613.

徐宪立, 蔡玉梅, 张科利, 等, 2005. 耕地资源动态变化及其影响因子分析[J]. 中国人口·资源与环境, 15(3): 75-79.

许抄军, 罗能生, 王家清, 等, 2007. 教育对城市化的促进作用[J]. 经济地理, 27(4): 607-609.

许庆, 田士超, 邵挺, 等, 2007. 土地细碎化与农民收入: 来自中国的实证研究[J]. 农业技术经济, (6): 67-72.

许庆, 田士超, 徐志刚, 等, 2008. 农地制度、土地细碎化与农民收入不平等[J]. 经济研究, (2): 83-92, 105.

许树辉, 2001. 城镇土地集约利用研究[J]. 地域研究与开发, 20(3): 67-69, 74.

薛森, 2007. 西部地区生态建设补偿机制研究[D]. 成都: 四川农业大学.

颜加勇, 2006. 国家储备粮保障体系建设研究[D]. 南京: 南京农业大学.

阳少华, 2014. 高等教育的农村人口城市化功能与激励机制构建[J]. 当代经济, (24): 86-87.

杨建华, 2006. 农村剩余劳动力转移研究: 以农村教育为视角[D]. 广州: 暨南大学.

杨健茹, 赵乔贵, 杨子生, 等, 2010. 基于土地变更调查的我国西南边疆山区农田有效灌溉程度分析: 以云南省为例[C]. 2010 全国山区土地资源开发利用与人地协调发展学术研讨会论文集, 昆明.

杨军, 康玉茹, 张传卫, 等, 2005. 高聚物对黄绵土的改良研究[J]. 土壤通报, (2): 274-276.

杨明龙, 潘萍, 2010. 层次分析法在耕地质量评价中的应用[J]. 昆明冶金高等专科学校学报, 26(3): 23-26.

杨万禄, 2004. 对城市化进程与高等教育改革关系的思考[J]. 城市, (3): 29-31.

杨学城, 罗伊·普罗斯特曼, 徐孝白, 2001. 关于农村土地承包 30 年不变政策实施过程的评估[J]. 中国农村经济, (1): 55-66.

杨珍惠, 2009. 成都市建立耕地保护补偿机制的做法与思考[J]. 资源与人居环境, (19): 22-25.

杨志新, 郑大玮, 文化, 2005. 北京郊区农田生态系统服务功能价值的评估研究[J]. 自然资源学报, 20(4): 564-571.

杨忠学, 杨兴权, 张可起, 2004. 韩国的农地保护与开发[J]. 世界农业, (12): 37-39.

叶春辉, 许庆, 徐志刚, 2008. 农地细碎化的缘由与效应: 历史视角下的经济学解释[J]. 农业经济问题, (9): 9-15.

尹昌斌, 1998. 中国未来耕地非农占用的数量分析[J]. 农业技术经济, (1): 29-32.

尹君, 谢俊奇, 王力, 等, 2007. 基于 RS 的城市土地集约利用评价方法研究[J]. 自然资源学报, 22(5): 775-782.

尹黎明，卢玉东，谭钦文，2003. 西部地区土地资源利用现状及合理开发对策[J]. 国土与自然资源研究，(1)：39-40.

尹音频，张丽丽. 2011. 新农保筹资从"土地"入手：基于成都市耕地保护基金模式的思考[J]. 中国社会保障，(9)：26-28.

雍新琴，张安录，2011. 基于机会成本的耕地保护农户经济补偿标准探讨：以江苏铜山县小张家村为例[J]. 农业现代化研究，32(5)：606-610.

于东升，张广星，张忠启，等，2011. BIO-NORM 与 NORM 耕地质量评价方法对比研究[J]. 土壤学报，48(2)：238-245.

余振运，2009. 职业教育在农村城市化进程中的作用[J]. 湖北成人教育学院学报，15(1)：5-6.

俞奉庆，蔡运龙，2003. 耕地资源价值探讨[J]. 中国土地科学，17(3)：3-9.

俞燕山，2000. 我国城镇的合理规模及其效率研究[J]. 经济地理，20(2)：84-89.

喻红阳，袁付礼，李海婴，2003. 中国城市化的挑战与城市可持续发展[J]. 城市管理与科技，5(3)：102-104.

袁天凤，邱道持，2008. 重庆市耕地质量分布与经济发展的耦合[J]. 经济地理，28(3)：483-487，496.

曾觉廷，谢德体，1996. 土壤发生与分类学[M]. 成都：成都科技大学出版社.

詹姆斯·C. 斯科特，1976. 农民的道义经济学：东南亚的反叛与生存[M]. 程立显，刘建，等译. 南京：译林出版社.

张安录，2000. 可转移发展权与农地城市流转控制[J]. 中国农村观察，(2)：20 -25.

张安录，杨钢桥，2001. 长江中上游地区农业可持续发展管理[J]. 农业现代化研究，22(4)：193-197.

张曾芳，张龙平，2000. 运行与嬗变：城市经济运行规律新论[M]. 南京：东南大学出版社.

张飞，孔伟，陈传明，2007. 我国耕地保护中政府行为特征分析[J]. 金陵科技学院学报（社会科学版），21(2)：12-15.

张凤荣，薛永森，鞠正山，等，1998. 中国耕地的数量与质量变化分析[J]. 资源科学，20(5)：32-39.

张广星，于东升，张忠启，等，2011. BIO-NORM 与 EO 耕地质量评价方法对比研究[J]. 地理科学，31(8)：1012-1018.

张红侠，刘普幸，2003. 额济纳旗耕地压力动态变化研究[J]. 宝鸡文理学院学报（自然科学版），(2)：74-78.

张宏斌，2001. 土地非农化机制研究[D]. 杭州：浙江大学：25.

张鸿辉，刘友兆，曾永年，等，2008. 耕地质量预警系统设计与实证[J]. 农业工程学报，24(8)：74-79.

张建新，邢旭东，刘小娥，2002. 湖南土地资源可持续利用的生态安全评价[J]. 湖南地质，21(2)：119-121.

张建云，王奇，夏学智，2012. 宁夏农垦耕地土壤类型与分布规律[J]. 宁夏农林科技，53(10)：105-109.

张健，2011. 耕地保护的外部性及其内化研究[J]. 国土与自然资源研究，(1)：37-38.

张静，张勇，蔡灿，等，2011. 新疆中低产田现状及对策建议[J]. 新疆农业科技，(6)：14-15.

张文贤，2002. 人力资源会计研究[M]. 北京：中国财经出版社.

张晓松，2006. 警惕地方政府成为土地违法主体[J]. 乡镇经济，(6)：1.

张效军，2006. 耕地保护区域补偿机制研究[D]. 南京：南京农业大学.

张效军，欧名豪，李景刚，等，2006. 中国区域耕地赤字/盈余预测[J]. 经济学家，(3)：41-48.

张妍，2005. 城市化发展与教育[J]. 教育发展研究，(8)：15-21.

张衍毓，王静，史衍玺，等，2006. 基于农户的耕地质量认识及其响应机制研究[J]. 资源科学，28(2)：74-81.

张衍毓，史衍玺，王静，等，2008. 基于 RS 和 PRA 的横山县耕地质量综合评价研究[J]. 测绘科学，33(2)：133-136.

张贞，魏朝富，李萍，等，2009. 四川盆地丘陵区农户行为对耕地质量的影响[J]. 农业工程学报，25(4)：230-236.

张志强，徐中民，程国栋，2001. 生态系统服务与自然资本价值评估[J]. 生态学报，21(11)：1918-1926.

章家恩，饶卫民，2004. 农业生态系统的服务功能与可持续利用对策探讨[J]. 生态学杂志，23(4)：99-102.

章鸣, 2004. 基于生态足迹模型的土地可持续利用评价研究[D]. 杭州: 浙江大学.

赵冈, 2003. 历史上的土地制度与地权分配[M]. 北京: 中国农业出版社: 63.

赵海珍, 李文华, 马爱进, 等, 2004. 拉萨河谷地区青稞农田生态系统服务功能的评价: 以达孜县为例[J]. 自然资源学报, 19(5): 632-636.

赵华甫, 张凤荣, 姜广辉, 等, 2008. 基于农户调查的北京郊区耕地保护困境分析[J]. 中国土地科学, 22(3): 28-33.

赵蕾, 2009. 26亿耕保基金让农民成为土地的主人: 成都市设立耕地保护基金初探[J]. 资源与人居环境, (2): 33-34.

赵亚辉, 李慎鹏, 2004. 湖南省土地开发整理工作存在的问题及对策[J]. 国土资源导刊, 1(2): 23-25.

赵之枫, 2003. 城乡二元住房制度: 城镇化进程中村镇住宅规划建设的瓶颈[J]. 城市规划汇刊, (5): 73-76.

郑海霞, 封志明, 2003. 中国耕地总量动态平衡的数量和质量分析[J]. 资源科学, 25(5): 33-39.

郑培, 朱道林, 张小武, 2005. 政府耕地保护行为的公共选择理论分析[J]. 中国国土资源经济, 18(9): 10-12.

郑新奇, 2004. 城市土地优化配置与集约利用评价: 理论、方法、技术、实证[M]. 北京: 科学出版社.

郑新奇, 王筱明, 王爱萍, 等, 2005. 城市宗地集约利用潜力评价方法研究: 以济南市城区为例[J]. 资源科学, 27(6): 72-75.

郑娅, 刘永红, 2000. 小城镇建设中土地利用问题研究[J]. 现代城市研究, (6): 50-52.

郑颖, 2003. 内蒙古每年15万公顷耕地弃耕, 总体生态质量下降[EB/OL]. (2003-02-19) [2017-11-30]. http://www.chinanews.com/n/2003-02-19/26/274197.html.

郑永虎, 赵生良, 任啟萍, 2009. 第2次土地调查中耕地田坎系数的测算: 以青海省为例[J]. 安徽农业科学, 37(5): 2091-2093.

中国土地勘测规划院地政研究中心, 2006. 地方政府土地利用行为分析[J]. 中国土地, (7): 8-10.

中国自然资源研究会, 1985. 自然资源研究的理论和方法[M]. 北京: 科学出版社.

中华人民共和国国家统计局, 2011. 中国统计年鉴2011[M]. 北京: 中国统计出版社.

中华人民共和国国土资源部, 2007. 第二次全国土地调查技术规程: TD/T 1014—2007[S]. 北京: 中国标准出版社.

中华人民共和国国土资源部, 2008. 2008中国国土资源统计年鉴[M]. 北京: 地质出版社.

中华人民共和国建设部, 1991. 城市用地分类与规划建设用地标准: GB J137—90[S]. 北京: 中国建筑工业出版社.

中华人民共和国建设部, 1994. 村镇规划标准: GB 50188—93[S]. 北京: 中国建筑工业出版社.

中华人民共和国建设部, 2008. 镇规划标准: GB 50188—2007[S]. 北京: 中国建筑工业出版社.

中华人民共和国农业部, 1996. 全国耕地类型区、耕地地力等级划分: NY/T 309—1996[S]. 北京: 中国农业出版社.

中华人民共和国住房和城乡建设部, 2011. 城市用地分类与规划建设用地标准: GB 50137—2011[S]. 北京: 中国建筑工业出版社.

中华人民共和国住房和城乡建设部, 2011. 中国城乡建设统计年鉴2010年[M]. 北京: 中国计划出版社.

周津春, 2006. 居民食物消费变动对粮食需求的影响研究[D]. 北京: 中国农业大学.

周天勇, 1994. 劳动与经济增长[M]. 上海: 上海人民出版社, 上海三联书店: 158.

周应堂, 王思明, 2008. 中国土地零碎化问题研究[J]. 中国土地科学, 22(11): 63-67.

朱传耿, 孙姗姗, 李志江, 2008. 中国人口城市化的影响要素与空间格局[J]. 地理研究, 27(1): 13-22, 241.

朱德举, 1996. 土地评价[M]. 北京: 中国大地出版社.

朱德举，刘友兆，王秋兵，等，1999. 土地资源学教程[M]. 北京：海洋出版社.

朱凤凯，张凤荣，赵华甫，等，2012. 都市郊区土地开发整理项目的农户土地利用机会成本分析[J]. 资源科学，34(7)：1340-1346.

朱镜德，2003. 高等教育强劲扩张对城市化进程及经济增长的影响[J]. 中国人口科学，(1)：32-38.

朱莉芬，2006. 西部地区新农村建设中耕地保护问题的探讨[C]. 中国西部地区城乡协调发展与社会创新国际学术研讨会，重庆.

朱新华，曲福田，2008. 不同粮食分区间的耕地保护外部性补偿机制研究[J]. 中国人口·资源与环境，18(5)：148-153.

朱志芳，陈林武，陈才清，等，2005. 广元市市中区退耕规模对粮食安全的影响[J]. 四川林业科技，26(5)：64-67.

诸培新，曲福田，2003. 从资源环境经济学角度考察土地征用补偿价格构成[J]. 中国土地科学，17(3)：10-14.

邹建锋，2003-06-03. 城市化进程中的耕地保护：一盘难下的棋[N]. 中国经济时报，(3).

邹晓平，2005. 城市化进程中的地方院校发展：以珠江三角洲为例[J]. 高教探索，(4)：10-13.

《中国1：100万土地资源图》编图委员会，中国科学院，国家计划委员会自然资源综合考察委员会，1991. 《中国1：100万土地资源图》土地资源数据集[M]. 北京：中国人民大学出版社.

Andrews S S，Flora C B，Mitchell J P，et al.，2003. Growers' perceptions and acceptance of soil quality indices [J]. Geoderma，114(3-4)：187-213.

Badgley C，2003. The farmer as conservationist [J]. American Journal of Alternative Agriculture，18(4)：206-212.

Bentley J W，1987. Economic and ecological approaches to land fragmentation：In defense of a much-maligned phenomenon [J]. Annual Review of Anthropology，16(1)：31-67.

Bergstrom J C，Dillman B L，Stoll J R，1985. Public environmental amenity benefits of private land：The case of prime agricultural land [J]. Southern Journal of Agricultural Economics，17(1)：139-149.

Binns B O，1950. The Consolidation of Fragmented Agricultural Holdings [M]. Washington DC：FAO Agriculture Studies：11.

Blarel B P，Hazell F，Place F，et al.，1992. The economics of farm fragmentation：Evidence from Ghana and Rwanda [J]. The World Bank Economic Review，6(2)：233-254.

Bourke L，Luloff A E，1994. Attitudes toward the management of nonindustrial private forest land [J]. Society & Natural Resources，7(5)：445-457.

Buck J L，1937. Land Utilisation in China [M]. London：Oxford University Press：181.

Bultena G L，Hoiberg E O，1983. Factors affecting farmers' adoption of conservation tillage [J]. Journal of Soil and Water Conservation，38(3)：281-284.

Burton M，Rigby D，Young T，1999. Analysis of the determinants of adoption of organic horticultural techniques in the UK [J]. Journal of Agricultural Economics，50(1)：47-63.

Costanza R，d'Arge R，de Groot R，et al.，1997. The value of the world's ecosystem services and natural capital [J]. Nature，36(8)：253-260.

Drake C M，1992. Two new species of geomyza with notes on the combinata group [J]. British Journal of Entomology & Natural History，5(4)：141-153.

Featherstone A M，Goodwin B K，1993. Factors influencing a farmer's decision to invest in long-term conservation improvements [J]. Land Economics，69(1)：67-81.

Fleisher B M，Liu Y，1992. Economies of scale，plot size，human capital，and productivity in Chinese agriculture [J]. Quarterly Review of Economics and Finance，32(3)：112-123.

Heerink N，Kuyvenhoven A，van Wijk M S，2001. Economic Policy Reform and Sustainable Land Use in Developing Countries：Issues and Approach [M]. New York：Physiea-Verlag Heidelberg：1-20.

King R，Burton S，1982. Land fragmentation：Notes on fundamental rural spatial problem [J]. Progress in Human Geography，6(4)：475-494.

Kline J，Wichelns D，1998. Public preferences regarding the goals of farmland preservation programs：Reply [J]. Land Economic，74(4)：566-569.

Kolankiewicz L，Beck R，2001. Weighing Sprawl Factor in Large U.S. Cities [C]. Washington DC：Analysis of U.S. Bureau of the Census Data on the 100 Largest Urbanized Areas of the United States.

Luzar E J，Diagne A，1999. Participation in the next generation of agriculture conservation programs：The role of environmental attitudes [J]. The Journal of Socio-Economics，28(3)：335-349.

Marzaioli R，D'Ascoli R，de Pascale R A，et al.，2010. Soil quality in a Mediterranean area of Southern Italy as related to different land use types [J]. Applied Soil Ecology，44(3)：205-212.

Napier T L，1991. Factors affecting acceptance and continued use of soil conservation practices in developing societies：A diffusion perspective [J]. Agriculture，Ecosystems and Environment，36(3-4)：127-140.

Nguyen T，Cheng E，Findlay C，1996. Land fragmentation and farm productivity in China in the 1990s [J]. China Economic Review，7(2)：169-180.

Nickerson C J，Hellerstein D，2003. Protecting rural amenities through farmland preservation programs [J]. Agricultural and Resource Economics Review，32(1)：129-144.

Prosterman R，2001. Land tenure，food security and rural development in China [J]. Development，44(4)：79-84.

Shields M L，Rayuniyar G P，Goode F M，1993. A longitudinal analysis of factors influencing increased technology adoption in Swaziland，1985–1991 [J]. The Journal of Developing Areas，27(4)：469-484.

Sureshwaran S，Londhe S R，Frazier P，1996. A logit model for evaluating farmer participation in soil conservation programs：Slopping agricultural land technology on upland farms in the Philippines [J]. Journal of Sustainable Agriculture，7(4)：57-69.

Vogel S，1996. Farmers' environmental attitudes and behavior：A case study for Austria [J]. Environment and Behavior，28(5)：591-613.

Willock J，Deary I J，Edwards-Jones G，et al.，1999. The role of attitudes and objectives in farmer decision making：Business and environmental-oriented behavior in Scotland [J]. Journal of Agricultural Economics，50(2)：286-303.